21世纪经济管理新形态教材·营销学系列

电力企业市场营销

杨淑霞◎编著

清华大学出版社
北京

内 容 简 介

本教材以售电企业、电网企业的市场营销问题为研究对象，首先系统介绍电力企业市场营销环境、电力市场主体、电力市场交易相关问题和电能量市场交易，然后讲解售电公司商业模式、售电公司购售电策略、售电公司 STP 策略、售电公司营销策略和电力产品销售技巧与策略，最后介绍电网企业营销基本业务、用电服务接触管理、用电客户满意度管理、电费管理和智能用电服务。

本教材可作为高等院校电力经济与管理、电力企业管理、电力营销类专业的研究生、本科生的教材和电力营销培训教材，也可供电力企业管理和营销人员阅读参考。

本书封面贴有清华大学出版社防伪标签，无标签者不得销售。

版权所有，侵权必究。举报：010-62782989，beiqinquan@tup.tsinghua.edu.cn。

图书在版编目（CIP）数据

电力企业市场营销/杨淑霞编著. —北京：清华大学出版社，2024.6
21 世纪经济管理新形态教材. 营销学系列
ISBN 978-7-302-66198-6

Ⅰ.①电… Ⅱ.①杨… Ⅲ.①电力工业-工业企业-市场营销学-高等学校-教材 Ⅳ.①F407.615

中国国家版本馆 CIP 数据核字(2024)第 086696 号

责任编辑：朱晓瑞
封面设计：李召霞
责任校对：宋玉莲
责任印制：沈　露
出版发行：清华大学出版社
　　　　　网　　址：https://www.tup.com.cn，https://www.wqxuetang.com
　　　　　地　　址：北京清华大学学研大厦 A 座　　**邮　　编**：100084
　　　　　社 总 机：010-83470000　　**邮　　购**：010-62786544
　　　　　投稿与读者服务：010-62776969，c-service@tup.tsinghua.edu.cn
　　　　　质 量 反 馈：010-62772015，zhiliang@tup.tsinghua.edu.cn
　　　　　课 件 下 载：https://www.tup.com.cn，010-83470332
印 装 者：天津安泰印刷有限公司
经　　销：全国新华书店
开　　本：185mm×260mm　　**印　张**：18.5　　**字　数**：402 千字
版　　次：2024 年 8 月第 1 版　　　　　　**印　次**：2024 年 8 月第 1 次印刷
定　　价：59.00 元

产品编号：094342-01

前言

电力企业市场营销是在变化的市场环境中,以满足电力客户的需求为目的,通过电力企业一系列与市场有关的经营活动,提供满足电力客户需求的电力产品和相应的服务,实现电力供求之间的相互协调,建立市场主体之间的合作伙伴关系,通过价格信号促使电力客户主动改变消费行为和用电方式,提高用电效率,从而实现企业目标的过程。

我国电力体制改革十多年来,出现了市场主体多元化、利益诉求多样化的新趋势,电力市场已经呈现出多主体竞争的局面,协调的复杂性大大增加。电力企业市场营销观念和策略在更大的范围内受到重视,各电力市场主体要求提高和改善市场营销管理水平的迫切性表现得更加突出,亟须培养适应电力市场化改革的营销人才。为适应电力体制改革的深化和不断变化的电力市场环境,出版《电力企业市场营销》十分必要,为培养理论结合实务的人才提供基础教材。

在电力市场环境不断变化的背景下,电力企业的营销模式必须要不断创新,迎合市场主体的需求,应对大数据所带来的市场营销变动,挖掘对电力企业营销有用的信息,关注市场主体的需求变化,从而提高电力企业在行业内的竞争力。但是,由于电能商品的单一性,电力企业市场营销策略的发挥空间有一定的局限性,因此交易价格和交易时间就显得尤为重要,电力商品价格不仅反映电能在生产环节的价值体现,还反映电能在市场流通环节的价值体现。通过成功的营销运作,不仅可以弥补生产企业的全部劳动耗费并取得利润,还必须弥补售电企业的全部劳动耗费并取得利润。电力企业对电能商品价格的控制能力,反映着企业的市场适应能力和市场控制能力。而电力商品价格与交易时间和交易电量直接相关,也正是通过价格信号,引导不同时间的不同交易电量,以实现电力供需的平衡。

为实现以上构想,本书汲取了电力企业市场营销的最新科研成果,依据目前"电力企业市场营销"的课程情况,针对不同的电力市场主体,在内容和结构上做了一些改革尝试,力争满足不同企业的需求。

该书共有三部分内容:第一部分为基础篇,包括绪论、电力企业市场营销环境、电力市场主体、电力市场交易相关问题、电能量市场交易;第二部分为售电企业篇,包括售电公司商业模式、售电公司购售电策略、售电企业STP策略、售电公司营销策略、电力产品销售技巧与策略;第三部分为电网企业篇,包括电网企业营销基本业务、用电服务接触管理、用电客户满意度管理、电费管理、智能用电服务。既介绍了电力企业市营销的基本概念和参与者，分析了电力营销环境和不同的交易类型，又从售电公司的角度，介绍了其商业模式和营销策略，还从电网企业角度，介绍了电网营销基本业务、用电服务等内容。

本书注重电力企业市场营销与我国电力体制改革的实际相结合，突出了针对性和可操作性，既可作为高等院校相关专业的教材，又可作为电力企业营销人员的参考用书。

本书编写过程中参考并应用了一些学者的研究成果，在此一并表示感谢。由于作者知识修养和学术水平有限，书中可能存在缺陷和不足，望各位读者批评指正。

杨淑霞

2024 年 3 月

目 录

第1章 绪论 ··· 1
    1.1 电力市场与电力市场营销 ·· 1
    1.2 电力企业市场营销研究与发展趋势 ·· 6
    1.3 电力企业市场营销内容与特点 ·· 10
    即测即练 ·· 16

第2章 电力企业市场营销环境 ··· 17
    2.1 经济环境 ·· 17
    2.2 能源战略 ·· 18
    2.3 政策环境 ·· 23
    2.4 科技环境 ·· 26
    2.5 竞争环境 ·· 32
    2.6 行业环境 ·· 34
    即测即练 ·· 37

第3章 电力市场主体 ·· 38
    3.1 电力市场主体及其权利与义务 ·· 38
    3.2 电力市场主体准入与退出条件 ·· 48
    3.3 电力市场主体准入与退出程序 ·· 50
    即测即练 ·· 52

第4章 电力市场交易相关问题 ··· 53
    4.1 市场模式与市场体系 ·· 53
    4.2 交易品种与交易方式 ·· 54
    4.3 价格机制 ·· 57
    4.4 交易组织 ·· 60
    4.5 合同签订与执行 ·· 61
    4.6 计量与结算 ·· 63
    即测即练 ·· 65

第5章 电能量市场交易 ... 66
- 5.1 中长期电能量市场交易 ... 66
- 5.2 广东现货电能量市场交易 ... 72
- 5.3 绿电交易与绿证交易 ... 76
- 5.4 碳交易 ... 82
- 即测即练 ... 84

第6章 售电公司商业模式 ... 85
- 6.1 商业模式及其特点 ... 85
- 6.2 售电公司商业模式 ... 86
- 6.3 国内外售电公司商业模式 ... 94
- 即测即练 ... 106

第7章 售电公司购售电策略 ... 107
- 7.1 售电公司交易流程 ... 107
- 7.2 售电公司购电决策模型 ... 108
- 7.3 售电公司售电定价方法 ... 116
- 即测即练 ... 121

第8章 售电公司STP策略 ... 122
- 8.1 波特五力分析 ... 122
- 8.2 售电公司SWOT分析 ... 125
- 8.3 STP策略 ... 128
- 即测即练 ... 133

第9章 售电公司营销策略 ... 134
- 9.1 大客户营销策略 ... 134
- 9.2 黏性营销策略 ... 142
- 9.3 营销策略拓展 ... 148
- 即测即练 ... 158

第10章 电力产品销售技巧与策略 ... 159
- 10.1 电力产品销售过程 ... 159
- 10.2 区分客户心理的售电策略 ... 160
- 10.3 电力销售技巧与策略 ... 168
- 即测即练 ... 175

第 11 章　电网企业营销基本业务 ··· 176

- 11.1　业务报装 ··· 176
- 11.2　变更用电业务 ··· 181
- 11.3　营业电费管理 ··· 188
- 11.4　电能计量与供用电合同 ··· 190
- 11.5　用电检查与营销稽查 ··· 194
- 即测即练 ··· 199

第 12 章　用电服务接触管理 ··· 200

- 12.1　情感服务与"真实瞬间"管理 ··· 201
- 12.2　用电服务接触分类 ··· 209
- 12.3　用电服务接触点管理 ··· 215
- 即测即练 ··· 224

第 13 章　用电客户满意度管理 ··· 225

- 13.1　客户满意度 ··· 225
- 13.2　用电客户满意度测评 ··· 231
- 13.3　客户抱怨管理 ··· 240
- 即测即练 ··· 250

第 14 章　电费管理 ··· 251

- 14.1　电力营销全过程的电费风险 ··· 251
- 14.2　电费风险要素的构成 ··· 253
- 14.3　电力营销全过程电费风险控制 ··· 257
- 即测即练 ··· 261

第 15 章　智能用电服务 ··· 262

- 15.1　智能电网发展背景 ··· 262
- 15.2　智能电网 ··· 267
- 15.3　智能用电服务 ··· 275
- 即测即练 ··· 285

主要参考文献 ··· 286

第1章 绪　论

1.1　电力市场与电力市场营销

1.1.1　电力市场

1. 电力市场的含义

电力市场包括广义的和狭义的两种含义。广义的电力市场指电力生产、传输、使用和销售关系的总和。狭义的电力市场指竞争性的电力市场，是电能生产者和使用者通过协商、竞价等方式就电能及其相关产品进行交易，通过市场竞争确定价格和数量的机制。竞争性电力市场的要素包括市场主体（售电者、购电者）、市场客体（买卖双方交易的对象，如电能、输电权、辅助服务等）、市场载体、市场价格、市场规则等。

根据以上定义，电力市场首先是一种管理机制。这种机制与传统的行政命令机制不同，主要采用市场的手段进行管理，从而达到资源优化配置的目的，所以电力市场的基本原则是公平竞争、自愿互利。同时，电力市场还是体现这种管理机制的执行系统，包括交易场所、计量系统、计算机系统、通信系统等。

竞争性电力市场具有开放性、竞争性、网络性和协调性。与传统的垄断电力系统相比，电力市场具有开放性和竞争性。与普通的商品市场相比，电力市场具有网络性和协调性。

市场的本质是竞争，通过竞争，可以提高电力工业整体效率和服务质量，降低电价，提高国民经济的国际竞争力。竞争的前提是公平，公平是市场机制的基本原则。电力市场机制的引入对经济性提出了更高的要求，需要在统一协调安全性和经济性的前提下，切实保证市场规则对所有成员公平、公正、公开。在电力市场环境中，发电商与售电商成为公平买卖、进行电力交易的平等市场成员；电力及其服务成为商品。这样，传统的基于粗放管理和行政手段的一系列规划、调度和控制方案，势必无法适应充满竞争的市场环境，必须用全新的视角重新审视电力系统运行控制及规划工作的各个环节，引入市场调节手段。

2. 电力市场模式

在世界范围内，电力市场模式是多种多样的。但无论采用何种模式，有一点是不变的，即输电业务和发电业务彼此独立，在发电领域开放，允许多种所有制成分、多种经济形式的发电厂存在，引入竞争机制。各国都有自己的国情和市场特点，所涉及的问题各不相同，相应的电力市场模式也具有各自的特点。下面将主要通过电力市场的运行机制、交易方式、定价模式、电力联营体内交易和电力联营体外交易等方面来分析和比较电力市场模式。

电力工业从一体化垄断模式向竞争的市场模式转变是一项艰巨复杂的任务，必须根据本国电力发展已形成的特点选择适当的模式，经过研究论证，制订目标明确的计划，并在法律法规的支持下，逐步有序地实施。

电力工业市场改革的最终目的是最大限度地利用市场手段来提高电力工业生产效率，降低电力生产和供应成本，实现资源的优化配置。而就目前我国电力工业发展程度和相关社会经济环节来看，这一目标需要分阶段逐步来实现。要通过在电力生产的不同环节逐步引入竞争，充分考虑已形成的电力供应特性和电力网络结构，结合电网未来发展格局，分级构筑市场结构，选择并制定适当的市场运行机制，建立健全市场管制体系，使电力市场改革平稳地向前发展。综合各方面研究的成果，可提出电力市场改革的阶段性目标，如表1-1所示。

表1-1 电力市场改革的三个阶段

电力市场模式	垄断	单一批发	电力批发	零售竞争
发电竞争	否	是	是	是
批发竞争	否	是	是	是
用户竞争	否	否	否	是
备注			用户必须由所接入的供电部门供电	用户可选其他供电部门供电

从竞争角度来看，在电力产品市场中，有四种基本模式（尽管每一种都有各种可能的变种），分别对应于电力工业中垄断、竞争的不同程度。

1）所有阶段的垄断

发电不竞争，没有人可以选择供应者。单一公司有发电、输电和配电的垄断权，这是传统电力工业的模型。

2）发电侧竞争的电力市场：单一购买者模式

单一购买者从许多不同的发电商中选择，以鼓励发电阶段的竞争。不允许发电商直接进入输电网络卖电给最终用户，购买中介在输电网和与最终用户的交易上有垄断权。

这是将竞争引入到电力工业的最初级模式，在这种模式下，电力系统各发电厂与电网分开，成为独立的法人；发电市场存在唯一的买电机构，各个发电公司相互竞争，向这个机构提供电力，电网经营机构向发电公司买电并向配电公司或用户供电；输电网、配电网仍然垄断经营。

单一购买者模式的主要特点如下所示。

（1）在电厂基建和运行两个方面引入竞争机制，发电公司承担了基建和运行两个方面的风险；在控制基建投资和降低运行费用或降低电力生产成本方面具备自我约束机制。

（2）电网经营管理机构或电网公司负责整个电能买卖经营和操作，负责整个电网的安全可靠运行，对电网的建设和电网的优化具有激励机制，同时承担了电网建设、买卖电力的风险。

（3）因输电和配电仍垄断经营，为保证各独立发电公司（或发电集团）的平等参与竞争，电网公司对买卖双方的运行操作须坚持公平、公开、公正的原则，电力交易过程始终要在法律和政府的有效监督之下。

（4）电力用户没有选择供电的权利。

（5）电网间电力交换通过电网管理机构或电网公司进行交易，配电公司不能同相邻的电网进行电力交易。

在占电能主要成本的发电领域引入竞争机制，对控制电厂基建成本、减少生产运行费用具有重要作用。另外，从传统的垄断经营模式到发电市场竞争模式相对来说比较容易，对于市场机制不甚完善的发展中国家来说，这一点是十分重要的。但是，由于单一购买者模式，只是在发电领域引入了部分竞争，使得竞争有限，单一购电机构的电力买卖仍然是一种垄断行为，电网不开放。

3）输电网开放、多个购买者：批发竞争模式

配电和零售公司从电力生产者直接购买电力并通过输电网传送。但配电/零售公司对最终用户仍然有垄断权。

在发电与电网分离后，输电与配电分开经营，发电竞争，输电网放开，并提供有偿服务；配电公司仍然对用户垄断经营（专营区），但售电公司获得了购电的选择权；大的电力用户获得了购电选择权。

批发竞争模式的主要特点如下所示。

（1）发电公司所生产的电能不必全部卖给电网经营管理机构，可以通过合同或进入实时电力市场直接卖给售电公司和大用户。

（2）输电网向用户开放，电网经营机构（电网公司）负责电网的运行、控制和实时电力市场的管理，组织输电辅助服务，电网公司风险减少。

（3）电力市场既有实时市场，又有中长期市场（合约交易）；售电公司既可以从电力市场，又可以从发电公司购电，有了购电选择权，承担了买卖电力的风险。

（4）互联电网间的交易不再仅仅是电网公司的事，售电公司或大用户可通过输电网从其他地区购电。

上述特点表明，这一阶段的电力市场，各市场要素逐步完善，竞争力度增大，发电环节已展开比较完全的竞争。

与第一阶段市场不同，市场更多地允许发电商与售电公司通过合同方式来实现交易。这一阶段是电力市场的成长阶段。

4）零售竞争模式

批发竞争模式只允许一部分大用户有选择供电商的权利，其他用户没有选择权，在市场经济中，出现了不公平问题。随着市场的发育和完善，应使所有用户都获得购电选择权。这就是零售竞争阶段。在这一阶段，零售商向用户发出告示，用户根据电价及服务质量选择零售商，与零售商签订供用电合同。所有的用户都可以选择他们的供应者。对输电和配电网是开放的，这个功能可以通过一个叫作独立系统运行者（independent system operator，ISO）的实体来实现。配电从完全竞争的零售活动中被分离出来。这个

模式很有可能是未来世界电力工业的模式。零售竞争通过将所有用户都带入市场来产生非常强大的竞争力。这一阶段，不仅在发电环节，而且在零售环节，都展开较完全的竞争。

零售竞争模式的主要特点如下所示。

（1）配电网与输电网一样，都向用户开放，提供配电服务，收取服务费。

（2）售电公司不再对中小用户垄断经营。

（3）发电厂直接受用户选择，同时也获得选择用户的权利。

（4）所有用户都可以直接从发电厂买电，获得了选择权。

这种经营模式，选择和竞争范围加大，市场竞争更为激烈，竞争各方都承担风险，因而更注重效益的发挥，对采用新技术、降低生产成本形成良好的激励机制。但这种模式的运作，需要建立十分完备的法律法规和功能完善的技术支持系统。这个阶段是各级电力市场的成熟阶段。

零售竞争市场需要有坚固的电网结构、先进的通信网络、完善的金融系统和法律系统做支持，同时需要更换复杂昂贵的表计来实现用户的自由选择权，因此这一步改革的代价不容忽视。

3. 新型电力市场与传统电力市场的区别

1）传统电力市场主要考虑电量交易

在传统电力系统中，发电侧可控性强，用电侧波动较小，主要采用"源随荷动"的运行方式。在发电侧，传统电力系统主要有火电、水电、核电三类电源，均具有可控性，其中火电、水电具有较强的调节能力；在用电侧，工业用电占比较高，由于工业负荷较为稳定，因而整体用电负荷波动较小。基于此，传统电力系统能够通过调节电源的出力，追踪用电负荷变化，确保电力供需实时平衡，即"源随荷动"。

调节能力较强的背景下，电力交易主要考虑电量价值，调节服务多无偿提供或简单结算。2006年11月，国家电力监管委员会印发了《并网发电厂辅助服务管理暂行办法》（电监市场〔2006〕43号），一直使用至2021年。该文件提出，并网发电厂提供的辅助服务分为基本辅助服务和有偿辅助服务。基本辅助服务指为了保障电力系统安全稳定运行，保证电能质量，发电机组必须提供的辅助服务。包括一次调频、基本调峰、基本无功调节等，该部分不进行补偿。有偿辅助服务指并网发电厂在基本辅助服务之外所提供的辅助服务，包括自动发电控制（automatic generation control，AGC）、有偿调峰、备用、有偿无功调节、黑启动等，该部分按照专门记账、收支平衡、适当补偿的原则，建立补偿机制。

2）新型电力市场考虑电量交易和调节能力交易

新型电力系统中，发电侧可控性减弱，用电侧波动加大，需要采用"源网荷储互动"的运行方式。在发电侧，风电、太阳能发电占比逐渐提高，但由于其出力具有随机性、波动性、间歇性等特征，因而总体上发电侧出力的可控性在减弱、不确定性增强。在用电侧，两方面原因导致用电负荷波动性加大：一是第三产业、城乡居民生活用电占比不断提高，二者的用电负荷曲线具有较高不稳定性，导致了全社会用电负荷曲线波动加大；二是分布式电源快速增长，进一步加大净负荷曲线（负荷曲线减去分布式电源出力曲线）波动。在发用电两侧波动性不断加大背景下，新型电力系统需要推进"源网荷储互动"，以此实现电力系统供需的实时平衡。

调节能力较弱的背景下，电力交易同时考虑电量价值和调节服务价值。新型电力系统中，发用电两侧的波动性同时增大，调频、调峰、备用等调节服务需求明显增加。调节服务的供给是否充足，将直接关系到电力生产与消费能否顺利完成。因此电力交易在对电量进行定价的基础上，也需要逐步对调节服务进行科学定价，激发电力系统内灵活性资源参与调节的动力。

3）建设新型电力系统需要完善的电力市场作支撑

电力光速传输、实时平衡，在发用电两侧不确定性不断增强的背景下，调节能力越发重要。传统电力系统对调节服务主要采用政府定价、成本定价等方式，此类方法难以适应当前电力系统供需加快、加大波动的特征，并且容易产生社会福利损失。因此建设新型电力系统亟须还原电力的商品属性，以价格信号引导各类灵活性资源建设并参与系统调节。

1.1.2 电力市场营销

1. 电力市场营销的定义

电力市场营销就是电力企业在不断变化的市场环境中，以满足人们的电力消费需求为目的，通过电力企业一系列与市场有关的经营活动，提供满足消费需要的电力产品和相应的服务，从而实现企业的目标。电力市场营销的实质就是要调整电力市场的需求水平、需求时间，以良好的服务质量满足用户合理用电的要求，实现电力供求之间的相互协调，建立电力企业与用户之间的合作伙伴关系，促使用户主动改变消费行为和用电方式，提高用电效率，从而增加企业的效益。电力企业在消费者的需求满足之中实现自己的各项目标。

电力市场营销生态圈不断扩大。随着能源互联网形态和功能逐步健全，虚拟电厂、储能、需求侧响应、微网等新兴主体将广泛参与市场互动，并进一步形成电、热、气等多能源耦合与协同优化，市场主体存在多样的交易和服务需求，电力营销生态圈逐步形成和完善。

2. 电力市场营销产生的必然性

我国电力工业已走过 140 余年的建设和发展历程，形成了上游发电、中游输配电、下游售电的电力运作系统。长期以来，人们已经习惯了电力的普遍存在，认为电力如同自来水一样都是生产生活的必需品，同时价格也是受管制的，家里电表欠费了充钱就可以用了，根本不需要什么营销。

随着我国电力体制改革的深化，电力市场发生了重大变化：一是要还原电力商品属性，形成由市场决定电价的机制，以价格信号引导资源有效开发和合理利用；二是要构建电力市场体系，促进电力资源在更大范围内优化配置；三是要支持清洁能源发展，促进能源结构优化；四是要逐步打破垄断，有序放开竞争性业务，调动社会投资特别是民间资本积极性，促进市场主体多元化；五是要转变政府职能，进一步简政放权，加强电力统筹规划。在市场经济环境下，电力供应、需求和价格由市场自然调节，有市场必然就有市场营销。

1) 电力市场的本质是竞争，竞争必将产生营销

因我国电力市场的不断开放，电网企业单一的售电主体地位被打破，售电侧出现越来越多的竞争者。各售电主体蜂拥而至，一时间涌现出众多的卖方主体，甚至越来越多的跨界竞争者也前来加入市场争夺，都渴望在激烈的竞争中抢占优质客户。为了稳固企业经营效益、快速适应市场，售电商必须以客户为中心，提高服务质量，提升客户体验，提高客户黏性，加强电力营销刻不容缓。电力的商品属性正在被逐渐还原，"供需决定价格，价格引导供需"，面对越来越多的电力卖家，消费者拥有了更多的选择空间（即消费者拥有了用电选择权，这也是最为关键的原因）。在全面竞争环境下，各售电主体要采取积极有效的营销手段迎接市场化的挑战，如渠道管理、分销与促销、客户关系管理等。

2) 用户需求越来越多元化

面对多元化用户需求，各竞争主体竞相推出多种形态的增值服务，来提升自身的竞争优势，获取尽可能多的市场份额。综合能源市场的日益丰富，给电力市场主体经营带来了机遇，也带来了更多的挑战。面对主业被监管、市场化业务竞争日益激烈的局面，传统电力营销方式显然已跟不上这种变化。因此，创新电力营销方式、丰富产品内容将成为新时期电力市场建设的必然趋势。对于各电力市场主体而言，立足企业经营角度，面向市场为消费者提供多元的、可靠的能源产品和能源服务，实现始于消费者需求并终于消费者满意，电力市场化营销已成为一种必然选择。

3) 电力产品内容及形态越来越多样化

近年来，随着我国能源行业市场化体制机制改革不断深入推进，以及智能电网、新能源、终端用能电气化等能源电力技术，与"大云物移智链"等新一代信息技术的融合发展，推动新兴业态、商业模式、服务方式不断创新。在"双碳"目标下的新型电力系统建设，需要通过市场营销将风、光、储能等新能源进行整合销售，因此出现了热（冷）能销售服务、需求响应服务等多种营销服务形式。

4) 电力市场绿色营销越来越迫切

我国全面推动碳达峰、碳中和目标的提出，为电力营销绿色低碳转型提供了方向指引。绿色营销是一种能辨识、预期及符合消费的社会需求，并且可带来利润及永续经营的管理过程。绿色营销观念认为，企业在营销活动中，要顺应时代可持续发展战略的要求，注重地球生态环境保护，促进经济与生态环境协调发展，以实现企业利益、消费者利益、社会利益及生态环境利益的协调统一。

从以上界定可知，绿色营销是以满足消费者和经营者的共同利益为目的的社会绿色需求管理，以保护生态环境为宗旨的绿色市场营销模式。

1.2 电力企业市场营销研究与发展趋势

1.2.1 电力企业市场营销的研究对象和研究方法

1. 电力企业市场营销的研究对象

研究对象关系一门学科研究的现象领域、基本内容和发展方向问题。电力企业市

营销是研究发电企业如何在激烈的竞争中得以上网、供电企业如何在与其他能源的竞争中生存与发展的问题，即研究电力企业在不断变化的环境中，如何寻找市场机会，更好地满足用电客户需求的问题。

电力市场营销的研究对象应是电力企业在市场上的营销活动及其规律性。具体地说，它主要研究电力企业生产的电力产品和服务如何转移到用电客户的全过程。它站在电力生产、供应者的角度，作为供给一方来研究如何适应电力市场需求，如何使电力产品比其他能源方式更具吸引力，如何合理定价、优质服务、使用户满意、使用户安全用电，从而提高电力企业的经济效益。

2. 电力企业市场营销的研究方法

目前与电力企业市场营销有关的书很多，这些论著多是采用对某一环节进行研究的方法，本书倾向于从管理角度来研究电力企业市场营销。这种方法强调从管理决策的角度来研究电力企业市场营销问题，通过电力市场调研对电力企业生产、输配、供应、服务的类别和环节进行有效的市场定位，并且特别重视电力企业市场营销的分析、计划、组织、实施与控制。本书把影响电力企业营销活动的因素（变量）分为两大类：一是不可控因素，即电力企业本身不可控制的环境因素，主要包括微观环境和宏观环境；二是可控因素，即电力企业自己可以控制的电力产品及其服务、电价改革、需求侧管理、用电产品引导、发电与供电的先进技术采用等。电力企业市场营销管理的任务主要是使可控因素与不可控因素相适应，以及各种可控因素之间协调配合，合理进行营销组合决策，使电力企业的市场营销管理决策与外界不断变化的环境相适应。电力企业按照市场的需求，分析外界不可控的环境因素，同时考虑自身的资源与目标，选择最佳的营销组合，扩大电力销售。

1.2.2 新型电力系统建设中的市场营销

新型电力系统是以承载实现碳达峰碳中和，贯彻新发展理念、构建新发展格局、推动高质量发展的内在要求为前提，确保能源电力安全为基本前提、以满足经济社会发展电力需求为首要目标、以最大化消纳新能源为主要任务、以坚强智能电网为枢纽平台，以"源网荷储"互动与多能互补为支撑，具有清洁低碳、安全可控、灵活高效、智能友好、开放互动基本特征的电力系统。新型电力系统建设使电力营销面临新的市场环境。

1. 电力市场面临的新变化与新要求

随着以新能源为主体的新型电力系统建设，我国电源结构不断优化，电力系统运行机理和平衡模式深刻变化，与之相适应，电力市场也将面临重大变化。

第一，市场建设目标更加丰富。我国电力市场建设起初的目标是促进能源资源优化配置，随着新能源快速发展和煤电机组利用小时下降，电力市场建设需要考虑的因素显著增加，建设目标更加丰富，需要在降碳、安全、发展、效率等多方面考虑，"保供应"和"促转型"将成为未来电力市场建设的主旋律。

第二，商品价值差异化更加显著。"双碳"目标下电力商品价值不断细化和差异化，需要通过多样的交易品种，反映不同的价值属性，满足市场主体的多元诉求。例如，在电能量价值的基础上,通过辅助服务市场反映电能商品的安全稳定价值,补偿灵活调节资源的收入;通过容量成本回收机制,反映电能商品的容量价值,保障充足的发电投资;通过绿色电力交易反映电能商品的环境价值,满足用户绿色消费需求。

第三,市场主体灵活调整需求更加强烈。新能源发电的波动性、不确定性、边际成本等特点,使得市场主体灵活调整需求更加强烈,通过市场营销活动可以调动各类型电源,尤其是灵活性较高的电源融入电力市场,通过灵活的月内短期交易方式,完善新能源参与市场交易的容量比例、报价机制和出清机制,降低新能源波动性带来的不平衡不稳定性,在降低排放的同时,实现互利共赢。同时,提高灵活性方面,精细化营销将满足市场主体灵活调整的需求,通过市场营销活动促进"源网荷储"高效互动、多种电网形态友好互动,提高新能源消纳水平。通过辅助服务市场和容量成本回收机制补偿灵活调节资源的收入,通过完善需求侧响应机制激励用户侧参与调节,保障系统充足的调节能力。

第四,不同发电成本电源同台竞价更加常态化。随着技术的发展,风电、光伏的单位建造成本已大幅降低,平价风电将成为主流。沿海煤电与内陆煤电的差异,核电与煤电的差异,风电、光伏、水电"一厂一价"等都会反映到市场营销活动中,如何制定不同发电成本电源同台竞价策略,如何确定各类型电源参与规模,确保发电企业维持生存,逐步理顺价格传导机制,这些问题需要在市场交易中解决。

第五,"绿电"交易市场更加成熟。新型电力系统体现的外部性,表现为加快推进"绿电"交易市场走向成熟,完善可再生能源配额交易、绿证交易,持续开展绿色电力交易,促进形成市场导向的绿色能源消费流通体系。随着市场对"绿电"需求增加的同时,以市场化方式引导"绿电"消费,体现"绿电"的生态价值,释放"绿电"供需双方的发展潜力。增强开放性方面,不断加大市场模式、交易和服务品种的创新,以市场机制引导各类主体广泛参与和友好互动,加强与一次能源市场、碳市场等外部市场的有效互动,实现"绿电"交易与能源互联网价值创造和共享。

2. 电力市场主体多元化趋势

在以新能源为主体的新型电力系统下,竞争有序的电力市场体系正在不断形成,多元化的能源市场主体正在大力发展,电力资源的优化配置将在更大区域市场内实现,网间交易的时效性、规模性将大幅提高。电力市场在"源网荷储"互动中将发挥重要作用。以市场手段平衡电能质量与成本之间的关系,促进新型电力系统高效经济运行。市场交易体系将进一步丰富完善。电能量市场、容量市场、辅助服务市场逐步建立,互为补充。碳市场、绿证市场、消纳责任权重市场有效衔接、融合发展。一方面,我国新能源的资源分布特性决定未来发展将呈现集中式与分布式并存的趋势,与之相适应,电力市场形态将呈现全国统一电力市场和若干分散小市场并存的格局,区域电力市场将发挥更大的作用。在新型电力系统下,电力资源的优化配置将在更大区域内实现,网间交易的时效性、规模性将大幅提高。电力市场在"源网荷储"互动中将发挥重要作用。通过全国统一电力市场大范围资源配置,实现新能源分季节、区域间余缺调剂、优势互补。另一方面,微电网、分布式能源系统等多种系统形态的发展将催生若干分散市场。新型电力系统将推动发电侧、负荷侧、储能侧的革新。各类型电源的定位、盈利方式等将发生巨大变化，煤电、气电将逐步转变为备用保障电源，风电、光伏将逐步成为电量支撑主体，水电、核电兼顾调峰和电量供应。可调节负荷将逐步增加，分布式电源、电动汽车、各类型储能将相继涌现。

3. 新能源与水火电打捆营销模式

中央经济工作会议提出，创造条件尽早实现能耗"双控"向碳排放总量和强度"双控"转变。从理论上说，新能源发电企业每发一度绿色电力，其所带的环境属性是具有价值的，其价值的变现渠道是通过市场交易把"碳和电"卖给需要的客户，"双控"指标是有效控制碳排放及调节资源配置的市场化途径。

新型电力系统建设意味着新能源大规模接入电力系统，将逐步发展成为电量和电力供应主体。由于新能源出力存在波动性、不确定性，以及火电的碳排放问题，新型电力系统建设似乎出现了"不可能三角"，传统发展模式难以兼顾安全、经济与低碳绿色的协同发展。新能源发电可以和水电、火电甚至抽水蓄能"结盟"，通过这种捆绑营销的方式，和电力用户签订购售电合同，向用户提供稳定的电力。电力市场和碳市场以新能源和火电作为共同的市场主体，通过价格进行连接，共同促进可再生能源发展。我国电力市场正处在计划向市场转型期，碳价难以通过电力市场向用户传导，同时由于其他行业纳入间接排放，我国电-碳市场耦合度很高，更需要碳市场和电力市场协调。

与此相适应推进中长期交易向更短周期延伸、向更细时段转变，缩短交易周期、提高交易频次，变电量交易为带曲线交易；鼓励新能源报量报价参与现货市场，发挥新能源变动成本低的优势，实现优先调度。针对新能源参与市场后的系统成本疏导问题，通过可再生能源附加费、电网升级专项资金等模式建立新能源利用成本的疏导机制；通过市场机制量化调频、调峰、容量、备用、爬坡、转动惯量等系统成本，按照"谁收益、谁承担"的原则合理疏导。

1.2.3 数字化转型后的智能电力营销

1. 电力系统数字化转型

电力系统数字化转型就是将电力设备进行属性数字化，在数字环境中通过设备监控技术、云计算、人工智能、分析算法等手段进行实时分析，实现电力设备全周期的状态监控和预测，并且对整个电力系统进行有效、及时的调度和把控，为企业在电力市场中的运营提供强大的技术支撑，"数字化营销平台"解决了流失客户名单获取难的问题，极大地激发了网点主动出击挽留客户的热情。然而在实际工作中，不断出现多个网点对同一客户重复挽留的情况，更有同一网点的不同员工多次对同一客户进行重复产品营销的情况，不但未能挽留客户，反而引起客户反感和投诉。因此，"数字化营销平台"虽然打开了一个客户营销的重要途径，但并没有和具体的客户营销工作联结起来，没有嵌入到实际营销的环节中。

2. 智能电力营销

智能营销是通过人的创造性、创新力以及创意智慧将先进的计算机、网络、移动互联网等科学技术的融合应用于当代品牌营销领域的新思维、新理念、新方法和新工具的创新营销新概念。智能电力营销的产生和发展是以能源互联网和电力数字化转型为背景，新的技术环境为智能营销的体系构建提供了理念和技术支撑，电力客户的行为变化又促进了智能电力营销的演变。营销方依托前两者所提供的技术环境重构了营销技术、组织、管理和策划，并逐渐从数字营销演变成智能营销。智能电力营销以移动电子设备为依托，引入现代先进的移动互联网技术，搭建信息化、一体化、集成化营销平台，以客户为导向，将客户到实体营业厅利用人工办理用电业务和收费等传统的服务方式转变为智能引导、无纸质化、无人工化简易受理的模式，使客户能够自主在网上办理业务变更、交费、报装等用电服务工作，满足客户普遍性和个性化需求。使客户在享受安全可靠用电的同时，充分享受到优质、便捷的线上智能供电服务，达到省心、省时、省力、省费的生活状态，实现营销服务效益最大化。

3. 智能电力营销的发展趋势

随着电力体制改革的深化，传统的营销模式已经不能满足市场需求，必须将智能电力营销引入电力市场交易系统中，并构建新型的电力营销管理体系和做好用户用电方式的职能规划，促使市场主体为用户提供更为优质的电力服务，推动电力行业的优化升级。同时，随着数字化、智能化营销的全面发展，传统的营销服务工作方式已无法适应当前大力改善优化电力营商环境，客户满意的营销服务需要。同时，电力体制改革打破电网企业售电侧一家垄断，呈现多家经营的局面已成定局，"互联网+智能营销"体系正在形成，电力营销服务智能化创新转型颠覆性升级势在必行。客户服务从线下转到线上，实现无人工化、无纸质化办理用电业务已作为主流营销服务工作模式在全面推行，达到智能营销服务功能颠覆性升级。智能电力营销具体内容包括实现线上用电申请报装业务、实现用电变更业务线上申请、实现故障停电报修线上申请、实现人工智能线上服务、实现信息订阅等。

智能电力营销的发展趋势为逐步减少和萎缩"实体营业厅"，充分发展"掌上营业厅"和"移动营业厅"，来助推智能电力营销服务工作高质量发展，达到服务为先、智能发展、客户满意，为构建一流的营销服务环境提供数据信息平台保障。

1.3 电力企业市场营销内容与特点

1.3.1 电力企业市场营销内容

1. 发电企业市场营销内容

1）发电企业市场营销的最终目标

在电力市场环境下，发电企业必须按照市场需求进行电力生产，因而首先要理解市场的含义。发电企业市场营销中的市场与电力市场中的市场含义不同，发电企业市场营销中的市场指电力产品的现实购买者与潜在购买者需求的总和。站在发电企业的立场上，所有的发电企业都是竞争者，而不是市场，即只有买方才构成市场。

发电企业市场营销有以下几个要点。

首先，发电企业市场营销的最终目标是满足各类电力客户（电网、供电公司、零售商、大用户）对电力产品的需求，同时发电企业本身获取利润。

其次，交换是发电企业市场营销的核心，并且交换应是积极的、主动的、富有创造性的，这样才能实现最终目标。否则，消极的、被动的、循规蹈矩的交换将影响电力产品的销售。

最后，交换过程能否顺利进行，取决于发电企业所生产的电力产品满足客户需要的程度和交换过程所选择的方式及管理水平。

发电企业市场营销的最终目标是满足各类电力客户（电网、供电企业、零售商大用户）对电力产品的需求，在满足客户需求的同时企业本身获取利润，因此其基本任务是使电力需求与电力供给顺利、完美结合。

2）发电企业市场营销的内容

为使电力需求与电力供给能够顺利、完美结合，发电企业的市场营销活动有很多内容。其具体内容主要有：

（1）电力负荷预测；
（2）现货交易；
（3）辅助服务交易；
（4）中长期合约交易；
（5）期货交易；
（6）实时交易；
（7）销售渠道选择；
（8）电力促销；
（9）电力产品决策；
（10）客户选择与评价；
（11）市场开发。

2. 售电企业市场营销内容

1）售电企业市场营销最终目标

售电企业市场营销的最终目标是满足各类电力客户（商业用户、工业用户）对电力产品的需求，在满足客户需求的同时企业本身获取利润，因此其基本任务是使电力需求与电力供给顺利、完美结合，这一目标的实现也是通过交换来完成的。

2）售电企业市场营销内容

售电企业市场营销的内容主要有：

（1）营销日常工作；
（2）电力需求调查与预测；
（3）电力市场细分；
（4）电力目标市场定位；
（5）产品策略；

(6)价格策略;

(7)促销策略;

(8)服务策略;

(9)购电市场分配;

(10)市场开拓;

(11)需求侧管理。

1.3.2 电力产品市场营销特点

由于电力产品的特殊性,发电企业的市场营销自然有别于一般产品的市场营销,其特点主要表现为以下十个方面。

1. 需求与价格体系:宏观环境的影响大

电力价格受国家政策和宏观经济环境影响比较大,回眸难忘的 2018 年,售电行业笼罩了阴霾,售电市场洗牌加剧,售电公司经历了从赚钱到亏损,出现了一大波售电公司退市的情况。但同时,售电行业也在沐浴着阳光,四大行业全电量参与交易及首个现货试点的投入试运行,带给售电公司更多的交易机会。我国 2018 年经济数据显示,售电行业经济总量首次突破 90 万亿元,总体形势是好的。可以说,2018 年是售电行业风起云涌而又精彩纷呈的一年。

任何宏观经济环境的风吹草动都会迅速在电价上有所反应。

2. 交易的特殊性:中长期交易为主,现货交易为辅

2017 年欧洲电力市场中长期交易电量占全部电量的 60%,其中英国 85%、法国 87%、荷兰 68%、挪威 33%、芬兰 45%、意大利 42%。美国 PJM 市场中长期交易电量占 70%~80%;俄罗斯电力市场中长期交易电量约占 53%;日本几乎全部为中长期交易,现货交易电量仅占 1%(表 1-2)。

表 1-2 不同国家中长期交易量比例

国家	中长期交易量占比/%	国家	中长期交易量占比/%
法国	87	西班牙	33
英国	85	巴西	90
荷兰	68	匈牙利	90
丹麦	6	斯洛文尼亚	89
挪威	33	美国(PJM 市场)	70~80
芬兰	45	俄罗斯	53
意大利	42	日本	99

3. 信息来源以电力交易中心信息发布为主

电力交易中心具有统计分析与信息发布的功能。

电力交易中心定期发布市场分析报告,既是源于对市场主体诉求的响应,又是自身运营能力、服务水平提升的内在需求。电力市场分析所需要的基础数据涉及电网运营、电力供需、市场环境、交易数据、电价电费执行等方方面面，电力交易中心作为市场交易的枢纽机构，要主动做好数据的衔接与交互工作，确保数据分析的可靠性、专业性，提升数据分析能力，并将市场分析结果作用于市场运营状况的持续改进。

电力交易中心遵循公开透明、及时准确、规范统一、服务优质的原则，公平对待各类市场主体，无歧视地向市场主体发布与市场交易相关的公众信息和公开信息。一是要根据市场主体的诉求和外部监管要求，丰富信息发布的内容，加强信息归纳与统计分析，提高信息发布工作质量；二是要持续优化信息发布流程，拓宽信息发布渠道，提升市场主体信息获得感；三是要严格遵守信息保密规定，严格区分公众、公开、私有信息的发布对象，不得擅自扩大信息发布的范围。

4. 营销过程非常复杂

第一，发电企业的电力能源产品，在发电量一定的前提下，可采用多种方式进行交易，如日前市场交易、中长期合约交易、辅助服务交易、实时交易、期货交易等；第二，采用上述几种交易方式进行交易时，一般情况下电价是不同的，采用的营销策略也应是不同的；第三，各种交易方式下电价的确定都是非常复杂的；第四，在几种交易方式之间如何合理分配电量，使营销风险最小、营销效果最佳是十分困难的事情；第五，电力生产与电力需求在时间、空间上存在着一定的矛盾。上述五方面，决定了发电企业市场营销活动的复杂性。

5. 瞬时性很明显

第一，电力产品最大的特点是发电、输电、配电、用电同时完成，电力产品与一般产品不同，它不能大量储存。电力产品必须做到生产量与需求量的同步。第二，一般产品的生产与将产品送达最终用户可以有一个周期，电力产品从生产到到达终端用户必须同时进行。

6. 营销要素影响的不对称

在一般产品营销中，"营销四要素"（产品、价格、渠道、促销）对目标市场的影响基本是相同的，而在发电企业的市场营销中，"营销四要素"的影响程度并非相当。"四要素"中最活跃的是价格，价格竞争是发电企业竞争的主要手段，价格直接关系到营销的成败，而促销、产品的变化对营销的影响较价格对营销的影响要小一些。

7. 相当长的产品寿命周期

一般而言，一般品牌产品具有典型的产品生命周期，在一定时期后会被新产品所取代，并会根据产品所处的生命周期的不同阶段采取不同的营销策略。电力产品基本可以认为不存在这样的生命周期，在相当长的时期内电力产品无法被取代，只是电力产品的发电形式会发生变化。电力产品销售量受多方面因素的影响，其周期不像一般产品更多地表现为时间的函数。

8. 产品策略难以奏效

作为一般产品市场营销基础的产品策略，在发电企业市场营销中难以起到应有的作用。新产品开发、产品组合策略、包装策略等在发电企业市场营销中没有"市场"。

9. 电力市场营销的差异性

在电力产业中，电力工程的规划建设、电力系统的管理、电网的稳定运行、电力输出的安全性等都与电力市场有很大的关系，可以说电力市场的稳定和正常流通是以整个电力产业为支撑的，电力产业与电力市场是密不可分的，而电力市场营销作为电力市场中的重要组成部分，与电力产业是一个整体，密不可分，电力产业与电力市场相互包容。而电力市场营销的整体性使销售部门在进行销售时，将不同的电力用户连成一个统一的整体，在进行销售组合方案时可以根据其共性策划一个方案组合的基础雏形，并根据不同种类用户的具体情况在其基础上进行改动。

虽然不同领域的电力用户有一定的共性，但其更多的是差异，而且不同的行业用电量的差异也较大，这就使电力市场销售部门不得不根据行业的具体特点和其之间的差异进行定位。除此之外，不同区域由于其经济发展水平不同，电力资源储备不同，其电力市场销售也要根据其进行不同的调整，这导致区域间的电力市场销售也有一定的差异性。

10. 电力营销产品的特殊性

电力产品是商品，但电力是公共产品，其供求状况关系到国计民生，这使得电力市场具有不可放弃性，需求受经济结构、经济发展和价格变化影响较大；电力是无差异的产品，所有的电力供应商的生产标准都是统一的；在同一个网络中，用户消费的电力产品基本同质；电力是生活必需品、需求价格弹性系数较低；电力产品的消费量与价格的相关度不大；电力同步性明显，发电、输电、配电同时进行，生产量与需求量同步；一般产品生产、销售、消费都有周期性，而电力没有。

1.3.3 电力产品营销与其他产品市场营销的关系

1. 电力产品市场营销组合

电力产品市场营销组合有以下内容。

1）电力产品

质量——安全性、清洁性、可靠性，以及为满足用户应达到规定的指标。

品牌——用户可以选择不同名称电力公司的电能，实际上是品牌效应。

保证——电力公司是否有安全可靠的保证措施，如社会承诺、电力抢修。

2）电价

电价包括荷谷电价、荷峰电价、储热储冷电价、居民电价、商业电价、工业电价。

3）电力促销

电力促销包括电力产品展示会、节能措施发布会、用电器经济补助措施等。

4）分销

分销包括发电公司、输配电公司、供电公司、报装服务公司、表计公司、收费公司、监督公司、售电后服务公司等。

5）公共关系

树立电力企业的技术密集、资金密集、优质服务、强大实力的外在、内在形象，并向公众（政府、媒体、社区、用户、内部员工）展示这种形象。

6）政治关系

与政府之间的关系的重要性是电力产品的一大特点。其他的很多产品没有这种特点。尤其是电源建设，电价、电力供应更是如此。

7）优质服务

优质服务是电力产品营销的又一大特点。

2. 电力产品营销与其他产品市场营销的联系与区别

1）电力产品营销与其他产品市场营销的联系

（1）二者均具有传播某种观念，销售某种文化，满足人们某种需要及效用的特点。例如：某种程度上讲，食品是一种饮食文化的载体，体现着一种观念和食品生产商的文化和理念；我们买车并不是买车的本身，而是买一种交通便利（即某种效用）和其本身载有的文化。电力产品满足了人们的某种效用，给人们提供了洁净能源，同时还把电力企业的服务意识、节能与安全用电的观念传播了出去，电力企业所推崇的某种管理理念也传播了出去。

（2）二者均应遵循市场营销学的原理，只不过二者的工作重点、方法和技巧不同而已。这实际上并不奇怪，因为没有两种产品市场营销的方法与技巧上完全相同。电力产品营销不是有没有的问题，而是我们长期重视不够，在供电远远小于需求的年代，人们几乎忘记了电力产品营销的存在。

2）电力产品营销及其组合与其他产品市场营销及其组合的区别

（1）从生产到终端用户时间不同。电力产品从生产到终端用户包括一系列环节，如发电环节、输配电环节、供电环节，然后才到终端用户（工业、商业与居民），但交易过程是瞬间完成的；而其他有形商品从生产到终端用户往往周期很长，而且中间环节较多。

（2）其他产品的市场营销，不仅强调终端营销，而且强调中间过程的营销，如分销、储运、批发、零售；而电力的市场营销，工作重点主要在终端营销，尽管也包括发电市场、输配电市场，但工作重点应在终端营销上，或者是为终端营销服务的。

（3）电力产品的营销组合是"6P+S"，而其他产品的营销组合是 6P's，各自的内涵不尽相同。

1.3.4　市场营销在电力企业中的地位

目前，在我国不少发售电企业中，对市场营销仍存在一些模糊的认识，也不排除偶有电力生产与市场营销孰轻孰重的争议，垄断经营的习惯做法、思维方式依然明显存在。究竟如何看待发售电企业的市场营销，市场营销在发售电企业应具有何种地位是所有发售电企业必须十分清楚的问题。这一问题不解决，"营销不协调症"将会加剧，使发售电企业产生大量内耗。

从社会企业中市场营销地位的发展变化，我们可以得到许多有益的启示。借鉴这些启示，可以使发售电企业的市场营销少走弯路。

从市场营销的发展历史看，最初企业中的市场营销部门与其他部门同等重要。随着市场上出现需求不足的情况，营销部门开始受到更多的关注。此时更有甚者提出，没有顾客也就意味着企业的消亡，所以市场营销应是企业的主要职能。他们将市场营销置于中心位置，而将其他职能当作市场营销的辅助职能。这种创新激起了其他职能部门的不满，他们不甘心当市场营销部门的配角。为了解决各部门间的矛盾，有人提出，企业的中心应当是顾客，一切活动应围绕顾客来进行。因此他们认为，必须采取顾客导向，而且所有职能性业务部门都必须协同配合，以便更好地为顾客服务，使顾客需要得到满足。这样，市场营销又回到了与其他部门同等重要的地位上。持续一段时间后，随着营销实践的发展和市场竞争的加剧，越来越多的企业高层管理人员终于达成共识：市场营销部门与其他职能部门不同，它是连接市场需求与企业反应的桥梁、纽带，要想有效地满足顾客需求，就必须将市场营销置于企业的中心地位。经过数年的考验，这一共识仍被企业所认可。

虽然电力产品有一定的特殊性，发售电企业营销的过程、方式等方面不同于一般企业的市场营销，但所有企业市场营销实质是相同的。就发售电企业而言，在市场营销管理、生产管理、财务管理、人事管理等众多企业职能中，唯有市场营销管理是在市场上或发售电企业外部进行的，而其他管理基本上是内部管理，因此，社会公众往往从发售电企业市场营销工作的好坏看其整体管理水平的高低。而在电力市场环境下，发售电企业市场营销工作的好坏，也确实决定着企业总体效益的高低。因此，对发售电企业而言，无须讨论，从高层领导到一般员工应统一认识，并按照这一认识去行事，即市场营销在发售电企业应处于企业的中心地位。

即测即练

自学自测　扫描此码

第 2 章

电力企业市场营销环境

2.1 经济环境

电力是保障经济发展的重要物质基础,经济环境与电力需求是相互影响的关系。首先,是经济社会快速发展,必将拉动电力需求持续增长,在电力紧张的情况下,拉闸限电会直接影响社会的生产和生活,市场经济条件下,一旦缺电导致电价大幅度上涨,将致使工业产品生产成本的上涨,对社会经济的发展产生负面影响。其次,经济下滑就会导致电力需求下降,给电力行业的发展带来危机。经济发展是波动的,影响因素也千变万化,电力企业市场营销活动只能不断跟踪宏观环境的变化,做出正确的判断和应对措施,才能在电力市场竞争中处于不败之地。

2.1.1 经济发展阶段

电力是现代化生产和生活必不可少的重要动力,也是当代最方便、最容易控制、使用范围最广泛的现代化能源。电力的发展与应用,在相当大的程度上反映一个国家或地区的经济发展水平与人民生活质量。随着发展阶段的变化,电力工业与经济之间的关系也随之变化。

一个国家不同的经济发展阶段,电力工业与经济之间关系是有变化的,经济发展程度越低,对电力的依赖性越小。研究电力工业与经济之间关系可用以下指标:人均装机容量、人均用电量与人均生活用电量、用电结构、电力消费占能源终端消费的比重、发电能源占一次能源总消费量的比重、一个时期的全社会电力消费弹性系数与产业电力消费弹性系数等。

2.1.2 经济增长的高峰期

电力经济是依附经济,电力产品需求是经济增长的引申需求。所以,电力产品的销售不像社会上其他产品的销售可独立完成,其受经济增长的影响较大。

宏观经济发展过程中存在着周期性现象,它主要表现为经济增长速度在不同时期的变化及由此而带来的其他变化,表现为经济增长的高峰期和低谷期,在两者之间,则是代表不同发展趋向的过渡期。这种周期性现象的形成机制比较复杂,但可以肯定,只要发展市场经济，这种现象就是不可避免的。

经济增长的高峰期最明显的表现是：宏观经济增长速度相当快，全社会需求旺盛，建设项目多，企业开工充足，居民收入增长相对较快，金融市场比较活跃。宏观经济增长的高峰期对电力企业带来的正面作用比较显著，整个社会经济活动的活跃，带来了较强的电力需求，甚至会出现电力供应严重不足的情况。同时，地方各级政府部门和电力用户也都理解和支持电力企业的发展，纷纷出台一些优惠政策，以促进当地经济的发展。此时不仅工业用电量提升，而且由于整个社会经济的繁荣，国民收入提高，个人可支配收入相应提高，带动享受资料的消费，生活用电的需求也将提高。这些都是对电力企业市场营销的有利因素。

但是，电力企业在营销中必须注意其中潜在的不利因素：高峰期的电力需求有可能是一个虚假现象，即虚假的市场信号，电力企业应慎重地进行大量投资，以免形成相对过剩的生产能力，因为伴随高峰期的，必然会有一个低谷期。在过渡期，特别是低谷期，与高峰期相比，由于整个社会经济活动的相对萎缩，电力需求的下降是必然的，经济增长高峰期所形成的电力生产能力很可能会大量闲置，造成浪费。高峰期旺盛的电力需求，也会使电力企业寄希望于销售量的增长，忽视内部管理与营销策略，为日后的市场营销留下隐患。

2.1.3 经济增长的低谷期

经济低谷期的表现是：宏观经济增长较慢，全社会需求不足，基建投资少，企业开工严重不足，居民收入增长少，金融市场较为冷清。经济发展的低谷期对电力企业发展会产生不利影响。此时，社会需求不振，生产能力大量过剩，产品销售不旺，社会购买力下降，生产、生活用电需求均下降，由此影响了电力需求量的增长，严重影响了电力企业营销的经济效益。因此，作为电力企业，理所当然地期盼经济发展的低谷期尽快过去。在低谷期主要用促销的方法来缩小电力市场停滞和萎缩给电力企业带来的消极影响。同时，在经济发展低谷期，电力企业由于面临强大的营销压力，不得不注重营销策略，千方百计地降低营销成本，从其他方面提高效益。从这个方面看，经济发展低谷期也是提高营销水平的好时机。

从我国改革开放以来的发展过程来看，经济发展高峰期与低谷期之间的过渡时期往往较短。经济从过热到收缩或从低谷到高峰的过渡，会随着某些宏观政策的调整或外界因素的突然变化而较快完成。对电力企业来说，在这段时期内，要正确把握环境的变化趋势，及时调整营销战略，在环境变化中掌握营销主动权。

2.2 能 源 战 略

国家的能源战略决定着电力行业发展的方向，能源转型对电力市场营销将产生重大影响。随着我国能源转型，作为市场主体的煤电将受到严格的控制，将由电量主体逐渐变为容量主体；市场化扩大占比，随着电力市场改革深化，市场化电力的占比越来越高；

一体化协同发展，电源侧将改变单打独斗的状态，进行"风、光、水、储"一体化发展。

2.2.1 碳达峰与碳中和目标

碳达峰指实现二氧化碳排放总量达到一个历史峰值后不再增长，在总体趋于平缓之后逐步降低。碳中和指我国企业、团体或个人在一个时间段内直接或间接产生的二氧化碳气体排放总量，通过能源替代、节能减排、产业调整和植树造林等方法抵消掉，实现二氧化碳"零排放"。我国承诺将力争在2030年前实现碳达峰，并努力在2060年前实现碳中和。

温室气体大量排放导致全球平均气温正以前所未有的速度上升，全球平均气温的上升导致冰川融化，海平面上升，地球生态系统遭到严峻的挑战，为了人类赖以生存的地球环境，为了我们赖以生存的家园，人类必须做出行动，控制二氧化碳的排放，努力实现碳达峰和碳中和。

电力企业市场营销的逻辑是由量、价、成本三部分决定的，"双碳"目标下新增电量以新能源为主、"绿电"交易助推新能源电价边际提升以及成本下降、实现平价上网为目标。

在"双碳"目标下，国家出台了一系列政策文件支持售电市场发展，为电力企业市场营销带来了难得的政策机遇。2022年1月，国家出台《促进绿色消费实施方案》（简称《方案》），一方面，有利于售电公司参与跨省跨区绿色电力交易，促进分布不均衡的可再生能源通过自由市场实现高效配置；另一方面，引导有使用绿色电力需求的用户直接与发售电企业开展交易，促进绿色电力交易市场化竞争；此外，《方案》要求在电网保供能力许可范围内，对消费绿色电力比例较高的用户在实施需求侧管理时优先保障，售电公司将有望从技术路线、负荷聚合商、虚拟电厂等新业态角度发现新的机遇，"绿电"交易逐步常态化，有望持续溢价交易。

2.2.2 新型电力系统建设

为实现碳中和的目标，中央定调"十四五"构建以新能源为主体的新型电力系统。发挥大电网优势，风、光、水、火互相调剂，跨区域补偿调节，构建以新能源为主体的新型电力系统。构建以新能源为主体的新型电力系统，意味着风电和光伏将成为未来电力系统的主体。新型电力系统建设是实现"双碳"目标的战略举措。

新型电力系统"新"在以下几个方面。

（1）电源结构新。电源结构由可控连续出力的煤电装机占主导，向强不确定性、弱可控性的新能源发电装机占主导转变。

（2）负荷特性新。由传统的刚性、纯消费型，向柔性、生产与消费兼具型转变。

（3）电网形态新。由单向逐级输配电为主的传统电网，向包括交直流混联大电网、直流电网、微电网和可调节负荷的能源互联网转变。

（4）技术基础新。由同步发电机为主导的机械电磁系统，向由电力电子设备和同步机共同主导的混合系统转变。

（5）运行特性新。由以发电充裕度保障、实时平衡、大电网一体化控制的源网协调模式，向更大时间和空间尺度的非完全实时平衡的源网荷储协调模式转变。

新型电力系统是以骨干电网为支撑，具有"风、光、水、火、储"一体化、"源网荷储"一体化、多源协同互补、多网柔性互联、"源网荷储"智慧互动等特征的新型系统，其构建方式和具体技术细节等方面仍处于探索阶段。在电源侧，随着风电、光伏、水电、生物质发电、氢能等新能源大规模接入，需要从常规电源配置、抽水蓄能电站建设、需求侧管理等方面协同发力，推行"新能源+储能"发展模式，实现由"传统源随荷动"向"源网荷储互动"的转变。在电网侧，大力发展特高压，提高通道、电源利用率，促进大规模的新能源或可再生能源并网运营；提高负荷预测及调度能力，支撑新能源大规模接入与消纳，实现削峰填谷。在用户侧，电能替代、分布式光伏、电动汽车蕴含巨大潜能，构建智慧能源系统，建立新型用电方式与供需协同机制，利用数字化手段帮用户做出需求侧响应决策，实现供需互动。

在以新能源为主体的新型电力系统构建下，电源侧、电网侧、负荷侧都面临着系统性重塑，作为连接电力供应和消费的中心枢纽，电力企业市场营销的思路与模式也必将随之转型升级。新型电力系统下，源网双向互动成为新常态，电力市场分布式发电交易、虚拟电厂兴起，需要变革市场机制与风险防控机制。新型电力市场下，电力市场交易品种将更加丰富。随着电力零售侧市场化的推进，除了电能量交易以外，将会增加需求侧就近交易、负荷互济交易等交易品种，分布式发电市场将自然过渡到带有自平衡性质的零售交易市场。

由此衍生的电力市场交易品种、交易方式、交易主体类型都将产生结构性变化，市场机制的支撑力度、市场运行的风险防控难度也将指数级增长。新型电力系统背景下交易机制、市场风险防控机制与新型电力交易需求不匹配将会产生风险：一是在新型电力系统运行特性下，交易机制不匹配将无法充分发挥源网双向市场资源的高效调用；二是市场监管机制将无法适应海量电力市场主体增长趋势下，新型电力市场主体内部交易复杂化、透明程度低而导致的电力市场交易风险。这些问题将在新型电力系统建设过程中，伴随着电力体制改革的不断深化得以解决。新型电力系统在市场机制与技术的推进过程中，紧密贴合新型电力市场交易的各个环节，利用市场引导作用发挥资源特性与价值。同时，调整市场风险防控的方向与深度，重点加强对电力市场虚拟电厂、负荷聚合商等集成性主体的交易行为监控；完善对电力交易品种的穿透式监控方式，为多层次、多元化交易的电力市场发展创造良好运行环境。

2.2.3 全国统一电力市场建设

1. 全国统一电力市场

所谓统一市场，指在一国（或多国、区域）范围内，基于社会分工和市场经济发展基础形成的各地区市场相互开放、规则统一、公平竞争、通达顺畅的市场体系。在统一市场中，市场机制在资源配置中起决定性作用，市场壁垒基本消除，生产者自主经营、平等竞争，消费者自由选择、自主消费，商品和要素自由流动、平等交换。在现代市场经济国家，统一市场是市场机制发挥作用、经济健康稳定运行、经济社会协调发展的基础。

构建全国统一电力市场体系要从以下几方面入手。

1）构建多层次协同的市场体系。"多层次"体现的基本改革思路是以全国市场建设带动地方市场建设，以地方市场建设促进全国市场建设；基础机制探索以地方为主，全国市场则重在与地方探索相衔接融合，逐步分类放开，推进直接交易。

2）构建基础功能健全的市场体系。全国统一电力市场体系中市场主体的态度，即各类资源、各类主体都是要进入市场。各类资源的价值、各类主体的成本或收益，要通过中长期市场、现货市场和辅助服务市场去体现和实现。

3）构建组织运行规范的市场体系。改进市场交易机构与系统运营机构间关系，各层次市场间规则、标准的制定与衔接问题，改进输配电价监管，以及落实信息披露制度要求。

4）构建政府有效有为的市场体系。突出统筹规划的同时强调市场价格信号的引导作用。这一变化意味着电力规划的体制和方法将随市场化改革而相应调整。电力监管体制和应急管理机制也要得到加强和完善。

5）构建支撑系统转型的市场体系。从基础设计和针对性设计两个维度上支撑新型电力系统的市场建设内容，包括与现有制度的对接，提升系统灵活性，确保系统充足性，体现环境价值和推动分布式发展。

电力市场是全国统一市场体系的重要组成部分，要打破省份之间的壁垒，将电力平衡逐步由原有的分省份、分区域平衡模式，向全网一体化平衡模式转变，尤其是在新能源比例不断提高之后，跨省交易的需求扩大，省间交易亟须破局。建设全国统一电力市场可以为电力商品及生产要素自由流动和优化配置创造条件，使经济保持活力和效率。建立全国统一的电力市场，将推动新能源参与市场交易，为新能源开辟更大市场，发挥电力市场能源清洁低碳转型的支撑作用，为实现碳中和目标贡献力量。

2. 健全多层次统一电力市场体系

1）加快建设国家电力市场。充分发挥北京、广州电力交易中心作用，完善电力交易平台运营管理和跨省跨区市场交易机制。适时组建全国电力交易中心，引入发电企业、售电公司、用户等市场主体和有关战略投资者，建立依法规范、权责分明的公司法人治理体系和运营机制；成立相应的市场管理委员会，完善议事协调和监督机制。

2）稳步推进省（区、市）/区域电力市场建设。充分发挥省（区、市）市场在全国统一电力市场体系的基础作用，提高省域内电力资源配置效率，保障地方电力基本平衡，开展跨省跨区电力中长期交易和调频、备用等辅助服务交易，优化区域电力资源配置。

3）引导各层次电力市场协同运行。有序推动国家市场、省（区、市）/区域电力市场建设，加强不同层次市场的相互耦合、有序衔接。条件成熟时支持省（区、市）市场与国家市场融合发展，或多省（区、市）联合形成区域市场后再与国家市场融合发展。推动探索组建电力交易中心联营体，并建立完善的协同运行机制。

4）有序推进跨省跨区市场间开放合作。在落实电网安全保供支撑电源电量的基础上，按照先增量、后存量原则，分类放开跨省跨区优先发电计划，推动将国家送电计划、地方政府送电协议转化为政府授权的中长期合同。建立多元市场主体参与跨省跨区交易的机制，鼓励支持发电企业与售电公司、用户等开展直接交易。加强跨省跨区与省内市场在经济责任、价格形成机制等方面的动态衔接。加快建立市场化的跨省跨区输电权分配和交易机制，最大程度利用跨省跨区富裕通道优化电力资源配置。

3. 完善统一电力市场体系的功能

1）进一步发挥中长期市场在平衡长期供需、稳定市场预期的基础作用。完善中长期合同市场化调整机制，缩短交易周期，提升交易频次，丰富交易品种，鼓励开展较长期限的中长期交易，规范中长期交易组织、合同签订等流程。推动市场主体通过市场交易方式在各层次市场形成分时段电量电价，更好拉大峰谷价差，引导用户削峰填谷。

2）引导现货市场更好发现电力实时价格，准确反映电能供需关系。组织实施好电力现货市场试点，支持具备条件的试点不间断运行，逐渐形成长期稳定运行的电力现货市场。推动各类优先发电主体、用户侧共同参与现货市场，加强现货交易与放开优先发用电计划、中长期交易的衔接，建立合理的费用疏导机制。

3）推动电力辅助服务市场更好体现灵活调节性资源的市场价值，建立健全调频、备用等辅助服务市场，探索用户可调节负荷参与辅助服务交易，推动"源网荷储"一体化建设和多能互补协调运营，完善成本分摊和收益共享机制。统筹推进电力中长期、现货、辅助服务市场建设，加强市场间有序协调，在交易时序、市场准入、价格形成机制等方面做好衔接。

4）培育多元竞争的市场主体。有序放开发用电计划，分类推动燃气、热电联产、新能源、核电等优先发电主体参与市场，分批次推动经营性用户全面参与市场，推动将优先发电、优先购电计划转化为政府授权的中长期合同。严格执行售电公司准入标准和条件，引导社会资本有序参与售电业务，发挥好电网企业和国有售电公司重要作用，健全确保供电可靠性的保底供电制度，鼓励售电公司创新商业模式，提供综合能源管理、负荷集成等增值服务。引导用户侧可调负荷资源、储能、分布式能源、新能源汽车等新型市场主体参与市场交易，充分激发和释放用户侧灵活调节能力。

4. 统一电力市场体系的交易机制

1）制定市场准入退出、交易品种、交易时序、交易执行结算等基本交易规则，以及统一的交易技术标准和数据接口标准。各地组织省（区、市）电力交易中心依照基本交易规则制定本地交易细则。推动交易中心之间在技术和数据标准方面有效衔接、总体一致。

2）改革完善煤电价格市场化形成机制，完善电价传导机制，统一规范各地电力市场价格规则，有效平衡电力供需，提升跨省跨区输电价格机制灵活性，探索跨省跨区交易按最优路径组合等方式收取输电费用。

3）加强电力交易中心与电网企业业务协同，推动规划、营销、计量、财务、调度等信息的互通共享。提升电网智能化水平，加强电力运行调度和安全管理，依法依规落实电力市场交易结果。

4）落实信息披露制度要求，规范披露流程，依法依规披露电网安全约束条件、跨省跨区可用输电能力等关键信息。建设统一信息披露平台，健全信息安全保障机制，确保电力运行信息安全可控。

5)《国家发展改革委 国家能源局关于加快建设全国统一电力市场体系的指导意见》（发改体改〔2022〕118号）首次提出了几个方向值得关注：推动电网企业输配电业务和购售电业务分开核算；注重发挥市场价格信号对电力规划建设的引导作用；完善电力应急保供机制；对报价未中标电量不纳入弃风弃光电量考核；在现货市场内推动调峰服务；因地制宜建立发电容量成本回收机制；特别值得注意的是，"以新能源为主体的新型电力系统"变更表述为"有更强新能源消纳能力的新型电力系统"；健全分布式发电市场化交易机制。鼓励分布式光伏、分散式风电等主体与周边用户直接交易，完善微电网、存量小电网、增量配电网与大电网间的交易结算、运行调度等机制，增强就近消纳新能源和安全运行能力。

2.3 政策环境

能源政策历来是电力企业市场营销关注的焦点，在任何电力体制下，电力企业市场营销活动都必定受到政策环境的规范、强制和约束。这种环境，主要由法律法规、政府机构、公众团体所构建，无论哪级政府的方针政策，对电力企业市场营销活动，都会产生极大影响。尤其是在日益激烈的市场竞争中，电力企业营销在了解和分析能各种政策的基础上，对电力营销市场的形势进行有效分析，才能制定正确的决策。

2.3.1 能源政策

能源政策指一个国家（地区）或国际组织围绕能源生产、供应、消费所制定的一系列方针和策略，涉及能源产品价格、国家国际经济发展趋势，各国能源战略储备和能源价格争夺和对冲博弈等多方面的行动纲领和政策规划的一种微观或宏观的策略，能源政策实质上反映政策是鼓励使用能源还是限制使用能源。近年来，国务院、国家发改委、国家能源局等多部门都陆续印发了支持、规范新能源行业的发展政策，内容涉及新能源行业的发展技术路线、产地建设规范、安全运行规范、能源发展机制和标杆上网电价等内容。

随着新型电力系统建设，我国以风电、光伏发电为代表的新能源发展成效显著，装机规模稳居全球首位，发电量占比稳步提升，成本快速下降，已基本进入平价无补贴发展的新阶段。同时，新能源开发利用仍存在电力系统对大规模高比例新能源接网和消纳的适应性不足、土地资源约束明显等制约因素。2022年5月14日，国家发展改革委、国家能源局发布《关于促进新时代新能源高质量发展的实施方案》（以下简称《实施方案》），《实施方案》在新能源的开发利用模式、加快构建适应新能源占比逐渐提高的新型电力系统、完善新能源项目建设管理、保障新能源发展用地用海需求和财政金融手段支持新能源发展等方面做出了全面指引。

坚持以电力为中心的能源发展理念，把电力作为一次能源清洁转化利用的重要方向，通过提升电气化水平提高能源利用效率，尽早实现能耗"双控"向碳排放总量和强度"双控"转变，都会对电力需求产生负面或正面的影响。能源结构是由价格决定的，不同能源品种之间存在相互替代和可竞争性。比如电和煤、煤和油、煤和气、油和气之间，只要有一定的转换成本都可以相互替代。因此，决定能源结构的就是不同能源品种的相对价格。可再生能源占比如何提高？可再生能源可以依靠技术进步来降低自身成本，但更重要的是通过碳价机制理顺能源价格关系，进而提高可再生能源占比。完整的燃煤电价不但要包括生产成本，还要涵盖污染物排放和碳排放所产生的外部性社会成本，尤其是污染物排放和碳排放对居民健康和气候变化的负面影响。只有当通过碳交易或碳税的市场化政策形成碳价时，才能使煤电价格真实反映其全部成本，从而更加有利于可再生能源发电替代煤电。近年来，我国积极推行绿色照明，节能电机、风机、水泵、蓄冷空调和热电冷联供的热电厂，可以大量节约电量或容量；相反，由于电力供求缓和，电力部门放宽对电力空调、电炊具等大耗电家用电器的限制，就可能扩大电力需求。

2.3.2 电改新政

为贯彻落实党中央、国务院决策部署，加快推进电价市场化改革，完善主要由市场决定电价的机制，保障电力安全稳定供应，国家发展改革委印发《关于进一步深化燃煤发电上网电价市场化改革的通知》（发改价格〔2021〕1439号），部署进一步深化燃煤发电上网电价市场化改革工作，文件看似是针对燃煤发电上网电价进行市场化改革，实际是出台了一项重大的电改新政。

此次改革明确了四项重要改革措施。一是有序放开全部燃煤发电电量、上网电价。燃煤发电电量原则上全部进入电力市场，通过市场交易在"基准价＋上下浮动"范围内形成上网电价。二是扩大市场交易电价上下浮动范围，将燃煤发电市场交易价格浮动范围由现行的上浮不超过10%、下浮原则上不超过15%，扩大为上下浮动原则上均不超过20%，高耗能企业市场交易电价不受上浮 20%限制。三是推动工商业用户都进入市场，取消工商业目录销售电价，有序推动尚未进入市场的工商业用户全部进入电力市场，对暂未从电力市场直接购电的工商业用户由电网企业代理购电，对退出市场交易的用户，执行 1.5 倍代理购电价格，鼓励地方对小微企业和个体工商户用电实行阶段性优惠政策。四是保持居民、农业、公益性事业用电价格稳定，居民（含执行居民电价的学校、社会福利机构、社区服务中心等公益性事业用户）、农业用电由电网企业保障供应，保持现行销售电价水平不变。

代理购电是一个过渡性措施，要求尽快缩小代购规模，也就是说在推进电价市场化的中间过程中，电网作为代理购电主体，要逐渐退出电力市场，转由用户向发电企业直接购电，由发电企业参与电价市场竞争。并且该文件的执行期限是 2022 年底，也反映了其作为过渡性措施的性质。各地政府要结合当地电力市场发展情况，不断缩小电网企业代理购电范围。紧接着出台的《国家发展改革委办公厅关于组织开展电网企业代理购电工作有关事项的通知》（发改办价格〔2021〕809 号），对电网企业代理购电做了工作部署，该文件规定非常细致，已不需要各省再制定实施细则，直接落实即可。

总的来看电改新政发生了三个变化：一是煤价过快上涨被压制，发电成本可控可期；二是取消上网标杆电价和目录电价；三是工商业电量全部进入市场。这对电厂和售电公司是个机会，电网将面临新的挑战。在推进电价市场化的中间过程中，电网作为代理购电主体，要逐渐退出电力市场，转由用户向发电企业直接购电，由发电企业参与电价市场竞争，这是个大变革，具体电网代理购电什么时候结束，还要由电力供求情况和有关部门判定。

电改新政出台，意味着我们正面临电力工业发展中心变化的时代。改革开放以来，电力工业曾经历了发电中心时代和电网中心时代。

改革开放初期，各地缺电相当严重，中央强调经济要发展，电力工业必须先行。能够筹集到资金、建设电厂、发出电能，是发展的核心目标，这就凸显了以发电为中心的时代，出现"重发、轻供、不管用"的电力管理客观状况。

我国电力短缺时期提出"安全用电、节约用电、计划用电"，行业存在"电老虎"现象。调度、计划、交易等公权力放置在电网公司内部，无论是电厂建设与并网，还是"公平、公正、公开"电力调度，发电企业在电网公司面前都"底气不足""见人矮三分"。

现在电力行业正从电网中心时代向用户中心时代过渡。数以万计的工商业用户自主参与到了电力交易中，电力用户的"主人翁"意识得以唤醒。2021年10月，《国家发展改革委关于进一步深化燃煤发电上网电价市场化改革的通知》（发改价格〔2021〕1439号）和《国家发展改革委办公厅关于组织开展电网企业代理购电工作有关事项的通知》发布，工商业用户将全面进入市场，意味着用户中心时代已经到来。

用户中心时代，配售电正在加速重构。配售电领域正在悄然变革，配售电体系必将加速重构，电力系统在广大电力用户的参与和主导下，将发生翻天覆地的革命。用户身处的配售电环境中，电力生产力快速发展带来这样的事实：碳达峰、碳中和目标确定后，能源清洁低碳转型成为共识，各工业企业谋划加快设备改造、深度电气化，分布式能源建设"四面开花"；碳达峰、碳中和目标下配售电重构，新型电力系统背景下配售电重构，城市工业园区配售电重构，乡村振兴战略下农村配售电重构，电力市场在支持配售电以虚拟电厂形式进行重构。

2.3.3 《售电公司管理办法》

2021年11月，国家发改委、国家能源局正式印发了《售电公司管理办法》，文件明确了售电公司注册条件、注册程序及相关权利与义务等内容。新增要求包括：售电公司应拥有10名及以上具有劳动关系的全职人员；参与电力批发市场的售电公司技术支持系统应能接入电力交易平台；董事、监事、高级管理人员、从业人员无失信被执行记录；其他地区推送的售电公司在售电业务所在行政区域需具备相应的经营场所、技术支持系统后，平等参与当地电力市场化交易。该办法规定注册条件对于人员关系、办公场所要求更加严格，对小售电公司来讲提高了运营成本。

权利与义务：多个售电公司可以在同一配电区域内售电。同一售电公司可在多个配电区域内售电。可向用户提供包括但不限于合同能源管理、综合节能、合理用能咨询和用电设备运行维护等增值服务，并收取相应费用。

履约保函要求：履约保函提交标准为方式1和方式2计算的最大值。①过去12个月批发市场交易总电量,按标准不低于 0.8 分/kW·h;②过去 2 个月内参与批发、零售两个市场交易电量的大值,按标准不低于 5 分/kW·h。现货市场地区,地方主管部门可以根据市场风险状况,适当提高标准,具体标准由各地自行确定。

保函标准大幅提升,若售电公司年代理电量为 12 亿 kW·h,按照上一版标准需提交年度履约保函额度 400 万元。按照此标准,需提交履约保函至少 1000 万元。对于大型售电公司来讲,资金压力明显增大。

保底售电:售电公司可申请成为保底售电公司。保底售电公司可承接退市售电公司所代理用户,保底零售价格按照电网企业代理购电价格的 1.5 倍执行。保底售电公司须将保底售电业务单独记账、独立核算,并定期将相关价格水平、盈亏情况上报地方主管部门。成为保底售电公司可成为售电公司经营稳定、信用良好、资金储备充足、人员技术实力强的证明,可成为用户选择售电公司的参考标准之一。

电力体制改革,没有售电公司的参与是不完整的。随着经营性用户全面入市、交易价格浮动范围扩大及现货试点的深入推进,售电公司的经营风险成倍增加。售电公司不能像以往简单地"倒一手",遵纪守法、规范经营、风险管控、技术加持,才是售电公司的唯一出路。《售电公司管理办法》的及时发布,既是对优秀售电公司的保驾护航,也是对"皮包"售电公司的震慑。

2.4　科　技　环　境

在科学技术快速发展的今天,传统的电力企业营销手段已经无法适应电力市场的发展。科学技术的进步将改变电力行业的发展模式、电力交易模式和手段、客户的电力消费模式和需求结构;科学技术的发展将加快能源电力替代,影响电力企业的营销决策。因此,电力企业市场营销需要寻求新的创新路径,转变发展方向。

在这种环境下要树立创新型的管理理念,紧跟时代脚步,通过科学合理的管理方式,推动电力企业的市场营销发展,提高电力企业在市场上的核心竞争力。

2.4.1　数字化

数字化是将许多复杂多变的信息转变为可以度量的数字、数据,再以这些数字、数据建立起适当的数字化模型,把它们转变为一系列二进制代码,引入计算机内部,进行统一处理,这就是数字化的基本过程。在这个数字化技术日益成熟的年代,电力营销服务在电力行业已经成为一项系统工程,所包含的服务环节也相当多,如果不能够形成完善的电力营销服务体系,那么将对电力行业的发展产生相当大的负面影响。怎样才可以让电力营销服务越来越全面,怎样提升电力企业营销服务的能力,已是电力企业市场营销所面对的重大课题。

随着电力系统和经济社会数字化转型,要想落实电力行业的可持续发展,电力营销是最为重要的途径之一,由此电力企业营销进入了一个崭新的大数据时代。大数据不仅能够协助处理庞大的数据,还可以通过后续的整合分析,确认其中的关键节点,深入探索电力营销大数据的应用价值，借助大数据强势的信息收集和整合能力，对客户进行定位化、精准性营销，使客户满意度得到有效提升。

电力企业需要开发数据系统，建设完善的大数据电力系统体系，将电力企业内各个服务环节融合到大数据电力服务系统中，通过电力网络营销完成配电协调等工作。电力企业需要融合企业内所有的专业与部门，建立完善的电力管理系统，通过大量的数据运作共享电力资源技术，建立以数据库中的地理信息数据、顾客信息数据为基础的完善的配电数据库。电力企业内所有相关工作人员做好从传统的营销模式转变为大数据系统营销的工作过渡。所有相关工作人员必须具备基本的网络操作能力及电力销售知识，通过掌握全方位的大数据营销手段，建立电力营销模式，做好相应电网配电营销协调系统，招募与培养专业的工作人员。

在数字化时代，在电力企业的市场营销活动过程中，企业要建立完善的信息管理平台，合理利用网络资源，为企业营销管理和发展提供更多便捷的服务，同时也能够促进用户体验的效率。从企业的角度来看，信息管理平台的开放，不仅能够将企业各部门的情况公之于众，实现各部门之间高效沟通、协调发展的可持续性，而且也有利于在企业管理的过程中，帮助企业管理者节约成本，提高管理效率；从客户的角度来看，他们可以通过信息技术平台及时了解到企业运行状况，打消他们的猜测和疑虑，提高企业的知名度；另外，他们也可以通过平台上的用户意见反馈、在线信访等功能，对服务人员上门装电、修理电路的行为准则进行监督和评价，让售电企业第一时间了解到用户的意见，及时对电力营销工作进行改造更新，由此提高企业员工的服务质量，帮助售电企业通过用户评价功能，真正了解每一位员工的真实工作状态，做到对每一位员工奖惩分明，提高员工对用户的服务态度和服务理念。

在完善的电力大数据系统和新颖的电力营销平台建立好后，需要控制和管理系统及数据的安全性。电力企业需要明确划分系统网络，将其分为应用层网络和用户层网络两个层面，科学合理地制定针对性的安全管理方案，提高网络的稳定性、可靠性、安全性和可循性。电力企业的营销效果及电商平台的建立都需要安全稳定的系统及数据作为支撑，因此电力企业需要高度重视网络信息的安全性，提前做好网络信息风险评估，针对可能发生的信息风险提前做好防范工作。电力企业可利用防火墙、杀毒软件、加密技术、身份验证等一系列的安全手段避免黑客恶意进入网站给用户及企业本身造成麻烦和损失。此外，电力企业营销网络系统的完整性与真实性也较为重要。电力企业营销管理人员需要做好定期的安全教育与培训，不断提高工作人员网络环境的安全管理意识，提高电力企业电力营销系统及数据的安全性和可靠性，保障电力企业的营销管理工作在企业高层领导的高度重视下，正常、有序、可靠、可依、顺利地开展。

2.4.2 能源互联网

美国学者杰里米·里夫金在其《第三次工业革命》中首次提出"能源互联网"概念：一种深度融合可再生能源系统、电力电子技术与信息通信技术的新型能源体系。能源互联网可理解为综合运用先进的电力电子技术、信息技术和智能管理技术，将大量由分布式能量采集装置、分布式能量储存装置和各种类型负载构成的新型电力网络、石油网络、天然气网络等能源节点互联起来,以实现能量双向流动的能量对等交换与共享网络。

1. 能源互联网的特征

1)可再生。可再生能源是能源互联网的主要能量供应来源。可再生能源发电具有间歇性、波动性,其大规模接入对电网的稳定性产生冲击,从而促使传统的能源网络转型为能源互联网。

2)分布式。由于可再生能源的分散特性,为了最大效率地收集和使用可再生能源,需要建立就地收集、存储和使用能源的网络,这些能源网络单个规模小,分布范围广,每个微型能源网络构成能源互联网的一个节点。

3)互联性。大范围分布式的微型能源网络并不能全部保证自给自足,只有互联起来进行能量交换才能平衡能量的供给与需求。能源互联网关注将分布式发电装置、储能装置和负载组成的微型能源网络互联起来,而传统电网更关注如何将这些要素"接进来"。

4)开放性。能源互联网应该是一个对等、扁平和能量双向流动的能源共享网络,发电装置、储能装置和负载能够"即插即用",只要符合互操作标准,这种接入是自主的,从能量交换的角度看没有一个网络节点比其他节点更重要。

5)智能化。能源互联网中能源的产生、传输、转换和使用都应该具备一定的智能。

2. 能源互联网时代的营销模式

能源互联网不仅具备传统电网所具备的供电功能,还为各类消费者提供了一个公共的能源交换与共享平台,能源互联网是能够与消费者互动的、存在竞争的一个能源消费市场,只有提高能源服务质量,才能赢得市场竞争。能源互联网时代的营销模式和现有的互联网业务逻辑存在很多本质的区别,传统的互联网商业模式是交易流程驱动的,最典型的就是电子商务,是围绕着交易过程而形成的业务,其核心价值点在于依托互联网平台,以零边际成本的方式,极大降低了交易双方的成本,替代了传统的商场或交易中介机构,互联网平台本身成为交易的聚合点,这就信息时代的互联网商业模式。而能源互联网、物联网时代,其商业模式的本质发生了巨大的变化,其原生的驱动力在于通过数据对价值的发现来实现,进而降低包括交易成本在内的综合财务成本。例如,通过能耗数据,发现可以进行能效改善的地方并通过节能改造实现电费支出的下降。所以,在能源互联网时代,电力企业市场营销的核心竞争力,并不是互联网平台聚集了多少用户,而是具备强大的数据分析和业务理解能力,这时电力企业的价值并不在于占有用户的数量,而是管理的设备数量、每个设备的综合成本大小,以及能够从中挖掘出的数据价值。

3. 营销业务的演进

能源互联网与现行的能源体系不同,是一种全新的业态,在能源互联网结构中,人人既是消费者,又可以成为生产者,如果把能源互联网比作"能源淘宝网",那么这个"能源淘宝网"就不再是单边交易,也不是双边交易,而是多边交易,各类市场主体在这个市场里既自由竞争,又相互协作,最终实现能源效率最优和能源价值的最大化。

能源互联网建设使得能源网与信息网结合更加紧密,电力市场从有限的信息交互演变为多方参与的能力与信息对等交换，能源互联网中各类市场主体及各系统节点的联系将更加紧密，这也对数据采集、传输与交互也提出了更高要求。由于电力市场具有分级运营、多方合作、联动结算等特点，能源互联网中的电力企业市场营销相关业务，围绕电力市场这个核心逐层展开，每一层内部业务相互贯穿，层与层之间形成相互的关联交互。

第一个圈层的相关业务是电力商品交易、市场监管、需求侧响应交易、辅助效劳交易、调度运行、结算等，是围绕电能及相关商品的交易、结算和调度，这是市场公共职能的局部。

第二个圈层是售电公司的核心业务模块，包括能源金融、人财物管理、辅助决策、资产管理、客户营销、交易管控、能源调度等。

第三个圈层是围绕售电业务而衍生或深化出的专业应用，包括虚拟电厂、分布式能源、辅助决策、节能增效、运维外包、检修抢修、需求响应、负荷预测、成本管理、风险管控等，这些业务支撑起售电公司的核心业务。从某种程度上说，这些业务中也构成了售电公司的增值服务业务，甚至不少售电公司已经从可以开展的增值服务入手，抢占售电的先机，如节能增效、运维外包等。

2.4.3 区块链

区块链就是一个又一个区块组成的链条。每一个区块中保存了一定的信息，它们按照各自产生的时间顺序连接成链条。这个链条被保存在所有的服务器中，只要整个系统中有一台服务器可以工作，整条区块链就是安全的。这些服务器在区块链系统中被称为节点，它们为整个区块链系统提供存储空间和算力支持。如果要修改区块链中的信息，必须征得半数以上节点的同意并修改所有节点中的信息，而这些节点通常掌握在不同的主体手中，因此篡改区块链中的信息是一件极其困难的事。

1. 区块链的特征

1）去中心化。区块链技术不依赖额外的第三方管理机构或硬件设施，没有中心管制，除了自成一体的区块链本身，通过分布式核算和存储，各个节点实现了信息自我验证、传递和管理。去中心化是区块链最突出最本质的特征。

2）开放性。区块链技术基础是开源的，除了交易各方的私有信息被加密外，区块链的数据对所有人开放，任何人都可以通过公开的接口查询区块链数据和开发相关应用，因此整个系统信息高度透明。

3）独立性。基于协商一致的规范和协议（类似比特币采用的哈希算法等各种数学算法），整个区块链系统不依赖其他第三方，所有节点能够在系统内自动安全地验证、交换数据，不需要任何人为的干预。

4）安全性。只要不能掌控全部数据节点的51%，就无法肆意操控修改网络数据，这使区块链本身变得相对安全，避免了主观人为的数据变更。

5）匿名性。除非有法律规范要求，单从技术上来讲，各区块节点的身份信息不需要公开或验证，信息传递可以匿名进行。

随着电力市场的不断开放，参与电力交易主体的多元化日趋明显，电力服务的交易方式和定价机制日趋复杂。因此，需要采用有效的电力交易技术，确保电力交易系统的安全性和高透明度，尽可能降低信用成本和交易成本。将区块链技术应用于电力营销，达成了利用智能合约存储电力交易信息，通过计算机自动执行的电力交易方案，使结算过程变得更加简单并呈现出结构化。利用密码学方式保证不可篡改性和不可伪造性的分布式账本"记账"，保证了电力交易系统的安全性和高透明度。此外，区块链准确记录了所有历史交易，保证了交易信息的可追溯。

2. 电力交易系统区块链的具体应用

对于以区块链为技术基础的电力交易系统，区块链技术作为一项底层技术，可应用于交易过程的如下数个环节。

1）电力交易计费介质。交易介质是区块链系统的核心部件，与比特币和以太币类似，在将电力虚拟为数字资产时，选用"电力币"作为交易介质，可以促进电力交易系统区块链的发展。

2）电力的登记发行。电力的登记发行用来表示在任意某时间发电厂能够生产电量的多少。在电力交易系统区块链中，将电力虚拟化为数字资产"电力币"，并在区块链上登记发行，用户可以以购买实际商品的方式购买电力。

3）电力买卖交易。电力生产商将电能发行到区块链上，用户（个人或企业）通过电力交易平台或线下点对点的方式即可进行电力买卖交易。该过程的交易信息包含买家和卖家信息、电价信息和交易电量等。

4）电费收缴与补贴发放。作为传统电力交易系统的一项重要工作，电费收缴往往会耗费较多人力。基于区块链的电力交易系统可以较轻松完成电费收缴的任务。利用区块链技术，既可以在使用过程中实时收缴电费，又可以记录并分辨电能是否为环保能源，配合政府的补贴政策对环保电力能源的生产和消费予以鼓励。

5）电力支付清算。采用"电力币"记录电力交易信息有助于缓解电力支付清算结算压力。利用区块链技术，在节点上运行分布式交易程序和智能合约技术，无须经由银行即可实现电力支付实时清算结算。

电力交易可以作为信息打包成为区块，区块内的电力交易基于共同市场机制完成。数字化贯穿整个能源价值链，越来越多大型能源公司和大宗商品交易商进军区块链领域。以石油交易为例，其传统模式存在流程长、节点多、周期久、风险高、设计实体多、占用资金多等不足。石油交易长期以来主要通过生产商、供应商、承包商、分包商、炼油商和零售商进行，追踪原油的实时转移基本无法实现。石油交易中引入区块链技术可以按照预先设置的触发条件自动执行买卖条款，推进电子文件、智能合同和认证转让，不仅能够帮助企业实现前所未有的效率，还降低了交易成本和风险。

在绿色、低碳、节能交通的背景下，越来越多的购车消费者选择电动汽车。但目前在电动汽车的即时充电应用场景中，面临着多家充电公司支付协议复杂、支付方式不统一、充电桩相对稀缺、充电费用计量不精准等问题。区块链在解决这些问题上提供了技术方案。将其用于充电站运营平台，有利于改善电动汽车充电的不便之处，对充电基础设施进行有效管理，强化安保系统，促进共享电池和共享能量的共同作用。一方面，利用区块链的去中心化和不可篡改属性确保了电动汽车充卖电交易安全,保护交易双方的利益;另一方面,通过区块链对交易的记录为监管部门进行管理提供了便利,增加了数据的可信度。

3. 电力交易系统区块链交易过程

电力交易系统的区块链交易过程,重视利用区块链交易记录的不可篡改性和不可否认性,可准确记录电力交易的全过程。其核心步骤如图 2-1 所示。

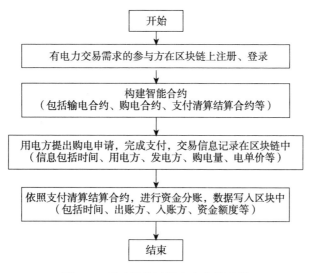

图 2-1 基于区块链的电力交易过程

4. 区块链技术在电力交易中面临的挑战

虽然区块链技术在电力交易中显示了良好的前景,但区块链技术并非万能,它的核心优势是将集中管理变更为分布式,却没有提高系统性能。了解区块链技术应用于电力交易系统面临的挑战,有助于建立符合我国国情的基于区块链技术的电力交易系统。

1)区块链的运算处理性能问题。区块链技术的应用方式包括分布式记账和多节点共识,但是这种应用对于系统的处理性能会产生很大的影响。通过分析可以得知,对于那些交易的具体项目,会出现一种高负荷的应用。在具体的电力交易过程中,每天所处理的运算量都是极其庞大的,但是对于区块链服务来讲,它无法满足如此庞大的问题处理。目前,大部分的电力交易单位都在运用多共识节点的区块,这样就可以实现在生产环境中的快速处理,满足现阶段的电力交易需求。而随着区块链技术的不断发展,可以使用多级缓存、分层分区共识等较为先进的技术,来对这种算法进行不断优化,从而大大提高处理的性能,并且不断满足未来的电力交易服务需求。

2)区块链的储存容量问题。区块链技术在应用时,对于数据会有相当高的要求,因此采取的分布式记账方式也同样需要更大的储存容量,然而在对具体的数据进行储存时,其数据量相当大。某些业务的存证及跨链交互信息,需要有极大的储存量才可以将其容纳。因此,许多交易系统都通过对于储存量的不断扩展,来暂时满足区块链系统的储存容量。未来面对市场主体的不断增长和各种交易的业务扩展,所实行的措施可以通过两方面来解决：一是不断采取灵活方式扩展储存空间；二是采用新型的储蓄技术，如分级储存、数据归档等来不断提高储存容量。

3）区块链安全风险问题。区块链技术可以在算法上使各个节点之间建立信任，但是在具体使用时却难以同时将性能和安全都放在首要的位置。因此，在使用时，难免会疏于对区块链安全的监管。为了可以在大容量上保证数据存储，需要引入双链模式，这样才可以在保证性能的同时，提高用户的身份隐私度。

4）数据维护问题。每个人都有电力交易需求，使得基于区块链技术的电力交易系统包含海量的节点。此外，每一节点自身存储的数据量极大，所以对项目的总体数据进行信息筛选、管理和维护极其困难。

5）效率及共识问题。效率和共识之间的非此即彼矛盾，一向是区块链系统面对的重大挑战。在能源行业，效率和共识同样重要。因此，如何在不同场景内进行适当取舍，以及未来如何能够根据具体情况的发展而进化，对于"区块链＋售电"来说是一个艰巨挑战。更何况目前没有任何一个主链平台是可以立即实现商用的，甚至在短期内都不太可能做到这一点。因此，"区块链+售电"应用的技术选型的不确定性非常大。

国外几乎所有的"区块链+售电"没有一个项目能够投入商用。有些"明星"项目甚至已经中止，还有一些项目仍然在开发中，至于何时能够投运，开发团队也不知道。因此，对于中国企业来说，有必要深度研究，谨慎决策，避免陷入为"区块链而区块链"的"死胡同"。

2.5 竞争环境

电力企业市场营销活动能否成功，不仅取决于其能否适应宏观环境的变化，还取决于其能否适应竞争环境的变化，竞争环境一般指的是中观环境，主要包括供应商、客户、竞争者的情况。

2.5.1 供应者

电力行业重要的供应者有两个——电煤供应者和发电商。电煤供应者一般只对接燃煤电厂，在新型电力系统建设中，煤电发挥着"压舱石""顶梁柱"的作用。电煤供应者的价格和质量制约着燃煤电厂的市场竞争能力，如果煤价高位震荡和煤质波动加大，会给煤电企业运行和营销造成严重困难。电煤供应商哄抬价格的主要表现形式有三种：一是煤炭生产企业在成本未发生明显变化的情况下，大幅提高销售价格；二是增加交易环节，将煤炭销售给关联贸易公司，通过关联贸易公司层层加价，抬高价格；三是以"化工煤"名义签署确认函，但实际销售动力煤，通过规避长协限价方式推高价格。电煤供应商不执行政府定价的主要表现形式为自立项目、自定收费标准，增加煤炭交易成本。为保障电力安全稳定供应，国家发改委表示，必须通过稳煤价进而稳电价、稳企业用能成本，为实现经济稳增长提供强力支撑。国家市场监督管理总局进一步规范电煤供应价格秩序，加强对电煤价格的监管，明确法律红线，明确自 2022 年 5 月 1 日起，山西煤炭、陕西煤炭、蒙西煤炭、蒙东煤炭（3500 kcal）现货价格若每吨分别超过 855 元、780 元、690 元、450 元，如无正当理由，则被视为哄抬价格，对哄抬价格的煤炭供应者将依法处罚。

售电企业购电的供应者包括燃煤发电、风力发电、光伏发电、核电和水电等，这些发电商是一支越来越重要的竞争环境力量。从理论上讲，发电企业有着行使水平市场力的客观因素，发电企业可以利用电力生产本身的特殊性。例如：自身机组在调频方面有优势的发电厂商，可以通过影响辅助市场和实时市场获得高额利润；发电厂商之间建立联盟，由于竞价上网的报价每日都反复进行，发电厂商容易有意或无意达成联盟，协作博弈，共同提高报价；发电厂商策略报价，发电厂商往往采用一定的报价策略与对手博弈，竞争对手的报价越高，机组的市场力也就越大；电量屯留，发电厂商通过持留电力来控制自己的可调容量，从而达到提升电力市场出清价、获取超额利润的目的。但是实际中，上网电量与价格一般都由国家或地方政府核定。因此对于我国的发电企业来说，水平市场力的使用极其有限，并且效果也微弱，水平市场力的缺失使得发电企业陷于市场中的被动地位，被买方市场力严重牵制。

2.5.2 竞争者

竞争是电力市场营销最大的特点。电力企业将凭借自身实力，与竞争对手在燃料供应、生产运营、电价制定、调度上网、市场开拓、社会关系及形象等进行全方位的竞争。进行竞争者分析，有利于企业确认竞争对手未来的战略和计划，电力企业根据对市场、自身及竞争对手的战略方向，在制定战略目标的基础上，设计营销策略，优化决策，以增强竞争力，确保在电力市场竞争中立于不败之地。

电力企业的竞争者，包括电力企业同业之间的竞争者，以及电能与其他可代替能源之间的竞争者。售电过程中除了价格之外，服务是同业竞争的重要手段，电力企业要创新服务意识，提高服务质量，最大限度地为广阔客户供应便利、快捷、优质、高效的服务。电力与其他可代替能源的竞争，是以提高电能的终端能源市场占有率为目标的不同行业之间的竞争。电力企业必须努力实施环保与可持续发展战略，乐观推动电能消费，不断推动用电技术进步，提高全社会终端电能应用效率。

在售电市场，市场主体各有自己的优势和不足，最终比拼的还是综合成本、服务水平和决策能力。竞争者市场竞争力要素体系涵盖内容应主要包括：市场报价竞争能力，主要影响要素包括供需预测能力、市场仿真、市场价格预测技术、报价技术、政策及市场研究能力等；营销成本，主要体现在固定成本和变动成本及影响成本的相关影响要素，其中变动成本是市场竞争的关键要素。

大小售电主体之间的矛盾，实质是在同一目标市场上大小售电主体相互角逐的反映。在社会主义市场经济体制不断完善的新形势下，采取新的模式，建立新的大小电网之间的关系，应该成为电力经营者的课题，也是营造良好的电力营销环境的需要。不同行业的竞争，即与可替代品生产者的竞争，如太阳能热水器、煤气热水器、燃油、燃气空调等行业。在替代性市场上，充分发挥电能的天然优势，辅之以灵活的价格措施和优质的服务，是扩大市场、创造需求的重要途径。

参与竞争性售电与任何其他生产消费环节的竞争一样，长远发展比拼的不是渊源出身，而是人才，是理念，是模式，是服务。竞争者之间的竞争价格很重要，但不仅仅是诉诸价格，必须要对整个电力生产的环节有必要且充分的了解，同时还要努力发展跨界综合优势，而不必纠结于某个竞争主体是否无可比拟。因为竞争的实质不是规避竞争，而是通过竞争提高自身的实力。

2.5.3 中间商

可能有很多人不太了解电客，电客是电力市场里对居间群体的代称，类似于售电经纪人、售电业务员，已经有售电平台使用电客这个名称，而且正在电力行业慢慢流行。其实，电客就是售电公司和用电企业的中间商，电客为用电企业提供专业高效的购电服务，与售电公司对接沟通，让双方完成合作。转供户、居民小区的物业管理者及尚未整改的乡、村用电承包人，都是活跃在电力市场上的中间商。整顿和规范电客，减少中间层、取缔承包商，逐步实现一户一表、抄表到户，是减轻客户负担、维护客户权益的需要，也是净化电力营销环境、最大限度地拓展电力市场的重要方式。

一些类型的售电公司实质就是电力买卖的中间商，从发电厂批发电后向下游工商业用户零售，该类售电公司的主要盈利模式是赚价差，即低价从市场上批发电力，加价后卖给电力用户。市场交易电价根据基准价浮动，基准价和浮动范围都由政府规定。现在一些省市，根据《售电公司管理办法》，并经政府主管部门同意，对连续三年未开展售电业务的状态售电"僵尸"公司，启动售电公司强制退出程序。这意味着对售电公司进行洗牌，售电公司不能是"皮包"公司了。开放售电业务之初，售电公司准入门槛不高，注册资本实行承诺制，不用全部实缴。相比原有规定，新的管理办法在资金、人员、营业场所等方面对售电公司进行了更严格的规定。比如，要求提供公司资产评估报告、银行流水、员工社保记录、职称证书等。

2.6 行业环境

2.6.1 产业结构变化

产业结构指各产业部门在国民经济中所处的地位和所占的比重及相互之间的关系。一个国家的产业结构可以反映该国的经济发展水平。从理论上讲，产业结构的演变表现在两个方面：一方面是随经济的发展和人均国民收入水平的提高，劳动力不断地从第一产业中分化出来，向第二、第三产业转移，反映在电力方面即工业用电和商业用电将提高；另一方面随科学技术的发展，工业出现现代化，先由粗加工工业向精加工工业转化，再向技术集约化方向发展，这也会提高电力的消耗量。

我国经济产业偏重化工、能源偏煤、效率偏低，多年来形成的高碳路径存在着较大传统惯性。以我国目前能源结构为例，化石能源消费占比高达 85%左右，燃煤发电更是占到全部发电量的 62%左右。再看产业结构，世界公认的高碳且难减排的行业，包括煤炭、钢铁、石化、水泥等占比过高。我国钢铁产量全球占比超过 50%，水泥产量全球占比接近 60%。即便如此，当前一些地方政府仍抱有盲目上马"两高"项目的冲动。

产业结构变化随着比较利益的法则进行，产业结构变化必然会影响电力需求的变化。然而产业结构变化的幅度不容易事先得知，因而存在着不确定性。从我国的实际情况看，第一产业国民生产总值和就业人口比重将逐渐下降；第二产业国民生产总值略有上升，但就业人口可能不变；而第三产业无论是就业人口，还是国民生产总值都将逐步上升，电力市场潜力巨大。

2.6.2 用电客户

电力企业的用电客户要根据电力企业所处的环节而定，发电企业的用户是终端用户或售电公司，售电公司的用户是最终使用电能的单位或个人，即最终用户。这里只分析最终用户，因为其他环节的需求是最终用户的引申需求，电力市场营销只有分析最终用户，才能得到市场上的真实信息，依据这样的信息，所做出的营销决策才最符合实际情况。在特殊情况下，中间商的交易信息有时可能会造成"牛鞭效应"，造成电力供应链上需求变异放大现象，使信息流从最终客户端向原始供应商端传递时，无法有效地实现信息共享，使得信息扭曲而逐级放大，导致需求信息出现越来越大的波动。"牛鞭效应"是市场营销中普遍存在的高风险现象，是中间商与供应商在需求预测修正、订货批量决策、价格波动、短缺博弈、库存责任失衡和应付环境变异等方面博弈的结果，增大了市场营销的不稳定性。

最终用户是电力企业的服务对象，电力企业的一切营销活动都要以满足最终用户的需求为中心。电力企业应根据终端用户用电类型的不同，研究他们的需求，掌握他们的特点，制定相应的营销策略，不仅满足他们现有的电力需求，还要想方设法创造他们的电力需求。这样才能拥有更多的用户，才能在同其他能源的竞争中占有较多的市场份额，最终取得良好的营销效果。

目前，电力行业面临的压力很大。最终用户要求拥有优质服务，降低电价的压力。最终用户用电需求的多样性对供电服务提出了更高的要求。随着社会的不断进步和人民生活水平的提高，最终用户已不满足有电用的基本条件，他们要求电力部门能提供便捷的服务，提高供电质量和应急服务，甚至提供信息服务和社会服务等多方面内容。能用上低价电、用上舒心电已成为全社会最终用户的呼声。电力企业应该根据最终用户的这些要求，以最终用户为中心制定相应的营销措施，在最终用户满意的同时使自己获得良好效益。

2.6.3 用电设备和家用电器的市场饱和度

用电设备和家用电器的市场饱和度会对电力需求产生影响，饱和度越高，对扩大电力市场越不利，电力销售增长率将越低。用电设备（如电动机、风机）的使用普及和某些家用电器市场饱和后，都会使该项用电增长缓慢；而某些电器（如中央空调、电热锅炉）和某些家用电器，随着国民经济的发展和人民生活水平的提高而迅速普及，电力需求急剧增长。但是用电设备和家用电器的市场渗透率取决于使用者和消费者的癖好和习惯，且因人因地而异，因而存在不确定性。我国目前电风扇、洗衣机、空调机、电热锅炉、电淋浴器、电冰箱和电视机在大城市已经相当普及，但小城镇和农村还远未饱和，因而还有一定的发展空间，这对未来的电力需求有一定的影响。

2.6.4 公众

电力企业涉及安全、环境等重大问题，因此它的营销活动不仅为其竞争对手所关注，还为与之相互影响的其他公众对象所关注。因此，电力企业需要与这些公众对象建立并保持良好的关系。

电力企业应设置专门的公共关系部门来处理、分析公共关系工作中的问题，但搞好公共关系工作还需要电力企业全体员工的参与。电力企业任何员工的对外言行，都可能触及本企业的公共关系状况。电力企业的公共关系工作可以被看成一种广义的营销活动：顾客是与电力企业相互影响的社会各方，电力企业的公关活动则是为了满足这些方面的不同需求。电力企业的公众主要包括以下几类。

1）融资方公众

融资方包括银行、投资及信贷公司、本电力企业股东等。与融资方关系的好坏决定了电力企业获取资金能力的大小。

2）政府公众

电力企业制订营销战略规划时必须把政府的因素考虑进来。电力企业不得违背政府的政策、法规，同时应争取促使政府颁布有利于本电力企业的法规，创造有利于本电力企业的宏观环境条件。

3）新闻媒介公众

新闻媒介主要是报纸、杂志、广播、电视等宣传和舆论导向手段。与新闻媒介搞好关系，对提高电力企业知名度、制造有利于电力企业发展的舆论环境有重要意义。

4）社区公众

虽然电力企业所在地的居民及其各种组织机构与电力企业关系的好坏不能直接影响到电力企业的营销活动，但电力企业积极参加当地社区建设及当地各种组织团体的活动，无疑会扩大电力企业在社会上的影响，突发事件发生时，可以获得社区公众的理解。

5）社会公众

社会公众指社会一般公众和社会公共团体。与社会一般公众的关系状况反映为电力企业在整个社会上的知名度与形象。良好的电力企业声誉是电力企业富有价值的无形资产。社会公共团体包括：各种消费者组织，环境保护组织，少数民族团体组织，妇女、儿童或老年人权益组织，各种慈善机构，宗教团体等。这些团体能通过政府或自发组织行动对电力企业施加一定程度的压力，从而影响电力企业的营销活动。

电力企业走向市场的时间较短，对公共关系的认识还有待加深。但从机构上，应设置公关部，从思想上，应对公关予以重视，以避免公共关系问题可能带给企业的不利影响，并通过公共关系争取外界对企业的支持。

2.6.5 市场主体营销能力

面临相同的外部环境,不同的电力企业的营销活动所取得的效果可能并不一样,这是因为它们有着不同的内部环境要素。在内部各环境要素中,主要的影响因素有:职工、企业管理水平、规章制度、资金状况与设备、营销观念、机构设置等。

职工是电力企业营销策略的确定者与执行者,是电力企业最重要的资源。职工的思想素质和专业素质、技术水平,关系到电力的生产、安全、可靠性,这是营销活动的基础。尤其电力企业是否有一支高素质的营销队伍,对营销成败有着至关重要的影响。

电力企业管理水平的高低、规章制度的优劣决定着企业营销机制的工作效率。

资金状况与设备等条件是企业进行一切营销活动的物质基础,这些物质条件的状况决定了电力企业的发电、输电、供电量,决定了电力企业营销活动的规模。

是否树立了营销观念,营销观念的正确与否是电力企业营销的关键。电力企业应树立竞争观念、安全观念、供求规律观念、效益观念、优质服务观念、创新观念、市场观念等,营销观念是营销活动的指导思想,有了正确的营销观念,才可能有与之相对应的营销行动。由于电力企业作为国民经济的支柱,长期在计划经济体制下运行,目前在我国电力企业内部,很多人还未觉醒,还不能适应市场的竞争和用户的需要,还把自己置于市场经济之外,表现为:工作上坐等上门,缺乏忧患意识,不是主动地围绕以用电客户为中心开展工作,这会给电力企业的营销和经济效益的提高带来很大的负面作用。因此,电力企业必须转变并树立正确的营销观念。

过去电力企业内部的组织机构不是以市场为导向建立的,在电力企业走向市场后,为了保证电力企业的生产营销活动顺利进行,企业内部必须建立一套组织机构来执行各项管理职能。其中包括技术部门、安全部门、生产部门、财务会计部门、人力资源部门、采购供应部门、市场营销部门等。所以,市场营销部门只是电力企业的职能部门之一,电力企业的管理层次、部门之间的分工协作是否合理,直接影响着本企业营销管理的决策和营销方案的实施。营销部门只有妥善处理、协调好同各部门之间的关系,使企业各部门自觉服从营销整体利益,消除营销部门与其他部门不协调的弊端,才能使营销协调,保证营销活动的顺利进行。

即测即练

第 3 章

电力市场主体

3.1 电力市场主体及其权利与义务

3.1.1 电力市场主体间的关系

电力市场主体包括市场交易主体与市场运营主体。市场交易主体包括各类电网企业（含输电网、配电网、高新产业园区和经济技术开发区等，下同）、售电企业、电力用户、发电企业、储能企业。市场运营主体包括电力交易机构、电力调度机构。

电力市场主体间的关系如图 3-1 所示。

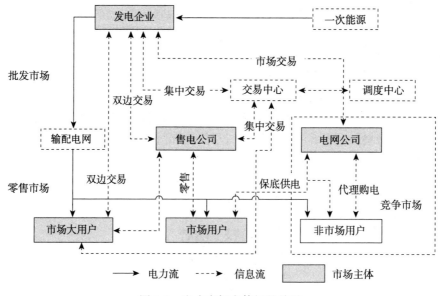

图 3-1 电力市场主体间的关系

3.1.2 电网企业

电网企业指拥有输电网、配电网运营权（包括地方电力公司、增量配电网），承担其供电营业区保底供电服务的企业。其履行确保居民、农业、重要公用事业和公益性服务等用电的基本责任。

电网企业也包括社会资本投资增量配电网绝对控股的，即拥有配电网运营权的企业。该类企业拥有供电营业区内与电网企业相同的权利，并切实履行相同的责任和义务。

电网企业主要从事电网投资运行、电力传输配送、负责电网系统安全、保障电网公平无歧视开放，按国家规定履行电力普遍服务义务。电网企业不以上网和销售电价价差作为主要收入来源，其按照政府核定的输配电价收取过网费，确保电网企业稳定的收入来源和收益水平。电网企业的盈利主要来源是电能电量的过网费用，根据不同的电压等级、线路距离、用户类别等对输配电价进行核定，根据电网的投资成本与合理收益制定出符合市场竞争发展趋势的输配电价，以解决电网企业现有盈利模式存在的问题。

1. 电网企业业务

电网企业在未来的业务基本可以分为四类。①电网企业最主要的业务会转变为输配电网的运营维护，负责收取过网费。对被纳入市场竞争的电量而言，电网企业在不参与市场竞争的前提下只负责收取过网费。电网企业按规定向交易主体收取输配电费用（含线损和交叉补贴），代国家收取政府性基金；按照交易中心出具的结算依据，承担市场主体的电费结算责任，保障交易电费资金安全。②电网企业作为最大的配网运营权享有者，需要保障非市场用户的用电需求。为没有参与市场竞争的用户仍旧采用计划交易的方式进行交易，并向不参与市场交易的工商业用户和无议价能力用户供电，按照政府规定收费。对优先用电的农业用户、以居民用电为主的用户，由电网企业负责提供电力。③兜底服务。兜底售电指为保障电力市场稳定，对于已参与2021年市场交易但未参与2022年市场交易的电力用户，允许其在3月底前由兜底售电公司向其提供免费代理服务的售电形式。当售电公司终止经营或无力提供售电服务时，电网企业在保障电网安全和不影响其他用户正常供电的前提下，按照规定的程序、内容和质量要求向相关用户供电，并向不参与市场交易的工商业用户和无议价能力用户供电，按照政府规定收费。电网企业对供电营业区内的各类用户提供电力普遍服务，保障基本供电；无歧视地向市场主体及其用户提供报装、计量、抄表、维修、收费等各类供电服务保障电网公平无歧视开放，向市场主体提供输配电服务。同时无条件承担没有选择其他售电公司的用户的供电责任。④电网企业（含关联企业）所属售电公司（含全资、控股或参股）应当具有独立法人资格并且独立运营，确保售电业务从人员、财务、办公地点、信息等方面与其他业务隔离，不得通过电力交易机构、电力调度机构、电网企业获得售电竞争方面的合同商务信息以及超过其他售电公司的优势权利。

2. 电网企业的权利与义务

电网企业的权利与义务如下所示。

1）保障电网以及输配电设施的安全稳定运行。

2）为市场主体提供公平的输配电服务和电网接入服务，无歧视地向市场主体及其用户提供报装、计量、抄表、维修、收费等各类供电服务。

3）建设、运行、维护和管理电网配套技术支持系统，服从电力调度机构的统一调度。

4）按照电力企业信息披露和报送等有关规定披露和提供信息，向电力交易机构提供支撑市场化交易和市场服务所需的相关数据，按照国家网络安全有关规定实现与电力交易机构的数据交互。

5）收取输配电费，代收代付电费和政府性基金及附加等，按时完成电费结算。

6）按照政府定价或者政府相关规定向优先购电用户及其他不参与市场化交易的电力用户（统称"非市场用户"）提供供电服务，签订供用电合同。

7）预测非市场用户的电力、电量需求等。

8）依法依规履行清洁能源消纳责任。

9）电网企业为供电营业区内的各类用户提供电力普遍服务，保障基本供电。

10）保障电网公平无歧视开放，向市场主体提供输配电服务，公开输配电网络的可用容量和实际使用容量等信息；在保证电网安全运行的前提下，按照有关规定收购分布式电源发电。

11）受委托承担供电营业区内的有关电力统计工作。

12）法律法规规定的其他权利和义务。

3.1.3 售电公司

售电公司作为连接发电商与用户的窗口，是电能消费的核心环节，极大程度影响着电力行业的生产方式和能源资源的合理配置。

售电公司以服务用户为核心，以经济、优质、安全、环保为经营原则，实行自主经营，自担风险，自负盈亏，自我约束。售电公司可以自主选择交易机构跨省跨区购电，同一售电公司可在多个供电营业区内售电。同一供电营业区内可以有多个售电公司，但只能有一家公司拥有该配电网经营权，并提供保底供电服务，不得跨配电区域从事配电业务。拥有配电网运营权的售电公司，具备条件的要将配电业务和竞争性售电业务分开核算。发电公司及其他社会资本均可投资成立售电公司。拥有分布式电源的用户，供水、供气、供热等公共服务行业，节能服务公司等均可从事市场化售电业务。

1. 售电公司的类型及特点

按是否拥有配电网经营权，售电公司可分为拥有增量配电网的售电公司和没有增量配电网的售电公司（表 3-1）。没有增量配电网经营权的售电公司又可分为四类：第一类是发电企业组建的售电公司，第二类是电网企业组建的售电公司，第三类是社会企业（个人）组建的售电公司，第四类是由公共服务行业、节能服务公司及工业园区等投资组建的售电公司（表 3-2）。

表 3-1 按是否拥有配电网经营权分类的售电公司

类型	投资主体	特点
拥有增量配电网的售电公司	投资增量配电网的资本运营商	拥有输/配电网运营权，提供保底供电服务，从事电力商品销售及其他服务，经营范围广，客户资源多
没有增量配电网的售电公司	发电企业、电网企业、社会资本等	只从事电力商品销售及其他服务

表 3-2　没有增量配电网经营权的售电公司分类

类型	投资主体	特点
发电企业组建的售电公司	发电企业或拥有分布式电源的用户	拥有发电能力，购电成本低，价格灵活，市场竞争力强
电网企业组建的售电公司	电网企业	客户资源丰富，积累了大量的营销经验
社会企业（个人）组建的售电公司	社会企业（个人）	运营灵活性高，市场竞争力较弱
其他售电公司	公共服务行业、节能服务公司及工业园区等	业务广泛，增值服务潜力大

1) 拥有增量配电网的售电公司

该类公司大多由高新产业园区、经济技术开发区等保有配电网存量资产的企业出资组建而成。2016年《国家发展改革委　国家能源局关于规范开展增量配电业务改革试点的通知》（发改经体〔2016〕2480号）的下发确定了第一批增量配电业务改革试点项目。园区用户集中度高，配网范围清晰，用能方式多元化，社会资本相对容易进入，是当前增量配电业务试点的主要方向之一。园区配售电公司拥有配电网运营权，在开展电力营销业务的同时，还需承担配电网运维和区域内的保底供电。

2) 发电企业组建的售电公司

该类公司由发电企业出资组建而成。发电企业在与大用户的直接交易中积累了长期经验和一定的用户基础，因而拥有发电企业背景的售电公司在起步期就具备规模优势和较强的抗风险能力。发电企业售电公司掌握发电资源，通过自发自售能够在售电市场上形成明显的价格优势，也符合电力改革的市场预期。从其他国家电力市场化改革经验来看，拥有电源优势的发电企业组建售电公司也是普遍规律，既有利于改善当前电力过剩等问题引发的困境，又有利于中长期战略布局。

发电企业成立的售电企业，总体上缺乏用户服务经验，其以往业务大多针对一些大用户的直供电业务，在多元化用户服务业务方面的经验不足。发电企业组成的售电服务公司需要在技术方面积累新能源服务、节能减排业务等方面的经验，同时加强队伍建设，加强售电资产管理、营销、计量等专业人才培养，在售电业务实践中加强学习探索，发挥自身发电优势的同时改善营商环境，提供优质的售电服务。此外，发电企业也应当勇于承担社会责任，保障国家电力安全。

3) 电网企业组建的售电公司

该类售电公司通常由电网企业出资或电网企业与其他企业共同出资组建而成，具有独立法人资格并且独立运营，有关售电业务的工作要素必须与其他电网业务隔离。但是，因体制原因，过去电网企业长期与客户打交道，有较好的客户资源。电网企业在售电侧有丰富的经验，在终端售电环节建立有营销、计量、结算等人才队伍和管理平台，这些对其发展十分有利。

2016年5月25日，桂冠电力（水电发电企业）与广西电网在广西南宁签署了《组建售电公司合作框架协议》，双方分别以下属一家全资子公司为出资人，共同组建一家售电公司，开展市场化购售电业务、投资建设和运营增量配电网等业务。公司注册资本为

2.2 亿元，均以现金出资，其中桂冠电力出资 1.122 亿元，占公司注册资本的 51%，广西电网出资 1.078 亿元，占公司注册资本的 49%。据《关于推进售电侧改革的实施意见》中显示，资产总额在 2 亿元人民币以上的，不限制其售电量。这家有广西电网参与的售电公司，是国内首家有电网企业参与的竞争性售电公司。

4）社会企业（个人）组建的售电公司

该类售电公司通常由与非电力相关企业出资组建而成。售电侧的放开为跨行业融合与多元化发展提供了机遇，一些本身业务与电力无关的企业通过将原有领域的经营优势应用于售电，也顺势成立售电公司参与市场竞争。这些非电力相关企业大多涉足互联网、金融、保险等行业，组建售电公司进入市场便可以结合自身优势迅速铺开业务，通过创新思维获取利润。独立售电企业相对于传统的企业而言，没有实物资产、技术门槛不高、大多不提供物理性服务，更多依托于销售环节，相对于拥有实体资产和技术积累的电网公司和发电企业，其竞争优势不够明显。

5）其他售电公司

该类公司由电力设备制造企业、节能服务企业或供水、供热等能源类公共服务企业出资组建而成。由于出资方自身的特点，这类售电公司通常在综合能源服务方面具有较强的实力，或是能够提供高质量的设备或高水平的技术能力，可以依靠其技术和服务优势在未来积极拓宽增值服务渠道。例如，依托水网、热网、天然气网等将业务向售电领域延伸，实现可再生能源与电能的融合，这也是新电改与能源革命的有效对接。

2. 售电公司业务

不论哪种类别的售电公司，电力销售是其最基本和最核心的任务，下面主要介绍售电公司的购售电途径。

1）购电

在电力市场中，大量的电能按照"发电公司—电力交易市场—售电公司—用户"的方向进行流动。售电公司有以下几种途径获取电能：与发电企业签订双边交易合同购电，协商决定交易内容；参与电力中长期市场交易购电，如中长期电力集中竞价交易，由电力交易中心撮合形成交易对象；参与电力现货市场交易购电，承担市场波动带来的交易风险，具体交易机制见第 4 章；从其他售电公司购电；此外，拥有发电资产或分布式电源等的售电公司还可以自主生产电能并销售给用户。因此，关注不同购电来源的交易方式和特点，合理利用市场运营规则，优化电量的分配比例和市场交易策略，在满足用户电量需求的同时规避市场风险，减少偏差电量，实现自身收益最大化是售电公司在进行市场交易时关注的重点。

2）售电

在售电侧，售电公司一般采用与用户自主协商确定销售电价，通常由电能价格、输配电价、政府性基金及售电代理费四部分组成，考虑到用户的不同行业类别和用电习惯，可以与其签订多种电价类型的交易合同，如分时电价、实时电价、保底封顶电价、均一电价等。此外，售电公司还可以从自身和需求侧两个角度出发，建立售电收益和用户偏好模型，综合研究售电价格和售电方式对购售双方的影响，建立更加灵活便捷的定价机制，引导用户主动改变用电模式，在提高自身售电收益的同时增加用户用电满意度，提高市场份额和市场竞争力。售电公司最终的电力销售收益，为代理用户的市场支付电费与售电公司电力市场交易电费的差额。

3）增值服务

售电公司还会提供合同能源管理、综合节能和用电咨询等增值服务。

3. 售电公司的权利和义务

1）可以采取多种方式通过电力市场购售电，可通过电力交易平台开展双边协商交易或集中交易。

2）售电公司自主选择各级电力交易机构进行跨省跨区购电和省内购电。

3）多个售电公司可以在同一配电区域内售电。同一售电公司可在多个配电区域内售电。

4）可向用户提供包括但不限于合同能源管理、综合节能、合理用能咨询和用电设备运行维护等增值服务，并收取相应费用。

5）可根据用户授权掌握历史用电信息，在电力交易平台进行数据查询和下载。

2021年发布的《售电公司管理办法》规定，售电公司还享有以下权利并履行以下义务。

1）售电公司履约保函额度。履约保函取以下两种情况的最大值：过去12个月批发市场交易总电量，按标准不低于0.8分/kW·h；过去2个月内参与批发、零售两个市场交易电量的大值，按标准不低于5分/kW·h。

2）保底售电机制。保底售电公司每年确定一次，原则上所有售电公司均可申请成为保底售电公司，地方主管部门负责审批选取其中经营稳定、信用良好、资金储备充足、人员技术实力强的主体成为保底售电公司，并向市场主体公布。在保底售电价格机制方面，新的管理办法规定，中长期模式下保底零售价格按照电网企业代理购电价格的1.5倍执行。现货结算试运行或正式运行期间，原则上保底电价不得低于实际现货市场均价的2倍。在兜底原则方面，新的管理办法规定，若全部保底售电公司无法承接保底售电服务，由电网企业提供保底售电服务。

3）承担保密义务，不得泄露用户信息。

4）遵守电力市场交易规则。

5）与用户签订合同，提供优质专业的售电服务，履行合同规定的各项义务。

6）受委托代理用户与电网企业的涉网事宜。

7）按照国家有关规定，在电力交易平台、"信用中国"网站等政府指定网站上公示公司资产、从业人员、场所、技术支持系统、经营状况等信息、证明材料和信用承诺，依法及时对公司重大事项进行公告，并定期公布公司年报。

8）不得干涉用户自由选择售电公司的权利。

9）按照可再生能源电力消纳责任权重有关规定，承担与年售电量相对应的可再生能源电力消纳量。

10）同意电力交易机构对其公司及公司从业人员满足注册条件的信息、证明材料对外公示,以及对其持续满足注册条件开展的动态管理。

拥有配电网运营权的售电公司享有以下权利并履行以下义务。

1)拥有并承担售电公司全部的权利与义务。

2)拥有和承担配电区域内与电网企业相同的权利和义务,按国家有关规定和合同约定承担保底供电服务和普遍服务。

3)承担配电区域内电费收取和结算业务。按照政府核定的配电价收取配电费;按合同向各方支付相关费用,并向其供电的用户开具发票;代收政府性基金及附加,交电网企业汇总后上缴财政;代收政策性交叉补贴,按照国家有关规定支付给电网企业。

4)承担配电网安全责任,确保承诺的供电质量。

5)按照规划、国家技术规范和标准投资建设配电网,负责配电网运营、维护、检修和事故处理,无歧视提供配电服务,不得干预用户自主选择售电公司。

6)同一配电区域内只能有一家公司拥有该配电网运营权。不得跨配电区域从事配电业务。

7)承担代付其配电网内使用的可再生能源电量补贴的责任。

3.1.4 电力用户

1. 电力用户的类型

根据用户与市场的关系,将电力用户划分为市场用户与非市场用户。市场用户指达到市场准入条件、参与市场化交易的用户,所有参加市场化交易的电力用户均不再执行目录电价。非市场化用户指采用传统供电方式不变、按政府定价或政府相关规定有限购电的用户及其他不参与市场化交易的电力用户。该类用户主要包括重要公用事业、公益性服务行业用户,以及居民用户。重要公用事业、公益性服务用户包括党政军机关、学校、医院、公共交通、金融、通信、邮政、供水、供气等涉及社会生活基本需求的用户,或提供公共产品和服务的部门和单位。

根据用户在市场中的特征,可以将市场用户划分为大用户、工商业用户、微网用户。

对于符合市场准入条件的用户而言,具有选择进入市场和不进入市场的权利,但是一旦进入市场就必须在一个市场周期后才可以退出(特殊情况除外)。参加市场化交易的电力用户,允许在合同期满的下一个年度,按照准入条件选择参加批发或零售交易。

我国电力市场的放开是逐步进行的,对市场用户准入的条件也是逐步放开的。随着售电侧放开进程的加快,市场用户将会越来越多,直至市场完全开放。

2. 电力用户的权利和义务

电力用户的权利和义务如下所示。

1)按照规则参与电力市场化交易,签订和履行购售电合同、输配电服务合同,提供市场化交易所必需的电力电量需求、典型负荷曲线及相关生产信息。

2)获得公平的输配电服务和电网接入服务,按时支付购电费、输配电费、政府性基金及附加等。

3)依法依规披露和提供信息,获得市场化交易和输配电服务等相关信息。

4）服从电力调度机构的统一调度，在系统特殊运行状况下（如事故、严重供不应求等）按照电力调度机构要求安排用电。

5）遵守政府电力管理部门有关电力需求侧管理规定，执行有序用电管理，配合开展错避峰。

6）依法依规履行清洁能源消纳责任。

7）具备满足参与市场化交易要求的技术支持手段。

8）法律法规规定的其他权利和义务。

3.1.5 发电企业

1. 发电企业的类型

发电企业是电力批发市场中的售电主体，对于发电企业可以分为两种电厂类型：优先电厂和市场化电厂。

优先电厂指由地调/县调的并网运行公用中小水电及其他类型电厂等优先发电的电厂，优先电厂也称为非竞争性售电主体，暂不参与市场化交易。市场化电厂指满足市场准入条件、可参与市场交易的各类电厂。市场化电厂称为竞争性售电主体，可参与市场化交易。

售电主体的发电量分为优先发电量和市场化发电量，其中优先发电量含优先电厂的发电量、风电场和光伏电厂保障居民电能替代电量、火电厂保障电网安全稳定运行所需电量、火电备用状态确认电量、供气所需电量及其他分配电量（相应电量按政府有关部门政策执行）、具有年调节能力及以上水库的水电厂调节电量；市场化发电量指市场化电厂优先发电量之外的所有发电量，通过市场化方式进行交易、结算。

2. 发电企业的权利和义务

1）按照规则参与电力交易，签订和履行各类交易合同，按时完成电费结算。

2）获得公平的输电服务和电网接入服务。

3）签订并执行并网调度协议，服从电力调度机构的统一调度。

4）按照电力企业信息披露和报送等有关规定披露和提供信息，获得市场化交易和输配电服务等相关信息。

5）具备满足参与市场化交易要求的技术支持手段。

6）法律法规规定的其他权利和义务。

3.1.6 电力交易机构

交易机构是不以营利为目的、按照政府批准的章程和规则为市场主体提供公平规范电力交易服务的专业机构。

1. 电力交易机构业务与组织形式

交易机构主要负责电力交易平台的建设、运营和管理，组织中长期市场交易，提供结算依据和服务；负责市场主体注册和管理，汇总电力交易合同，披露和发布市场信息等；配合调度机构组织现货交易。结合区域性电力市场建设，鼓励各交易机构开展股权业务融合，完善跨省跨区市场交易机制，允许市场主体自由选择交易机构，推动全国范围内市场融合发展，加快统一电力市场建设，促进电力资源在更大范围优化配置。

交易机构实行股份制，股东应具备独立法人资格，可来自不同行业和领域，其中，单一股东持股比例不得超过 50%。交易机构新进普通工作人员一律市场化选聘。建立各交易机构间的人员交流机制，确保人员能进能出、能上能下，畅通员工的职业发展通道。根据行业实际情况，建立科学合理、具备竞争力的薪酬分配机制，保障交易机构从业人员的专业能力。

交易机构应坚持非营利性定位，根据员工薪酬、日常办公、项目建设等实际需要，合理编制经费预算。与电网企业共用资产的交易机构原则上不向市场主体收取费用，所需费用计入输配电环节成本并单列，由电网企业通过专项费用支付。具备条件的交易机构经市场管理委员会同意，也可向市场主体合理收费，经费收支情况应向市场主体公开。

截至 2021 年 8 月，全国共建有 35 个电力交易中心，包括北京、广州两个区域电力交易中心和 33 个省（区、市）电力交易中心。

2. 电力交易机构权利与义务

电力交易机构权利与义务如下所示。

1）参与拟定相应电力交易规则。根据市场建设目标和市场发展情况，设计市场交易品种。编制市场准入、市场注册、市场交易、交易合同、交易结算、信息披露等规则。

2）提供各类市场主体的注册服务。省级政府或由省级政府授权的部门，按年度公布当地符合标准的发电企业和售电主体，对用户目录实施动态监管。进入目录的发电企业、售电主体和用户可自愿到交易机构注册成为市场交易主体。交易机构按照电力市场准入规定，受理市场成员递交的入市申请，与市场成员签订入市协议和交易平台使用协议，办理交易平台使用账号和数字证书，管理市场成员注册信息和档案资料。注册的市场成员可通过交易平台在线参与各类电力交易，签订电子合同，查阅交易信息等。

3）按照规则组织电力市场交易，并负责交易合同的汇总管理。发布交易信息，提供平台供市场成员开展双边、集中等交易。按照交易规则，完成交易组织准备，发布电力交易公告，通过交易平台组织市场交易，发布交易结果。根据各类交易合同编制日交易等交易计划，告知市场成员，并提交调度机构执行，跟踪交易计划执行情况，确保交易合同和优先发用电合同得到有效执行。

4）提供电力交易结算依据以及相关服务，按照规定收取交易服务费。根据市场交易发展情况及市场主体意愿，逐步细化完善交易结算相关办法，规范交易结算职能。交易机构根据交易结果和执行结果，出具电量电费、辅助服务费及输电服务费等结算凭证。交易机构组建初期，可在交易机构出具结算凭证的基础上，保持电网企业提供电费结算服务的方式不变。

5）建设、运营和维护电力市场化交易技术支持系统（以下简称"电力交易平台"）。逐步提高交易平台自动化、信息化水平，根据市场交易实际需要，规划、建设功能健全、运行可靠的电力交易技术支持系统。加强技术支持系统的运维,支撑市场主体接入和各类交易开展。

6)按照电力企业信息披露和报送等有关规定披露和发布信息,提供信息发布平台,为市场主体信息发布提供便利,获得市场成员提供的支撑市场化交易及服务需求的数据等。

7)配合国家能源局及其派出机构和政府电力管理部门对市场规则进行分析评估,提出修改建议。

8)监测和分析市场运行情况,依法依规干预市场,预防市场风险,并于事后向监管机构和政府相关部门及时报告。采取有效风险防控措施,加强对市场运营情况的监控分析,当市场出现重大异常时,按规则采取相应的市场干预措施,并及时报告。

9)对市场主体违反交易规则、扰乱市场秩序等违规行为进行报告并配合调查。

10)法律法规规定的其他权利和义务。

3.1.7 电力调度机构

电力调度机构指负责电力系统运行的组织、指挥、指导和协调的单位,是电网企业和供电企业的重要组成部分,是电网运行的指挥中心。

1. 电力调度机构业务

电力调度机构根本的职责是依法行使生产指挥权,对电网运行进行组织、指挥、指导和协调,负责电力电量平衡、发电生产组织、电力系统安全运行、电网运行操作和事故处理,依法依规落实电力市场交易结果,保障电网安全、稳定和优质、经济运行。电网调度工作要坚持"安全第一、预防为主"的方针和"公开、公平、公正"原则,统一调度、分级管理,依靠科技进步和提高人员素质,认真研究社会主义市场经济条件下电网运行管理的新情况,不断完善电网调度管理的措施,保证电网整体最佳效益的实现。

2. 电力调度机构权利与义务

电力调度机构权利与义务如下所示。

1)负责安全校核。

2)按照调度规程实施电力调度,负责系统实时平衡,保障电网安全稳定运行。

3)向电力交易机构提供安全约束边界和必开机组组合、必开机组发电量需求、影响限额的停电检修、关键通道可用输电容量等数据,配合电力交易机构履行市场运营职能。

4)合理安排电网运行方式,保障电力交易结果的执行(因电力调度机构自身原因造成实际执行与交易结果偏差时,由电力调度机构所在电网企业承担相应的经济责任),保障电力市场正常运行。

5)按照电力企业信息披露和报送等有关规定披露和提供电网运行的相关信息,提供支撑市场化交易及市场服务所需的相关数据,按照国家网络安全有关规定实现与电力交易机构的数据交互。

6)法律法规规定的其他权利和义务。

3.2 电力市场主体准入与退出条件

3.2.1 市场准入基本条件

1. 发电企业市场准入基本条件

1)参与市场交易的发电企业,其项目应符合国家规定,单位能耗、环保排放、并网安全应达到国家和行业标准。新核准的发电机组原则上参与电力市场交易。

2)依法取得发电项目核准或备案文件,依法取得或豁免电力业务许可证(发电类)。

3)并网自备电厂公平承担发电企业社会责任、承担国家依法依规设立的政府性基金及附加,以及与产业政策相符合的政策性交叉补贴,取得电力业务许可证(发电类),达到能效、环保要求,可作为市场主体参与市场化交易。

4)分布式发电企业符合分布式发电市场化交易试点规则要求。

2. 电力用户

1)电力用户市场准入基本条件如下所示。

(1)参与市场交易的用户应为接入电压在一定电压等级以上,容量和用电量较大的电力用户。新增工业用户原则上应进入市场交易。

(2)电力用户要符合电网接入规范、满足电网安全技术要求,与电网企业签订正式供用电协议(合同)。

(3)经营性电力用户的发用电计划原则上全部放开。不符合国家产业政策的电力用户暂不参与市场化交易,产品和工艺属于淘汰类和限制类的电力用户严格执行现有差别电价政策。

(4)拥有燃煤自备电厂的用户应当按照国家规定承担政府性基金及附加、政策性交叉补贴。

(5)具备相应的计量能力或替代技术手段,满足市场计量和结算的要求。

符合市场准入条件的电力用户,可以直接与发电企业交易,也可以自主选择与售电公司交易,或选择不参与市场交易。

3. 售电公司

对售电公司而言,其准入条件规定有六条。

1)依照《中华人民共和国公司法》登记注册的企业法人。

2)资产要求:

(1)资产总额不得低于2000万元人民币;

(2)资产总额在2000万~1亿元(不含)人民币的,可以从事年售电量不超过30亿kW·h的售电业务;

(3)资产总额在1亿~2亿元(不含)人民币的,可以从事年售电量不超过60亿kW·h的售电业务;

(4)资产总额在2亿元人民币以上的,不限制其售电量。

3)从业人员。售电公司应拥有10名及以上具有劳动关系的全职专业人员。专业人员应掌握电力系统基本技术、经济专业知识，具备风险管理、电能管理、节能管理、需求侧管理等能力，有电力、能源、经济、金融等行业 3 年及以上工作经验。其中，至少拥有 1 名高级职称和 3 名中级职称的专业管理人员，技术职称包括电力、经济、会计等相关专业。

4）经营场所和技术支持系统。售电公司应具有固定经营场所及能够满足参加市场交易的报价、信息报送、合同签订、客户服务等功能的电力市场技术支持系统和客户服务平台，参与电力批发市场的售电公司技术支持系统应能接入电力交易平台。

5）信用要求。售电公司法定代表人及主要股东具有良好的财务状况和信用记录，并按照规定要求做出信用承诺，确保诚实守信经营。董事、监事、高级管理人员、从业人员无失信被执行记录。

6）法律、行政法规和地方性法规规定的其他条件。

发电企业、电力建设企业、高新产业园区、经济技术开发区、供水、供气、供热等公共服务行业和节能服务公司所属售电公司（含全资、控股或参股）应当具有独立法人资格，独立运营。

上述公司申请经营范围增项开展售电业务的，新开展的同一笔交易中不能同时作为买方和卖方。

电网企业（含关联企业）所属售电公司（含全资、控股或参股）应当具有独立法人资格并且独立运营，确保售电业务从人员、财务、办公地点、信息等方面与其他业务隔离，不得通过电力交易机构、电力调度机构、电网企业获得售电竞争方面的合同商务信息及超过其他售电公司的优势权利。

售电公司还要承诺履行电力社会普遍服务、保底供电服务义务。

3.2.2 市场退出条件

1. 发电企业和电力用户市场退出条件

已经选择市场化交易的发电企业和电力用户，原则上不得自行退出市场。有下列情形之一的，可办理正常退市手续。

（1）市场主体宣告破产，不再发电或用电。

（2）因国家政策、电力市场规则发生重大调整，导致原有市场主体非自身原因无法继续参加市场的情况。

（3）因电网网架调整，导致发电企业、电力用户的发用电物理属性无法满足所在地区的市场准入条件。

上述三类市场主体，在办理正常退市手续后，执行国家有关发用电政策。售电公司退出条件按照国家有关售电公司准入与退出管理规定执行。

对于滥用市场操纵力、不良交易行为等违反电力市场秩序的行为，可进行市场内部曝光；对于严重违反交易规则的行为，可依据《电力监管条例》等有关规定处理。

2. 售电公司市场退出条件

1）售电公司有下列情形之一的，经地方主管部门和能源监管机构调查确认后，启动强制退出程序。

（1）隐瞒有关情况或以提供虚假申请材料等方式违法违规进入市场，且拒不整改的。

（2）严重违反市场交易规则，且拒不整改的。

（3）依法被撤销、解散，依法宣告破产、歇业的。

出现以上情况的，交易机构终止其公示，退回售电公司的注册申请，将情况报送地方主管部门。

2）电力交易机构按月汇总售电公司注册情况向地方主管部门、能源监管机构备案，并通过电力交易平台、"信用中国"网站等政府指定网站向社会公布。

3）售电公司注册信息发生变化时，应在5个工作日内向首次注册的电力交易机构申请信息变更。法人信息、公司股东、股权结构、从业人员、配电网资质等发生如下变化的，售电公司应重新签署信用承诺书并予以公示，公示期为7天。

（1）企业更名或法定代表人变更。

（2）企业控制权转移，因公司股权转让导致公司控股股东或实际控制人发生变化。

（3）资产总额发生超出注册条件所规定范围的变更。

（4）企业高级或中级职称的专业人员变更。

（5）配电网运营资质变化。

3.3 电力市场主体准入与退出程序

3.3.1 准入程序

1. 发电企业、电力用户、配售电企业市场准入程序

发电企业和电力用户参与电力市场化交易，应当符合准入条件，以注册认定代替行政许可的准入方式。发电企业、电力用户、配售电企业根据交易需求和调度管理关系在相应的电力交易机构办理市场注册，按照有关规定履行承诺、公示、注册、备案等相关手续。发电企业和电力用户提交相应的材料（各地可有自己的要求），并应当保证注册提交材料的真实性、完整性。

"承诺"就是符合准入条件的发电企业和电力用户应向省级政府或省级政府授权的部门提出申请，按规定提交相关资料，并做出信用承诺。

"公示"就是省级政府或省级政府授权的部门通过"信用中国"等政府指定网站将发电企业和电力用户是否满足准入条件的信息、相关资料和信用承诺向社会公示。公示期满无异议的企业和用户会被纳入年度公布的市场主体目录，并实行动态管理。

"注册"就是列入目录的发电企业和电力用户可在组织交易的交易机构注册，获准参与交易。

"备案"就是在能源监管机构和征信管理机构备案。

2. 售电公司注册程序

电力交易机构负责售电公司注册服务，政府部门不得直接办理售电公司注册业务或干预电力交易机构正常办理售电公司注册业务。符合注册条件的售电公司自主选择电力

交易机构办理注册，获取交易资格，无须重复注册。已完成注册售电公司按相关交易规则公平参与交易。各电力交易机构按照"一地注册，信息共享"原则，统一售电公司注册服务流程、服务规范、要件清单、审验标准等，明确受理期限、接待日、公示日。其他地区推送的售电公司在售电业务所在行政区域具备相应的经营场所、技术支持系统后，平等参与当地电力市场化交易。

售电公司办理注册时，应按固定格式签署信用承诺书，并通过电力交易平台向电力交易机构提交以下资料：工商注册信息、法定代表人信息、统一社会信用代码、资产和从业人员信息、开户信息、营业执照、资产证明、经营场所和技术支持系统证明等。

部分资料还要符合以下要求。

1）营业执照经营范围必须明确具备电力销售、售电或电力供应等业务事项。

2）需提供资产证明包括，具备资质、无不良信用记录的会计师事务所出具的该售电公司近3个月内的资产评估报告，或近1年的审计报告，或近6个月的验资报告、银行流水，或开户银行出具的实收资本证明。对于成立时间不满6个月的售电公司，需提供自市场监督管理部门注册以后到申请市场注册时的资产评估报告，或审计报告，或验资报告、银行流水，或开户银行出具的实收资本证明。

3）从业人员需提供能够证明售电公司全职在职员工近3个月的社保缴费记录、职称证书。从业人员不能同时在两个及以上售电公司重复任职。

4）经营场所证明需提供商业地产的产权证明或1年及以上的房屋出租合同、经营场所照片等。

5）接入电力交易平台的售电公司技术支持系统，需提供安全等级报告和软件著作权证书及平台功能截图，对于购买或租赁平台的还需提供购买或租赁合同。

3.3.2 变更程序

出现以下情况时，电力市场主体应进行注册变更。

1）当国家政策调整或交易规则发生重大变化时，电力交易机构可组织已注册市场主体重新办理注册手续。

2）市场主体注册信息发生变更时，应当及时向电力交易机构提出变更申请。市场主体类别、法人、业务范围、公司主要股东等有重大变化的，市场主体应当再次予以承诺、公示。公示期满无异议的，电力交易机构向社会发布。

3）电力用户或售电公司关联的用户发生并户、销户、过户、改名或用电类别、电压等级等信息发生变化时，市场主体应当在电网企业办理变更的同时，在电力交易机构办理注册信息变更手续。业务手续办理期间，电网企业需向电力交易机构提供分段计量数据。电力交易机构完成注册信息变更后，对其进行交易结算，提供结算依据。

3.3.3 退出程序

1. 发电企业、电力用户退出市场程序

强制退出市场的主体由省级政府或由省级政府授权的部门组织调查确认，强制退出市场,并不得再进入市场。由省级政府或由省级政府授权的部门在目录中删除,交易中心经授权后,在"信用中国"网站和电力交易机构网站向社会公示,公示期满无异议的,交易机构取消注册,该市场主体即退出市场。市场主体被强制退出市场,其所有已签订但尚未履行完毕的市场交易合同由交易中心征求市场交易合同各方意愿,转让给其他市场主体或交由申请确定的保底售电公司保底供电,并处理好其他相关事宜。

自愿退出市场的市场主体,应当及时向电力交易机构提出注销申请,按照要求在"信用中国"网站和电力交易机构网站进行公示,履行或处理完成交易合同有关事项后予以注销。主体在办理退市前应将签订的所有市场交易合同履行完毕或转让,并处理好相关事宜,否则不得再参与市场。

2. 售电公司退出市场程序

售电公司在退出市场时应遵循以下程序。

1)售电公司被强制退出,其所有已签订但尚未履行的购售电合同由地方政府主管部门征求合同购售电各方意愿,通过电力市场交易平台转让给其他售电公司或交由电网企业保底供电,并处理好其他相关事宜。

2)省级政府或省级政府授权的部门在确认售电公司符合强制退出条件后,应通过省级政府指定网站和"信用中国"网站向社会公示10个工作日。公示期满无异议的,方可对该售电公司实施强制退出。

3)售电公司可以自愿申请退出售电市场,并提前30个工作日向相应的电力交易机构提交退出申请。申请退出之前应将所有已签订的购售电合同履行完毕或转让,并处理好相关事宜。

4)拥有配电网运营权的售电公司申请自愿退出时,应妥善处置配电资产。若无其他公司承担该地区配电业务,由电网企业接收并提供保底供电服务。电力交易机构收到售电公司自愿退出市场的申请后,应通过省级政府指定网站和"信用中国"网站向社会公示10个工作日。公示期满无异议的,方可办理退出市场手续。

5)电力交易机构应及时将强制退出和自愿退出且公示期满无异议的售电公司从自主交易市场主体目录中删除,同时注销其市场交易注册,向能源监管机构、省级政府有关部门和政府引入的第三方征信机构备案,并通过"信用中国"网站和电力交易平台网站向社会公布。

即测即练

自学自测　扫描此码

第4章

电力市场交易相关问题

4.1 市场模式与市场体系

4.1.1 市场模式

电力市场主要分为分散式和集中式两种模式。其中，分散式是主要以中长期实物合同为基础，发用双方在日前阶段自行确定日发用电曲线，偏差电量通过日前、实时平衡交易进行调节的电力市场模式；集中式是主要以中长期差价合同管理市场风险，配合现货交易采用全电量集中竞价的电力市场模式。各省（区、市）根据地区电力资源、负荷特性、电网结构等因素，结合经济社会发展实际选择电力市场建设模式。为保障市场健康发展和有效融合，电力市场建设应在市场总体框架、交易基本规则等方面保持基本一致。

分散式电力市场和集中式电力市场有以下不同点。

首先，分散式电力市场以签订实物合同为主，集中式电力市场以签订差价合同为主。

其次，分散式电力市场流动性强，市场规则简单，但是对电网电源结构和电力市场主体的成熟度要求非常高；集中式电力市场资源配置效率更高，但市场规则较为复杂、市场监控难度大。

再次，分散式电力市场，次日发电计划由交易双方约定的次日发用电曲线、优先购电发电合同分解发用电曲线和现货市场形成的偏差调整曲线叠加形成。集中式电力市场，次日发电计划由发电企业、用户和售电主体通过现货市场竞价确定次日全部发用电量和发用电曲线形成。

最后，分散式电力市场以5~15分钟为周期开展偏差调整竞价，竞价模式为部分电量竞价，优化结果为竞价周期内的发电偏差调整曲线、电量调整结算价格、辅助服务容量、辅助服务价格等。集中式电力市场以5~15分钟为周期开展竞价，竞价模式为全电量竞价，优化结果为竞价周期内的发电曲线、结算价格、辅助服务容量、辅助服务价格等。

4.1.2 市场体系

电力市场从地域角度分为区域电力市场和省（区、市）电力市场，市场之间不分级别。区域电力市场包括在全国较大范围内和一定范围内资源优化配置的电力市场两类。其中，在全国较大范围内资源优化配置的功能主要通过北京电力交易中心（依托国家电网公司组建）、广州电力交易中心（依托南方电网公司组建）实现，负责落实国家计划、地方政府协议，促进市场化跨省跨区交易；一定范围内资源优化配置的功能主要通过中长期交易、现货交易，在相应区域电力市场实现。

省（区、市）电力市场主要开展省（区、市）内中长期交易、现货交易。同一地域内不重复设置开展现货交易的电力市场。为实现电力资源在更大范围内共享互济和优化配置，正在加快建设全国统一电力市场体系。

4.2 交易品种与交易方式

4.2.1 交易品种

我国电力交易品种现阶段主要包含：电能量直接交易、发电权交易、电力辅助服务交易、合同电量转让交易，根据市场发展需要开展容量、输电权交易等。

1. 电能量直接交易

电能量直接交易指符合市场准入条件的发电企业与电力用户（含售电公司）经双边协商、集中竞价（撮合）、挂牌等方式达成的市场交易。符合准入条件的区域电网内电力用户、发电企业及售电公司等市场主体均可参与直接交易；相关市场主体的交易限额由其物理的发电、用电能力确定（发电企业在单笔电力交易中的售电量不得超过其剩余最大发电能力，购电量不得超过其售出电能量的净值，电力用户和售电公司在单笔电力交易中的售电量不得超过其购入电能量的净值）。这意味着交易的标的物是物理的电，交易必须与未来的物理的售电、用电需求相对应，限制进行空买空卖的纯"投机"的市场行为。

2. 发电权交易

发电权交易也称为发电权转让交易、替代发电交易，是以市场方式实现发电机组、发电厂之间合同电量替代生产的金融交易行为。发电权交易指发电企业将基数电量合同、优先发电合同等合同电量，通过电力市场交易中心搭建的交易平台，以双边协商、集中竞价、挂牌等市场化方式向其他发电企业进行转让的交易行为。该交易原则上由大容量、高参数、环保机组替代低效、高污染火电机组及关停的发电机组发电，或由水电、风电、光伏发电、核电等清洁能源发电机组替代低效、高污染火电机组发电，不应逆向替代。简而言之，就是以大代小、以清洁能源机组代替化石能源机组。

3. 电力辅助服务交易

电力辅助服务交易指为保障电力系统安全稳定运营需要的调频、自动发电控制、备用、调峰、无功调节、自动电压控制及黑启动等电力交易。根据市场需求和技术条件分阶段逐步开展。

4. 合同电量转让交易

合同电量转让交易指发电企业之间、售电公司之间、电力用户之间（含售电公司代理用户之间），就电量交易合同开展的电量转让交易。主要包括优先发电合同、直接交易合同、新能源发电企业与自备电厂调峰替代交易合同、关停机组发电权交易合同、跨省跨区交易合同等。新能源发电企业与自备电厂调峰替代交易指符合准入条件的新能源发电企业与符合准入条件的自备电厂所属企业之间经集中竞价（撮合）、挂牌等方式达成的发电权益转让交易（参与新能源发电企业与自备电厂调峰替代交易的自备电厂所属用户侧下网电量视作合同电量）；关停机组发电权交易指符合准入条件发电企业（含局域电网内发电企业）之间经双边协商、集中竞价（撮合）等方式达成的发电权益转让替代交易（关停机组享有的发电量指标视作合同电量）；跨省跨区交易指符合准入条件的发电企业、售电公司、电力用户、电网企业等市场主体，通过自主协商、集中竞价等市场化方式，与不同省级电网的其他市场主体开展的多年、年、季、月及月内多日（含周交易，下同）交易。

5. 容量交易

容量交易是一种经济激励机制，使（可靠的）发电机组（或等同的需求响应负荷）能够获得在不确定性较高的能量市场和辅助服务市场以外的稳定经济收入，来鼓励机组建设，使系统在面对高峰负荷时有足够的发电容量冗余。

6. 输电权交易

输电权也称为金融输电权（financial transmission right）或固定输电权（firm transmission right），是一种事先购买的权利，赋予权利拥有者从一个节点到另一个节点传输电能的权利。它赋予其所有者使用相应输电容量的权利或者取得与其相关经济利益的权利。它具有锁定输电费用或保证电力传输的功能，即电力交易者在购买了输电权后，可以保证以既定的输电价格实现。

我国输电网络纵横交错，这为跨地区电能交易提供了极好的基础。然而，由于输电容量的限制，在跨地区电能交易过程中，可能会出现交易电能超过输电网络所能承受的最大的负荷的情况，称为网络阻塞。在电能的传输过程中，即使电网实际运行中发生阻塞，也能获得相应的经济补偿。

市场参与者基于不同节点的边际电价来支付阻塞费用。由实时电价理论可知，当发生阻塞时不同节点的边际电价不同，在不考虑网损时阻塞费用为功率注入节点和输出节点的边际电价之差通过该支路的电量的乘积。设 MP_1 和 MP_2 分别为注入节点和输出节点的边际电价，Q 为流过支路电量，则在阻塞发生时，不拥有输电权的市场参与者需要支付的阻塞费用为

$$阻塞费用 = Q \times (MP_1 - MP_2)$$

当网络没有发生阻塞时，MP_1 和 MP_2 值相等，因此没有阻塞费用；当阻塞发生时，市场参与者就要支付阻塞费用，并且阻塞费用随着节点电价差值的增加而增加。但如果参与者获得了输送输电量为 Q 的权利，则交易中心在最后结算的时候将这部分阻塞费用返还给输电权的拥有者，从而两者抵消规避了阻塞带来的风险。

输电权的获得方法主要有以下几种。

（1）长期的点对点输电用户获得此线路从输入点到输出点的输电权。

（2）通过输电权交易市场来进行输电权的买卖，此交易市场由调度中心或调度中心指定机构来进行管理。

（3）输电权的拥有者和其他市场参与者通过双边交易直接进行输电权的买卖。此交易无须通过交易市场。

为了保证输电权对所有的市场参与者都公平开放，需要一个机构来组织进行输电权的交易，而交易者在买卖输电权的时候需要提供以下信息：希望购买（出售）的输电权最大输电量、报价、购买的线路及线路的起末点。

4.2.2 交易方式

电能量交易包括集中交易和双边协商交易两种方式。其中集中交易包括集中竞价（撮合）交易、滚动撮合交易、挂牌交易和双边协商交易四种形式。

1. 集中竞价交易

集中竞价交易指所有市场主体通过电力交易平台申报电量、电价等信息，以申报截止前最后一次的有效申报作为最终申报，电力交易机构按照事先确定的规则进行市场预出清，经电力调度机构安全校核后，形成交易结果。我国鼓励大用户整合内部用电负荷或售电公司整合已准入的电力用户将用电负荷进行峰、平、谷段电量（或按标准负荷曲线）集中竞价（撮合）交易。

集中竞价（撮合）可以采取高低匹配、边际出清等方式进行。

2. 滚动撮合交易

滚动撮合交易指在规定的交易起止时间内，市场主体可以随时提交购电或售电信息，电力交易平台按照时间优先、价格优先的原则进行滚动撮合成交。

3. 挂牌交易

挂牌交易指市场主体通过电力交易平台，提出售电（发电侧）、购电（用电侧）合同的电量、电价等申请信息，电力交易机构根据市场情况向所有符合条件的市场主体发布挂牌交易公告及交易合同事项，将购、售电市场主体的电量和价格等信息对外发布要约，由符合资格要求的另一方提出接受该要约的申请，并得到相关方确认，电力交易机构按照事先确定的规则进行市场预出清，经电力调度机构安全校核后，形成出清结果。当安全校核未通过时，由电力交易机构对相关交易进行调减：按照交易申报时间依序成交的，按申报时间逆序调减；按交易申报电量等比例成交的，按中标电量等比例调减。

挂牌交易可采用以下两种方式进行组织。一是按照供方或需方挂牌对外发布要约，由符合资格要求的另一方（或多方）提出接受该邀约的申请，按照市场规则进行交易出清的交易组织方式。二是按照供需双方同时进行1次挂牌对外发布要约（双边挂牌），由符合资格要求的另一方（或多方）提出接受该邀约的申请，在交易参与各方成交前（或闭市前）可以调整1次挂牌价格（间隔在10分钟以上），经两轮挂牌后双方最后共同确认成交，按照市场规则进行交易出清的交易组织方式。

挂牌交易可以采用以下两种成交方式：一是已达到开市前约定的闭市时间，出现已确定的交易电量未超过挂牌电量时，则按照申报的交易电量成交，出现已确定的交易电量超过挂牌电量时,则按交易申报电量等比例成交;二是已达到挂牌交易电量对应的时间,即交易申报电量达到挂牌交易电量时,自动关闭电力交易平台申报,并按照交易申报时间依序成交,直至挂牌电量全部成交或达到开市前约定的闭市时间。

4. 双边协商交易

双边协商交易指买卖双方(或其代理机构)本着自愿互利的原则,通过双方协商,签订双边合同(包括交易量及其价格等)的交易方式。市场主体之间自主协商交易电量(电力曲线)、电价,形成双边协商交易的初步意向后(新能源企业需捆绑参与),通过电力交易平台进行申报,经相关方确认和电力调度机构安全校核后形成交易结果。协商是主要的交易方式。鼓励交易双方按峰、平、谷段电量(或按标准负荷曲线)进行协商交易。

无论哪种交易方式,同一市场主体可根据自身电力生产或消费需要,购入或售出电能量。为降低市场操纵风险,发电企业在单笔电力交易中的售电量不得超过其剩余最大发电能力,购电量不得超过其售出电能量的净值(指多次售出、购入相互抵消后的净售电量)。电力用户和售电公司在单笔电力交易中的售电量不得超过其购入电能量的净值(指多次购入、售出相互抵消后的净购电量)。

除电网安全约束外,不得限制发电企业在自身发电能力范围内的交易电量申报;发电权交易、合同转让交易应当遵循购售双方的意愿,不得人为设置条件,原则上鼓励清洁、高效机组替代低效机组发电。

在优先安排优先发电合同输电容量的前提下,鼓励发电企业、电力用户、售电公司利用剩余输电容量直接进行跨区跨省交易。跨区跨省交易可以在区域交易平台开展,也可以在相关省交易平台开展;点对网专线输电的发电机组(含网对网专线输电但明确配套发电机组的情况)视为受电地区发电机组,纳入受电地区电力电量平衡,根据受电地区发电计划放开情况参与受电地区电力市场化。

4.3 价格机制

4.3.1 不同交易方式的价格确定

除计划电量执行政府确定的价格外,电力中长期交易的成交价格由市场主体通过双边协商、集中交易等市场化方式形成,第三方不得干预。市场用户的用电价格由电能量交易价格、输配电价格、辅助服务费用、政府性基金及附加等构成,这种构成方式可以促进市场用户公平承担系统责任。输配电价格、政府性基金及附加按照国家有关规定执行。

集中竞价(撮合)交易可采用边际出清或高低匹配等价格形成机制;滚动撮合交易可采用滚动报价、撮合成交的价格形成机制;挂牌交易采用一方挂牌、摘牌成交的价格形成机制。集中竞价(撮合)交易中,为避免市场操纵及恶性竞争,可以对报价或者结算价格设置上限。

双边协商交易,除国家有明确规定的情况外,价格按照合同约定执行,原则上不进行限价。

跨区跨省交易受电地区落地价格由电能量交易价格（送电侧）、输电价格、辅助服务费用、输电损耗构成。输电损耗在输电价格中已明确包含的，不再单独收取；未明确的，暂按该输电通道前三年输电损耗的平均值计算，报国家能源局备案后执行。输电损耗原则上由买方承担，也可由市场主体协商确定承担方式。

执行峰谷电价的用户，在参加市场化交易后应当继续执行峰谷电价。各地应当进一步完善峰谷分时交易机制和调峰补偿机制，引导发电企业、电网企业和电力用户等主动参与调峰。

合同电量转让交易价格为实际转让成交价（含跨省跨区输电费和网损）。

电量互保交易，由发电企业之间、售电公司之间、电力用户之间签订电量互保协议，按照合同约定的价格结算。

4.3.2 几种电价出清方法

1. 边际电价出清法

1）边际电价出清法中所有成交电量均采取统一价格进行出清。

2）发电企业、电力用户、售电公司申报截止后，电力交易机构根据交易公告，考虑输配电价、网损、政府性基金及附加，将申报的购、售电价格统一折算到同一个交易关口，形成折算后的购电方报价和售电方报价。

3）折算后的购电方（用户侧）报价由高到低排序形成购电方申报曲线，价格相同时按其申报电量的比例分配成交电量。

4）折算后的售电方（发电侧）报价由低到高排序形成售电方申报曲线。价格相同时，按照"新能源优先，节能环保优先"的原则排序；当以上条件均相同时，按其申报电量的比例分配成交电量。

5）当购电方申报曲线（含电量、电价、时间等要素）与售电方申报曲线有交叉，交叉点对应的价格为边际出清价格。折算后的售电方报价低于边际出清价格的申报电量，折算后的购电方报价高于边际出清价格的申报电量均成交。如果等于边际出清价格的购电方申报电量与售电方申报电量不相等，按照较小的申报电量成交。

6）当购电方申报曲线与售电方申报曲线没有交叉，且购电方报价始终大于售电方报价时，成交总电量为购电方与售电方申报总电量的较小者。边际出清价格为依据购、售电方报价的差值系数 K 值确定（或按照成交电量中折算后的购电方报价的最小值与折算后的售电方报价的最大值的算术平均值确定），K 值在 $0 \sim 124$ 之间（根据购售电方的供需情况事先在公告中予以确定）。差值系数经电力市场管理委员会讨论通过并报国家能源局监管办公室和地方电力管理部门备案后执行；当购电方申报曲线与售电方申报曲线没有交叉，且折算后的购电方报价始终小于折算后的售电方报价时，没有成交电量。

7）购电侧也可采取把成交电厂等效成一个电厂，成交用户等效成一个用户，电厂售出电价价差为 A，用户期望电价价差为 B，用户成交电价 M 为

$$M = B + (A - B)/2 = (A + B)/2$$

8）根据边际出清价格，考虑交易关口、输配电价、网损、政府性基金和附加，分别

形成购电出清价格和售电出清价格。

9) 拥有配电网运营权的售电公司（含局域电网等）或该区域内电力用户，可采用价差传导方式组织交易。①购电方申报与现行目录电度电价的价差和购电电量，售电方申报与其上网电价的价差和售电电量；②电价下浮为负，电价上浮为正；③将购电方申报价差由高到低排序，售电方申报价差由低到高排序，排序原则与一般报价的原则一致；④按市场边际成交价差作为全部成交电量价差，统一出清；⑤若购电方与售电方边际成交价差不一致，则按两个价差的算术平均值执行。

10) 对于已批复输配电价地区，可采用输配电价方式组织交易，其扣减输配电价等计算方法相同，已单独批复配电价格的区域不再执行价差传导方式。

2. 高低匹配电价出清法

1) 购电方、售电方申报价格（差）配对形成竞争交易价格（差）进行出清。

2) 申报截止后，电力交易机构根据交易公告，将发电企业、电力用户、售电公司申报的购电价格、售电价格，考虑输配电价、政府性基金及附加后折算到同一个交易关口，形成折算后的购电方报价和售电方报价。

3) 比较折算后的购电方报价的最高值与折算后的售电方报价的最低值。若折算后的购电方报价高于或等于折算后的售电方报价则匹配成交，成交价格为配对双方报价的算术平均值（或根据两者的一定比例确定），成交电量为购电方与售电方申报电量的较小值，由此确定交易对象、成交电量、执行时间等合同要素；在剩余未匹配的购售申报中，按以上原则进行交易匹配，直到所有申报购电量（或售电量）均已成交或折算后的购电方报价的最高值低于折算后的售电方报价的最低值为止。

4) 对于折算后的报价相同的购电申报和报价相同的售电申报，按照边际电价法的排序原则进行排序，并确定成交优先顺序。

5) 拥有配电网运营权的售电公司（含局域电网等）或该区域内电力用户，可采用价差传导方式组织交易。①购电方申报与现行目录电价的价差，售电方申报与其上网电价的价差，电价下浮为负，电价上浮为正；②将售电方申报价差由高到低排序，购电方申报价差由低到高排序，排序原则与一般报价的原则一致；申报价差较大的售电方与申报价差较小的购电方依次成交，形成竞价交易价差对，即价差对＝购电申报价差－售电申报价差；③价差对为正值时，价差对大者优先成交；价差对为零值时，按申报电量比例确定成交电量；价差对为负值时，不能成交，即购电成交价=购电申报价－K_1×价差，售电成交价＝售电申报价－K_2×价差，其中 K_1、K_2 为比例系数，$K_1 + K_2 = 1$。随着市场发展，比例系数可视情况调整，经电力市场管理委员会讨论通过并报国家能源局监管办公室和地方电力管理部门备案后执行。

6) 报价撮合预出清后，电力交易机构根据出清结果确定各中标市场主体的交易电量和电价，形成无约束交易结果提交相应调度机构进行安全校核后形成最终成交结果，无约束交易结果不体现撮合配对情况。

7) 对于已批复输配电价地区，可采用输配电价方式组织交易，其扣减输配电价等后计算方法相同，已单独批配电价格的区域不再执行价差传导方式。

3. 挂牌交易电价出清法

1）挂牌交易启动后，参与挂牌交易的市场主体在规定的时间段内按照交易公告约定的交易要素申报交易意向。在条件允许的情况下，市场主体可采用购、售电需求时间和电力曲线申报方式。

2）市场主体申报总电量不得超过挂牌交易上限，售电方应考虑其完成合同电量后的交易电量不超过其自身发电能力。

3）购、售双方按照规则申报交易电量意愿，挂牌交易闭市后，电力交易机构交易电量意向进行汇总，形成无约束交易出清结果。

4）经相应调度机构对无约束交易出清结果进行安全校核，形成交易结果，交易结果由电力交易机构发布，挂牌交易出清价格为挂牌方的挂牌价格。

4.4 交易组织

4.4.1 交易组织的类别

从时间时序划分，交易组织包括中长期交易与现货交易。

根据交易标的物执行周期不同，中长期电能量交易包括年度（多年）电量交易（以某个或多个年度的电量作为交易标的物，并分解到月）、月度电量交易（以某个月度的电量作为交易标的物）、月内（多日）电量交易（以月内剩余天数的电量或特定天数的电量作为交易标的物）等针对不同交割周期的电量交易。

中长期交易包括"多年、年、季、月、周、多日"等类型，这里多年、年、季、月等时间指交割周期，即一次交易买卖的电力是持续多长时间的电。年度交易指一次进行一年的电的交易，月度交易指一次进行一个月的电的交易。交易时间可以与交割时间对应，也可以不完全对应。比如，对以月度电量为标的物的交易，可以提前一个月进行，也可以提前一年进行。

现货电能量交易指符合准入条件的发电企业、售电公司、电力用户等市场主体，通过集中竞价方式、按节点边际价格出清的市场化交易方式。现货交易包括日前现货交易、日内现货交易、实时现货交易。

4.4.2 交易组织的过程

交易组织按以下过程进行。

1）政府部门应当在每年1月底前确定并下达次年跨区跨省优先发电计划、省内优先发电计划和基数电量。

2）市场主体通过年度（多年）交易、月度交易和月内（多日）、日前现货交易、日内现货交易、实时现货交易等交易满足发用电需求，促进供需平衡。

3）对于定期开市和连续开市的交易，交易公告应当提前至少1个工作日发布；对于不定期开市的交易，应当提前至少5个工作日发布。

4）交易公告发布内容应当包括：①交易标的（含电力、电量和交易周期）、申报起止时间；②交易出清方式；③价格形成机制；④关键输电通道可用输电容量情况；⑤各地根据具体情况需要发布的内容。

5）交易的限定条件必须事前在交易公告中明确，原则上在申报组织及出清过程中不得临时增加限定条件，确有必要的应当公开说明原因。

6）每种交易按公告中发布的申报起止时间、出清方式、价格形成机制等进行。

4.5 合同签订与执行

4.5.1 合同类型与内容

电力交易合同主要包括跨省跨区交易合同、优先发电权交易合同（购售电合同）、直接交易合同、新能源发电企业与自备电厂调峰替代交易合同、合同电量转让交易合同、代理购电合同（协议）、互保交易合同、辅助服务市场交易合同、供用电合同等。电力交易合同按照交易期限分为多年、年度、季度、月度、月内多日交易合同等。按照不同服务种类分为电力交易合同、输（配）电服务合同、电力调度协议等。

优先发电交易合同（购售电合同）主要内容包括双方的权利和义务、分月优先发电电量、价格、并网点和计量点信息及违约责任等，一般为发电企业优先与电网企业签订，以满足执行目录电价的用户。

电力交易合同主要内容包括交易主体、交易时间、交易电量、交易价格、不可抗力、争议解决、调整和违约、特别约定等，一般为市场主体之间签订。

代理购电合同（协议）主要内容包括售电企业与用户间的权利和义务、售电量、售电价格（套餐）、偏差考核分摊等，一般为售电公司与用户签订。

供用电合同主要内容：①电网企业与售电企业（拥有配网的售电公司）、电力用户签订的供用电合同包括但不限于：各方的权利和义务、用户在电网企业户号、输电通道、计量信息、电压等级及对应的用电性质、输电费用、合同变更、转让和终止程序以及违约责任，争议解决、约定保底供电服务相关内容等；②电网企业与非市场化电力用户签订的供用电合同包括但不限于：双方的权利和义务、用电类型、电量、电价和电费等。

4.5.2 签订合同的注意事项

1）跨区跨省的政府间协议原则上在上一年度的1月底前预测和下达总体电力电量规模和分月计划，由购售双方签订相应的购售电合同。合同需约定年度电量规模及分月计划、送受电曲线或确定曲线的原则、交易价格等，纳入送、受电省优先发电计划，并优先安排输电通道。年度电量规模及分月计划可根据实际执行情况，由购售双方协商调整。对于省内优先发电计划，各地区结合电网安全、供需形势、电源结构等因素，科学安排本地优先发电量，不得将上述电量安排在指定时段内集中执行，也不得将上述电量作为调节市场自由竞争的手段。各地区确定的省内优先发电量，原则上在每年年度双边交易开始前，对执行政府定价的电量签订厂网间年度购售电合同，约定年度电量规模及分月计划、交易价格等。

2）各市场成员应当根据交易结果或政府下达的计划电量，参照合同示范文本签订购售电合同，并在规定时间内提交至电力交易机构。购售电合同中应当明确购电方、售电方、输电方、电量（电力）、电价、执行周期、结算方式、偏差电量计量、违约责任、资金往来信息等内容。

3）购售电合同原则上应当采用电子合同签订，电力交易平台应当满足国家电子合同有关规定的技术要求，市场成员应当依法使用可靠的电子签名，电子合同与纸质合同具备同等效力。

4）电力交易合同为各类交易电量的结算依据，市场主体应在合同签订后的 5 日内提交电力交易机构，电力交易机构据此开展结算工作。

5）对于在电力交易平台提交、确认的双边协商交易及参与集中交易产生的结果，各相关市场成员可将电力交易机构出具的电子交易确认单（视同为电子合同）作为执行依据。

4.5.3　合同执行

电力交易合同主要由电力交易机构和电力调度机构执行。这两个机构的具体职能如下所示。

1）电力交易机构汇总省内市场成员参与的各类交易合同（含优先发电合同、基数电量合同、市场交易合同），形成省内发电企业的月度发电计划，并依据月内（多日）交易，进行更新和调整。电力调度机构应当根据经安全校核后的月度（含调整后的）发电计划及清洁能源消纳需求，合理安排电网运行方式和机组开机方式。相关电力交易机构汇总跨区跨省交易合同，形成跨区跨省发电企业的月度发电计划，并依据月内（多日）交易，进行更新和调整。

2）年度合同的执行周期内，次月交易开始前，在购售双方一致同意且不影响其他市场主体交易合同执行的基础上，允许通过电力交易平台调整后续各月的合同分月计划（合同总量不变），调整后的分月计划需通过电力调度机构安全校核。

3）电力交易机构定期跟踪和公布月度（含多日交易调整后的）发电计划完成进度情况。市场主体对发电计划完成进度提出异议时，电力调度机构负责出具说明，电力交易机构负责公布相关信息。

4）全部合同约定交易曲线的，按照合同约定曲线形成次日发电计划；部分合同约定交易曲线的，由电力调度机构根据系统运行需要，安排无交易曲线部分的发电曲线，与约定交易曲线的市场化交易合同共同形成次日发电计划。

5）电力系统发生紧急情况时，电力调度机构可基于安全优先的原则实施调度，事后向国家能源局派出机构、地方政府电力管理部门报告事件经过，并向市场主体进行相关信息披露。

4.6 计量与结算

4.6.1 计量

1)电网企业应当根据市场运行需要为市场主体安装符合技术规范的计量装置。计量装置原则上安装在产权分界点,产权分界点无法安装计量装置的,考虑相应的变(线)损。电网企业应当在跨区跨省输电线路两端安装符合技术规范的计量装置,跨区跨省交易均应当明确其结算对应计量点。

2)计量周期和抄表时间应当保证最小交易周期的结算需要,保证计量数据准确、完整。发电企业、跨区跨省交易送受端计量点应当安装相同型号、相同规格、相同精度的主、副电能表各一套,主、副电能表应当有明确标志,以主表计量数据作为结算依据,副表计量数据作为参照,当确认主表故障后,副表计量数据替代主表计量数据作为电量结算依据。

3)多台发电机组共用计量点且无法拆分,各发电机组需分别结算时,按照每台机组的实际发电量等比例计算各自上网电量。对于风电、光伏发电企业处于相同运行状态的不同项目批次共用计量点的机组,可按照额定容量比例计算各自上网电量。处于调试期的机组,如果和其他机组共用计量点,按照机组调试期的发电量等比例拆分共用计量点的上网电量,确定调试期的上网电量。

4)发电企业(机组)和电力用户电能计量装置数据,并将计量数据提交电力交易机构。对计量数据存在疑义时,由具有相应资质的电能计量检测机构确认并出具报告,由电网企业组织相关市场成员协商解决。

4.6.2 结算

1)电力交易机构负责向市场成员出具结算依据,市场成员根据相关规则进行电费结算。结算依据包括以下内容:实际结算电量;各类交易合同(含优先发电合同、基数电量合同、市场交易合同)电量、电价和电费;上下调电量、电价和电费,偏差电量、电价和电费,分摊的结算资金差额或盈余等信息(采用发电侧预挂牌上下调偏差处理机制的地区);新机组调试电量、电价、电费;接受售电公司委托出具的零售交易结算依据。其中,跨区跨省交易由组织该交易的电力交易机构会同送受端电力交易机构向市场成员出具结算依据。

2)电网企业(包括地方电网、增量配网)之间结算的输配电费用,按照政府价格主管部门核定的输配电价和实际物理计量电量结算。

3)发电企业上网电量电费由电网企业支付;电力用户向电网企业缴纳电费,并由电网企业承担电力用户侧欠费风险。

4)售电公司按照电力交易机构出具的结算依据与电网企业进行结算。

5)市场主体可自行约定结算方式,未与电网企业签订委托代理结算业务的,电网企业不承担欠费风险。

6）电力用户的基本电价、政府性基金及附加、峰谷分时电价、功率因数调整等按照电压等级和类别按实收取，上述费用均由电网企业根据国家及各省份有关规定进行结算。

4.6.3 偏差电量结算

企业参与电力交易，电量是提前和电厂预订的，电厂按合同电量发电，如果当月的合同电量和实际使用电量出现差额，差额部分即偏差电量。偏差电量会使电厂负荷波动。

1）市场主体因偏差电量引起的电费资金，暂由电网企业收取和支付，并应当在电费结算依据中单项列示。市场主体的合同电量和偏差电量分开结算。以年度交易和月度交易为主的地区，按月清算、结账；开展多日交易的地区，按照多日交易规则清算，按月结账。

2）采用发电侧预挂牌上下调偏差处理机制的地区，不同市场主体的偏差电量电费结算可采用如下方法。

（1）批发交易用户（包括电力用户、售电公司）偏差电量电费结算。

批发交易用户（包括电力用户、售电公司）偏差电量分为超用电量和少用电量，超用电量支付购电费用，少用电量获得售电收入。

批发交易用户偏差电量＝用户实际网供电量－
（各类交易合同购入电量－各类交易合同售出电量）

超用电量的结算价格＝发电侧上调服务电量的加权平均价×U_1

其中，U_1 为用户侧超用电量惩罚系数，$U_1 \geq 1$，当月系统未调用上调服务时，以月度集中竞价交易最高成交价（或统一出清价）乘以惩罚系数结算超用电量。

少用电量的结算价格＝发电侧下调服务电量的加权平均价×U_2

其中，U_2 为用户侧少用电量惩罚系数，$U_2 \leq 1$，当月系统未调用下调服务时，以月度集中竞价交易最低成交价（或统一出清价）乘以惩罚系数结算少用电量。

根据超用电量或者少用电量的区间范围，可设置分段的惩罚系数。

当售电公司所有签约用户月度实际总用量偏离售电公司月度交易计划时，售电公司承担偏差电量电费。

（2）发电企业偏差电量电费结算。

发电企业偏差电量指发电企业因自身原因造成的超发或少发电量，超发电量获得售电费用，少发电量支付购电费用。

超发电量结算价格＝发电侧下调服务电量的加权平均价×K_1

其中，K_1 为发电侧超发电量惩罚系数，$K_1 \leq 1$，当月系统未调用下调服务时，以月度集中竞价交易最低成交价（或统一出清价）乘以惩罚系数结算超发电量。

少发电量结算价格＝发电侧上调服务电量的加权平均价×K_2

其中，K_2 为发电侧少发电量惩罚系数，$K_2 \geq 1$，当月系统未调用上调服务时，以月度集中竞价交易最高成交价（或统一出清价）乘以惩罚系数结算少发电量。

根据超发电量或者少发电量的区间范围，可设置分段的惩罚系数。

3）电力用户拥有储能，或者电力用户参加特定时段的需求侧响应，由此产生的偏差电量,由电力用户自行承担。

4)拥有配电网运营权的售电公司,与省级电网企业进行电费结算,并按照政府价格主管部门的相关规定,向省级电网企业支付输电费用。

5)电力调度机构应当对结算周期内发电企业的偏差电量进行记录,包括偏差原因、起止时间、偏差电量等。在发电企业实际上网电量基础上,扣除各类合同电量、偏差电量后,视为发电企业的上下调电量。发电企业的上下调电量,按照其申报价格结算。

6)风电、光伏发电企业的电费结算:未核定最低保障收购年利用小时数的地区,按照当月实际上网电量及政府批复的价格水平或价格机制进行结算;核定最低保障收购年利用小时数的地区,最低保障收购年利用小时数内的电量按照政府批复的价格水平或价格机制进行结算;超出最低保障收购年利用小时数的部分应当通过市场交易方式消纳和结算。

7)非市场用户月度实际用电量与电网企业月度购电量(含年份月电量,扣除系统网损电量)存在偏差时,由为非市场用户供电的电网企业代为结算偏差电量费用,由此造成的电网企业购电成本损益单独记账,按照当月上网电量占比分摊或返还给所有机组,月结月清。

8)电力用户侧(包括批发交易电力用户、售电公司、非市场用户)的偏差电量费用与发电侧的上下调费用、偏差电量费用等之间的差额,按照当月上网电量或用网电量占比分摊或返还给所有市场主体,月结月清。

各地允许偏差电量考核范围不尽相同,违约金的计算方法也不同。以下举三个例子:

(1)广东电力市场交易基本规则规定:①将实际电量按照目录电价结算,再将差价按照双边交易合同和集中竞价合同的电量电价返还。②优先结算双边交易电量后,偏差电量均算作集中竞价部分的偏差进行考核。③用超电量,每度电按月度集中竞价成交价差绝对值支付违约金。④少用电量,每度电按月度集中竞价成交价差绝对值的3倍支付违约金。

(2)京津唐电网交易规则规定:①超出交易电量部分初期执行目录电价和上网电价。②每月少发、少用电量的偏差小于5%时,其交易电量按月滚动;超出5%时,支付违约金。违约金=偏差电量×|市场均衡价差|×2。

(3)安徽省电力直接交易规则:①超用电量按目录电价结算。②少用电量5%以内不计;5%以外支付违约金。违约金=(合同电量×95%-实际执行电量)×全省市场交易平均降价额度。

即测即练

第 5 章

电能量市场交易

5.1 中长期电能量市场交易

因各省中长期交易实施方式不同，本节以广东省中长期交易为基础，依据《广东电力市场中长期电能量交易实施细则》(2022年试行版)编写。

5.1.1 交易方式

中长期交易采用双边协商交易和集中交易两种方式，其中集中交易包括集中竞价交易、滚动撮合交易和挂牌交易三种形式。

1. 双边协商交易

双边协商交易指市场主体间通过自主协商形成交易结果的交易方式，由合约双方在规定时间节点前通过交易系统完成交易申报与确认，采用自定义分解曲线，经交易校核通过后生效。

2. 集中竞价交易

集中竞价交易指设置交易报价截止时间，交易系统汇总市场主体提交的交易申报信息，按照市场规则进行统一的市场出清，发布市场出清结果，采用常用分解曲线，经交易校核通过后生效。

3. 滚动撮合交易

滚动撮合交易指在规定的交易起止时间内，市场主体可以随时提交购电或售电信息，交易系统按照价格优先、时间优先的原则进行滚动撮合成交，采用常用分解曲线，经交易校核通过后生效。

4. 挂牌交易

挂牌交易指市场主体通过交易系统，将需求电量或可提供电量的数量和价格等信息对外发布要约，由符合资格要求的另一方提出接受该要约的申请，采用自定义分解曲线，经交易校核通过后生效。

5.1.2 交易价格机制

1. 价格成交机制

1）集中竞价

集中竞价采用边际出清方式形成价格。将买方申报按价格由高到低排序、卖方申报按价格由低到高排序,依次配对形成交易对。

$$交易对价差 = 买方申报价格 - 卖方申报价格$$

当交易对价差为负值时不能成交,交易对价差为正值或零时成交。价差大的交易对优先成交;交易对价差相同时,申报时间较早的优先成交,申报时间以系统记录时间为准。以最后一个成交对的买方申报价格、卖方申报价格的算术平均值作为集中竞价阶段的统一成交价格。

2）滚动撮合

交易系统按不同标的进行即时自动匹配撮合,对于提交的买方申报,将未成交的卖方申报按价格由低到高排序,依次与之配对形成交易对。对于提交的卖方申报,将未成交的买方申报按价格由高到低排序,依次与之配对形成交易对。

$$交易对价差 = 买方申报价格 - 卖方申报价格$$

当交易对价差为负值时不能成交,交易对价差为正值或零时成交。价差大的交易对优先成交;交易对价差相同时,申报时间较早的优先成交,申报时间以系统记录时间为准。

滚动撮合阶段可成交交易对的成交价格计算方法如下所示。

(1) 前一笔交易成交价格大于或等于买方申报价格时,成交价格为买方申报价格。

(2) 前一笔交易成交价格小于或等于卖方申报价格时,成交价格为卖方申报价格。

(3) 前一笔交易成交价格小于买方申报价格且大于卖方申报价格时,成交价格为前一笔交易成交价格。

(4) 集中竞价成交价格作为滚动撮合阶段第一笔交易成交价格。当集中竞价阶段未形成成交价格时,滚动撮合阶段首个可成交交易对的买方申报价格和卖方申报价格的算术平均值作为滚动撮合阶段第一笔交易成交价格。

3）双边协商和挂牌

双边协商成交价格(含价格形成机制)由双方在合同中协商确定;挂牌交易采用一方挂牌、摘牌成交的价格机制。

2. 价格上下限约束

综合考虑发电企业运营成本、市场用户电价承受能力等因素,对中长期交易设置市场申报、成交价格上下限,各交易品种对应执行。其中,集中竞争交易申报价格设置涨跌幅限制。

1）首个交易日

首个交易日涨跌幅限制为:

$$标的申报价格上限 = 标的首日指导价 \times (1 + 涨跌停比例参数\ U\%)$$

$$标的申报价格下限 = 标的首日指导价 \times (1 - 涨跌停比例参数\ U\%)$$

2）正常交易日

正常交易日涨跌幅限制为：

标的申报价格上限 = 标的最新有效综合价格 × （1 + 涨跌停比例参数 U%）

标的申报价格下限 = 标的最新有效综合价格 × （1 − 涨跌停比例参数 U%）

3）综合价格

综合价格涨跌幅限制为：

标的综合价格 = [（集中竞价阶段成交电量 × 集中竞价阶段出清价格）+

（滚动撮合阶段成交电量 × 滚动撮合阶段成交价格）] ÷

（集中竞价阶段成交电量 + 滚动撮合阶段成交电量）

若标的当日成交的市场主体数量或交易笔数不满足综合价格认定要求，则该综合价格认定为无效，以上一日综合价格代替。未形成有效综合价格时，以首日指导价代替。

5.1.3 双边协商交易组织

1. 交易要求

1）双边协商交易可按年度、月度、周为周期开展，其中，年度双边协商交易的标的为次年市场合约电量；月度双边协商交易的标的为次月市场合约电量；周双边协商交易的标的为 $D+3$ 日起的市场合约电量，以 7 天为最小合约周期。双边协商采用自定义分解曲线。

2）发电企业以法人单位为交易单元签订双边协商交易合同，合同需分解至机组。

3）双边协商合约内容应包括合约周期、交易电量、交易价格、分解曲线等要素。

4）年度双边协商交易中，发电企业只可作为市场合约卖方参加交易，售电公司只可作为市场合约买方参加交易。月度、周双边协商交易中，可允许市场主体同时作为合约的买方、卖方参与交易。

5）交易双方应在其可申报电量额度范围内开展交易，交易电量应满足最小交易电量要求且为基本单位电量的整数倍，交易价格应满足最小价格单位，不得超过市场成交价格上下限。

2. 交易流程

双边协商交易包括交易申报与确认、交易校核和结果发布等环节，见表 5-1。

表 5-1 双边协商交易流程

步骤	事项
申报与确认	交易双方达成意向后，由一方在交易系统提交交易申报，另一方对申报内容进行确认； （1）申报提交后，计入提交方已申报未成交电量； （2）申报确认后，计入确认方已申报未成交电量； （3）交易双方应于交易公告发布的截止日期前完成交易申报与确认
交易校核	交易中心根据已发布的市场主体交易电量约束对已确认的申报信息进行校核，通过交易校核后，生成正式交易结果并作为结算依据
结果发布	交易中心通过交易系统发布年度双边协商交易正式结果，交易双方依据正式结果签订线上合同并作为结算依据

5.1.4 挂牌交易组织

1. 交易要求

1）挂牌交易可按年度、月度、周为周期开展。其中，年度挂牌交易的标的为次年年度市场合约电量；月度挂牌交易的标的为次月市场合约电量；周挂牌交易的标的为次周开始的市场合约电量，以 7 日为最小合约周期。挂牌交易采用自定义分解曲线。

2）发电企业以机组为交易单元参加挂牌交易。

3）年度挂牌交易中，发电企业只可作为市场合约卖方参加交易，售电公司只可作为市场合约买方参加交易。月度、周挂牌交易中，可允许市场主体同时作为合约的买方、卖方参与交易。

4）挂牌交易中，市场主体可以只挂牌或只摘牌，也可同时挂牌和摘牌。

5）挂牌交易实行单向交易制度，市场主体在单个交易日内，对相同合约周期内电量只可进行单方向的买入或卖出（包括挂牌和摘牌操作），以其合约周期内第一笔成交电量的方向为准。

6）挂牌交易的合约周期、交易电量、交易价格、分解曲线等信息由挂牌方确定。

7）挂牌交易视情况启动大宗交易制度。对申报成交电量超过一定规模的，挂牌方应提前向交易中心进行申报，经同意后，由挂牌方在交易系统实名进行申报。

2. 交易流程

挂牌交易包括交易前信息发布、挂牌申报、摘牌交易、交易校核、结果发布等环节，如表 5-2 所示。

表 5-2 挂牌交易流程

步骤	事项	备注
交易前信息发布	交易中心在不迟于交易日的 1 个工作日前，通过交易系统发布交易相关信息，包括但不限于： （1）交易时段、交易代码； （2）最小交易电量、基本单位电量、最小价格单位、市场成交价格上下限等	
挂牌申报	市场主体在交易时段内申报挂牌，挂牌内容包括合约周期、交易电量、交易价格、分解曲线等内容。挂牌采用匿名机制。 市场主体应在可申报电量额度范围内开展交易申报，申报电量应满足最小交易电量要求且为基本单位电量整数倍，满足最小价格单位，不得超过相关价格约束	
摘牌交易	市场主体根据交易系统发布的挂牌信息进行摘牌操作，接收挂牌方全部或部分挂牌电量、挂牌价格、分解曲线等信息。摘牌操作生效后形成初步结果，由交易中心即时发布	
交易校核	挂牌交易结束后，交易中心对初步交易结果进行校核，未通过交易校核的异常成交结果按照相关规定处理	
结果发布	交易中心通过交易系统发布挂牌交易正式结果。挂牌交易不再另行签订合同，以交易正式结果作为结算依据	

5.1.5 集中竞争交易组织

1. 交易要求

1）集中竞争交易可按年度、月度、周等为周期开展，其中，年度集中竞争交易的标的为次年市场合约电量；月度集中竞争交易的标的为次月市场合约电量；周集中竞争交易的标的为次周开始的周市场合约电量。集中竞争交易采用常用分解曲线形式。

2）发电企业以机组为交易单元参加集中竞争交易。

3）年度集中竞争交易中，发电企业只可作为市场合约卖方参加交易，售电公司和批发用户只可作为市场合约买方参加交易；月度、周集中竞争交易中，可允许市场主体同时作为合约的买方、卖方参与交易。

4）集中竞争交易实行单向交易制度。市场主体单个交易日内对相同标的只可进行单方向买入或卖出，以其第一笔成交合约电量的方向为准。当第一笔成交交易为买入电量，则当天只可继续提交买入电量申报；当第一笔成交交易为卖出电量，则当天只可继续提交卖出电量申报。相同标的买入电量申报和卖出电量申报不能同时存在。

2. 交易流程

集中竞争交易包括交易前信息发布、集中竞价、滚动撮合、交易校核、结果发布等环节。

1）交易前信息发布

交易中心在不迟于交易日的1个工作日前，通过交易系统发布交易相关信息，包括但不限于：

（1）交易时段、交易标的、交易代码、曲线形式等。

（2）最小交易电量、基本单位电量、最小价格单位、市场成交价格上下限、集中竞争交易申报价格约束等。

2）集中竞价

集中竞价阶段先于滚动撮合阶段开展，包括集中申报、集中撮合、结果发布等环节。

（1）集中申报。市场主体在申报时间窗口内，按标的申报拟买入或卖出的交易电量与价格，申报信息不公开。

市场主体应在可申报电量额度范围内开展交易申报，申报电量应满足最小交易电量要求且为基本单位电量整数倍，满足最小价格单位，不得超过相关价格约束。

（2）集中撮合。集中申报结束后，交易系统按不同标的分别进行集中撮合，原则如下：

将买方申报按价格由高到低排序、卖方申报按价格由低到高排序，依次配对形成交易对。

$$交易对价差 = 买方申报价格 - 卖方申报价格$$

当交易对价差为负值时不能成交，交易对价差为正值或零时成交。价差大的交易对优先成交；交易对价差相同时，申报时间较早的优先成交，申报时间以系统记录时间为准。

(3）初步结果发布。集中竞争交易阶段结束后，由交易中心发布初步交易结果。集中竞价阶段未成交的交易申报自动进入滚动撮合阶段。

3）滚动撮合

滚动撮合阶段包括交易申报、撮合、结果发布等环节。

（1）交易申报。市场主体在交易时段内，按标的申报拟买入或卖出的交易电量与价格，申报信息匿名即时公布。市场主体应在可申报电量额度范围内开展交易申报，申报电量应满足最小交易电量要求且为基本单位电量整数倍；申报价格采用绝对价格形式，满足最小价格单位，不得超过相关价格约束。市场主体未成交的交易申报可在交易窗口时间内撤销，已成交的交易申报不能撤销。

（2）撮合。交易系统按不同标的进行即时自动匹配撮合，原则如下所示。

对于提交的买方申报，将未成交的卖方申报按价格由低到高排序，依次与之配对形成交易对。对于提交的卖方申报，将未成交的买方申报按价格由高到低排序，依次与之配对形成交易对。

$$交易对价差 = 买方申报价格 - 卖方申报价格$$

当交易对价差为负值时不能成交，交易对价差为正值或零时成交。价差大的交易对优先成交；交易对价差相同时，申报时间较早的优先成交，申报时间以系统记录时间为准。

（3）结果发布。由交易中心即时发布滚动撮合阶段初步交易结果。

4）交易校核

集中竞争交易结束后，交易中心对集中竞价阶段和滚动撮合阶段的初步交易结果进行校核，未通过交易校核的异常成交结果按照相关规定处理。

5）结果发布

交易中心通过交易系统发布集中竞争交易正式结果。集中竞争交易不再另行签订合同，以交易正式结果作为结算依据。

5.1.6　电网代购市场电量合约等转让交易组织

1. 电网代购市场电量合约双边协商转让交易

1）交易要求

（1）电网代购市场电量合约双边协商转让交易的标的为次月电网代购市场电量，通过绝对价格模式交易，无须曲线分解。

（2）电网代购市场电量双边协商转让交易中，发电企业以法人单位或机组为交易单元参加交易，若以法人单位为交易单元，电量需分解至机组。

2）可申报电量额度

机组可受让卖出电量额度和可申报出让电量额度为：

机组可受让卖出电量额度 = 发电机组可用装机容量×负荷率上限×24×当月天数×
（1－厂用电率）－本交易日前持有月度净合约量－
本交易日申报受让月内电网代购市场电量

机组可申报出让电量额度 = 本交易日前持有月内电网代购市场电量－
本交易日申报出让月内电网代购市场电量

3）交易流程

电网代购市场电量双边协商交易包括合同提交与确认、交易校核和结果发布等环节，具体流程与双边协商交易规定相同。

2. 电网代购市场电量合约挂牌转让交易

1）交易要求

（1）电网代购市场电量合约挂牌转让交易的标的为次月电网代购市场电量，通过绝对价格模式交易，无须曲线分解。

（2）电网代购市场电量挂牌转让交易中，发电企业以机组为交易单元参加交易。

2）可申报电量额度

机组可受让卖出电量额度 = 发电机组可用装机容量 × 负荷率上限 × 24 × 当月天数 ×
（1 − 厂用电率）− 本交易日前持有月度净合约量 −
本交易日申报受让月内电网代购市场电量

机组可申报出让电量额度 = 本交易日前持有月内电网代购市场电量 −
本交易日申报出让月内电网代购市场电量

3）交易流程

电网代购市场电量挂牌交易包括交易前信息发布、挂牌申报、摘牌交易、交易校核、结果发布等环节，具体流程与挂牌交易规定相同。

5.2 广东现货电能量市场交易

因各省份现货电能量交易实施方式不同，本节以广东省现货电能量交易为基础，依据《广东电力市场现货电能量交易实施细则》（2024年修订）编写。现阶段采取"发电侧报量报价、用户侧报量不报价"的模式，择机采取"发电侧报量报价，用户侧报量报价"的模式。

5.2.1 日前电能量市场交易

1. 日前电能量交易的市场组织

广东现货电能量市场也分为日前电能量市场和实时电能量市场：日前市场即计划执行日的前一日（$D-1$），市场参与者根据日前发布的市场信息和运行参数等提交未来一天各时段的买卖申报信息，申报结束后将产生运行日的资源组合状态和日前交易量价；日内市场发生于计划运行日当天（D），一般情况下，市场参与者日前申报数据被封存，继承至日内市场，再根据日内的市场情况、运行数据等，决定未来每15分钟的最终资源分配状态和日内交易量价。交易产品包括日前能量、实时能量、调频服务。

2. 日前电能量交易时序安排

出清时段：每个运行日（D）有96个交易出清时段，每15分钟为一个出清时段。竞价日12:00前，发布运行日边界条件公有和私有信息。竞价日13:00前，拥有市场交易量的机组进行日前电能量交易申报，售电公司和批发用户申报用电需求曲线（作为结算依据而不影响出清）。竞价日 17:30 前，出清得到日前能量市场 96 点分时交易结果并发布。

起步阶段：发电侧报价报量，用户侧报量不报价，日前交易时序如表 5-3 所示。

表 5-3 起步阶段日前交易时序

时间	事项	信息发布与交易
9:30 前	电力调度机构发布： 竞价日其调管范围内机组的 96 点状态； 竞价日其调管范围内机组的 96 点机组出力约束	边界条件准备
10:30 前	各发电企业： 对调度机构发布的状态进行确认，逾时则默认采用电力调度机构发布的状态； 申报运行日最早可并网时间（若发电机组在竞价日处于停机状态且预计运行日具备并网条件）； 经政府认定的热电联产电厂向电力调度机构申报运行日的供热计划	
12:00 前	通知必开机组； 发布运行日的边界条件信息：①统调负荷预测曲线；②省内 A 类机组出力预测曲线；③外购电高峰、低谷电力预测；④发电机组检修总容量；⑤正备用要求、负备用要求；⑥输变电设备检修计划；⑦电网关键断面约束情况；⑧必开必停机组（群）；⑨市场限价等交易参数	事前信息发布
13:00 前	发电企业以发电机组为单位申报机组电能量报价曲线等信息（报价段数不超过 5 段） 售电公司和批发用户申报运行日的用电需求曲线，即运行日每小时内的平均用电负荷	交易申报
17:30 前	出清，发布公有信息： （1）每小时的全市场节点加权平均综合电价； （2）日前电能量市场出清的概况信息 发布发电企业私有信息： （1）运行日的机组开机组合； （2）运行日发电机组每小时的中标电量； （3）运行日发电机组每小时的电价 发布用户侧私有信息： 售电公司和批发用户每小时的中标用电量，数值上等于其在日前电能量市场中申报的每小时的平均用电负荷	出清与结果发布

现阶段，卖方在各交易出清时段可最多申报五段报价（即 $K \leqslant$ 申报段数 $\leqslant 5$），要求各段报量出力区间首尾相接，且出力起终点分别是机组最小稳定技术出力（MW）和机组额定有功功率（MW），另外，各出力报价曲线须随出力增加满足单调非递减。而买方只需以小时报量，无须报价，日前市场根据负荷预测出清。

现货市场成熟后，发电侧报价报量，用户侧报量报价，日前交易时序如表 5-4 所示。

表 5-4 市场成熟阶段日前交易时序

时间	事项	信息发布与交易
9:30 前	电力调度机构发布： 竞价日其调管范围内机组的 96 点状态； 竞价日其调管范围内机组的 96 点机组出力约束	边界条件准备

续表

时间	事项	信息发布与交易
10:30 前	各发电企业： 对调度机构发布的状态进行确认，逾时则默认采用电力调度机构发布的状态； 申报运行日最早可并网时间（若发电机组在竞价日处于停机状态且预计运行日具备并网条件）； 经政府认定的热电联产电厂向电力调度机构申报运行日的供热计划	
12:00 前	通知必开机组； 发布运行日的边界条件信息： ①统调负荷预测曲线；②省内A类机组出力预测曲线；③外购电高峰、低谷电力预测；④发电机组检修总容量；⑤正备用要求、负备用要求；⑥输变电设备检修计划；⑦电网关键断面约束情况；⑧必开必停机组（群）；⑨市场限价等交易参数	事前信息发布
13:00 前	发电企业以发电机组为单位申报机组电能量报价曲线等信息（报价段数不超过5段）； 售电公司和批发用户申报运行日对应到电价节点的电力需求量价曲线，即相应的电价节点上每小时内的"负荷－价格"关系曲线（每小时内的报价段数不超过5段）	交易申报
17:30 前	出清，发布公有信息： （1）每小时的全市场节点加权平均综合电价； （2）日前电能量市场出清的概况信息； 发布发电企业私有信息： （1）运行日的机组开机组合； （2）运行日发电机组每小时的中标电量； （3）运行日发电机组每小时的电价； 发布用户侧私有信息： 售电公司和批发用户每小时的中标用电量，以及相应电价节点每小时的平均节点电价	出清与结果发布

3. 电价与结算

广东省采用了节点电价机制来实现电力市场的资源优化配置。节点电价等于通过安全约束机组组合（security constrained unit commitment，SCUC）和安全约束经济调度（security constrained economic dispatch，SCED）算法考虑系统约束、网络约束和机组约束后得出的系统边际成本加边际阻塞成本，即各节点的电价可能各不相同。其中日前市场基于SCUC和SCED确定日前市场节点电价，实时市场基于SCED确定实时市场节点电价。采用节点电价机制能够反映电能在系统中不同地点的价值和电力资源的稀缺程度，为市场参与者提供合理的电价信号。

广东省现货电能量市场中，以小时为结算时间单位，"日清月结"，按日前出清价格结算日前中标量，按日内出清价格结算日内实际用量与日前中标量之差。

从结算来讲，现货市场收益计算相比于之前的中长期交易规则有两处不同：由于中长期合约属性不再是物理合约，因此，现货市场价格也能影响中长期合约收益；由于多发（少用）电量以实时市场价格卖出，少发（多用）电量以实时市场价格买入，因此收益结算中将没有单独的偏差考核。

4. 市场力检测与缓解

广东省的相应规则同样考虑到了市场力的检测和缓解，市场将被设定市场力检测限值，发电能量报价大于限值被视为不通过市场力测试，将由市场力检测参考价值代替不通过检测的报价参与市场出清。

为避免具有市场力的发电机组操纵市场价格，需进行市场力检测；通过市场力检测的发电机组电能量报价被视为有效报价，可直接参与市场出清；未通过市场力检测的发电机组采用市场力缓解措施处理后，可参与市场出清；现阶段，市场力检测仅考虑行为测试环节。

5.2.2 实时电能量市场交易

1. 实时电能量市场出清

电力调度机构以 15 分钟为周期，基于最新的电网运行状态与超短期负荷预测信息，以购电成本最小化为目标，在日前发电调度计划及日内机组组合调整确定的开机组合基础上，采用 SCED 程序进行优化计算，滚动优化机组出力，形成各发电机组需要实际执行的发电计划和实时节点电价等信息。

实时电能量市场的出清计算过程如下所示。

1）在实时开机组合基础上，根据调频辅助服务市场与现货电能量市场的衔接方式的规定，计算调频辅助服务市场的出清结果，修改相应机组的出力上下限。

2）修改调频机组的出力上下限之后，采用 SCED 程序计算发电机组的实时出力计划。

3）对实时电能量市场优化计算时间窗口内的机组出力曲线进行交流潮流安全校核，若不满足交流潮流安全约束，则在计算模型中添加相应的约束条件，重新进行 SCED 计算，直至满足交流潮流安全约束，得到实时电能量市场的出清结果。

2. 实时电能量市场定价

1）发电侧定价

实时电能量市场出清形成每 15 分钟的节点电价，每小时内 4 个 15 分钟的节点电价的算术平均值，计为该节点每小时的平均节点电价。实时电能量市场中，发电机组以机组所在节点的小时平均节点电价作为相应时段的结算价格。

2）用户侧定价

实时电能量市场中，售电公司和批发用户以每小时的用户侧统一电价作为相应时段的结算价格。

现阶段用户侧统一电价按照下式计算：

$$\overline{\mathrm{LMP}}_{t,\text{日前}} = \frac{\sum_{m}^{m \in \text{B类机组}} [(Q_{m,t,\text{日前}} - Q_{m,t,\text{代购}}) \times \mathrm{LMP}_{m,t,\text{日前}}]}{\sum_{m}^{m \in \text{B类机组}} (Q_{m,t,\text{日前}} - Q_{m,t,\text{代购}})}$$

其中，$\overline{\mathrm{LMP}}_{t,\text{日前}}$ 表示第 t 小时的日前用户侧统一电价；$Q_{m,t,\text{日前}}$ 表示市场机组 m 在第 t 小

时的日前中标电量；$Q_{m,t,代购}$表示市场机组 m 在第 t 小时的电网代购市场电量；上述 $Q_{m,t,日前}$、$Q_{m,t,代购}$以交易中心首次发布的 D 日日清算电量数据为准，后续电量如有调整，不进行重算；$LMP_{m,t,日前}$表示第 t 小时市场机组 m 所在节点的日前结算价格，即第 t 小时内每 15 分钟日前节点电价的算术平均值；$\sum\limits_{m}^{m \in B类机组}$表示对所有市场机组求和。

3．市场出清出力结果发布

电力调度机构将实时电能量市场每 15 分钟出清的发电计划通过调度数据网下发至各发电机组。若由于技术支持系统缺陷等客观原因，造成实时市场无法在系统实际运行前 15 分钟完成出清时，电力调度机构可沿用上一个有效出清时段的出力计划或根据电网实时运行需要进行人工调整，确定受影响发电机组的实时发电计划，并尽可能缩短发布市场出清结果的延迟时间，事后及时向市场主体发布出清延迟公告并说明原因。

电力调度机构在系统实际运行前 15 分钟开展实时电能量市场交易出清；实时电能量市场价格以小时为单位计算发布，实时运行中每小时发布实时市场的临时结果；次日发布运行日实时市场的正式结果，作为结算依据。

5.3 绿电交易与绿证交易

由于各省份对绿电交易的实施方式不同，本节依据 2022 年 1 月 25 发布的《南方区域绿色电力交易规则（试行）》进行编写。

5.3.1 绿电交易

1．绿电交易的概念

绿色电力产品指符合国家有关政策要求的风电、光伏等已建档立卡的可再生能源发电项目所生产的全部电量。初期主要指风电和光伏发电企业上网电量，根据国家有关要求可逐步扩大至符合条件的其他电源上网电量。

绿电交易是绿色电力交易的简称，是指电力用户或售电公司与绿色电力发电企业依据规则同步开展电力中长期交易和绿证认购交易的过程。在绿色电力供应范围内，电力用户与绿色电力发电企业建立认购关系，选择通过电网企业供电或代理购电的方式获得绿色电力，属于绿色电力交易范畴。它是在电力中长期市场体系框架内设立的一个全新交易品种，能够引导有绿色电力需求的用户直接与发电企业开展交易。简单地说，就是用户可以通过电力交易的方式购买风电、光伏发电等新能源电量。以前在电力市场中，买卖的大部分都是火电等常规能源发电，新能源发电主要由电网企业保障性收购。

绿色电力交易主要包括省内绿色电力交易和省间绿色电力交易。

1）省内绿色电力交易指由电力用户或售电公司通过电力直接交易的方式向本省发电企业购买绿色电力产品。

2）省间绿色电力交易指电力用户或售电公司向其他省发电企业购买符合条件的绿色

电力产品，初期由电网企业汇总省内绿色电力交易需求，跨区跨省购买绿色电力产品，结合电力市场建设进展和发用电计划放开程度，建立多元市场主体参与跨省跨区交易机制，有序推动发电企业与售电公司、用户参与省间绿电交易。

绿色电力交易的标的为附带绿证的风电、光伏等绿色电力发电企业的上网电量。现阶段，绿色电力交易的标的主要为电量，没有安排合同交易。

2. 绿电交易市场成员

绿电交易市场成员按照市场角色分为售电主体、购电主体、输电主体和市场运营机构，见图5-1。

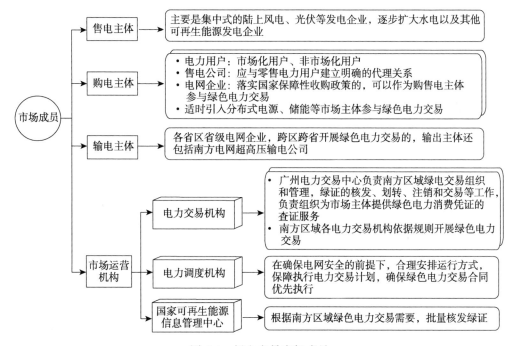

图 5-1　绿电交易市场成员

发电企业、电力用户、售电公司根据交易需求、调度管理、结算关系等在相应的电力交易机构办理市场注册。

各电力交易机构共享注册信息，市场主体无须重复提交注册信息，已在各电力交易机构注册的市场主体可直接参与绿色电力交易。由电网企业代理购电的电力用户购买绿色电力，应在电力交易中心办理登记手续。

3. 绿电交易方式

绿色电力交易分为直接交易和认购交易两种形式。

1）直接交易

直接交易指电力用户或售电公司直接与发电企业依据规则开展交易、形成交易结果的过程。

绿色电力的直接交易方式包括协商、挂牌、竞价等，为确保绿色电力全生命周期的追踪溯源，绿色电力交易结果应明确购、售电主体的对应关系。

同一交易周期内，绿色电力直接交易应安排在其他电力中长期交易之前组织开展，跨区跨省交易、结算结果作为省内交易、结算的边界条件。已启动现货、辅助服务市场的地区应依据有关规则，做好绿色电力交易与现货交易、辅助服务交易的衔接。

电力交易机构应在规定时间内发布包括交易品种名称、交易标的、参与市场主体、申报起止时间、申报要求或交易限定条件、市场参数、交易关口、交易方式、价格形成机制、输电通道能力情况等的交易公告。

市场主体申报电量不得超过其实际最大可发、可用电能力。

（1）发电企业申报电量上限按照机组容量乘以所在省区相同类型机组历史平均利用小时数的一定比例进行设置，与其他中长期电力交易共用上限。

（2）电力用户、售电公司申报电量上限参照电力用户历史用电量情况进行设置，并与其他中长期电力交易共用上限。

（3）开展年度（多月）交易时，原则上应按月分别申报电量和价格。

电力交易机构在电力调度机构提供的安全约束条件下依据规则出清，形成无约束交易结果。

2）认购交易

认购交易指由电网企业代理购电的电力用户在绿色电力供应范围内、通过电网企业供电或代理购电的方式与发电企业建立认购关系获得绿色电力的过程。绿色电力认购交易的标的为由电网企业保障性收购或代理购电的绿色电力发电企业上网电量，其中认购交易电量享受国家补贴政策的，需要发电企业自愿将该部分电量退出补贴。

国内现阶段开展绿色电力认购交易可选择协商、挂牌等交易方式。绿色电力认购交易安排在电网企业完成电力用户、发电企业抄表工作以后组织开展。

电力交易机构应在规定时间内提前发布交易公告。交易公告内容包括交易品种名称、交易标的、参与市场主体、申报起止时间、申报要求或交易限定条件、市场参数、交易关口、交易方式、价格形成机制等。

发电企业、电力用户的电量和价格按照实际发、用电量情况进行申报，其中申报上限应扣减已有市场化电量。

4. 绿电交易流程

在电能量市场交易中，优先进行绿电交易组织、交易执行和交易结算。

绿电交易初期以年度（多月）为周期组织开展。鼓励市场主体间签订多年交易合同，鼓励电力用户与在建发电企业签订5~10年的长期购电协议，建立促进绿电发展的长效机制；交易电量在非现货试点地区，由电力调度机构予以优先安排，保证交易结果的优先执行。在现货试点地区，为市场主体提供优先出清履约的市场机制；绿电交易优先于其他发电计划和市场化交易结算。绿电交易流程见图5-2。

5. 绿电交易价格机制

参与绿色电力交易的电力用户、售电公司，其购电价格由绿色电力交易价格、输配电价、辅助服务费用、政府性基金及附加等构成。

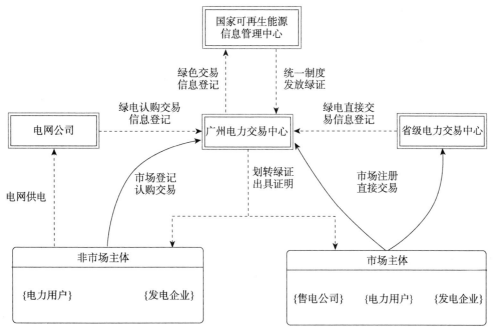

图 5-2 绿电交易流程

绿电产品交易价格由发电企业与电力用户通过双边协商、集中撮合等方式形成。绿色电力交易价格由电能量价格和环境溢价组成，分别体现绿色电力的生产运营成本、环境属性价值。绿色电力交易价格根据市场主体申报情况通过市场化方式形成。按照保障收益的原则，参考绿色电力供需情况，合理设置绿色电力交易价格的上、下限。绿色电力的环境溢价，可以作为绿证认购交易的价格信号，形成的收益同步传递至发电企业，不参与输配电损耗计算、不执行峰谷电价政策。

输配电价、辅助服务费用、政府性基金及附加按照国家有关规定执行。参与绿色电力交易的电力用户应公平承担为保障居民农业等优购用户电价稳定产生的新增损益分摊费用。

附加收益（交易价格高于核定上网价格的收益）的归属，应考虑完全市场化绿电产生的附加收益归发电企业；向电网企业购买且享有补贴的绿电，产生的附加收益用于对冲政府补贴，发电企业如自愿退出补贴参与绿电交易，产生的附加收益归发电企业；其他保障上网的绿电，产生的附加收益专款用于新型电力系统建设工作。

绿色电力交易按照"年度（含多月）交易为主、月度交易为补充"的原则开展交易，鼓励年度以上多年交易。市场主体应在申报电量的同时，分别申报明确绿色电力交易价格及其电能量价格、环境溢价，申报单位应按照以下规范格式申报：电力单位为 MW，电量单位为 MW·h，价格单位为元/MW·h，费用单位为万元。

5.3.2 绿证交易

本部分依据国家可再生能源信息管理中心 2017 年 6 月 30 日发布的《绿色电力证书

自愿认购交易实施细则（试行）》编写。

1. 绿证的概念

绿色电力证书简称"绿证"，是可再生能源发电企业所发绿色电力的"电子身份证"，具有唯一序列号进行标识，用以证明与核算可再生能源的发电和使用。每一张绿证的产生，就意味着有 1000 度（1 MW·h）可再生能源产生的电力已经上网。

我国对绿证的定义是：绿证是国家对发电企业每兆瓦时非可再生能源上网电量颁发的具有唯一代码标识的电子凭证，作为绿色环境效益权益的唯一凭证。

绿证的作用是用于抵消企业范围的二氧化碳排放。通俗地讲，企业用了火电，但可以通过购买绿证申明自身的减排。相当于花钱补贴了新能源发电项目，然后买了对应的环境权益，从而抵消了自身碳排放。

绿证的有效时间，企业应购买符合权威碳排放披露项目（carbon disclosure project，CDP）要求的"21 个月原则"内发电所产生的绿证。"21 个月原则"指企业当年财务报告期的 12 个月，加上前 6 个月和后 3 个月，总共 21 个月。

依据其核发机构的不同，绿证分为由政府机构核发的绿证和由第三方非政府组织核发的绿证两大类。由政府机构核发的主流绿证有：中国绿证（green electricity certificate，GEC），北美可再生能源证书（renewable energy certificate，RECs），欧盟来源担保证书（guarantees of origins，GO）。由第三方机构核发的主流绿证有：国际可再生能源证书（I-REC），全球可再生能源交易工具（APX Tigrs）。

2. 绿证交易机制

绿色证书交易指政府对企业的可再生能源发电核发绿色交易证书，绿色交易证书可以在能源企业间买卖，价格由市场竞争决定。绿证交易由国家可再生能源信息管理中心组织实施，通过信息中心建设的中国绿色电力证书认购交易平台进行交易。信息中心负责审核企业的申请资格，按照 1 个证书对应 1 MW 的结算电量标准向企业核发相应证书，每个证书具有唯一编码。绿证以整数为交易单位，报价为元/个绿证，允许保留小数点后两位。信息平台在核发绿证时，根据项目结算电量的发电时间、批复上网电价、燃煤标杆电价等，自动计算绿证交易价格上限，并自动录入到交易平台。绿证交易机制如图 5-3 所示。

绿证的买方指在全国绿色电力证书自愿认购交易平台上购买绿证的用户。绿证的卖方指在交易平台上自愿注册账户、发布绿证信息并出售绿证的新能源发电企业。卖方仅可拥有一个账户，每个账户对应唯一的账户名。

绿证可以通过自愿认购的方式进行交易，在我国市场可选择购买的绿证种类，除 GEC 外，主要还有两种国际绿证 APX TIGR 和 I-REC。GEC 绿证只能交易一次，无法二次出售。目前核发的项目主体包括集中式光伏发电和陆上风电。国际绿证和我国的绿证在认证标准和交易环节有所不同。国际绿证可以来自水电项目，国际绿证可以多次交易。

3. 绿证交易方式

我国绿证的申领在国家能源局可再生能源发电项目信息管理平台进行。而交易是在绿证认购平台进行，通过信息平台注册、参与自愿认购证书或出售持有证书的政府机关、

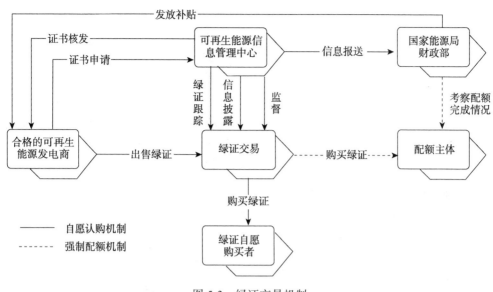

图 5-3 绿证交易机制

企事业单位和自然人等都可以进行绿证认购。目前支持两种交易方式：一种是单项挂牌，另一种是协议转让。

单向挂牌指意向卖方向交易平台提交单向挂牌出售绿证信息，意向买方通过交易平台查看实时挂牌信息，在交易页面单击加入购物车并完成支付购买的交易方式。个人买方也可通过信息中心微信公众号完成支付购买。意向卖方挂牌信息应包括交易标的数量、单价及交易标的项目类型、项目介绍等信息。单向挂牌完成后，对应的交易标的会被冻结。卖方可随时撤销挂牌，撤销挂牌后交易标的将自行解冻。卖方挂牌绿证单价不得超过绿证交易价格上限，交易平台不接受超过交易价格上限的绿证出售请求。

协议转让指交易双方通过协商达成一致，并通过交易平台完成交易的交易方式。意向卖方向交易平台提交协议转让交易挂牌申请，挂牌信息除需提交交易标的代码、数量、价格等信息外，还应提供协议转让意向买方账户信息。意向买方和卖方可以选择在交易平台进行线上资金支付，也可以自行协商线下进行资金支付。例如，意向买方和卖方选择自行协商线下进行资金支付时，意向买方和卖方需按照交易平台提供的绿证协议转让确认书标准文本要求，填写相关信息，双方盖章并由卖方上传电子文本文件至交易平台。信息中心在收到意向卖方和买方双方确认书信息后，应核实协议转让数量与确认书信息是否一致，对符合条件的协议转让进行绿证划转。

4. 资金结算及绿证交收

绿证自愿认购交易资金暂通过网上银联支付渠道进行结算。意向买方通过银联支付方式向意向卖方支付资金，全额购证资金在第二个工作日到达卖方资金账户，完成资金划转。网上银联支付渠道可以提供个人网银支付、企业网银支付、无卡支付和移动支付四种服务模式，满足个人、机构客户对绿证购买的功能需求。如交易平台资金托管和支付方式发生调整，则资金结算规则会做相应修改，并及时公布。自愿认购绿证一经交易后不得再次交易，并由交易平台自动注销。

5.4 碳 交 易

5.4.1 碳交易市场

碳交易是温室气体排放权交易的统称，这里的温室气体是在《京都议定书》要求减排的 6 种温室气体，包括二氧化碳（CO_2）、甲烷（CH_4）、氧化亚氮（N_2O）、氢氟碳化物（HFCs）、全氟化碳（PFCs）、六氟化硫（SF_6）。

在碳交易里面的交易物实际上是碳排放权。所谓碳排放权，指能源消费过程中排放的温室气体总量，包括可供的碳排放权和所需的碳排放权两类。

碳交易市场，就是通过碳排放权的交易达到控制碳排放总量的目的。通俗地讲，就是把二氧化碳的排放权当作商品来进行买卖，需要减排的企业会获得一定的碳排放配额，成功减排可以出售多余的配额，超额排放则要在碳市场上购买配额。例如，某个企业每年的碳排放配额为 1 万 t，如果企业通过技术改造，碳排放量减少为 8000 t，那么多余的 2000 t 碳排放量就可以在碳市场上出售。而其他企业因为扩大生产需要，原定的碳排放配额不够用，就可以在市场上购买这些被出售的额度。这样既控制了碳排放总量，又能鼓励企业通过优化能源结构、提升能效等手段实现减排。碳交易市场机制如图 5-4 所示。

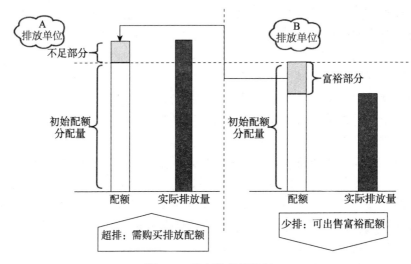

图 5-4 碳交易市场机制

5.4.2 碳交易的种类

碳交易市场有两类基础产品：一类为政府分配给企业的碳排放配额，另一类为国家核证自愿减排量（Chinese Certified Emission Reduction，CCER）。

碳配额是政府为完成控排目标采用的一种政策手段，即在一定的空间和时间内，将该控排目标转化为碳排放配额并分配给下级政府和企业，若企业实际碳排放量小于政府分配的配额，则企业可以交易多余碳配额。

作为补充在配额市场之外还引入自愿减排市场交易,即 CCER 交易。CCER 交易指控排企业向实施"碳抵消"活动的企业购买可用于抵消自身碳排的核证量,对我国境内可再生能源、林业碳汇、甲烷利用等项目的温室气体减排效果进行量化核证,并在国家温室气体自愿减排交易注册登记系统中登记的温室气体减排量。"碳抵消"指用于减少温室气体排放源或增加温室气体吸收汇,用来实现补偿或抵消其他排放源产生温室气体排放的活动,即控排企业的碳排放可用非控排企业使用清洁能源减少温室气体排放或增加碳汇来抵消。

碳市场按照 1∶1 的比例给予 CCER 替代碳排放配额,即 1 个 CCER 等同于 1 个配额,可以抵消 1 t 二氧化碳当量的排放,《碳排放权交易管理办法(试行)》规定重点排放单位每年可以使用国家核证自愿减排量抵销碳排放配额的清缴,抵消比例不得超过应清缴碳排放配额的 5%。

5.4.3 碳交易的买方和卖方

碳交易所一般实行会员制,碳交易所的交易主体主要包括了重点排放单位以及符合规定的其他机构与个人。排放高于配额,就需要到市场上购买配额的企业为买方,通过采用节能减排技术,最终碳排放低于其获得的配额,则可以通过碳交易市场出售多余配额的为卖方,双方将通过碳排放交易所进行碳交易。在初期,全国碳市场首批以发电行业起步,共向首批参与交易的电力行业发放了两年的配额,电力行业年度碳排放量约 40 亿 t。参与首批开户的电力企业共计 2225 家。这些企业成为参与全国碳市场交易的主体,其他机构和个人暂不能参与全国碳市场。"十四五"规划期间,预计石油、化工、建材等八大重点能耗行业都将被纳入到碳市场,未来八大行业控排企业有 8000~10 000 家。

5.4.4 交易方式

全国碳排放配额(Chinese Emission Allowances,CEA)交易应当通过交易系统进行,可以采取协议转让、单向竞价或者其他符合规定的方式,协议转让包括挂牌协议交易和大宗协议交易。

1. 挂牌协议交易

挂牌协议交易单笔买卖最大申报数量应当小于 10 万 t 二氧化碳当量。交易主体查看实时挂单行情,以价格优先的原则,在对手方实时最优五个价位内以对手方价格为成交价依次选择,提交申报完成交易。同一价位有多个挂牌申报的,交易主体可以选择任意对手方完成交易。成交数量为意向方申报数量。

开盘价为当日挂牌协议交易第一笔成交价。当日无成交的,以上一个交易日收盘价为当日开盘价。收盘价为当日挂牌协议交易所有成交的加权平均价。当日无成交的,以上一个交易日的收盘价为当日收盘价。挂牌协议交易的成交价格在上一个交易日收盘价的±10%之间确定。

2. 大宗协议交易

大宗协议交易单笔买卖最小申报数量应当不小于 10 万 t 二氧化碳当量。交易主体可发起买卖申报，或与已发起申报的交易对手方进行对话议价或直接与对手方成交。交易双方就交易价格与交易数量等要素协商一致后确认成交。大宗协议交易的成交价格在上一个交易日收盘价的±30%之间确定。

3. 单向竞价

根据市场发展情况，交易系统目前提供单向竞买功能。交易主体向交易机构提出卖出申请，交易机构发布竞价公告，符合条件的意向受让方按照规定报价，在约定时间内通过交易系统成交。交易机构根据主管部门要求，组织开展配额有偿发放，适用单向竞价相关业务规定。单向竞价相关业务规定由交易机构另行公告。

除法定节假日及交易机构公告的休市日外，采取挂牌协议方式的交易时段为每周一至周五 9:30—11:30、13:00—15:00，采取大宗协议方式的交易时段为每周一至周五 13:00—15:00。采取单向竞价方式的交易时段由交易机构另行公告。

5.4.5 碳交易价格

围绕碳价的相关问题，碳市场将通过价格信号来引导碳减排资源的优化配置，从而降低全社会减排成本，推动绿色低碳产业投资，引导资金流动。这是碳市场追求的一个重要目标，因此碳价非常重要。

从微观和近期来看，碳价主要还是由配额供需情况决定。从宏观和长远看，碳价由经济运行和行业发展总体状况和趋势决定。坦率地说，碳价过高和过低都不好。碳价过低，将挫伤企业减排的积极性；碳价过高，将导致一些高碳企业负担过重。因此合理的碳价，既可以彰显我国实现碳达峰、碳中和目标愿景的决心和力度，又能够为碳减排企业提供有效的价格激励信号。碳价是通过市场交易形成，因此出现波动是正常的，但是剧烈波动、过高、过低都不利于碳市场的长期稳定运行。

如果企业减排成本低于碳交易市场价时，企业会选择减排，减排产生的份额可以卖出从而获得盈利。企业排放量如果超过了配额，不买会怎么样？这样做的后果就是，若未足量购买配额以覆盖其实际排放量，将会面临高价的罚款。

通过这一套设计，碳交易市场将碳排放内化为企业经营成本的一部分，而交易形成的碳排放价格则引导企业选择成本最优的减碳手段，用资本的手段引导向低耗能生产转型，全社会减排成本保持最优化。

即测即练

第6章

售电公司商业模式

6.1 商业模式及其特点

6.1.1 商业模式

目前学术界尚未形成对商业模式的统一定义,一般从三种视角对商业模式进行定义:一是基于经济视角,商业模式是公司获取利润的内在逻辑,表明公司目前利润获取方式、未来的长期获利规划及能够持续优于竞争对手和获得竞争优势的途径;二是基于运营视角,商业模式指公司创造价值的全部流程和基本构造设计;三是基于战略视角,商业模式指对不同的公司战略方向的总体考察,涉及市场主张、组织行为、增长机会、竞争优势和可持续性等方面。总的来说,商业模式是对公司商业系统如何运行的本质描述,是对公司经济模式、运营结构和战略方向的整合和提升。

IBM 商业研究所和哈佛商学院克利斯坦森教授(Christensen)的观点认为,商业模式就是一个企业的基本经营方法(method of doing business)。它包含四部分:用户价值定义(customer value proposition)、利润公式(profit formula)、产业定位(value chain location)、关键资源和流程(key resources & processes)。

用户价值定义是为目标用户群提供的价值,其具体表现是给用户提供的产品、服务及销售渠道等价值要素的某种组合(product/service/value mix)。利润公式包括收入来源、成本结构、利润额度等。产业定位是企业在产业链中的位置和充当的角色。关键流程包括企业的生产和管理流程,而关键资源则是企业所需的各类有形和无形的资源。

6.1.2 商业模式特点

商业模式是一个整体的、系统的概念,而不仅仅是一个单一的组成因素。例如,广告收入、注册费、服务费等收入模式,向客户提供价格上、质量上的优势,这些都是商业模式的重要组成部分。商业模式的组成部分之间必须有内在联系,这个内在联系把各组成部分有机地关联起来,使它们互相支持,共同作用,形成一个良性的循环。成功的商业模式一般需要具备以下几个特点。

1) 创新性。成功的商业模式不仅仅是针对技术上的突破,环节上的改进才算是真正厉害的创新。商业模式的创新形式贯穿于公司经营的整个过程，贯穿于公司资源开发、研发模式、制造方式、营销体系、市场流通等各个环节，所以说实际上公司中的任何一个环节都有可能成为创新环节。

2）盈利性。盈利性指公司在市场中，凭借自己特别的商业模式，顺利进入到利润区，并在利润区停留很长一段时间，创造出了长期持续的、高于行业平均水平的利润。

3）客户价值挖掘能力。对于公司，暂时的盈利或亏损都是正常的。一家具有好的商业模式的公司并不是不会亏损，而是亏损之后有能力弥补，并且获得更多的利润。

4）风险控制能力。好的商业模式需要经得住风险的考验，就好比无论多伟岸的大厦，都必须具有稳定性，否则风一吹就倒了。

5）持续发展能力。如果商业模式存在的时段很短，没有后续的持续发展，也必然成不了大器。一个好的商业模式不是靠抓住偶然的机会，而是需要从最开始就找到它的核心逻辑，从而完善商业模式，长久发展下去。

6）行业领先优势。在行业上拥有主导地位是能够持续盈利的先决条件。因此，好的商业模式是公司持续竞争优势之源，商业模式的建立和维护对于确立公司的市场领导地位和竞争实力是极为重要的。

售电公司生存的使命就是创造价值、获取利润。公司因为能够创造价值而具备存在的合理性，价值的实现和创造是公司一切活动的核心和目标。所以，从本质上看，商业模式就是一种价值转换机制。

除了上面几个特点之外，一个成功的商业模式还必须具备提供独特价值、难以模仿等特点，当然越成功的公司，商业模式框架越成熟。

6.2 售电公司商业模式

6.2.1 售电公司商业模式内涵

《中共中央国务院关于进一步深化电力体制改革的若干意见》（中发〔2015〕9号）中提到的"管住中间，放开两头"经过6年的艰难博弈，最终得以实现。国家发展改革委、国家能源局2021年11月11日印发了《售电公司管理办法》，其中提出，售电公司可以采取多种方式通过电力市场购售电，可通过电力交易平台开展双边协商交易或集中交易，按照可再生能源电力消纳责任权重有关规定，承担与年售电量相对应的可再生能源电力消纳量。随着《售电公司管理办法》的实施，电力及非电力公司争相加入竞争，都在积极布局，以争夺巨大的电力市场份额，各售电公司更加注重商业模式的探讨。电力市场交易至今还是个新生事物，而且是个理论与实践结合非常强的交易市场。售电公司管理办法虽然逐渐清晰，然而售电公司商业模式还需要在实践中探寻。

售电商业模式是售电公司战略层面上对整个运营模式的全面设计，体现了售电公司战略管理的理念和思路。不同的市场主体有着不同的售电商业模式。现代社会市场经济占据主导地位，售电公司追求的竞争格局是占有更大的市场份额，所以售电公司必须制备更加合理、科学的商业模式，才可创造更加可观的收益。

6.2.2 售电公司基本营销模式

售电公司基本商业模式是售电公司最主要的一些模式,该模式下开展的服务如图 6-1 所示。

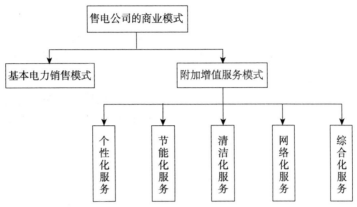

图 6-1 售电公司的商业模式

1. 基本电力销售模式

基本电力销售模式是售电公司的立足之本,也是与用户开展交易的基础。

在该营销模式下,售电公司掌握大量的区域用能数据,可以为发电公司、电网公司、配电公司等开展负荷预测,协助完成电力系统的经济调度。同时,售电公司可以协助开展需求侧管理,将需求意向直接体现在电价或合同中,广泛引导用户参与。对于大型工商业用户,其签订的电力交易合同最为复杂,对电能质量要求最高,因此售电公司还可以提供合同管理及电能质量分析等服务。

在基本电力销售模式下,影响售电竞争力的关键因素是售电价格。售电公司在制定销售电价时,可以采用会计成本或边际成本的定价方法,涵盖购电成本、输配电分摊费用、售电利润及税收和政府性基金等,针对不同用户分别制定均一电价、保底电价、封顶电价等售电方案。售电公司只有提出合理、详尽的销售电价方案,同时制定有效的竞争策略,控制购电成本,最大限度减小市场风险,才能更好地拓展核心售电业务。

影响售电业绩的另一个重要因素是售电量。用户群体数量将直接影响售电量,因此,应当建立用户偏好和需求模型,从市场销售的角度,对售电价格、合同类型、企业口碑、消费观念等因素进行系统性分析和研究,吸引更多用户,增加售电量,扩大市场份额。

2. 附加增值服务模式

未来的售电公司将是服务型企业,除了本职的售电业务之外,应根据自身特点及优势开展有差异的增值服务,最大化地满足不同类型用户的用能需求。

1)个性化服务模式

售电公司可以根据用户需求,开展个性化服务。

首先,售电公司可以根据工商企业等大型用户的需求,开展用电管理服务,为其统计历史负荷数据,分析电能消耗水平,制定合理的用电方案。其次,根据中型用户及小型家庭用户的用电习惯，提供设备及整体的用能分析，帮助节省用电支出。同时，售电公司可以借鉴德国 Emprimo 公司的销售经验，根据用户的特殊需求为用户量身制定电力套餐。此外，售电公司可以研发用能监测平台，开展能耗监测服务，对上述个性化方案的实施效果进行追踪。

2）节能化服务模式

为了促进电力行业低碳化发展，售电公司可以提供节能化服务。

一方面，售电公司可以根据用户的用电习惯，提供节能方案设计与节能技术咨询，制订经济有效的节能计划，改善用户的用电消费行为。另一方面，售电公司可以根据业务范围，加强节能技术研发和节能电器设备供应，提供设计、安装、维修、保险等配套服务。例如，日本东京电力公司推广的电感应加热炊具、节能热水器等高效电气产品，实现了构建"节能化住宅"的营销策略。

3）清洁化服务模式

为促进清洁能源应用，售电公司可以开展清洁化服务。

在电动汽车服务方面，可以学习德国 Ubitricity 公司的技术手段，将普通路灯改装为电动汽车充电桩，有效解决电动汽车的充电问题。对于拥有分布式电源的售电公司，可以为农村及偏远山区用户销售风力照明灯、屋顶发电等分布式电源设备，提供相应的使用培训及维修咨询，帮助用户利用新能源技术解决部分用电、用热等日常消耗。此外，在技术成熟和条件允许的情况下，售电公司可以代理执行分布式电源并网业务，提高分布式能源的利用效率。

4）网络化服务模式

在大力发展"互联网+"的时代，售电公司应不断促进用电方式的网络化，提供网络化服务。

售电公司可以通过研发并推出互联网、移动设备软件等新型网络服务平台，改善用户体验。在此基础上，售电公司应普及智能电表的使用，获得更精准的用户用电数据，为实现网络化服务提供数据支撑。同时，可以借鉴美国 Opower 公司的经验，将收集的数据在网络平台上进一步统计和分析，为用户建立在线"电力档案"，方便用户随时查看电子账单、用电能耗等情况。此外，售电公司与其他平台合作，能够提供更多的网络化服务。例如：与支付平台合作，开发网上付费功能，实现用户"一键缴费"的便捷操作；与社交平台合作，开发"邻里比较"功能，使用户随时在社交圈中查看用能排序情况，提升用户效应。

5）综合化服务模式

为了促进资源整合，公共服务行业组建的售电公司可以开展综合化服务业务。

售电公司可以借鉴德国 Entega 能源公司的经验，将售电业务与供水、供暖、供气等其他能源业务捆绑销售，并且向用户提供销售、咨询、优化等"一站式"综合能源管理。对于同时使用多种能源的企业和家庭，售电公司可以通过经济性分析，为其制定最优综合能源使用方案。此外，售电公司还可以利用电能的经济性和环保性，开展"电采暖""油改电""煤改电"等电能替代项目。

3. 电力市场交易的批发模式

电力市场交易的批发模式适用于具备雄厚的资金及拥有渠道的售电公司。优点是能够快进快出、获利丰厚；缺点是风险很大，稍有差池，就会带来巨大损失。

对于实力雄厚的售电公司来说，这种模式是比较适合的。一方面具备供电侧资源，可以拿到低价电量；另一方面可以拥有大客户资源，直接赚取大客户价差，获取厚利。还可以从供电侧拿到电量后，批发给其他中小零售售电公司，进行合同电量转让（批发）交易。

4. 电力市场交易的零售模式

电力市场交易的零售模式适合中小型售电公司采用。在电力市场上，除了大型售电公司，还有中小型客户群体的存在。电力市场交易的零售的特点是交易灵活，选择余地大。可以不限于资金和业务实力，只进行用户侧售电业务或同行电量调剂业务，具备灵活的展业能力和终端签约能力。

这种模式中价格是主要变动因素，这需要公司具有价格策略并反应及时。比如：差价比例分成、固定价差、固定价差加差价分成、集量价差调整（分成比例根据总量或总价变化呈变动状态，即阶梯式分成比例调整，满足客户最大量和最大节俭成本心理）等。其次是服务，也就是客户的满意度，包括专业能力、处事能力、及时跟进、促销搭赠、积分累计等。

5. 批发兼零售模式

体量大的售电公司可以一揽子全包，实行产供销一条龙。这种模式的优点是执行力强。缺点是在当前售电形势下，两头都抓好比较难。售电领域的批发零售说起来容易，做起来难。客户的抓取和交易中心的成单都极具不易和风险。

按照为客户提供的价值侧重点的差异，售电公司应该在现有购售电业务的基础上，主动探索适应自身实际情况的商业模式，才能实现可持续发展。

6.2.3 售电商业模式的影响因素

售电商业模式设计是售电公司在"双碳"目标约束下，基于自身价值主张，采用新的商业模式架构，为利益相关者创造价值、传递价值和获取价值的组织变革过程。

售电商业模式设计被视为售电公司成功的关键驱动力，好的商业模式有助于公司提高战略灵活性以应对快速变化的市场、获取竞争优势并提高财务绩效，是公司营销活动的基础。公司能力、公司资源、公司组织结构和经营活动等均是商业模式设计的重要影响因素。任何一个售电商业模式都是一个由客户价值、公司资源和能力、盈利方式构成的三维立体模式，这个三维立体构成反映到售电市场表现为感知能力、吸收能力、关系能力和整合能力。商业模式设计是一个复杂的耦合过程，通常由以上四种能力组合，并且是环境及自身资源、能力变化的共同函数，这些影响因素为售电商业模式设计提供了不同的思维视角。

1）从售电侧放开的内涵来看。其重点在于售电环节引入竞争，赋予用户自由选择权。包括放开用户自由选择权，允许用户自由选择售电公司，以及培育多家售电主体，允许所有符合准入条件的公司逐步从事售电业务，形成多家售电格局。

2）从售电主体的构成来看。改革鼓励培育市场化售电公司，今后从事售电业务的主体包括六类公司，具体包括：高新产业园区或经济技术开发区，社会资本，拥有分布式电源的用户或微网系统，供水、供气、供热等公共服务行业和节能服务公司。发电公司等主体不同类型的公司有其自身特点，成立售电公司也将呈现出不同的发展趋势。例如：电网公司具有一定的行业优势，作为保底供电商继续从事售电业务的同时也探索从事市场化售电业务；发电公司对于进军售电市场意愿强烈，今后可能形成一定程度上发售一体化的地区性垄断。

3）从售电主体自身所拥有的资源与能力影响其交易边界看。售电主体自身所拥有的资源与能力决定着其创造与传递的价值。因为不同类别的售电公司组建资质存在差异，所以购售电途径存在不同。

（1）配电型零售商。购电过程中，由于配电型的售电公司拥有广泛的资源和丰富的经验，与发电公司进行交易时更快捷有效；售电过程中，用户量大，基础服务好，所在区域内保底供电服务可以得到保证，且售电量较大。

（2）发电型零售商。购电过程简单快捷，具有灵活的价格浮动，所属发电企业产生的电力如果协商通过就可进行直接销售；售电过程中，如果具有分布式电源，可在网上进行发电余量的销售，对于新增配网运营权的公司，可自己建立电网进行电力的销售。

（3）社会型零售商。购电过程中，用户群体流动性较大，需要对双边交易、集中交易的比例进行合理、科学的控制，最大限度减小购电风险；售电过程中，具有良好的市场意识、创新意识，可进行丰富的服务，竞争潜力较好。

（4）中间代理商。虽然不能直接参与到电力的交易过程中，但是可以依据市场价格和供求信息，辅助以上三类售电公司完成购售电过程，提供更好的中间代理服务。售电商业模式具有协调与配置公司资源的潜能，新拥有的资源与能力或既有要素的重新组合都可能催生售电商业模式创新。同时，公司多样的动态能力有助于其识别复杂环境中的变化，积极采取措施对冲现实风险，促成售电商业模式设计的顺利进行。公司的动态能力通过组合开发性、应对性和探索性、主动性要素来驱动不同导向的售电商业模式创新，这表明售电商业模式设计需要多种动态能力共同驱动完成。

4）从社会资本趋利性看。其主要受利益驱动，对市场商机敏感度高，今后可能随着政策利好变化情况调整其进入意愿。

5）从售电主体的业务范围来看。借鉴国外售电公司业务模式，主要包括核心业务与增值服务两类：核心业务，即购售电业务，从批发市场或发电公司和其他售电公司购电，向用户售电；增值业务，包括向用户提供优化用电策略和合同能源管理等服务，以及将售电业务与其他供水、供热、供气业务捆绑，向用户提供综合能源服务。

6）从公司高管视角看。公司高管的个人特质、认知、能力、行为等都决定着售电商业模式设计，公司高管的创造力、自信程度、先前经验等对售电商业模式设计有重要影响。一方面，管理者可能通过决策过程中持续的类比推理与概念组合分析现有形势，根据先前经验识别潜在机会，突破组织惯性，发动前瞻性或反应式的售电商业模式设计。另一方面，售电商业模式设计的顺利进行需要基于管理者的充分认可，其预测能力、整合能力与吸收能力等决定设计与实施的进程，尤其当公司处于竞争性较弱的环境时，企业家作为所有者与管理者对售电商业模式设计及创新程度具有显著的促进作用。

6.2.4 售电商业模式设计过程

由于各售电公司面临的内部条件和外部环境的不同，任何商业模式的设计都是一种创新。IBM商业价值研究院2009年的一项研究表明，获得突出业绩的公司对商业模式创新的重视度是业绩不佳者的两倍。可见，在当今激烈的竞争中，售电公司再怎么强调商业模式创新都不为过。商业模式的设计可以是局部性的，也可以是全局性的，只要符合公司的价值观和企业文化，需要的资源能力又能够获取到，这种商业模式设计就具备了成功的条件。售电商业模式设计的基本思路如下所示。

1. 基于创造新业态的商业模式设计

目前比较激进的一种看法是根本不考虑所在行业，而是将售电公司看成商业生态圈的一个物种。如今，随着5G、区块链、物联网、云计算、人工智能的日益成熟，能源互联网正在逐步走向现实。能源互联网发展的十年间，传统产业价值链逐渐被解构，一个全新的能源生态系统正在成型。这个新的能源生态系统连接了电力能源的生产者与不同地域的消费者，创造出很多新业态和新商业模式，将在售电市场营销中发挥作用。如果售电公司为了更适应全新的能源生态环境或更好地成长，创造出来一个全新的"物种"，则跟任何竞争对手都有结构化差异性，有可能获得竞争优势。

2. 基于价值链的商业模式设计

由美国哈佛商学院战略学家迈克尔·波特提出的"价值链分析法"，其核心是任何企业的价值链都是由一系列相互联系的创造价值的活动所构成，包括主体活动和辅助活动。主体活动指企业经营过程中的实质性活动，一般细分成内部物流、生产经营、外部物流、市场营销和售后服务五种活动；辅助活动指那些支持主体活动，而且内部之间又相互支持的活动，包括企业基础设施管理、人力资源管理、技术开发和采购管理四种。进行价值链分析就是分析企业这些活动哪些是增值活动，哪些是非增值活动，并进一步判断各项活动所创造的"利润空间"。

根据企业价值链基本模型，分析售电公司价值链，从售电公司核心业务出发，分析售电公司的关键业务。其按照业务分类，可分为三大类，分别是服务类、产品类、经营类。服务类业务主要是通过电子、实体等渠道为客户提供缴费、故障报修等业务。产品类业务主要包括售电服务、能效服务、电务服务、客户工程服务、需求侧响应服务。经营类业务主要包括客户研究、营销策划、市场拓展。图6-2为关键业务总体架构图。

售电公司价值链的关键业务包括以下内容。

1）服务。客户服务类业务主要指客户通过旗舰营业厅、电话服务、电子渠道等相关渠道进行缴费、业务受理、咨询查询、故障报修等业务。缴费业务是通过客户编号、名称、地址等信息查询客户电费或业务费的应收信息，通过营业厅或其他缴费渠道缴费后，返给客户缴费凭证或发票。

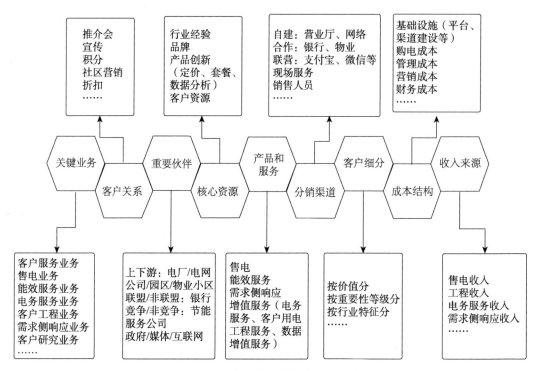

图 6-2 售电公司关键业务总体架构

业务受理在服务层只做简单的业务办理服务功能,涉及其他部门服务诉求时,登记后传给相应产品部门来进行后续业务处理。

咨询查询服务解决客户通过营业厅、电子渠道咨询查询电量电费信息、业务报装信息、工程服务信息、电务服务信息、故障抢修信息等。

故障报修是客服或工作人员接到客户关于故障报修诉求后,记录相应信息,如地址、联系人、联系电话、故障内容等,然后转接对应的部门现场进行处理。

2)产品。产品包括售电服务和能效服务。售电服务是售电商的核心业务,包括购电业务、委托供电业务、电费结算业务。能效服务是针对企业用户用能情况,采用有效的节能解决方案降低能源消耗、优化能源成本、提高能源供给,及时发现能源浪费现象,提高能效管理水平,从而实现可持续的节能降耗。业务环节包括用能信息采集、能效分析、诊断与治理。

3)电务服务。电务服务是针对用户配电资产及其他能源设备资产提供运行维护的工作,为用户提供专业的全方位全过程的贴身用电保障服务。电务服务内容包括例行检查用户电力设备、用电负荷、快速响应客户配电设施、为电力用户用电设备、设施提供无忧托管、外包服务等工作。

4)客户工程服务。客户用电工程服务包括用电工程咨询、用电工程设计以及用电工程施工等工作。

5)需求侧响应服务。需求侧响应服务是当电价随时间变化或者市场中设计了当批发市场出现高电价或系统的可靠性受到危害时,通过对基于市场的价格信号、激励,或来自系统运营者的直接指令产生促使需求侧用户减少电力使用的激励性奖励措施响应，终端用户响应以上情况并改变其短期电力消费方式（消费时间或消费水平）或长期电力消费模式的行为。需求侧响应服务包括需求侧响应资源挖掘、需求侧响应方案制定、需求侧响应方案发布、需求侧响应结算和评估。需求侧响应资源挖掘是根据发电侧市场及调度的需求侧响应信号，及时发现需求侧响应资源并评估价值，及时判定是否参与响应。需求侧响应方案制定是结合电网动态供需平衡预测结果，制定基于价格或者基于激励的需求侧响应方案。需求侧响应方案发布是通过控制平台动态发布需求侧响应方案，包括价格、负荷等时段信息。需求侧响应结算和评估是根据参加响应用户情况分别核算激励金额，并评估需求侧响应实施效果。

通过对售电公司价值链的关键业务分析，结合各售电公司的特点，以成本、差异化发展为原则，建立基于价值链分析方法的售电商业模式的模型。

3. 基于资源能力的商业模式设计

这种商业模式设计侧重于对新资源的发掘和利用，或是充分挖掘现有资源的潜在价值，从而建立起竞争优势。

资源能力指在公司价值创造过程中发挥非常重要地位的资源，包括有形的和无形的，如技术、专利、创意、设备、关系、客户等。企业在生产和运作过程中，无形资源尤其是基于能力的关键资源，往往成为其销售或服务竞争优势。围绕新资源构建商业模式。新的资源为公司创造新的顾客价值提供了潜力，售电商业模式的意义在于将新资源的潜力释放出来。

售电公司的资源能力一般划分为以下三种。

1）政策性资源：包括政府的工作计划、政府补贴及政策扶持、税收优惠，以及生产销售许可等。

2）知识性资源：包括显性知识和隐性知识、例如知识产权、专利发明。

3）运营性资源：包括物资、资金、人员、技术、市场等。

4. 基于盈利模式的商业模式设计

盈利模式是管理学的重要研究对象之一，包括公司的收入结构、成本结构和目标利润。

售电公司的盈利模式不同于商业企业（或商务）的模式。售电公司的盈利模式是一个通过一系列业务过程创造价值的商业系统，是各种业务流的组合与运转，是一系列以客户为中心的集合，是公司为自己的客户和所有参与者服务的一系列计划集合。其包含识别客户、获取客户、最终服务客户的业务流程。售电公司的盈利模式是一种业务结构，是基于公司在市场竞争中形成的并且能帮助公司获取利润。

每个企业或者说每个行业都有其特别的盈利模式，售电公司本质上讲属于一种贸易公司，是从众多发电企业购得电力，并将其卖给电力用户。但电力本身具有不能大量存储、电网统一调度等一系列特点，电力的买卖交易也不同于一般商品交易，具有一定专业性，并且交易失败的风险可能引起客户用电障碍，影响很大。

5. 基于售电公司运营的商业模式设计

这种模式设计聚焦于提升客户价值为目标，建立以服务为重点的售电公司精准营销模式，实现售电公司、客户的"双赢"。该设计模式主要考虑客户研究、营销策划和市场拓展等几个方面。

1）客户研究。用电客户研究工作是为了细分客户群体，进行精准营销。客户研究内容包括客户信息归集、客户特征分析、客户标签应用等环节。其中客户信息归集包括客户基础信息、客户接触信息、业务办理信息、客户用电信息等。

2）营销策划。营销策略是以电力用户需要为出发点，根据客户需求量及购买力的信息、商业界的期望值，有计划地组织各项经营活动，通过相互协调一致的产品策略、价格策略、渠道策略和促销策略，为顾客提供满意的商品和服务而实现企业目标的过程。售电公司的营销策划包括营销策划计划、服务及产品套餐设计、营销方案制定、跟踪评估。

3）市场拓展。市场拓展是采取潜力客户类型筛选、市场调查、营销业务渠道收集等多种方式，初步筛选出具有用电潜力的区域、行业、客户群体。通过有目的的走访客户、召开座谈会和专家判断等，明确潜在项目。根据投入、产出、政策、环境等要素对潜在客户进行可行性论证，经论证审核后，制订项目实施计划。对市场拓展项目实施过程进行跟踪分析，及时发现问题并督促解决。对完工项目进行新增电量、新增销售收入等成效统计，汇总拓展项目效果情况，提供拓展市场建议。市场拓展为营销分析与辅助决策提供源数据。市场拓展内容包括市场潜力分析、市场拓展方案制定、市场拓展实施和效果评估分析等业务环节。

6.3 国内外售电公司商业模式

6.3.1 国外售电公司商业模式

1. 配售一体化模式

在国外有许多配电网都由私人进行投资和建设，如法国、德国等欧洲国家，特别是德国，由于20世纪90年代末私有化浪潮，大部分配电网资产都落在了私人手中。之后随着售电市场的开放，诞生了许多拥有配电网资产的配售一体化售电公司，这样的售电公司相对其他售电公司最大的区别在于，其不仅可以从售电业务中获得收益，同时还可以从配电网业务中获得配电收益。

在公司配电网运营的范围内，用电客户如果直接与配售电公司签订用电合同，公司除了需要向输电网运营商支付输电费，剩下的收入都将归公司所有，去除购电成本与配网投资及运营成本外，公司将同时获得配电利润以及售电利润；如果用电客户与其他售电公司签订用电合同，那么公司只能收取配电费，也就只能获得配电利润。无论是哪种情况，配售一体化售电公司都能保证有利润来源，这是公司能持续经营及发展的保障。并且一般作为配售电公司，由于拥有配电资源，更容易在售电市场上占据先机，成为保底售电公司，也就为公司获得更多用电客户打下了坚实的基础，同时还可以积极利用配网资源开展售电增值服务，如合同能源管理、需求侧响应，并且还可利用客户资源参与电力辅助市场。

但是这种模式的售电公司同时也承担着更大的付出和风险。首先需要投入更多的资金建设或改造配电网,日常的运行和维护工作也需要专业人员和先进的管理技术。例如,可再生能源的发展将势必给配电网的规划方案带来很大的影响,特别是分布式可再生能源发电设备绝大多数都接入配电网,配电网面临着扩建和改造,此时配售电公司不得不投入更多的资金。其次是政策风险,输配电价的核定办法存在变动的可能。例如,德国政府目前就正在积极讨论修改输配电价的核定办法,这使得配售一体化公司的收入不确定性增加,从而可能提高公司投资项目再融资的难度。

2. 供销合作社模式

供销合作社模式的售电公司是将发电与售电相结合,合作社社员拥有发电资源,通过供销合作的方式将电力直接销售给其他社员,同时售电公司获得的售电收入中的一部分将继续投入建设发电厂,以此达成发售双方共赢的局面。

采取供销合作社模式的售电公司最大的优势在于可以获得优质的发电资源,特别针对那些分布式可再生发电站,通过集合分布式发电站,组建一个销售纯绿色电力的售电公司,一方面可以吸引具有环保意识的人士或是有碳排放限额的公司购电,另一方面由于售电公司取得的一部分收益将投资或是分配给发电站,发电站运营商也就更愿意加入这种供销合作社模式的售电公司,售电公司的购电成本也就能相对减少。

国外已经出现了不少这种模式的售电公司,其中最出名的就是法国的 Enercoop 公司。2005 年该公司由国际绿色和平组织和其他一些环境保护组织组建,公司销售的所有电力全部来自可再生能源,截至 2016 年,已有 4000 多客户,年售电量达 120 亿 kW·h。在购电方面,Enercoop 公司承诺将 57% 的利润返还给可再生能源发电商,支持可再生能源的发展,截至目前已有 115 家发电商成为售电合作社的一员。

但是供销合作社模式的售电公司也存在相应的风险,选择投资哪些发电站将在很大程度上影响公司的效益,售电公司必须有相应的风险管控及合适的投资策略。例如,德国一家地区性售电公司选择投资联合循环热电联产厂,然而由于电力批发市场电价持续走低,此类型的发电厂发电成本相对较高,无法降低售电公司的购电成本,公司也就无法从中获利。

3. 售电折扣模式

为了更好地吸引客户,售电折扣商不仅提供较低的基本电费,还会针对新用户提供诱人的折扣。许多新加入的工商业用户能够通过这类套餐在初期显著的降低用电成本,而居民用户更是通过返现和折扣有可能在第一年减少 20% 的电费支出。对于部分用户甚至可以采取预交电费提供更低折扣的方式。

售电折扣商的主要风险是流动性风险。售电公司是电力大规模生产和小规模销售之间的纽带,必须同时参与电力批发和零售市场。然而这两种市场的电力结算方式与结算时间相差巨大,如果售电公司没有处理好这些时间差,很有可能因为缺乏流动性而对自身的经营造成巨大的影响。

售电折扣商在初期的低价策略之后,必须要通过转型来获得长久的发展。在通过低价电力获取市场份额,站稳脚跟之后,多样化的定价方式与服务才是这类售电公司成功的关键。

从德国独立售电公司的发展经历来看,它们在售电市场放开初期就爆发式地涌现。异常激烈的竞争使得新兴的售电公司为了与传统电力公司竞争,通过现金反馈和套餐折扣等方式,不断压低价格,甚至出现了低于发电成本的情况。其普遍采取的策略是低于平均水平的基本电费并且在第 1 年提供巨额返现。只要用户离开原来的供电商,并接受新的售电折扣商至少连续 3~6 个月的电力供应,就能拿到通常为 2 个月电费的返现。考虑返现和低廉的基本费后,大批用户在短时间内更换了售电商。又如,日本东京天然气公司在售电侧开放后也涉猎售电市场,以捆绑销售方式售卖天然气和电力,积极争取不同领域的潜在客户。

这种折扣售电模式适用于易于风险管控的售电企业,如资金力量雄厚的独立售电公司、能够平衡风险的发售一体化企业和综合能源公司。德国电改初期许多售电折扣商没有处理好电力批发和零售市场的电力结算方式与结算时间的差别,在现金充裕时期仍用高额返现争取新用户,缺乏现金流动性和风险管控而最终破产。

此外,折扣售电模式一般只在售电侧市场开放初期争取用户时有效。长期来看,用户的私性与稳定可靠的电力供应和多样高品质的服务强相关。

4. 综合能源服务模式

在国外一些售电公司在开展售电业务的同时,会对该地区开展其他能源甚至公共交通、设施等服务,这就是城市综合能源公司。这类公司一般都提供供电与供气服务,客户可以与公司单独签订用电或用气合同,公司也会提供综合能源套餐。相对于单独签订合同,同时与公司签订供电与供气合同能够得到更多的优惠,这也是这类公司吸引及留住客户的重要手段。此外有一些地区性综合能源公司还提供供热、供水、公共交通等服务,让客户可以享受多方位的能源服务。

德国最大的城市综合能源服务公司位于慕尼黑,该公司主要为慕尼黑及周边地区的居民和工商业用户提供供电和供气服务,其中提供给居民的供电套餐就有 7 种,如固定电价套餐、绿色电力套餐、网络电力套餐等。此外该公司还提供供热、供水、公共交通及租车服务,还推出了电动车充电服务,对于公司现有客户可以免费使用充电桩,当然其他电动车用户也可以使用充电桩,但是每次充电必须缴纳 9.9 欧元的充电桩使用费。该公司通过捆绑销售这种方式吸引了更多的客户,提高了客户忠诚度,利润来源也更多样化。

但是为了打造这样的地区性综合能源服务公司,除了提供供电供气服务外,往往需要经营其他一些利润很少甚至是没有利润的公共基础服务,如市内公共交通,这样将加剧此类公司的财务负担,因此可能会导致公司陷入财政困境,甚至濒临破产。但是往往在市场上拥有激情动力去推动客户灵活更换合约的,也都是这些崇尚多元运营的综合能源公司。

5. "配售一体化+能源综合服务"模式

在售电侧和配电网同时放开的情况下,同时拥有配售电业务,并且能为园区内电力用户提供增值能源服务的公司将深度获益。一方面,负责园区售电业务可以直接从市场化的协议购电或集中竞价交易中获取发电侧和购电侧之间的价差利润,同时还可获得园区内各电力用户的电力需求数据,是用户数据的第一入口。另一方面,以用电数据为基础,为用户提供能效监控、运维托管、抢修检修和节能改造等综合用电服务可以有效提高用户的用电质量,并增强客户黏性,同时从盈利能力更强的服务类业务中获得更多利润。

6. 需求侧管理模式

基于电价和基于激励的需求响应是目前实施较多的两种需求侧管理机制,其主要目的是削减高峰负荷,提高电力系统运行效率,并为需求响应参与方带来效益。

基于价格的需求响应通过灵活的电价套餐来实现,如分时电价、尖峰电价、实时电价等。美国太平洋天然气和电气公司(Pacific Cas & Electronic, PC & E)制订了PDP(peak day pricing)的定价计划,在高峰日白天的电费比分时电价高,非高峰日白天电费比分时电价低,使用户根据价格信号自觉改变用电模式,以应对夏季的电力需求高峰。

基于激励的需求响应是直接采用激励的方式来激励和引导用户参与各种系统所需要的负荷削减,包括直接负荷控制、可中断负荷、需求侧竞价等。直接负荷控制与智能节能设备服务结合,在高峰负荷期通过智能节能设备(智能温控器等)控制用户的非必要负荷(空调等)。纽约爱迪生联合电气公司(Consolidated Edison)就是通过设计奖励机制,鼓励用户参与需求响应,从而减少高峰用电量。

需求侧管理模式能增加售电商与用户的互动性。对于垂直一体化公司和原电网企业下属的售电公司,合理的需求侧管理能改善电网负荷曲线,提高系统可靠性,延缓电网设备投入增长,提高电网设备运行效率。对于独立的第三方售电公司,可以作为负荷聚合商通过需求侧竞价,有效规避高购电成本风险,并与用户分摊供电公司的相应补偿。

6.3.2　国内不同主体售电公司商业模式

1. 独立配售电公司的商业模式

独立配售电公司指完全由民营资本和社会资本按照公司法组建的独立售电公司,按照理想的市场结构设计,这类售电公司在未来应该扮演主要的竞争性售电主体。其核心业务是从电力批发市场购买"电力"这种商品,然后销售给电力用户并从中赚取差价。独立售电公司的优势在于其业务模式的创新性和灵活度较高,易于采用先进的技术和管理方法。但同时也具有缺乏稳定的电源,没有电网具有的优势等劣势。因此,独立配售电公司应该采取依靠互联网获取用户用电数据,分析客户用电特点,并针对用户的需求推出各种用电套餐,并提供节能服务。独立配售电公司的商业模式见图6-3。

图6-3　独立配售电公司的商业模式

独立售电公司初期采用的盈利模式有以下几类。

1)赚差价。这是其基本盈利模式,即从批发市场购买电力再销售给终端用户并从中赚取差价。在目前电网公司代理客户购电市场的情况下,如果手上没有很大的负荷做支撑,要得到大的盈利很难。电能是大宗的交易商品,不能以单位算利润,因为单位利润很低。所以赚差价的盈利空间有限。

2)利润共享。这个盈利模式指独立售电公司与用户共同承担风险,对优惠电价部分进行利益分成,如果实际售电量低于预期售电量,那么造成的损失独立售电公司将与客户共同承担。此模式的风险性较小,投资较少,更为适合资本不足的独立售电公司使用。

3)基本保底,利润提成。这个盈利模式是利润共分享模式的升级版,独立售电公司提供基本电价差,当电价差超出预期部分,那么独立售电公司将与用户进行利润分成,相当于用户也能在售电行业进行盈利分红。

4)其他盈利模式。除了上述盈利模式外,独立的售电公司还可以探索发现其他的盈利模式。比如,与中微型分布式光伏电站、风电站等进行合作,降低成本,减少过网费用,提升服务形式,提供套餐等多样化消费模式来赢取来自不同方面的利润。

以前,独立售电公司都是参照目录电价报价,现在目录电价"解绑",这对工商业用电而言,未来只有市场电价,没有计划性的电价,任何一个工商业电力用户的电价都由市场决定。目录电价取消后,意味着市场化用户的电价"天花板"被取消,电价随市场供需关系波动,大幅波动的电价会给发电企业、售电公司和电力用户等市场主体的生产、经营带来很大不确定性。售电公司以往价差让利、稳赚不赔的盈利模式将一去不复返,必须通过高超的交易能力,为用户规避电力市场风险,或利用精湛的节能、降耗技术,帮助用户精细化用能,以抵消电费上涨的风险。

2. 发电企业售电公司的商业模式

发电公司组建的售电公司具备稳定的客户资源、电源资源,公司大多资金实力雄厚。该类公司一般在全国范围内建有发电基地,直接向客户出售电能。因此发电公司售电公司应采取强化其固有资源,优化发电流程,降低发电成本,从而增强市场竞争力。发电企业售电公司的商业模式见图6-4。

图6-4 发电企业售电公司的商业模式

3. 节能服务公司售电公司的商业模式

由节能服务公司、大中型设备商、资深的工程公司、安装公司组建的售电公司具有较强的政治资源,可以依托水网、热网和燃气网实现区域内的垄断经营;但电源资源相对缺乏,因此在购电方面受限于电源公司,需要向上游发电公司购电后再销售给下游用户。

这类公司可以利用其在天然气、供水、供暖等方面的优势阻止其他售电公司进入其垄断区域;也可以向独立配售电公司学习,对客户需求侧积极响应,提供满足不同客户需求的套餐,并借此扩大经营区域。节能服务公司售电公司的商业模式见图6-5。

图 6-5　节能服务公司售电公司的商业模式

4. 分布式能源企业售电公司的商业模式

分布式能源公司组建的售电公司可以实现"源网荷储"一体化，借助微网系统提供综合能源服务，但该类公司往往规模较小。业务模式上，公司通过新能源等发电，并将无污染的电力资源销售给客户，实现发售一体化。分布式能源企业售电公司的商业模式见图 6-6。

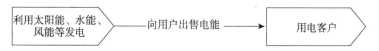

图 6-6　分布式能源企业售电公司的商业模式

5. 大型工业园区售电公司的商业模式

大型工业园区组建的售电公司指高新产业区、工业园区、大型社区为内公司或用户提供售电服务。由于工业园区拥有区域客户资源，区域谈判能力较强，可以代理售电，也可以自建分布式电源，实现一体化经营；但同时受区域范围限制，公司规模比较小。业务模式上，这类公司能够在园区内利用风能、太阳能等资源进行发电，并将这些电能销售给园区内的公司用户。策略上，大型工业园区组建的售电公司应该采取降低发电成本，向用户提供节能方案，获得客户的认可后，可向园区外的用户开拓市场。大型工业园区售电公司的商业模式见图 6-7。

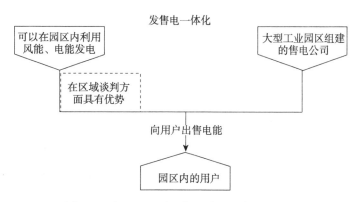

图 6-7　大型工业园区售电公司的商业模式

6. 不同主体售电公司商业模式比较

不同主体的售电公司具有不同的业务模式，其竞争优势、劣势、策略也各不相同，如表 6-1 所示。

表 6-1　不同主体售电公司商业模式比较

主体	优势	劣势	策略
独立配售电企业	能够按照理想的市场结构设计企业，灵活性较强，易于采用先进的技术和管理方法	缺乏电源，客户资源少，是公司发展最大障碍	依靠互联网获取用户用电数据，分析客户用电特点
发电企业组建的售电公司	（1）具有电源资源；（2）公司在全国范围内，能够进行统筹协调；（3）公司实力雄厚	很难形成高效营销网络	强化其固有资源，优化发电流程，降低发电成本，从而增强市场竞争力
节能服务企业组建的售电公司	（1）具有较强的政治资源；（2）可以依托水网、热网和燃气网实现区域内的垄断经营	没有电源资源，可能在购电方面受限于电源企业，对客户资源了解不如独立配售电企业	利用其在天然气、供水、供暖等方面的优势阻止其他售电公司进入其垄断区域
分布式能源企业组建的售电公司	可以实现"源网荷储"一体化，借助微网系统提供综合能源服务	规模较小可能是最大的劣势	以低成本和绿色能源为核心，以节约用户使用电能为主线，进行市场开发
大型工业园区组建的售电公司	工业园区拥有区域客户资源，区域谈判能力较强，可以代理售电，也可以自建分布式电源，实现一体化经营	受区域范围限制，规模比较小	取降低发电成本，向用户提供节能方案，获得客户的认可后，可向园区外的用户开拓市场

6.3.3　国内外售电公司商业模式创新

在科技高速发展和全世界正在迈向低碳未来的背景下，售电外部环境发生了巨大变化，各国的售电公司也据此创新出了各种各样的商业模式。

1. 专注绿色能源交易模式

美国绿山能源（Green Mountain Energy，GME）公司 1997 年成立于佛蒙特州，是一家小型独立售电公司。GME 公司成立初便定位于绿色能源的销售。如今，GME 公司是可再生能源行业的领导者，除了批发可再生能源电力外，也投资太阳能、风能等可再生能源发电设备，从绿色能源购售差价中获取利润。

GME 公司的客户分为家庭用户和商业用户。除了给家庭提供电力计划外，它还提供包括太阳能在内的可再生能源解决方案。随着近年来 Nest 智能高效恒温器的广泛应用，它提供与之配套的"无污染高效家居"套餐；由于电动汽车用户逐年增加，它提出了为电动汽车充电考虑的风电计划，并推出了和充电桩配套的"无污染电动汽车"的用电套餐；其他增值服务包括可再生奖励回购计划、节水产品和提供光伏阵列安装的住宅太阳能发电等。该公司还专门经营有一家销售电力相关产品的商店，出售太阳能套件、便携式太阳能电池板、电源组件和配件；家庭高效产品，包括家用能源监视器和光电照明；节水产品，如节水喷头、水龙头起泡器和淋浴喷头。

此外，GME 公司为小企业提供包括清洁能源产品的商业产品和针对大中企业定制的可持续能源战略，如绿色能源伙伴计划、可持续解决方案、业务补偿和可再生能源证书及绿色建筑评估(leadership inenergy and environment design，LEED)的绿色能源点，图 6-8 为 GME 公司的营销模式。

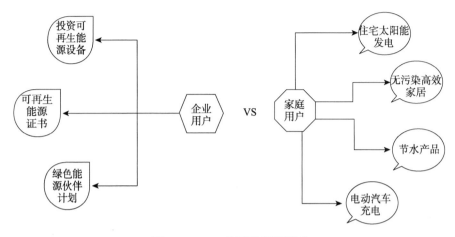

图 6-8　GME 公司的营销模式

除了 GME 公司，欧美售电侧市场中还有很多绿色能源销售商。随着国内环保意识越来越强烈，我国新能源利用量也成为全球首位，绿色电力证书认购交易制度也将启动和完善，国内售电企业也可参考国外的绿色售电模式，立足于绿色能源销售的同时，提供可再生能源和储能设备的配套增值服务，以期在进入市场初期获得经营主动权。

2. 分布式能源共享模式

近期，德国的售电侧市场出现了一种基于虚拟电厂和能源互联网的售电模式——分享型分布式能源社区。由远景能源投资控股的分布式储能公司构建了第一家分布式能源共享社区，集合了能源管理、分布式发电、家用储能和信息互联等特点。该公司在前期经营家用储能设备的同时积累了大量分布式光伏的发电数据和用电数据。通过用电习惯的大数据分析，对比各个用户之间的发电和用电曲线，挖掘出不同用户之间互补用电的潜力，搭建了用户之间直接互相售电的平台，所有用户都能直接分享自己所发多余的清洁电力，无人使用时可以储存在储能设备中。

随着分布式能源、储能技术和电动汽车的发展，用户与电网双向互动行为将越来越频繁。用户不仅可以购电自用，还有可能将分布式发电的余量出售给他人。售电公司可以借助互联网平台和大数据分析技术，为安装分布式电源的用户提供购售电统一服务。这种售电模式通过控制众多分布式可再生能源发电设备和分布式储能设备等，减少外购电，从而显著降低用电成本，实现售电公司与用户的双赢。

3. 虚拟电厂包月售电模式

大范围虚拟电厂建立的基础在于拥有众多分布式可再生能源发电设备的控制权，分布式储能设备等一系列灵活性设备，可再生能源的市场化销售机制和一套精准的软件算法。基于此为虚拟电厂的电力提供了更加新型的售电模式。

在该模式下，加入电力共享池的终端用户能够便捷地互相交易电力，通过各自的分布式储能设备最大化地使用分布式可再生能源的电力,减少外购电,从而显著降低用电成本。在德国,已经有几个此类分布式能源社区在运营。

德国曼海姆的 Begy 公司的电价包月套餐是德国能源互联网应用的优秀案例。这是德国第一家推出电价包月套餐的售电公司,用户只需要每个月支付一定额度的电费就能在一个比较大的范围内自由用电。在与客户签订 Beg LIVE 套餐后,公司会帮助客户安装屋顶光伏设备、家用储能设备和电力监控设备,通过将地区内分散的用户和集中式的电力生产设备相连,利用 IT 专业建模软件及内建的智能软件优化算法调配各家屋顶光伏设备所发电力的消费、剩余发电量的购买和各个储能设备的充放策略,最终在最经济条件下实现电力生产和消费在一定范围内的平衡。这是一种利用虚拟电厂技术的商业模式创新,用户通过包月套餐节省电费,而且用上了清洁的电力。作为售电公司,该公司并不准备通过售电服务获取利润,而是通过设备的销售取得盈利。

总体来说,基于虚拟电厂的共享电力模式对设备、通信、计量、算法的要求十分的高,而且必须建立在一定的用户基础上。目前电力大数据分析、机器学习算法等技术都在其中有着很好的应用。在该模式下一旦形成电力共享的闭环,新增用户将会给系统带来更多的稳定性和安全性,这种模式也有着巨大的生命力和发展空间。

4. 互联网+售电服务模式

随着我国电力市场改革的不断推进,电力市场正逐步融入能源互联网时代,"互联网+"带来的电力市场交易方式的变化,促使市场主体不断创新服务模式,提升客户用电服务的体验,这不但是电力市场的外在要求,也是售电公司和市场要素友好交互和相互协调的内生动力。

"互联网+售电服务"不是简单的电力服务业务,而是融入大数据、互联网+等理念,以服务为中心,以市场为导向,以大数据应用为驱动,以客户满意度为目标,围绕服务全业务流程,打造相关专业之间的无缝衔接的新型售电服务模式的转型。不同售电商业模式在不同的市场背景下具有不同的适应性,按照规模分为园区级、地市级、省网级和全国级(见表 6-2)。

表 6-2 多元主客体开放式、分散式商业模式市场主体参与情况

	园区级	地市级	省网级	全国级
能源自供	中	良	良	优
能源代工	中	良	优	优
能源团购	差	良	优	优
能源救援	优	优	优	优
能源期货	差	中	良	优
能源担保	中	良	优	优
能源桶装	优	优	优	优
"滴滴"能源	中	优	优	优
能源 Wi-Fi	优	优	优	优
能源定制 4.0	差	中	良	优
能源点评	良	优	优	优

续表

	园区级	地市级	省网级	全国级
淘能源	中	良	良	优
能耗顾问	良	优	优	优
能源托管	差	中	良	优
能源众筹	中	中	良	优
能源借贷	中	良	良	优
渐进式自适应	优	优	中	中

（1）能源自供。在推广分布式发电和分布式储能的基础上，各类用户可自己满足用能需求。若有盈余，则可就地进行分布式能源节点的排布。比如，在商业中心楼宇配置风光互补发电系统，而在附近安装有该中心功能的电动汽车充电桩等。

（2）能源代工。由中间商统一采集各类用户的能源需求并统一受理、报价。中间商与若干能源提供商建立代工关系，由后者代工生产相应的能源，并提供给用户。

（3）能源团购。类似于现有的网络团购。用户以团购的方式聚集购买力，以提升用户在市场博弈中的地位；同时为能源提供商提供了大宗销售的平台，便于其进行统一管控。适用于分散但总量可观的城乡个体用户群，有利于节约双侧成本。

（4）能源救援。应对突发的用能中断状况，用户联系能源救援公司，由公司就近指派能源救援服务站为用户提供应急的能源供应。能源救援公司根据具体情况收取能源使用的费用和佣金。该模式适用于各种类型的用户，和电动汽车市场有较好的耦合度。

（5）能源期货。以标准形式确定能源交易期货规格，新兴的能源供应商可借由较低的期货价格吸引用户，从而实现融资的目的。

（6）能源担保。在大中规模用户与能源提供商交易时，由中间商对供需双方进行担保，提高交易效率以加快资金流转速度。

（7）能源桶装。对能源服务进行规范化和标准化，具体可包括标准化储能设备、标准化供能曲线、供能格式合同等。该模式适用于中小规模的城乡用户，可使用户更便捷多元地塑造自我能源消费结构。

（8）"滴滴"能源。为不同种类的能耗用户提供个性化的点对点能源服务。能耗用户可将自己的用能需求信息发布到系统平台上，附近的能源供应商在看见用户发布的信息之后可选择进行匹配或忽略。匹配确认后双方可进行进一步协商和交易。该模式适用于各种类型的用户，且随着能源互联网技术的发展，支持的用户需求种类将不断拓展。

（9）能源 Wi-Fi。随着未来无线充电等技术的进一步发展和普及，对用户提供大范围无线充能服务成为可能。用户可以连接无线充能热点后对用能设备进行充电，充电完成后使用绑定的账号进行付费。无线热点主要覆盖商业楼宇和居民用户。

（10）能源定制 4.0。基于生产的高度自动化，为用户量身定制能源产品和服务搭配方案。该模式覆盖的范围将随着技术革新逐步扩展，最终实现覆盖所有种类的用户单元。

（11）能源点评。开发专门的能源领域点评软件，允许各类用户和能源服务类公司进行双向点评。该模式类似于现有的"大众点评"。有利于交易信息的公开化，可与其他商业模式进行耦合并有利于提高其效率和信用。

（12）淘能源。类似于现有的各类网络购物网站。构建网络交易平台，使各类能源服务公司都能够在平台上"开网店"，出售各类产品和服务供用户选择。该模式广泛适用于各类商业主体，提供了大型的网络能源交易平台。

（13）能耗顾问。成立能耗顾问公司，在用户提供信息的基础上对用户提供信息分析和顾问服务，指导用户进行用能规划。

（14）能源托管。在能耗顾问的基础上，类似于能源管理公司（energy management company，EMCO）用户将自己在一段时间内的用能委托给能源托管公司，由能源托管公司负责以更专业的算法、更全面的数据和特殊的能源来源渠道对其进行全程规划安排。在满足用户用能要求的基础上，节约下的用能花费作为收入由用户和能源托管公司分配。该模式适用于城乡小用户，可在节省用户时间成本同时提升节能减排效果。

（15）能源众筹。能源投资者在资金不足的情况下，可以通过能源众筹平台来筹资，多方联合进行投资。适用于小规模投资主体，有利于新平台、新技术的发掘。

（16）能源借贷。类似于现有的商业银行贷款。成立能源借贷公司，用户基于自身需要签订能源借贷合同。该模式可用于多种负荷类型和规模的用户，尤其适用于工程单位，可为其解决能源规划问题和提供项目期能源支持。

（17）渐进式自适应。不同商业模式在不同的市场背景下具有不同的适应性。将试点工程按照规模分为工业园区、商业楼宇、农业用户、居民用户和中间商（见表6-3）。

表6-3　各类商业模式在不同规模试点中的适用情况

	工业园区	商业楼宇	农业用户	居民用户	中间商
能源自供	√	√	√	√	
能源代工	√	√			√
能源团购				√	√
能源救援	√	√	√		
能源期货				√	√
能源担保	√	√			√
能源桶装	√				
"滴滴"能源			√	√	
能源Wi-Fi		√			
能源定制4.0	√	√	√	√	
能源点评	√	√	√	√	√
淘能源	√	√	√	√	√
能耗顾问	√	√	√	√	√
能源托管		√	√	√	
能源众筹			√		√
能源借贷	√	√			

互联网售电服务模式不是简单的营销业务上网，而是融合互联网思维、方法、技术，以客户为中心，以市场为导向，以大数据应用为驱动，以客户满意度为目标，围绕服务

全业务流程，打造一条前端触角敏锐、后端高度协同的服务链，推动服务渠道之间、前端后台之间、相关专业之间的无缝衔接，实现电网企业从被动粗放型向主动创新型营销服务模式的转型。数字化转型倒逼售电公司采用互联网售电服务模式。随着电力体制改革的深入推进、电力市场化主体的多元化，售电公司为了满足多变的市场需求，必须积极开展营销模式的创新研究，更好地服务各类市场主体和广大客户。

电力市场需要互联网售电服务模式。能源互联网的发展带动分布式能源的广泛接入，需求侧响应、能效服务、能源保险等新型的电能衍生产品将会陆续出现。售电公司要充分利用现有的业务经验优势和业务数据积累，提前研究并布局拓展服务形态，抢占市场的先机。

5. 共享储能商业模式

常规的配套储能项目往往仅服务于单一的可再生能源电站，各个电站的储能装置彼此没有直接的联系，商业模式简单，并不足以实现储能的经济运营。共享储能是以电网为纽带，将独立的电网侧、电源侧、用户侧储能资源进行全网优化配置，由电网来进行统一协调，推动源网荷各端储能能力全面释放。共享储能的整体优势在于灵活的"共享性"，不再需要每个光伏电站都加装储能设施，经电网调控，储能电站可以和周边多个光伏电站进行交易，实现多元化应用。共享储能模式也为电网侧、用户侧储能发展提供了新路径。

在共享储能交易中，参与交易的新能源电站可在出力受限时，由调度机构将原有弃风、弃光电量存储在共享储能系统中，在用电高峰或新能源出力低谷时释放电能，交易电量可根据储能电站释放电量核算，按照新能源和储能电站双方分摊交易电量收益的方式，实现新能源发电企业和储能电站的共赢。

共享储能商业模式设计主要考虑：有无需求、有没有人愿意付费、具体实施有无障碍。共享储能＋电力市场模式有望改善新能源配储项目经济性。

新能源侧储能共享模式目前有以下三种。

1）共享调峰模式。主要是将储能电站配置在新能源汇集站，通过参与调峰辅助服务市场为多个新能源场站调峰，实现资源全网共享。目前，青海、新疆主要开展此类共享储能模式。

2）共享租赁模式。实际上是"以租代建"，由第三方投资建设储能电站，将容量租赁给新能源场站，以较低价格满足配储要求。除此以外，储能电站还有可能按照规则参与辅助服务市场获得调峰调频收益。根据测算，目前全国范围内普遍的租赁费范围为 $250 \sim 350$ 元/kW。以一个 100 MW/200 MW·h 的储能电站为例，采用租赁模式每年可获得约 3000 万元固定收入，是独立储能电站容量电价机制缺失情况下的重要经济来源。

3）合同能源管理模式。合同能源管理模式指能源服务公司和电力公司签订能源管理合同，按照合同约定条款进行获益，该商业模式下共享储能电站应用场景包含峰谷电价套利、调频服务及备用电源等服务，其中峰谷套利、备用电源收益由电网按合同提供给能源服务公司，同时储能电站可以降低电网线路损耗，延缓设备投资，从而达到双赢的效果。

即测即练

扫描此码

自学自测

第 7 章

售电公司购售电策略

7.1 售电公司交易流程

7.1.1 电力交易中市场主体间的关系

我国售电市场的开放,使得电力市场主体和职能发生转变,售电公司作为开放的电力零售市场中的售电主体,参与电力市场交易,决定了整个市场的活力。在交易过程中,售电公司主要的盈利方式是赚取购电价格与售电价格之间的差价,简单来说就是利用低买高卖来获取利润。售电公司通过双边和集中交易购买电能,并将电能售卖给终端用户。售电公司不仅需要面临集中交易价格的波动,还将面临用户需求电量变化及用户市场份额可能出现的波动,售电公司面临购、售电交易的双重波动,将面临更大的市场风险。这样一来,为了获取最大程度的利益,售电公司就有必要根据自身的实际情况设计合理高效的购售电策略,尽可能地降低购电成本、增加售电收入,最终实现企业利润的提升。

在电力市场交易中,发电企业、电网企业、售电公司、用户间的关系如图 7-1 所示。

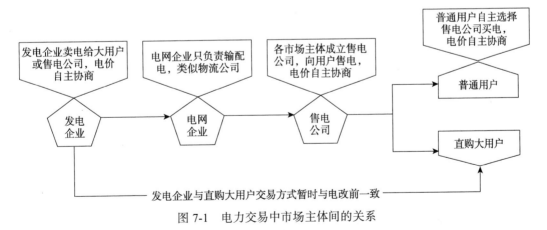

图 7-1 电力交易中市场主体间的关系

7.1.2 售电公司交易过程

由于各省现行电力交易规则的细节差异,我国不同地区的售电公司在交易流程上存在一定的区别，不过仍具有相当的共性。下面本部分就按照顺序，依次介绍我国大部分售电公司的交易流程。

1. 建立代理关系

售电公司应事先寻找获得市场准入资格的电力用户，与其协商后签订售电合同，约定售电价格及售电量等交易细节，并通过各省官方的电力交易系统与其建立合法的代理关系，待电力用户确认无误后，双方的代理关系正式生效。

2. 参与批发市场交易

在建立了代理关系之后，售电公司需要按照购电计划参与各省交易中心组织的电力交易，售电公司参与交易的电量应包括其代理的所有电力用户的电量。在这个过程中存在不同种类的交易模式和交易方式。电力交易模式根据不同的交易时间，可以分为现货交易、中长期交易及期货交易等；根据不同的交易实现形式，现阶段各省的交易方式可以分为双边协商、集中竞价以及挂牌交易等。

3. 结算计算

售电公司应在完成结算之前，按照合同约定，在交易系统选择与各代理用户的零售结算模式，并由各代理用户在交易系统中进行确认。

4. 与电网公司结算

售电公司在交易系统与电网公司完成零售结算合同的签订即可以进行结算。每月电费缴费期，售电公司根据交易中心的结算结果，向电网公司获取或支付相应的费用，完成结算。

7.2 售电公司购电决策模型

7.2.1 考虑日市场、时市场、实时市场的购电分配

对于售电公司而言，如何在满足用户用电需要的同时有效确定不同购电途径中的电力分配，使总购电成本最低，为自身创造更多收益，规避自身的风险损失，是其进行购电决策的关键。售电公司可以在电力市场中选择不同的交易市场购电，同时由于电力市场中价格的不断变动，以及用户购电需求量的不确定性等因素，尽管售电公司具有自主定价权，但是在购电和售电的过程中也会遇到风险，售电公司必须尽量规避这些风险，在满足用户需求的同时，使得自己的利益最大化。

1. 购电分配问题

在每个电力市场中，售电公司的购电费用是市场出清价格（market clearing price，MCP）和成交量的乘积，根据售电公司竞标的历史数据可以拟合得出 MCP 与售电公司成交量的关系，即 MCP 可表示成交量的函数，因而售电公司的购电费用为在市场中所成交的购电量的函数。

设在日市场中，购电商的购电费用函数为公式（7-1）所示。

$$C_1 = f_1(p_1) \tag{7-1}$$

式中：C_1 为日市场的购电费用；p_1 为日市场中所购得的电量，单位为 MW·h。

在时市场中，售电公司的购电费用函数为公式（7-2）所示。

$$C_2 = f_2(p_2) \tag{7-2}$$

式中：C_2 为时市场的购电费用；p_2 为时市场中所购得的电量，单位为 MW·h。

在实时市场中，售电公司的购电费用函数为公式（7-3）所示。

$$C_3 = f_3(p_3) \tag{7-3}$$

式中：C_3 为实时市场的购电费用；p_3 是实时市场为购电不足或购电富余而进行的实时调解电量，该电量主要由售电公司对日市场和时市场的市场信息估计偏差引起，单位为 MW·h。

2. 不考虑实时市场调节时的购电分配

在上述分析基础上可知，当售电公司买电量为 P 时，售电公司将根据自己对日市场和时市场预测信息，决定其在 2 个市场的购电量，偏离部分由实时市场进行调节，因而确定的买电量成为公式（7-4）所示投资分配问题。

$$\min \sum_{i=1}^{2} C_i(p_i) \tag{7-4}$$

公式（7-4）的约束为 $p_1 + p_2 = P$，这是非线性规划问题。

对于售电公司来说，根据所掌握的市场信息和大量的竞标和成交的历史数据，可拟合出电价与各市场购电量的关系。现在讨论市场电价与市场买电量呈线性关系的情况，对于其他复杂情况，可以通过将其分段线性化，然后用线性关系的结论进一步处理。

对于电价与购电量呈线性关系的情况，可设公式（7-5）、公式（7-6）。

$$\lambda_1 = k_1 p_1 + b_1 \tag{7-5}$$

$$\lambda_2 = k_2 p_2 + b_2 \tag{7-6}$$

由公式（7-5）和公式（7-6）可得

$$C_1 = k_1 p_1^2 + b_1 p_1$$

$$C_2 = k_2 p_2^2 + b_2 p_2$$

通过解公式（7-5）、公式（7-6）得优化的日市场购电量为公式（7-7）。

$$p_1 = \frac{2k_2 P + b_2 - b_1}{2(k_1 + k_2)} \tag{7-7}$$

优化的时市场购电量为公式（7-8）所示。

$$p_2 = \frac{2k_1 P + b_1 - b_2}{2(k_1 + k_2)} \tag{7-8}$$

优化的总购电费用为公式（7-9）所示。

$$C_{\min} = \frac{k_1 k_2}{k_1 + k_2} \left[P + \frac{1}{2} \left(\frac{b_1}{k_1} + \frac{b_2}{k_2} \right) \right]^2 - \frac{1}{4} \left(\frac{b_1^2}{k_1} + \frac{b_2^2}{k_2} \right) \tag{7-9}$$

3. 考虑实时市场的购电分配问题

考虑实时市场时购电分配问题时目标函数成为公式（7-10）所示。

$$\min \sum_{i=1}^{3} C_i \tag{7-10}$$

可得出：

$$p_1 + p_2 + p_3 = P$$

对于电价与购电量呈线性关系的情况下，设 $\lambda_i(i=1,2,3)$ 分别为日市场、时市场和实时市场的电价；$p_i(i=1,2,3)$ 分别为售电公司在日市场、时市场和实时市场的购电量，$k_i > 0$，$b_i > 0$，$(i = 1,2)$ 为常数，则有公式（7-11）～公式（7-13）。

$$\lambda_1 = k_1 p_1 + b_1 \tag{7-11}$$

$$\lambda_2 = k_2 p_2 + b_2 \tag{7-12}$$

$$\lambda_3 = \begin{cases} b_3^+, & p_3 \geqslant 0 \\ b_3^-, & p_3 < 0 \end{cases} \tag{7-13}$$

于是可得

$$C_2 = k_2 p_2^2 + b_2 p_2$$

$$C_3 = \lambda_3 p_3$$

当总购电量 $P > \dfrac{b_3^+ - b_1}{2k_1} + \dfrac{b_3^+ - b_2}{2k_2}$ 时，市场分配问题的解如公式（7-14）～公式（7-17）所示。

$$p_1 = \frac{b_3^+ - b_1}{2k_1} \tag{7-14}$$

$$p_2 = \frac{b_3^+ - b_2}{2k_2} \tag{7-15}$$

$$p_3 = P - \frac{b_3^+ - b_1}{2k_1} - \frac{b_3^+ - b_2}{2k_2} \tag{7-16}$$

$$C_{1\min} = b_3^+ P - \frac{(b_3^+ - b_1)^2}{4k_1} - \frac{(b_3^+ - b_2)^2}{4k_2} \tag{7-17}$$

当总购电量 P 满足 $\dfrac{b_3^- - b_1}{2k_1} + \dfrac{b_3^- - b_2}{2k_2} \leqslant P \leqslant \dfrac{b_3^+ - b_1}{2k_1} + \dfrac{b_3^+ - b_2}{2k_2}$ 时，市场分配问题的解为公式（7-18）～公式（7-21）所示。

$$p_1 = \frac{2k_2 P + b_2 - b_1}{2(k_1 + k_2)} \tag{7-18}$$

$$p_1 = \frac{2k_1 P + b_1 - b_2}{2(k_1 + k_2)} \tag{7-19}$$

$$p_3 = 0 \tag{7-20}$$

$$C_{2\min} = \frac{k_1 k_2}{k_1 + k_2}\left[P + \frac{1}{2}\left(\frac{b_1}{k_1} + \frac{b_2}{k_2}\right)\right]^2 - \frac{1}{4}\left(\frac{b_1^2}{k_1} + \frac{b_2^2}{k_2}\right) \quad (7\text{-}21)$$

当总购电量 $P < \frac{b_3^- - b_1}{2k_1} + \frac{b_3^- - b_2}{2k_2}$ 时，市场分配问题的解为公式（7-22）～公式（7-25）所示。

$$p_1 = \frac{b_3^- - b_1}{2k_1} \quad (7\text{-}22)$$

$$p_2 = \frac{b_3^- - b_2}{2k_2} \quad (7\text{-}23)$$

$$p_3 = P - \frac{b_3^- - b_1}{2k_1} - \frac{b_3^- - b_2}{2k_2} \quad (7\text{-}24)$$

$$C_{3\min} = b_3^- P - \frac{(b_3^- - b_1)^2}{4k_1} - \frac{(b_3^- - b_2)^2}{4k_2} \quad (7\text{-}25)$$

4. 算例

设某售电公司根据自己的竞标历史数据得到日市场的价格–电量关系为

$$\lambda_1 = 0.01 p_1 + 20$$

时市场的价格–电量关系为

$$\lambda_2 = 0.03 p_2 + 10$$

实时市场的价格–电量关系为

$$\lambda_3 = \begin{cases} 40, & p_3 \geq 0 \\ 30, & p_3 < 0 \end{cases}$$

当总需求电量在 200～2000 MW·h 时，为使总购电费用最少，在各市场中所应分配的购电量如图 7-2～图 7-4 所示，总购电量与总费用关系如图 7-5 所示。

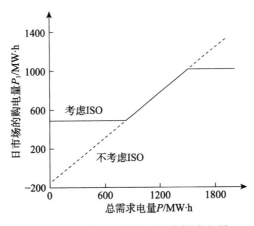

图 7-2 不同总需求量下日市场购电量

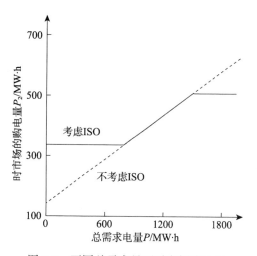

图 7-3 不同总需求量下时市场购电量

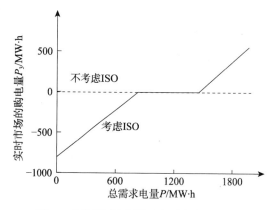

图 7-4 不同总需求量下实时市场购电量

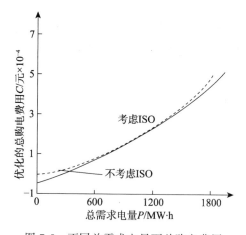

图 7-5 不同总需求电量下总购电费用

在图 7-2~图 7-4 中,实线对应于考虑实时市场的市场价时的市场分配情况,虚线对应于不考虑实时市场的市场价时的市场分配情况。在图 7-5 中,实线对应于考虑实时市场的市场价时的总费用，虚线对应于不考虑实时市场的市场价时总费用。

如图 7-2 所示，售电公司在不考虑实时电价时，在日市场的购电量为总需求量的线性函数，具体为 $p_1 = 0.75P - 125(\text{MW·h})$。考虑实时市场电价时，当总需求量小于 833 MW·h 时，在日市场的购电量为 500 MW·h，总需求电量大于 1500 MW·h 时，日市场的购电量为 1000 MW·h，总需求量介于两者之间时，日市场的购电策略为 $p_1 = 0.75P - 125(\text{MW·h})$。

如图 7-3 所示，售电公司在不考虑实时电价时，在时市场的购电量为总需求量的线性函数，为 $p_2 = 0.25P + 125(\text{MW·h})$。考虑实时电价时，当总需求量小于 833 MW·h 时，在时市场的购电量为 333 MW·h，总需求电量大于 1500 MW·h 时，在时市场的购电量为 500 MW·h，总需求量介于两者之间时，时市场的购电策略为 $p_2 = 0.25P + 125(\text{MW·h})$。

如图 7-4 所示，售电公司在不考虑实时电价时，不在实时市场购电。考虑实时市场电价时，当总需求量小于 833 MW·h 时，在实时市场中将多于需求量的电量估出，卖出电量为 $p_3 = 833 - P(\text{MW·h})$，总需求电量大于 1500 MW·h 时，在实时市场的购电量为 $p_3 = P - 1500(\text{MW·h})$，总需求量介于两者之间时，无须在实时市场交易。

上述是售电公司在日市场、时市场和实时市场的市场分配问题，给出了市场分配问题及总费用的解析。虽然只对购电量与电价呈线性关系的情形进行讨论，但由于对于其他复杂的非线性关系，总能进行分段线性化进行逼近，所以，以上述分析为基础，也可处理市场购电量与电价呈非线性关系的复杂情况。

7.2.2 考虑中长期市场、期货市场以及现货市场的购电分配

主要考虑售电公司的三种购电模式：中长期交易、期货交易和现货交易。已知在不同的时段，由于电价不同，售电公司的用户用电量也不同，假设用户用电需求总量为 P_D，则有

$$P_D = \sum_{t=1}^{T}\sum_{k=1}^{K} p_{Dkt} \tag{7-26}$$

式中：p_{Dkt} 为 t 时刻用户 k 的用电需求量。

设售电公司在时间段 T 内通过中长期市场购买的总电量为 P_c，在期货市场购买的总电量为 P_o，在现货市场购买的总电量为 P_s。则售电公司的总购电量 P_B 可以分解为

$$P_B = P_c + P_o + P_s \tag{7-27}$$

售电公司在购电时，需要能够在未来的任何时刻满足该时刻对应的客户用电需求量，设售电公司在时间段 T 内能够向用户提供的电量为 P_{SU}，则这个约束条件可以被简单地表示为

$$P_{SU} \geqslant P_D \tag{7-28}$$

而在满足上述约束条件的前提下，另一个售电公司需要关注的问题是购电成本的控制。当售电公司的购电决策改变时，购电成本也会显著改变，因此售电公司需要合理购电，以使购电成本在满足客户用电需求的前提之下尽量低，这也是购电决策模型的最终目的。

在进一步构建售电公司购电决策模型之前，需要先确立几条基本假设：

1）售电公司从且仅从上述三类购电市场购电，不考虑从其他售电公司等渠道购电的情况；

2）不考虑售电公司因无法满足合同电量受到惩罚的情况；

3）售电公司仅购入期货合同，不进行出售。

1. 中长期交易

售电公司在满足用电客户的中长期用电需求的时候通常选择签订双边合同，这是因为双边合同通常是售电公司和发电公司通过双边协商达成的合同，这种合同中的电价和电量都是事先约定好的，它在电价和购电量等方面具有较强的稳定性，因此售电公司常签订此类合同满足用电客户的中长期用电需求，发电企业也采取该交易模式将电力出售给售电公司。假设售电公司签订中长期双边购电合同的数量为 L，则在中长期市场的总购电量 P_c 和在中长期市场购电的成本 C_c 可以表示为

$$P_c = \sum_{l=1}^{L} P_{cl} \tag{7-29}$$

$$C_c = \sum_{l=1}^{L} \lambda_l P_{cl} \tag{7-30}$$

式中：P_{cl} 为第 l 份中长期双边购电合同的约定电量；λ_l 为第 l 份中长期双边购电合同中的约定价格。

由于中长期合同是以合同方式确定在未来一定时间内完成的电力交易模式，所以合同电量的交付量是随时间变化的，合同最终日期之前的任一天，完成交付的电量都应该仅为总购电量的一部分。因此，假设根据中长期双边购电合同，在时间段 T 内售电公司向客户提供的电量 P_E 在总购电量 P_c 中占的比例为 α（$0 \leq \alpha \leq 1$），则 P_E 可表示为

$$P_E = \alpha \cdot P_c = \alpha \cdot \sum_{l=1}^{L} P_{cl} \tag{7-31}$$

2. 期货交易

期货交易在电力交易市场中是较为特殊的一类交易。它和通常的期货交易相同，都以特定的价格进行买卖，在将来的某一特定时间段开始进行实际交割，并在未来的某一特定时间点之前完成交割过程。期货交易对于电力交易市场的作用主要有二：一是连续、真实的期货价格可以为现货交易提供基准价格；二是帮助售电公司在电力交易市场中规避风险。

售电公司在期货市场的总购电量 P_o 和总购电成本 C_o 就可以分别表示为

$$P_o = \sum_{m=1}^{M} P_{om} \tag{7-32}$$

$$C_o = \sum_{m=1}^{M} \lambda_m P_{om} \tag{7-33}$$

式中：P_{om} 为第 m 份中长期双边购电合同的约定电量；λ_m 为第 m 份中长期双边购电合同中的约定价格。

由于期货交易的交割是在未来进行的，所以应该假设在时间段 T 内，售电公司手中的期货合同只有一部分能够完成交割，假设这部分合同电量占总期货合同电量的比例为 β（$0 \leqslant \beta \leqslant 1$），这样一来，时间段 T 内可以完成交割的电量 P_F 就可以简单表示为

$$P_F = \beta \cdot P_o = \beta \cdot \sum_{m=1}^{M} P_{om} \tag{7-34}$$

3. 现货交易

现货市场可分为日前市场、实时市场两个方面。通常而言，售电公司从现货市场购电主要用于弥补中长期购电合同日分解电量与用户实际用电量之间的差值，保证自身的购电量和用户实际用电量之间的差值在市场允许偏差之内，免于偏差考核。其中在日前市场中，各个参与市场交易的成员在前一天向电力交易中心提供报价，交易中心根据报价在系统作出供应曲线和需求曲线。然后交易中心根据两个曲线的交点，作出市场日前价格曲线，以此作为日前市场交易的依据。但在实际交易中，消耗电量和交易电量之间会存在偏差，那么这部分电量将以实时电价进行结算。因此，现货交易的购电成本就由以日前电价和实时电价结算的两部分共同组成。

售电公司在日前市场的购电量 P_d 和购电成本 C_d 分别可以表示为

$$P_d = \sum_{n=1}^{N} P_{dn} \tag{7-35}$$

$$C_d = \sum_{n=1}^{N} \lambda_n P_{dn} \tag{7-36}$$

式中：P_{dn} 为第 n 份日前市场购电合同的约定电量，λ_n 为第 n 份日前市场购电合同中的日前电价。

售电公司在实时市场的购电量 P_r 和购电成本 C_r 分别可以表示为

$$P_r = \sum_{q=1}^{Q} P_{rq} \tag{7-37}$$

$$C_r = \sum_{q=1}^{Q} \lambda_q P_{rq} \tag{7-38}$$

式中：P_{rq} 为第 q 份实时市场购电合同的约定电量，λ_q 为第 q 份实时市场购电合同中的实时价格。

在现货购电市场中，售电公司按照需求购买电量，但是只能被动地接受市场电价。因此，售电公司在现货市场购买的总电量 P_s 和购电成本 C_s 可以分别表示为

$$P_s = \sum_{n=1}^{N} P_{dn} + \sum_{q=1}^{Q} P_{rq} \tag{7-39}$$

$$C_s = \sum_{n=1}^{N} \lambda_n P_{dn} + \sum_{q=1}^{Q} \lambda_q P_{rq} \tag{7-40}$$

4. 决策模型

售电公司的购电决策模型，简单而言就是根据实际需求和市场行情改变购电模式和购电量，最终使购电成本在满足客户用电需求的前提之下尽量低，所以售电公司购电决策模型可以被简单地归纳为公式（7-41）所示的最优化问题。

$$\left.\begin{array}{l}\min C, \\ \text{s.t.}\ P_{su} \geqslant P_d\end{array}\right\} \quad (7\text{-}41)$$

其中：售电公司总购电成本 C 为

$$C = C_c + C_o + C_s \quad (7\text{-}42)$$

售电公司向客户供应的电量 P_{SU} 为

$$P_{SU} = P_g + P_f + P_s \quad (7\text{-}43)$$

由此，只要将三种购电模式下市场中可选取的所有购电合同的购电价格和电量输入模型，就可以得出不同用户用电需求下售电公司的最优购电策略。

7.3　售电公司售电定价方法

7.3.1　成本导向的销售电价制定方法

在新一轮电力体制改革之前，我国不存在售电公司这一市场主体，电力用户统一向电网公司购电，制定销售电价时通常都以成本为导向，而在售电公司进入电力市场之后，售电公司零售策略的核心在于电价的设计，其主要依赖于购电成本、相关的服务费成本，此外还可考虑需求、竞争等方面进行电价的设计。

根据会计学与经济学的商品定价模式，综合成本定价主要基于对电价成本的核算。目前的电力价格也主要是依据综合成本定价形成的。综合成本定价法是一种常见的、传统的定价方法，它根据历史记载的账面成本来核算供电成本，并将供电成本按各种不同的方法分摊到各类用户，以确定未来一段时间的电价。根据一定时间内电力生产、输配和销售电力的平均成本进行核算，按照费用发生阶段分析的总成本费用包括发电费用、输变电费用、配电费用和销售管理费用。随着我国电力工业改革的深入和电力市场的发展，电力市场从卖方市场向买方市场转变时，根据生产投入与运营成本进行电价计算的综合成本定价法并不能反映出因电力需求增加而引起的成本增加的程度，不利于资源的优化配置，同时不能合理反映各类用户的用电负荷特性。因此，综合成本定价法本身已经无法满足我国不断改革的电力市场定价要求了，需要结合不同用户用电特性和不同价格形式对综合成本定价法进行完善改进，这样才能使资源得到最优化的利用。

在这种定价策略下，销售电价根据电力各阶段成本制定而成，一般而言，具体的电价制定方法分为会计成本定价法和边际成本定价法两种，主要根据成本核算方法和用户分摊标准区分。其中，会计成本定价法指的是根据电力生产、输配和销售过程中的平均成本进行核算定价，目前大多数国家采用这种方式；边际成本定价法体现的是电力系统增加单位电量需要增加的系统成本。

7.3.2 竞争导向的销售电价制定方法

零售电价是在售电企业追逐利润最大化的情况下产生的，因此必须在定价过程中考虑竞争性定价问题。随着我国售电侧市场的放开，售电公司越来越多，售电侧竞争也不断加剧，因此在参与售电业务的过程中，售电公司应当研究竞争对手的服务状况及价格水平等因素，依据自身实力，参考成本和供求状况制定相应的零售电价，使用户能享受到比同行业公司所提供套餐更高的用电效用，这种定价方法就是竞争性定价法。

竞争性定价的主要策略包括：在制定最初的电价套餐时，以保证公司收回成本为基本要求，以满足用户最大用电效用为套餐定价目标；当市场出现竞争者，用户需求受到影响时，进一步根据对手调整营销策略；当成本或需求都没有变动，但竞争者的价格发生变动时，则相应地随之调整套餐价格。当然，为了实现公司的定价目标和总体业务战略目标并追求公司的可持续生存或发展，公司应采用其他营销方法一起制定更复杂的定价策略，可以但并非总是需要跟随竞争对手产品的价格浮动。

如果公司有许多产品线或辅助产品，则可以将一个产品线用作亏损线，以促进其他产品线的利润。比如，公司同时拥有普通电价套餐和绿色电力套餐，公司可以对绿色电力套餐施加更大的折扣力度，进而吸引顾客，带动其他套餐盈利，这也是组合产品竞争性定价策略的体现。

7.3.3 需求导向的销售电价制定方法

现代市场营销观念要求企业的一切生产经营必须以消费者需求为中心，并在产品、价格、分销和促销等方面予以充分体现。根据市场需求状况和消费者对产品的感觉差异来确定价格的方法叫作需求导向定价法。需求导向零售电价定价主要包括价格增值定价方法、需求差异定价方法、分时段差别定价法、反向定价法等。

1. 价值增值定价法

为提高竞争能力，许多售电公司采用价值增值定价战略，通过增添商品其他属性和配套服务，以使其产品或服务差异化，支持高于平均水平的价格。

在初期低价折扣策略之后，售电公司需要通过转型实现长期发展。随着电力市场的成熟和零售市场的改善，大多数售电商的购电成本差距会逐渐缩小，持续的低价策略不仅难以获得客户，还可能因为没有管理好成本风险而面临巨大危机，那么公司就需要利用前期积累的大量客户，结合用户的用能习惯和用电历史数据，用个性化的套餐吸引客户，并且开发新型售电商业模式，提升售电服务质量。在通过低价电力获取市场份额，站稳脚跟之后，多样化的定价方式与服务才是售电公司成功的关键。根据国外售电套餐经验总结，电力增值服务主要包括有节能服务、业务报装服务、能效监测服务、金融服务等。

2. 需求差异定价法

在需求差异定价法的情况下，同一产品价格差异的产生不是由产品成本的差异促成的，而主要是由消费者需求的差异导致的。这种定价方法可以为同一市场中的同一商品设置两个或多个价格，或者使不同商品之间的价格差值大于其成本差值。其好处是可以使售电公司的定价最大限度地符合电力现货市场需求，促进电价套餐销售，有利于售电公司获取最佳的经济效益，用户获取最大的用电效用。例如，所有电力都属于同质产品，但是对于用户来说，绿色电力则更具有环保概念，因此为满足顾客环保需求，绿色售电模式应运而生。尽管由于绿色证书认证成本、交易成本和营销成本等原因，使绿色套餐电价比普通套餐电价更高，但随着环保观念的增强及双碳目标的实施，购买绿色电力的终端用户比重将会提高。

3. 分时段差别定价法

同一产品在不同时期的效用完全不同，客户需求的强度也相应不同。当需求很高时，商品需求与价格间可能会变得缺乏弹性，价格可能会上涨。当需求低时，价格与需求间富有弹性，公司就可以采用降低价格的方法来吸引更多客户。

为满足部分用户夜晚用电需求，可推出按照时间段分类的零售电价套餐，按时间段设定电费单价的选单，能够对夜间增加的用电减少电费。同时对于使用热泵式电热水器、夜间蓄热式电气设备或等效系统的顾客可以推出综合季节及时间段的电价套餐，对于这类用户的电价，采用两个季节和三个时段区分，用户可以通过调整电气设备的使用时间，达到降低电费的目的。

4. 反向定价法

反向定价法，也称倒算法，这是一种取决于产品的市场需求，以及消费者可以通过价格预测和评估后能理解并接受的预期售价的定价方法。

在零售电力市场中，零售电力公司可以采用主观评估方法、客观评估方法以及实销评估方法预测电力用户的心理预期价格，估算用户的电价承受能力，进而考虑自身营销成本、管理成本，综合考虑购电成本，制定购电策略，最终确定零售套餐电价。

7.3.4 基于成本、竞争与需求的综合定价方法

基于成本、竞争与需求的综合定价机制在成本加成的基础上，结合市场竞争因素和客户需求进行电价制定，其基本量化公式为

$$P = P_{bas} + P_{adj} = (P_{pur} + P_{man} + P_{risk} + P_{inc}) + (P_{con} + P_{mar})$$

式中：P 表示销售电价，P_{bas} 表示基本价格，P_{adj} 表示调整值，P_{pur} 表示购电成本，P_{man} 表示经营成本，P_{risk} 表示风险成本，P_{inc} 表示预期收益，P_{con} 表示用户贡献调整值，P_{mar} 表示市场调整值。

下面分别对基本价格和调整值的构成做具体分析。

1. 基本价格 P_{bas} 的构成

1）购电成本 P_{pur} 主要与电力市场中的市场竞争程度、用户需求的价格弹性及现货市场价格等不确定因素有关。

2）经营成本 P_{man} 指售电公司自身运营成本，主要包括营销费用、增值服务费用等。

3）风险成本 P_{risk} 指售电公司由于风险的存在和风险事故发生后人们所必须支出的

费用而减少的预期经济利益。

4）预期收益 P_{inc} 是在购售电过程中售电公司设定的收益目标，可以根据规定的最低资本回报率来决定。

2. 调整值 P_{adj} 的构成

1）顾客贡献调整值 P_{con} 是根据电力用户对售电公司的售电收入、口碑营销及增值服务收入等贡献确定的，是对基本价格的调整。从售电公司的角度看，客户贡献主要包括四部分，分别是显性价值、隐性价值、显性成本和隐性成本，其构成可以表示为

$$V = V_E + V_H - C_E - C_H$$

式中：V 为客户价值；V_E 为显性价值，即售电收入；V_H 为隐性价值，即口碑营销以及增值服务收入；C_E 为显性成本，即售电公司购电成本；C_H 为隐性成本，即客户流失风险、营销成本和资本成本。

2）在考虑到自身利益、成本、客户、风险后，还需要考虑市场和竞争对手。因此，为了确保电力价格的市场竞争力，定价时需要增加市场调整值 P_{mar}。市场调整值基于对同业报价和市场利率分析后确定的，市场调整值可能是正值，也可能是负值，需要根据实际情况确定。

因此，基于顾客价值的销售电力价格决策模型，整体考虑了电力购买成本、风险、运营成本、市场状况、利益目标及与用户的关系等，精确量化了各种因素对定价的影响。这有助于电力销售公司的业务向精细化发展，当考虑市场因素和用户因素时，售电公司将能够设计以用户为中心、市场为导向的销售电价。

7.3.5 售电公司定价策略

1. 销售电价构成

伴随着我国售电侧放开，国内用户逐渐享有了更加广泛的自主抉择机会，售电市场竞争日趋激烈，越来越多的创新型电力营销模式开始涌现，主要分为电力销售服务和电力增值服务两类。然而，售电公司的主要业务仍是以电力这一产品为重点，吸引用户、推动电力产品销售是重中之重。因此，售电公司在有效做好购电决策的基础上，创新电价策略在其中起到了举足轻重的作用，单一制零售电价体系逐步打破，衍生出了多种基于零售菜单的定价策略。在考虑用户需求多样化和个性化的基础上，售电公司逐渐打破以往单一合同电价的零售局面，开始设计符合不同类型用户用电需要的多种定价策略，在提高用户选择性增强自身市场竞争力的同时，以利益最大化为目标构建自己的销售电价体系。

以成本为中心确定销售电价是目前主要的一种定价方法，按这种定价方法，售电公司电力销售价格主要包括四个部分：由电力市场交易或双边协商形成的电能价格；由电网企业提供输配电服务而形成的输配价格；由售电公司提供多样化策略而形成的策略价格；以及由政府收取的政府性基金及附加部分。

面向终端用户的零售电价公式为

$$P = p_1 + p_2 + p_3 + p_4$$

式中：P 为售电公司面向用户收取的零售电价；p_1 为售电公司在电力市场的购电价格；p_2 为电网公司面向用户收取的电能传输价格；p_3 是售电公司利润，当采取一定的价格策略时，也是售电公司为平衡一段时期内风险收益而遵从某种策略采用的价格，这部分也是售电公司生存与竞争所依赖的关键收入来源；p_4 为政府性基金及附加。

售电公司经营代理购电业务，面临着市场交易价格波动大、用户负荷预测不准、盈利空间小等挑战，为了在售电市场中生存和发展，需要设计售电价格策略。售电公司的价格策略指将用户端电价和电量与市场的电价和电量都联动起来的方式，售电价格策略的存在使得用户支付一定成本来规避在电力市场中的购电风险，而售电公司以分摊这部分风险来获取收益，在激烈的价格战中提高竞争力，因此双方达到互利共赢。

2. 折扣定价策略

对于国外大多数售电公司来说，售电折扣模式是大多数独立售电商初期的发展策略。例如，售电商为了吸引用户、鼓励电力用户及早付清货款，会在商品原定价格基础上扣除一定百分比的优惠给顾客。折扣定价策略主要包括有现金折扣、功能折扣、季节折扣等形式。其中现金折扣是为了督促用户按时付款而设定的。功能折扣是购买者愿意执行特定功能时提供的折扣。例如，用户同意加入负荷管理计划之后，可以使用可中断电价来为其电费单计费。时段折扣指产品需求较低时提供的减价，如峰谷分时电价中的低谷电价或夜间电价等。折扣定价策略是对售电公司制定的销售电价 P 的折扣，而非是对 p_3 的折扣。

折扣定价策略对中长期市场及现货市场均可采用。

3. 基于偏差考核的售电价格策略

自放开售电侧竞争、培育更多售电主体以来，我国各个省、市相继颁布了中长期市场相关交易规则，具体内容不尽相同，但基本都采取了偏差电量考核制度，不同地区的实施办法有差异，总体来看都对偏差电量采取了一定的惩罚措施。对于需求侧，有的地区规定连续一段时期内出现偏差电量将取消一段时间内参与大用户直接交易的资格或强行终止购电合同，有些地区采用"月结月清"的方式收取偏差考核费用，有些地区目前暂以滚动结算的方式计算偏差考核费用。

基于售电公司偏差电量考核风险分担的思想，有人提出了一种可选择性"保底价差+偏差惩罚"售电定价策略。以获得市场份额的售电利润最大为目标，建立了售电价差随机规划模型。售电公司为偏差较小的用户提供较大的降价福利，与偏差较大的用户分担考核费用，实现了用户群体的细分、考核风险的降低和售电利润的提高。在竞争性的售电市场中，理性用户拥有自身用电偏好信息，售电主体拥有关于购电成本的信息，市场价格信号传达了资源供需关系，某一方根据目标自由做出最优决策，恰好也符合其他主体的最优决策，即形成供求双方的"纳什均衡"状态。

售电公司与代理用户签订年度售电代理合同时，双方协商确定保底价差，售电公司有义务为大用户提供降价福利；同时用户需要上报月度分解的电量需求，售电公司据此确定市场交易电量。普通的售电代理合同中规定售电公司承担全部偏差考核费用，可能会导致用户用电量骤变情况下售电公司因考核费用高昂面临亏损甚至淘汰，因此本节考虑售电公司与用户分担考核风险，设计一种"保底价差＋偏差惩罚"的售电策略，让用户在享受降价福利的同时与售电公司分摊考核费用。通过风险分担，提高用户对偏差考核的认知，谨慎申报电量；通过设计福利与风险因素的对立关系，以较高的降价福利信号激励用户降低偏差。

4. 考虑现货交易的售电价格策略

随着实施现货交易省份的增加，售电公司不仅要面对越来越复杂且变幻莫测的电力批发市场，还要为零售客户提供最优的价格和服务，从而在零售市场中抢占一席之地。

健康运营的零售电市场的建设核心是用户能够在零售市场上自由选择购电对象，建设途径是引入多方竞争性售电公司，从而使得用户选择权得到逐步放开。售电公司在激烈竞争的售电市场中生存的重中之重在于设计合理的零售电价策略。目前，售电市场价格形式单一，多为电量电价折扣形式。对销售电价采取单纯的折扣策略并不能够充分反映电价成本水平的变化，缺乏与现货市场电价的联动，易造成严重亏损风险。

售电公司的购售营销模式主要为：先签零售合同，再以综合零售价为基准进行中长期批发购电，剩余电量才会参与现货市场交易。这就将中长期市场和现货市场的风险杂糅在一起了，甚至以稳定的中长期市场价格来对冲了现货市场的风险。显然，这种营销模式是不够合理的，售电公司在中长期市场交易中得到了稳定而低廉的价格水平，再与用户签订一定期限的售电合约后，却需要售电公司独自承担售电合约中剩余电量在现货市场中的交易风险，这就像是售电公司拿出了一部分利益无条件补偿给了现货市场中的用户，长此以往，并不利于市场中各方利益的均衡和电力市场的健康运营。

为了将现货市场中的购电价格与零售市场中的价格联动在一起，按一定零售电价策略的优化定价势在必行。售电公司只有通过电价策略将用户端电价和电量与现货市场的电价和电量都联动起来了，才不至于需要承担太高的风险，用户也可以按照自己的风险喜好和对现货市场的评估来选择某种策略下的电价，而从售电公司推出的策略中所购买的电量比例越高，所需要支付的策略电价也应该越高。

即测即练

第 8 章

售电公司 STP 策略

8.1 波特五力分析

对售电公司进行波特五力分析，可以直接反映供应商和购买者的议价能力、新进入者和替代品的威胁能力，以及同行之间的竞争能力，剖析售电公司在行业中所处的竞争地位，探索行业本身具有的盈利能力（行业吸引力），预测竞争所带来的机遇和挑战，帮助售电公司深入了解自身所处行业的竞争环境，完善售电公司营销战略，使售电公司在行业内保持竞争优势，获取更高的收益。

8.1.1 现有竞争者的竞争能力

现有竞争者，指当下市场上已经存在的同质性竞争企业。国家有序地推动向社会资本开放配售电业务，开放购电侧市场，把购电的选择权交给购电人，鼓励和吸引电力用户进入电力交易。电网企业的垄断地位被打破，竞争者随之增多。部分大用户通过直购电的方式与电厂或售电公司签订直购电合同，更有大型企业集团自建电厂，通过自发自用的形式削弱对电网供电的依赖。此外，分布式清洁能源的快速发展对传统电网企业提出了新的挑战，造成一定程度的影响。

随着我国新一轮电力体制改革的深入，售电业务的竞争越来越激烈。经北极星售电网统计，截至 2020 年 8 月底全国公示售电公司已超过 4500 家，而 2016 年在各电力交易中心公示的售电公司数量仅为 469 家。总体来看，我国多地先后成立了电力交易中心，开展了竞争性售电业务，形成了"管住中间，放开两头"的体制架构。按同行业竞争者背景资源进行分类，大致可分为电网企业组建的售电公司、发电企业组建的售电公司、社会资本组建的跨界售电公司等多类。各类售电公司在竞争中各有优劣势，各类售电公司为寻求自身发展将积极开拓市场，抢占用户资源，市场竞争空前激烈又复杂多变。

售电公司应该从业务所在地的供电历史、其他售电公司实力等方面考虑行业内的竞争情况。

8.1.2 潜在竞争者进入的能力

潜在竞争者通常指目前还尚未出现在已有市场中，但很可能进入该市场的潜在竞争者。由于我国电改工作的推动使售电市场逐渐展现出蓬勃的生机，而改革步伐的迅速迈进意味着市场条件的逐渐完善，在上述双重作用下诸多资本选择将目光投入到售电这一具备显著发展潜力的领域。

新一轮电力体制改革过程中鼓励社会资本进入售电侧市场。当前，按照投资主体的不同，进入售电市场的主体包括以下六个类别：电网企业组建的售电公司、发电企业组建的售电公司、节能服务企业组建的售电公司、电力工程或电气设备供应商组建的售电公司、大型工业园区组建的售电公司、社会资本投资的独立售电公司。这六类售电公司均符合政策规定，具有一定的资本基础和品牌优势。但考虑到成本优势和销售渠道，电网企业组建的售电公司和发电企业组建的售电公司将更具竞争潜力。

随着电力市场售电侧的逐步放开，将会有一定量的其他企业进入电力市场，这些潜在进入者将会对售电公司产生较大的冲击和影响。但电力市场是一个技术水平高、服务质量高、资金密集的行业，想在电力市场争得一席之地也存在相当大的困难。现在国内部分企业具有较大竞争优势，尤其是拥有优质水电、煤电、核电等成本较低发电资产的企业，以及形成规模效应的发电集团将在市场竞争中占有优势地位。但是，随着全球能源互联网的建设，也会有大量的资本雄厚的外资企业进入，他们不但拥有大量的人力物力支撑，而且具有足够的市场竞争经验。

售电公司在分析自身竞争能力时，应该考虑到业务所在范围内可能进入的竞争者，分析新进入的竞争者给本公司带来的冲击。

8.1.3 替代品的替代能力

替代品的替代能力指目前市场中还未存在的，但是有可能能够通过新的产品、新的生产方式等完全颠覆现有竞争市场、取代电力产品的能力。电力产品面临的替代品主要有天然气、太阳能、海洋动力、生物质能、藻类天然气、氢能等。

太阳能近乎是永恒的能源，人们从未停止过对太阳能能源的开发利用，如今太阳能不仅能够用来加热，而且还可以用来生产电力，用来作为交通工具的驱动能源。太阳能使用设备多为一次性投资，成本相对较低，后期维护简单，具有一定的普适性，我国相关政策条文也多次指出鼓励太阳能的发展和使用，在光伏政策支持、成本下降、技术进步等因素的驱动下，各地分布式光伏呈现集群发展态势。

古代人们就利用海洋动力以及风力进行航行，而如今海洋动力的开发远远未到极致，海洋动力可以驱动发电机，从而生产电力。

地热能源属于地球上的天然能源，而地热产生的蒸汽可以用来驱动涡轮机从而生产电力。地热能源还可以开发成为天然的温泉，用于增强当地的旅游业和商业价值。

生物质能指那些废弃的物质，如牛粪、污水、废弃的木材等，经过发酵产生的一种可燃气体。这种生物质能相比之下污染更少，来源更可靠，是未来很主流的产品，很多废弃物都可以作为生物质能能源燃料，可以实现发电、代替燃料等作用。

藻类通过光合作用的方式产生能量，并且多数海洋中的藻类都可以进行加工成为一种生物燃料从而起到交通工具的燃料的作用。

天然气是一种应用广泛的新能源，能够代替传统的燃料和石油、煤炭，可以用于作为车辆的燃料，并且还可以在很多方面应用，如钢、水泥、玻璃、砖、陶瓷等产品的生产都会用到天然气。目前，因综合成本低廉，天然气与电能相比在使用价格上具有绝对优势，被广泛用于家庭生活，如家庭天然气壁炉等，都对电能形成了一定程度的替代，一定程度上也影响了售电量的增长。但是天然气资源短缺、安全性能差，很大程度上限制了其快速发展。

氢逐渐成了一种被广泛应用的新能源，其可以作为运输的燃料，并且容易制造，而且对环境的污染非常小，是一种十分靠谱的新能源。

就目前而言，天然气、太阳能、氢能等的替代并没有得到大规模的应用，还不足以威胁到电能在能源消费领域的主要地位。售电公司在分析自身竞争能力时，应该考虑到业务所在范围内可能出现的替代品，分析这些替代品的出现可能给本公司电力销售带来的影响。

8.1.4　供应商的议价能力

供应商议价指企业在购买供应商原料时候，是否能够在供应商处获取较好的价格，良好的议价能力可以为企业带来更加丰厚的利润空间。

售电公司的产品主要还是以电力为主，电力供应商就是各类发电企业。售电公司仅仅是作为中间商的身份和发电企业进行交易，且电力产品具备实时性，只能根据需求端的电量进行交易，这也意味着售电公司在这一过程中处于较为被动的位置。

发电企业的议价能力主要受电力需求量的大小、电力产品的可替代程度、发电企业集中度等影响。由于政策的原因，各发电企业不可全电量进入市场，而是只能按需求侧电量的一定比例入场，并不能完全体现市场的实际供需比例。因此，发电企业会利用自己的市场力控制价差，对于不同售电公司或大用户提供不同的价差选择。发电侧主要有两种交易模式：一种是参与大用户直购电交易模式，发电企业可与电力大用户直接交易，一定程度上提升了发电企业的讨价还价能力；另一种是通过售电公司参与市场交易，发电企业成立自己的售电公司开展售电业务，实现一体化产业链，在电力市场交易中具有先天优势。从采购成本、转移成本、发电企业集中度和市场主体一体化等决定因素来看，发电企业具有采购成本决定权，除发电企业外组建的售电公司以外的售电主体没有供应商转换机会，同时发电企业通过组建售电公司的形式实施一体化产业链策略。

售电公司所处是一个电力供大于求的市场，发电企业需要与市场运作良好的市场客户、售电公司进行合作，此时发电企业议价能力降低；反之发电企业议价能力提高。大的发电企业在市场交易中占有份额比较大，在市场竞争中具有很强的议价能力，这时售电公司的议价能力相对较低。而小的发电企业由于受自身营销能力限制，在市场中比较多的还是会依赖售电公司进行市场开发，议价能力相对大的发电企业弱一些，此时售电公司的议价能力相对较高。

8.1.5　购买者的议价能力

购买者的议价能力通常取决于其产品的质量、产品的使用效率、产品的服务及产品购买的数量等，在电力产品上主要表现为电力产品购买的数量。对售电公司而言，在整个售电市场中，购买者包括规模较小的个人或小单位直接交易用电的用户，以及规模较大的单位或组织。

我国新电改之前，除电力大用户之外的绝大部分用户只有从电网公司购电这一个选择，电网公司拥有输配售一体化的垄断格局，电力用户基本没有议价能力。新电改以后，随着售电侧的逐步、有序放开，售电主体的类型更加多元，数量也在短时间内迅速增长，国家成立了电力交易专门监管机构以预防新型垄断行为的出现。因此，随着售电市场的逐步放开，电力大用户和商业用户可直接在电力市场买电，将获得越来越多的用电选择权，因其需求量相对较大，对价格敏感程度相对较高，而转移成本却很低，故其议价能力也必然随着增强。

由于电量产品自身具备的特殊性，购买者议价能力的大小一方面取决于用户年用电量的大小。年用电量越大，购买者的议价能力越强。售电市场中对电价的价差是非常敏感的，价差的大小在一定程度上决定了购买者的取向。例如，一个年用电量超过 10 亿 kW·h 的单个用户，对售电公司或电厂就有极大的议价能力。同样，一个年代理电量超过 10 亿 kW·h 的售电公司，也对电厂有着极大的议价能力。而对于用电量不大的用户和代理电量不多的售电公司来说，只能是价差的接受者。购买者议价能力的大小另一方面取决于对客户的竞争。随着市场化改革的进行，大量售电公司涌入电力市场，售电公司在电力市场上的竞争主要决定于用电客户的争夺，尤其是优质的用电大客户。每个售电公司都在极力吸引优质客户，而用电客户可以选择与任意一家售电公司签约，有了更大的选择权。为了吸引电力客户，客户可以与售电公司议价，因而电力购买者的议价能力会逐步增强。

8.2 售电公司 SWOT 分析

8.2.1 SWOT 分析特征

SWOT 分析法是 20 世纪 80 年代初由美国旧金山大学的管理学教授海因茨·韦里克提出的一种战略分析方法。SWOT 分析法具体内容是：S（strengths）针对的是企业内部的优势，W（weaknesses）针对的是企业内部的劣势，O（opportunities）针对的是企业外部环境中的机会，T（threats）针对的是企业外部环境中的威胁。深入分析企业的各方面条件来准确判断企业自身在未来发展过程当中所具有的优劣势，以及有可能面临的机会和威胁。利用 SWOT 矩阵分析，充分考虑四个因素的相互影响作用，结合科学的分析结果和企业的营销实际情况，可以实现企业营销策略制定和实施的协调统一，企业自身的优势条件能够得到有效发挥，具有重要促进意义和价值。

基于内外部竞争环境和竞争条件下的态势分析，将与各类售电公司密切相关的各种主要内部优势、劣势和外部的机会、威胁等，依照矩阵形式排列，然后用系统分析的思想，把各种因素相互匹配起来加以分析，从中得出一系列相应的结论。SWOT 分析有四种不同类型的策略组合：优势–机会（SO）组合、弱点–机会（WO）组合、优势–威胁（ST）组合和弱点–威胁（WT）组合。采用 SWOT 分析法分别对各类售电公司的优势、劣势、机会和威胁进行全面分析判断，一方面售电公司自身资源禀赋和能力决定了其在竞争中的优势与劣势；另一方面电改政策指导售电侧改革的发展方向，宏观经济形势影响售电市场发展，这一系列外部因素给售电公司的生存发展带来机遇和挑战。对售电公司发展有利的因素加以充分掌握和利用，对售电公司发展不利的因素进行有效的控制和规避，以期最终能够形成竞争上的优势，选择最适合自身的发展策略来完成售电公司的既定目标。

SWOT分析具有显著的、区别于其他分析工具的结构化和系统性的特征。就形式而言，它的矩阵结构为四块不同区域赋予了不同的分析意义。从内容出发，公司的外部环境和内部资源的关联和相互作用更是它主要的理论基础。其中：机遇因素和威胁因素属于公司外部因素，也被归为客观因素，对公司的生产经营活动来说分别产生有利和不利的影响，通常包括政治、经济、社会和技术等一系列因子；优势因素和劣势因素属于公司自身内部水平影响，也被归为主观因素，通常包括管理、销售、财务等因子。

8.2.2 售电公司 SWOT 分析

各类售电公司 SWOT 分析结果如表 8-1 所示。

表 8-1　各类售电公司 SWOT 分析

类别	优势	劣势	机会	威胁
发电企业组建的售电公司	（1）掌握发电资源； （2）对电力行业非常熟悉； （3）在多轮大用户直接交易中积累了一定的经验和客户基础； （4）具有规模优势和较强的抗风险能力	（1）没有配电网资源； （2）市场营销能力较差； （3）缺乏客户服务经验； （4）缺乏增值服务技术和经验； （5）决策不灵活； （6）运营效率不高	（1）电改政策支持； （2）地方政府支持； （3）大用户直接交易规模持续扩大	（1）产业结构调整，新增大工业用户数量有限； （2）随着大用户逐渐成熟，可能会选择与电厂直接交易
电网企业组建的售电公司	（1）掌握输配电网络资源； （2）客户资源覆盖各个行业类别； （3）拥有丰富的售电经验； （4）拥有成熟的销售渠道； （5）拥有完备的客户服务体系； （6）全面掌握各类用户信息； （7）具有较强的增值服务能力； （8）具有规模优势和很强的抗风险能力	（1）缺少发电资源； （2）缺乏市场营销经验； （3）决策不灵活； （4）运营效率不高	电能替代政策支持	电改政策有限制
运营增量配电网的售电公司	（1）在区内拥有配电网资源，部分还拥有电源资源； （2）区内大用户集中； （3）用户黏性较大，在区内可能形成垄断经营； （4）注册资本较大，具有一定规模优势和抗风险能力； （5）多为混合所有制，融合了政府、电网、电厂、银行等企业的多重优势	（1）发电资产不够雄厚； （2）运营配电网的经验不足； （3）配电网、电源及客户资源集中在固定区域内，发展受限	（1）电改政策重点支持； （2）全国已有多个增量配电网试点方案获批，势在必行； （3）地方政府支持参与； （4）社会资本投资热情高涨	（1）取得供电营业许可证有一定难度； （2）今后政府可能会单独核定其输配电价，难以获得高利润； （3）构成复杂，协调各方利益关系有一定难度； （4）之前部分独立电网逃避政府附加基金以获得低电价的盈利模式不可持续

续表

类别	优势	劣势	机会	威胁
其他与电力、能源相关售电公司	（1）很强的增值服务能力； （2）通过提供综合能源解决方案，可将业务在不同领域互相延伸； （3）拥有一定的客户资源，特别是对大用户比较熟悉； （4）市场营销能力较强	（1）没有发电资源； （2）没有配电网资源； （3）缺少售电经验	（1）电改政策支持； （2）能源规划政策支持； （3）电能替代政策支持	产业结构调整，新增大工业用户数量有限
跨界售电公司	（1）决策灵活； （2）市场营销能力强； （3）有庞大的客户群体； （4）客户黏性较大； （5）资本运作能力强； （6）运营效率高； （7）金融、保险及互联网企业本身拥有完善的销售渠道和平台，线上业务实力很强	（1）没有发电资源； （2）没有配电网资源； （3）缺少售电经验； （4）缺乏增值服务技术和经验； （5）抗风险能力较差	（1）电改政策支持； （2）国家发展"互联网+"智慧能源，将促进互联网与能源产业深度融合； （3）改革初期售电公司准入门槛较低	后期准入门槛可能会提高，监管更严，专业资质不够不能参加交易

通过SWOT分析可以看出，电力相关资源和客户资源是售电公司最为关键的内部资源。电力相关资源包括电源资源、配电网络资源等、增值服务技术资源等，发电集团成立的售电公司拥有发电资源、运营增量配电网的售电公司拥有配电网资源、其他拥有电力和能源资源的售电公司拥有增值服务技术资源，这三类售电公司都掌握着关键的电力资源，且都具备一定客户资源，改革初期又有国家政策的大力支持，在当前阶段整体优势大于劣势，机会大于威胁。

电网企业成立的售电公司拥有除发电资源以外的所有售电相关电力资源和客户资源，单从内部资源来看优势比较明显。但是由于我国电改着力培育新兴售电主体，打破电网企业原有的垄断地位，对电网企业开展售电业务进行了一些规定和限制，在改革初期电网企业成立的售电公司整体优势大于劣势，威胁大于机会。

跨界售电公司缺少售电所需的关键电力资源，客户资源也需要从其他领域移植，因此在竞争中不占优势。但从另一方面来看，国家鼓励社会资本参与售电，发展"互联网+"智慧能源，为其创造了进军售电市场的大好机会，在改革初期社会资本成立的跨界售电公司整体劣势大于优势，但机会大于威胁。

以上是各类售电公司本身具有的优势、劣势、机会与威胁，对某个售电公司来讲，在做SWOT分析时，要结合自身所处的内外部具体环境，从售电公司目前资本实力、抗风险能力、营销渠道、途径以及技术人员的经验、服务理念、专业素质、公共关系、资源状况、区域布局、所在区域售电公司数量、同业竞争状况、国家及地方政府政策指向、市场开发难度等方面进行具体分析。

8.3 STP 策略

8.3.1 电力市场细分

1. 电力市场细分的定义

市场细分实际上是一种本着"求大同存小异"的原则，对整体市场进行分类的方法。电力市场细分指电力企业按照电力客户的一定特性，把整体电力市场分解为两个或两个以上小的电力市场的过程，细分以后的小的市场称为细分市场或子市场。例如，依据电力客户性质可将电力市场划分为居民用户、大工业用户、普通工业用户、商业用户、农业用户等细分市场。

通过电力市场细分，电力企业可以有效地分析和了解不同电力客户的用电需求满足程度、从而寻求新的电力市场机会、开拓电力新市场。

通过电力市场细分，可针对不同的子市场，采取不同的营销策略，进行差异化营销。比如：分时电价对不同时段的用户确定不同的价位；对可靠性有不同要求的用户采用不同的价位。目前电力部门提出的城乡同价问题，实际上是为了降低农村电价，开拓农村市场，我们知道，从网损的角度来看，城乡供电的成本是有区别的，但对于不同的用电市场采取相同的价位也是一种差异市场营销。

通过电力市场细分，有利于确定目标市场。对用电客户进行研究时，市场细分化是一种很有用的手段，尽管各行各业的生存和发展均离不开电能，但是作为一个庞大的电力消费市场，如何去分析市场的容量和潜力以便更好地开拓，必须将市场细分化，对每个子市场详尽分析，然后重点集中于某个细分市场，将其作为目标市场进行开发。从而有利于电力企业集中使用资源，满足电力市场不同电力客户的千差万别的需求。

2. 电力市场细分的依据

电力市场由于其电能产品的特殊性，可以根据电网因素、电力客户因素、电力用途因素及用电规模因素进行市场细分。

1) 电网因素

随着电力企业的不断发展，通过电力网异地进行电能的交易成为可能。但电力公司所在的电力网位置仍然是电力市场细分的主要因素。

2) 电力客户因素

不同的电力客户对电能的电压要求、质量要求会有所不同。可根据实际情况按电力客户性质、负荷特性、重要程度、所在产业及行业、资信状况等方面进行市场细分。

3) 电力用途因素

电能既可以用于生活，又可以用于生产。对用于不同用途的电能的要求也是不同的。因此可以将电力用途作为电力细分的主要因素。依据电能的用途可将电能分为照明用电市场、动力用电市场、灌溉用电市场等。

4）用电规模因素

用电规模可以根据客户用电量的多少进行市场细分，可以帮助供电企业有效地分析电力市场需求情况。按用电量的大小可将电力市场细分为大客户、中客户、小客户。供电企业应该对大客户实行特殊的营销策略。

3．电力市场细分的步骤

1）确定电力市场细分的目标

主要是明确进行电力市场细分的目的是什么，解决为什么要细分市场。细分的目的不同，进行细分的方式就会有所不同。

2）确定市场细分应考虑的因素

在明确了电力市场细分的目标后，列出为达到目标应考虑的影响细分因素。剔除那些特点不突出的一般性电力市场细分因素，同时合并一些特点类似的电力市场细分因素，寻找主要的细分因素。

3）分析用电客户的不同需求

针对不同用电客户，分析其电力需求表现、负荷特性，把具有相同需求的用电客户归为一类。

4）初步确定细分市场

根据客户相同或相似需求进行电力市场的细分，初步确定细分市场。

5）分析、评估各细分市场的规模与性质

通过初步细分，各个细分市场的范围已经清晰，此时要仔细审查、估计各细分市场的大小、特点等。并寻找电力企业主攻方向，确定出目标电力市场。

6）为细分市场定名

可以用直接明了的方式命名，表明这个市场的性质。

4．细分市场类型

1）按用电结构细分市场

以用电结构来细分市场，有第一、第二、第三产业用电市场和居民生活用电市场。

（1）第一产业用电市场。第一产业指农业，包括林业、牧业、渔业等。农业电力市场一直是一个很有潜力的用电市场，由于过去农业电价过高、供电条件差、供电体制混乱等因素，严重制约了农业电力市场的发展。随着农业用电条件的改善，使农业电力市场的潜力逐渐显露出来。由于第一产业用电季节性强，电力企业可以采取相应措施保证第一产业的用电。

（2）第二产业用电市场。第二产业指工业和建筑业等行业。在我国电力市场中，工业用电一直居于各细分市场之首，约占社会用电量的3/4。改革开放以来，政府扩大内需，对基础产业增加投资，成为新的用电增长点。可见工业用电仍是电力企业的一个重要市场。

（3）第三产业用电市场。除了第一、二产业以外的其他行业，都属于第三产业。近年来，随着商业、饮食业的稳步发展，第三产业的用电市场也在稳步发展。

（4）居民生活用电市场。居民生活用电指家庭照明、娱乐等生活用电。随着人民生活水平的提高，更多的家用电器进入家庭势必会带来用电的高消费。

2）按交易方式细分市场

以交易方式细分电力市场可分为代理市场和直销市场。

3）按电力用户重要等级细分市场

按重要程度可分为特级用电客户、一级用电客户、二级用电客户、普通用电客户。

4）按电力用户的用电资信评级细分市场

按电力用户的用电资信评级，一般可分为四个等级，如AAA级、AA级、A级和无等级。

5）按国民经济行业细分市场

可按由国家统计局起草，国家质量监督检验检疫总局、国家标准化管理委员会批准发布的《国民经济行业分类》（GB/T 4754—2017）标准执行，该标准与国际通用分类标准基本统一，这种用电分类有利于与其他行业和宏观经济管理的保持一致。

6）按客户的性质细分

按客户的性质可分为工业、农业、机关、学校、普通居民等。

7）按用途细分市场

按电力用途可分为生活型用户与生产型用户。生活型用户指为满足生活需要而购买电能的居民家庭。生产型用户指为维持生产经营或履行组织职能而购买电能的工商企业等。

8）生产型用户市场细分

按用电量细分：可将生产型用户分为大用户、中等用户、小用户。

按电能质量要求细分：将生产型用户分为一般要求用户和高要求用户。

按耗能程度的行业细分：根据耗能情况将生产型用户所属的各种行业分为高耗能行业、一般耗能行业和低耗能行业。

按电压等级细分：可以分为高电压用户和低电压用户。

9）按负荷特性细分市场

对电力市场细分，可从系统和用户的负荷特性以及负荷特性与电价之间的互相影响出发，运用聚类、模糊等方法进行负荷特性分类及基于负荷特性的电力用户细分。

8.3.2 目标市场营销策略

目标市场选择指售电企业根据自身战略和电力产品情况，从众多细分的市场中选择符合本企业资源和能力的细分市场的过程，这个细分市场实际上是具有相似或相同电力需求的一类客户。只有选择出最合适的电力客户，将来才能有利于售电公司营销。

对于每个电力企业来说，不是任何时候都会存在相同的吸引力，或者说不是每一个细分市场都是售电公司所愿意进入或者能够进入的，常常会出现一些售电公司不能够客观分析自身状况、用户对电力产品或服务的需求而造成营销失败的情况。由此可以看出，在市场营销活动中，售电公司需要对目标市场进行选定。

售电侧放开后，区域内会出现同业竞争，其竞争性质和其他商品相同。在目标市场策略方面，也有三个策略：无差异市场营销策略、差异性市场营销策略、集中性市场营销策略。

1. 无差异市场营销策略

无差异目标市场策略指不考虑各细分市场的差异性，将它们视为一个统一的整体市场，认为所有电力客户对电力产品有同样的需求。采用无差异目标市场策略无视各细分市场电力客户的特殊需求，在此情况下，售电公司可以设计单一营销组合直接面对所有电力客户，吸引尽可能多的客户。

无差异营销的理论基础是营销成本的经济性。目前极少有售电公司对电力销售大力促销，即使进行促销，无差异的广告宣传和其他促销活动相比可以节省促销费用；不进行市场细分，可以减少售电公司在市场调研、制定各种营销组合方案等方面的营销投入。这种策略对于资源比较雄厚、规模比较大的售电公司比较合适。

一般来说，现在的售电公司基本上是按照自身背景选择市场营销策略。例如，电网公司背景的售电公司就采用无差异市场营销策略，通过在省内各地市设立分公司，利用电网背景开展业务，将一套营销方案应用到所有的潜在用电户中去。这个策略适用于售电市场初期用户需求简单、信息不对称的阶段，但随着市场发展的逐步成熟，光靠让利这一种手段很难吸引客户。

2. 差异性市场营销策略

差异性市场营销策略是将电力市场划分为若干细分市场，针对每一细分市场制定一套独立的营销方案。售电公司针对不同行业、不同用电量的客户推出不同服务、不同价格的电力产品，并针对不同电力客户采用不同的方式来宣传售电公司及服务，就是采用的差异性营销策略。

差异性营销策略的优点是：客户种类多，服务针对性强，使电力客户需求更好地得到满足，由此促进电力产品销售。另外，由于售电公司是在多个细分市场上营销，一定程度上可以减少营销风险；一旦售电公司在几个细分市场上获得成功，有助于提高售电公司的形象及提高市场占有率。

差异性营销策略的不足之处主要体现在两个方面。一是增加营销成本。由于服务客户种类多，成本将增加；由于售电公司必须针对不同的细分市场制定独立的营销计划，也会增加售电公司在市场调研、促销等方面的营销成本。二是可能使售电公司的资源配置不能有效集中，甚至在售电公司内部出现彼此争夺资源的现象。

有电源背景的售电公司多数采用差异的市场营销策略，通过集团在当地建有电厂的优势寻找当地用电客户，将售电市场按地域分为多个细分市场，并针对每一地域的用户制定一套不同的营销方案。比如：对不同地域的售电客户采取有区别的售电方案，按照同一地域内不同数量等级的用电量给予不同的电价价差或价差分成比例；或根据客户需求结合当地电厂资源提供不同的售电增值服务，签订售电合同时免费提供能效监控服务、节能改造服务、电力设备维保服务等。

3. 集中性市场营销策略

实行差异性营销策略和无差异营销策略，售电公司均是以整体市场或多个细分市场作为营销目标。集中性营销策略则是售电公司集中力量进入一个或少数几个细分市场，力求在一个或几个细分市场占有较大份额。这一策略特别适合于资源力量有限的中小型售电公司。中小型售电公司由于受财力、技术等方面因素制约，在整体市场或多个细分市场无力与大型售电公司抗衡，但如果集中资源优势在大型售电公司尚未顾及或尚未建立绝对优势的某个细分市场进行竞争，营销效果会更好。

集中性营销策略的局限性体现在两个方面：一是电力客户相对较少，售电公司发展受到限制；二是潜伏着较大的营销风险，一旦目标市场突然发生变化，如电力客户发生转产或强大竞争对手进入，都可能使售电公司因没有回旋余地而陷入困境。

一些行业性或地域性背景的售电公司则选择集中性市场营销策略，专注于本市或本行业用户。例如：一些有地方资源的本地电力安装公司成立的售电公司就专注于本地客户的开发；而那些有行业内资源的售电公司就盯着行业内用户，还有一些位于工业转移园区附近的售电公司就从用电量较小的园区客户入手。

前述三种目标市场策略各有利弊，电力企业到底应采取哪一种策略，应综合考虑：①售电公司自身资源或实力；②电力客户的用电行为；③电力客户的市场前景；④电力客户的发展阶段；⑤竞争者的目标市场策略；⑥竞争者的数目等多方面因素予以决定。

8.3.3 电力产品市场定位

1. 电力产品市场定位的概念

电力产品市场定位指在电力市场细分、目标电力市场选择的基础上，根据细分市场特点或目标电力市场上竞争者的地位，结合售电公司自身的条件，从各方面为售电公司和电力产品创造一定的特色，树立一定的市场形象，以求在电力客户心目中形成一种特殊的偏好，并通过一系列的营销活动向目标市场用户传达信息，促使电力用户购买本公司的电力与服务。

2. 电力产品市场定位的方法

由于电力产品的特殊性。通常对电力产品有六种定位依据。

1）根据属性和利益定位

产品给顾客提供的价值是顾客最切身关注的，可作为定位市场的根据。可以电力产品本身的属性及电力客户由此获得的利益进行定位。比如，以"为客户提供经济、合理、安全可靠的电能"作为电力市场的定位依据。又如，生产企业除了享受用电电价优惠之外，还能通过消费绿色电力来降低企业的碳排放量、体现企业的环保理念和社会责任感，还能参与碳排放交易和绿证交易。

2）根据价格和质量定位

电力产品的价格，即电价是一个非常重要的因素，以电价为依据进行市场定位，能帮助售电公司在客户心目中树立良好的形象。同样。电能的质量也是电力客户非常关心的一个因素。以电能的质量进行定位同样会起到很好的效果。

3）根据使用者定位

不同的使用者对电能的要求是不同的，可以根据使用者不同的用途进行电力市场的定位。售电企业常常也会依据自身客户资源，尝试着将其目标客户锁定在某一特定行业的用电客户中，并依据这类用户的认知打造适合的形象。例如，定位为专为酒店行业服务的售电公司或专为制造行业服务的售电公司等。

4）根据特定的使用场合及用途定位

为现有产品或服务寻求一种新的应用场景，也是为产品或服务创新市场定位的办法。

例如，电能替代、风电供暖等。又如，四川政府就要求当地所有烧烤店都必须改用电炉，我国东北地区也在试行风电机组供暖等电能利用新场景，广东也推出了商业楼宇采用"冰蓄冷"改造可以享受大工业峰谷电价以促进企业白天多用电的举措。

5）根据竞争地位定位

根据竞争地位进行定位指选择与竞争对手完全不同的利益或属性来为本企业进行定位。比如，某售电公司为其电力产品定位为电压、频率合格、供电可靠，另一售电公司就可以用不同的利益和属性进行定位，如选择电力售后服务好作为定位的依据，可以充分体现不同的竞争地位。

6）根据具体的产品特点定位

定位市场的依据可以是构成产品内在特色的各种特性，如质量、材料、成分、来源、价格等。例如，水电可以定位为成本最低的电力，气电可以定位为绿色电力，光伏发电可以定位为可再生电力等。利用不同资源产生的电力自然价格就不同。对于其他生产电力附加产品的公司也可利用自身产品+售电的形式来定位。例如，提供节能服务的售电公司、提供分布式光伏的售电公司、提供设备维护的售电公司等。

也可以将上述多种方法结合起来为电力市场进行定位。总之，售电公司进行市场定位时，可以根据具体情况选择不同的定位依据。

3. 电力市场定位的步骤

1）分析目标电力市场的现状，确认本企业潜在的竞争优势。通过对已选择的目标电力市场进行调查，了解目标电力市场上竞争者提供的电力产品的特性，了解电力客户对电能需求特性的要求等，确认潜在的电力竞争优势。

2）准确地选择相对竞争优势，对目标电力市场初步定位。竞争优势的选择有两种基本类型：一是在同样条件下，竞争者对电力产品价格的定位更低；另一种是以更好的电力服务或更好的电力产品质量为优势。前者售电公司应努力降低电能产品成本，以更低的电价进行定位，或售电公司应努力提高电能质量、加强电力服务等，以更好的服务进行定位。如果售电公司面对多种竞争优势并存，则要选择一定的方法，如评分法：将本公司同竞争者在技术、成本、质量、服务等项目进行评分，以选出适合本公司的优势项目，初步确定售电公司在目标电力市场上所处的位置。

3）有效传播定位观念，展现独特的竞争优势。在电力市场定位的基础上，还应展开大力宣传，把售电公司的定位观念准确地传播给目标电力市场及潜在的电力购买者。

即测即练

第9章

售电公司营销策略

9.1 大客户营销策略

9.1.1 售电公司大客户

各类售电公司会针对不同的客户群体形成不同的售电策略。例如：燃气、电信公司成立售电公司，与其本身的产品形成捆绑，向个人家庭客户推销燃气+电力、电信+电力优惠套餐；社会资本售电公司向中小工商业客户提供节电改造、用电咨询、用电数据分析等增值服务。

1. 用电大客户

客户的"大小"是售电公司识别客户的一个传统视角，按照售电公司以往的惯例，这种划分可以简要概括为"一九现象"，也就是 90%的营收来自 10%的客户。以某售电公司为例，其客户总数为344.2万户，按供电电压不小于 10 kV，容量不小于 100 kV·A，年售电量不小于 10 万 kW·h 筛选非居民高压客户，符合条件的大客户 2.1 万户，占比不到 10%。因此，电力大客户的服务范围通常也被限定在一个较小范围。在新的市场环境下，这种"大小"的划分，是否能全面反映不同电力客户对售电公司的贡献度和价值，值得重新考量。

一些售电公司已经意识到了客户"大小"划分的局限性，开始从售电量、电费、负荷增长、信用度、社会影响力多种维度，建立更科学的量化评价模型与评价体系来界定大客户。这种划分方法已经被一些售电公司采用，并进行了成功的应用实践。

大客户通常指重点客户、优质客户、关键客户、系统客户，指那些能为公司带来较大电量、较大收益的高价值客户或具有高价值潜力的客户。他们交易次数在公司总的交易次数中所占比例不高，但购电量却占公司营业额的大部分，对公司具有较好的忠诚度，能认同合作公司的文化和价值观，认同合作公司的商务模式，并愿与公司建立长期合作关系。

2. 大客户具有的一般特征

（1）购电频次高或单次购电量大，存在持续需求，对公司贡献率极高。

（2）购电计划性、集中性强，较多的表现为采用随经营状况购电的方式。

（3）强调整体服务能力和全面业务解决方案的提供，很注重增值服务，但对价格敏感度相对较高。

（4）销售及决策过程比较漫长，内部组织结构复杂，决策人较多，购电行为较为理性和规范。

（5）具有良好合作理念，重视与供电商建立长期稳定的全面合作关系。大客户的范围不仅指那些经营性公司的最终产品使用者，也包括经销商、代理商和政府下属的一些事业单位。

大客户是发电公司收益的重要支柱。由于每个客户的需求互不相同，为每个客户的个别需求提供相应的供电服务显然是不经济的。因此，通过细分市场，对用电客户进行分类，将之划分为不同的有着近似需求的客户群，这样有利于提高公司竞争力、发掘新的市场机会，满足不断变化的千差万别的社会消费需要。对发电公司来说，按行业、用电类别、用电统计等方法细分电力市场，在每个不同的细分市场中都有很多大客户。大客户按照其性质和目的可进一步细分为重要客户、重点大客户及战略大客户等。重要客户即党、政、军、机关等国家重要部门；重点大客户即用电量大、电能消费额高的工业、公司等，这中间又可以按行业来细分；战略大客户即潜力大、利润高但目前尚不具备大客户条件的客户。发电公司根据客户的不同特点，制定差异化的营销策略，为客户提供个性化的服务。例如，香港中华电力公司根据电力市场情况，将市场分为主要客户、商业客户、住宅客户三类，其中主要客户按行业特点进行细分，分别制定了相应的营销策略，以确保在售电量自然增长的基础上再达到额外的一个增长指标。

3. 大客户购电习惯/过程分析

因为是大客户的缘故，所以这些购电者所涉及的资金都是相当庞大的，其购买决策并不是一两个人就能决定的，甚至购电会改变该公司的经营方向和赢利方式，所以其购买过程就会显得漫长和复杂，其购电的类型有三种。

（1）初次自购电——这类客户的开发时间是比较长的，有的甚至超过 1 年，让这类客户认识公司售电方案需要一段时间，难度也会很大，需要从头到尾的一个销售周期。

（2）二次或多次自购电——这是在已经经历过直供电以后第二次购电，这个过程就相对很短了，他们在前期已经认可了直购电的好处，不需要解说最基本的东西，这是他们在出现需要时就会发生的，他们所关注的内容也会有变化，他关心的是你的服务标准变了吗？供电质量一样吗？价格能更便宜吗？能够连续供电吗？这样的问题。

（3）改变供电内容——有时候客户需要调整公司的战略或产品/服务（扩大或缩小生产规模），因此也要求供电做出相应的调整，这时候其实是对公司更重要的考验，一定要把握好，一点点的失误就会前功尽弃，把原来的努力让给了竞争对手，不过这样的购电可以让公司加强和客户的决策单元（decision making units，DMU）关系，而让 DMU 对公司的评价越来越高，最终大大减少竞争对手的机会。即 DEA 的原理。简单说就是把待决策单元与参考决策单元进行比较得到相对效率。DEA 原理是处理具有多个输入和多个输出的多目标决策问题的方法。

9.1.2 大客户开发的步骤

1. 第一步，寻找潜在客户

1）目标市场法

当公司面对很多客户、很多对手、很多区域的时候常常感觉无从下手。这时可以使用目标市场法。所谓目标市场法指根据公司性质和市场的特点，选择目标，让它立足于适合电力企业可持续发展的一个独特方法。比如，在某一个区域，或某个行业里面拥有自己独特的客户源。

目标市场法的优点是明显的，有一份目标市场的开发计划可以提供更明确的展业方向，避免盲目开发活动，降低遭受客户拒绝的挫折感，拜访质量可大幅提升。熟练掌握针对不同客户单位的开发技巧，确定符合电力客户的主力需求，不断复制成功案例，丰富的经验使公司成为客户眼中的专家。便于获得有效的转介绍客户，持续良性循环。有利于进行电力客户服务工作，提升顾客满意度。

2）"猎犬计划"法

"猎犬计划"法是通过找帮手、找顾问来找电力客户。"孔明草船借箭""借东风"也是这个意思。开发人员做事业一定是要学会借力借势，不断地发展自身的"猎犬"。很多开发人员在开发市场时会觉得很累，原因就在于身边缺乏帮助自己的"猎犬"。真正的市场开发高手在做开发时，是十分省力的，他与客户见面时不是在做商务谈判，而是与客户交朋友，结交关系——即建立客户网络，同时又培养了大量的"猎犬"。

3）客户网络法

在动物界中，青蛙是自己跳起来把一个虫子吃掉，蜘蛛是编一个网等虫子上来。开发人员不要做"青蛙"，要做"蜘蛛"，要编织自己的客户网络。客户网络法指把一群人联合起来、互相帮助，以使每个人都尽可能迅速、容易、有效地达到资讯共享、联合互补等互利的目的。组织方法包括组织俱乐部、联谊会、会员制等松散组织。许多开发人员在某行业做到一定程度以后，就开始进入到与客户交朋友的状态——建立电力客户网络。

2. 第二步，判断市场

凡是做过市场开发的人员可能都经历过这种场合：公司的开发人员兴冲冲地声称这个客户又快搞定了，但为什么到后期都不了了之呢？如果是一位身经百战的开发人员该如何开始这个购电合同呢？

1）面对客户、竞争对手、市场，需要判断以下方面：①这是一个市场机会吗？如何评估？②如果是个真实机会，我们有实力吗？如何评估？③如果我们有实力，我依靠什么竞争手段能赢？④签供电合同后，我的回报率值吗？⑤客户为什么不买竞争对手的电？

2）明确开发过程中客户心中永恒不变的五大问题并做好准备：①你要跟我谈什么？②你谈的事情对我有什么好处？③如何证明你讲的是事实？④为什么我要买你的电？⑤为什么我要现在就买你的电？

3）清楚客户的三重担忧。①政策性风险。大客户大部分都是其他行业的专家，但并不是电力行业的专家，他知道各类售电公司可以卖电，第一反应会询问这个政策会执行多久，是不是一两年又变了。②技术性风险。客户相信电力体制改革一定会搞下去。但是，我现在买你的电，有电网公司背景的售电公司会怎么想？电网还是电网公司的，不要说人为地跳闸，就是慢抢修一次，公司的损失也承受不了。跳闸一次损失了好几百万，售电节省的钱有多少？③信用风险。大部分的售电公司都是轻资产公司（轻资产的核心是"虚"的东西），我现在把电费预付给你了，你到时候跑路了怎么办？这都是很现实的问题，都是我确实接触过的问题。而且我们碰到一个最基础的问题就是，你可能连公司的门都进不去。

应对客户的三重担忧，社会化售电公司一定要练好自己的内功，提高自己的专业能力，充分发扬自己的优势。第一个优势是监管政策层面的支持，第二个优势是售电公司通过"互联网+电力"做到低成本运行。

4）把握营销障碍。客户的三重担忧，会在电力市场中成为各种交易障碍。一般说来，客户虽然有各种借口对销售人员的推荐做出拒绝，但无论客户拒绝的理由是什么，大概都可以归结为以下四个类别。

（1）电价能降多少

售电公司仅依靠吃"差价"的模式来获取利润的时代已经结束，售电公司定位要更加明晰。例如，零售型售电公司将主要以服务差异化为竞争手段，资产性售电公司因拥有配电资产将锁定客户负荷开展售电业务，而试图以短线操作模式投机获利的小型售电公司，将难以避免被市场淘汰的命运。

（2）不着急改变现状

售电活动中经常遇到这样的情况：你与客户坐在一起商谈，相处得非常融洽，商谈在非常轻松的气氛下进行，你能感受到彼此之间的相互信任。客户非常清楚自己的需要，双方几乎就可以达成交易，然而，在最后的关键时刻，客户提出让我们再修改一下方案，或者客户要求给一点时间再考虑一下，然而从此之后，这件事就杳无音信了。

这种情况最让销售人员感到沮丧，眼看合同已经落在自己口袋里了，却没想到口袋是漏的。得过且过是每个人的天性，所以在销售的整个过程中，最紧要的是时时保持紧绷的神经，不要因为过程比较顺利而放松了神经。同时，销售人员应该尽量使客户保持比较强烈的需求感。

（3）"不信任"

如果客户用"不信任"这样的借口来拒绝，则最好将精力转移到其他的客户身上。"不信任"意味着客户已经决定购买其他售电公司的产品和服务了，当然最好的情况是他不确定是否应该交给你。"不信任"拒绝的发生是新电改后对售电公司的一种顾虑，假如销售人员所做的只是把供电合同全部抛给客户，只会使客户与竞争对手签订合同。

（4）售电服务问题

售电之后，由谁为客户提供服务？是售电公司还是电网公司？实际上，这也是目前争论的事关售电公司定位的焦点问题：有人主张把售电公司发展成为有独立输配设施，独立于现有电网公司的"第二供电公司"；有人则主张把售电公司发展成为渠道销售商，类似现在帮助通信公司销售电话卡的公司。

在现有两大电网公司普遍服务做得很好的情况下，没有必要成立若干个售电公司去帮电网公司做服务代理。如果做渠道销售商，那肯定是要做售电公司的代理。可如此一来，电力的售后服务由谁提供、如何收费的问题依然不明确。

3. 第三步，布局

大客户营销如果没有内线关键人，所有的一切无从谈起，那如何开发内线、运用内线呢？应针对客户内部的每一个角色进行分析和判断，获知每个角色的态度、利益与个人动机，并据此制定有效的销售策略和行动计划。

（1）客户究竟要什么？
（2）如何识别不同关键人？对方如何评价售电公司？
（3）不同环节客户关键人的权力与资源。
（4）其他竞争对手的报价、客服等。
（5）关于买点、卖点与潜规则之间的关系博弈。

4. 第四步，大客户开发流程管控

1）大客户开发流程管控的意义
（1）使客户开发程序性加强，降低工作盲目性。
（2）充分说明阶段/步骤/重点/关键要素，提高成交过程各环节的可把握性。
（3）减少无效投入或低效投入，节约开支。
（4）能够对每一阶段工作进行客观评判。

大客户开发是一个系统工程，大客户开发能否成功取决于规划、策略、环节的掌控能力。应把开发大客户当作打一个"大战役"来看待，而我们就是这一战役的指挥者或称"导演"。清晰的阶段性工作策略及工作重点，对预计达到效果的准确把握，能使工作富有成效。

2）大客户开发流程管控
（1）确定开发对象（潜在需求的有无，进行初步沟通）；
（2）方案提供/信息收集（内线确定；方案送达；信息充分；需求明确）；
（3）价值评估/开发程序（成交可能性；成交障碍；预期费用；开发程序）；
（4）关系建立（与关键决策人建立良好关系；影响力渗透）；
（5）促成交易（高层沟通、考察/跟踪、系统支持）。

5. 第五步，排除心理障碍

1）害怕拒绝，为自己寻找退缩的理由

被客户拒绝是不可避免的，关键是怎样去看待，不管做什么事，要想有所收获，就必须勇敢面对，敢于承担风险，敢于面对失败，立即行动。能否坦然地面对拒绝并鼓起勇气再去尝试，使推销成功，是检验营销人员能力的试金石。

2）在客户面前低三下四，过于谦卑

推销不是要把产品或服务硬塞给别人，而是帮助客户解决问题的。看得起自己，才会得到客户的信赖。自卑是影响销售业绩的不良心态，只有改变它，将自卑变为奋发向上的动力，才能走向成功和卓越。

3）满足于已有的销售业绩不思进取

自满心理是阻碍销售业绩继续攀升的最大绊脚石。一个营销人员不满足自己已有的业绩，积极向高峰攀登，就能使自己的潜能得到充分的发挥。真正的成功是永远向前看，永葆进取之心。

4）看轻别人的工作

一个市场开发人员，要提高自己的业绩，就要改变自己不良心态，永远不要看轻他人的工作。只有把自己融入团队中，依靠团队的力量才能提升自己，最后才能取得成功。

5）经常抱怨不景气，从不反思自己

不从自身找原因，总把失败归于外部环境，更谈不上下苦功努力改进，结果业绩越来越差，离成功也越来越远。对一个销售员来说，生意是否景气，不在于外部环境，在于有没有积极的心态。积极的想法会产生行动的勇气，而消极的想法只会成为面对挑战的障碍，以积极的心态，带着热情和信心去做，全力以赴，就一定能提升销售业绩。

6）害怕同行竞争

对于开发人员来说，竞争是不可避免的，关键是抱着什么样的心态去对待，坦然地并且积极主动地面对同行的竞争，是任何一个想创造卓越业绩的营销人员必备的素质和能力。了解竞争对手，发现问题，立即上报。设立目标，全力以赴。在竞争中不断提高服务质量，这也是在竞争中取胜的最可靠策略。同行竞争并不可怕，可怕的是暗地里的竞争，只有光明磊落的竞争才会有令人尊敬的同行。

7）把工作无限期地拖延下去

"说一尺不如行一寸"，如果什么事都拖着不去做，就没有取得成功的那一天。行动是最有说服力的，千百句雄辩胜不过真实的行动，只有遇事不拖延，马上就去做的人，才能赢得卓越的销售业绩，才能最终走向成功。

6. 第六步，做好大客户的优质服务

随着我国电力体制改革的不断深入和完善，市场竞争日趋激烈，客户对电力公司的要求与日俱增，这给售电公司的优质服务带来了严峻的考验。电力公司除了要向市场和客户提供电能生产的服务，还需要不断努力开发新产品、新业务，给客户和市场带来更高质量、更高水平、内容更丰富的终身服务。电力公司要想在改革中赢得市场，就必须深化改革，强化服务，牢固树立"以发展为主线，优质服务为宗旨"的管理理念，展现给客户一个全新的面貌和公司形象，进一步提高供电服务质量，规范供电服务行为，提升电力服务水平。

9.1.3 维护大客户关系的方法

1. 建立客户档案

要维护好客户的关系，第一步是要建立健全的客户档案，不管有多么聪明的大脑和多好的记忆力，也不可能记住每一位客户的每一个细节，所以建立客户资料库是必要的。实际上创建数据库并没有多难，最简单的客户数据库就是营销人员手机的通讯录，但它太简单了，不能输入全部需要的客户数据库资料，不能满足日常工作需要。

实际上，使用办公平台创建客户数据库是十分简单和高效的，即使手机中有 2000 个客户，都可以很快导入到计算机中的办公平台中。导入完成后可以编辑完善客户资料，利用平台通讯录下的备注（可添加文本信息）或添加评论功能（可添加富文本信息即网页形式的图文信息）来无限制地增加任何需要的资料，满足客户维护需求。

2. 将客户分组

在通讯录数据库中将忠诚的、能带来利润的客户按照标准来进行分组，根据用电量的多少来评判客户价值的高低。然后用不同的策略予以特别对待，或根据利润大小来分配工作时间，赢得更多的商业利润。

在营销过程中，可以仔细观察客户的用电需求和习惯，并详细地记录下来，这些记录就是以后的客户服务中需要注意的细节。这种做法花费不多，效果却非常好，往往能获得客户很高的评价。

3. 建立客户信誉

在与客户的交往中一定不要轻易许诺，承诺了的事情一定要兑现，否则将会减少在客户心目中的信誉度。所以当客户提出任何要求时，承诺要给自己留有周旋余地，当然事后还是要想尽一切办法满足客户的要求，这样在客户心目中就会建立起良好的信誉度，以后客户会放心合作。

4. 互惠互利原则

销售也是要讲究策略的，很多公司会给营销人员提供优惠，所以营销人员在跟客户交涉过程中，可以先按市场价来谈，当产品赢得了客户的满意后，在保证利润的前提下可以适当让利给客户，使客户能感觉到诚信，愿意合作。其实让利策略如果运用得当，对买卖双方长期合作百利而无一害。

5. 客户维护的"二八理论"

可以采用"二八理论"平衡时间成本与利润。在很多行业，20%的最有价值的客户能给公司带来 80%的利润。相反，很多客户对公司的价值非常低。公司要花更大的心思做好这 20%的人的工作，或许要付出不小的代价，但却是值得的。另外，80%的客户中有 20%的客户是在浪费公司的资源，对于这部分客户，公司有必要果断地放弃；对于剩下的 60%的客户是不亏不赚的，但能维护公司规模，公司要尽量保持住他们。所以要研究和找出 20%最有价值的客户有什么特征，这些客户为什么会忠于公司，该采取什么策略让这些客户继续保持忠诚，以保持公司利润。

有一种想法是"把所有不忠诚的客户变成忠诚的"，这样做没有太大的意义。有些客户纵然变成了忠诚客户，公司或许仍不能从他们身上赚钱。因为这些客户只看重公司不断地降价和促销，这不能给公司带来利润。当然，对于那些有潜力的、高价值的客户，则要提高他们的忠诚度，使其成为忠诚又有高价值的 20%的一分子。

6. 利益共享的原则

生意场上的朋友都是建立在利益共享原则上的，所以发展每一笔业务都要记住利益是要共享的，每一次合作的成功都是为下一次合作打下一个良好的基础，如果违背了这一原则，会使客户慢慢流失。

7. 灵活掌握原则

在维护客户的关系中，要谨记主动权要掌握在自己的手中，不能让客户的三言两语就乱了方寸，销售工作没有止境，在维护客户关系中一定要善始善终，刚柔并济，做到真正用心想客户所想，急客户所急，让客户从心理上对公司产生依赖。

8. 客户维护的时间分割技巧

如果营销人员与客户进行面谈，推荐营销人员使用"两分钟谈主题，八分钟聊家常或时事"的时间分配和谈判技巧，因为这样做可能会让双方很愉快，有了这种体验，客户维护就成功了。

9. 经常联络或回访客户，也是增进客户关系的有效途径

利用平台通讯录下的多选发送短信和多选发送电子邮件可以十分轻松地在节假日给客户发短信或 E-mail 问候。时时联络感情，让客户时刻感觉到对他的关心。

部分客户可适当并且要有规律地隔一段时间打电话问候；比较重要的客户要上门拜访、交流，并带上公司的小礼品，关键时机宴请重要的客户；及时在客户资料库中添加客户尤其是大客户的生日和家庭住址，毕竟重要客户占了大部分的销售额，必须引起足够的重视。

回访客户时，销售人员应随时了解客户使用产品的情况；了解客户近期有无新的需求，以便发现新的销售机会；另外，注意穿着和言谈的严肃性和随和性，这是面见客户时必须注意的，既提高了自己的形象，也是尊重客户的表现。

客户维护的核心是让客户不但对其所使用的电力产品放心，而且要让客户感受到公司合理的电价，良好的服务与产品附加值，最终形成比较稳定的、忠诚度高的客户群，形成一定规模的电力产品市场。

9.1.4 大客户营销的几个误区

1. 避免经常卷入"价格战"之中

无论哪一类型的客户，毫无疑问都会关注购电价格，但是价格在不同类型客户中的关注度是不一样的，真正应该关注和维系的是战略价值型的大客户，他们要求与合作方共同创造价值，希望充分利用供电商的资源和核心竞争力，建立长期密切的战略合作关系，形成优势互补和利益共享。这种情况在合作中难以区分谁在为谁创造价值，双方地位比较平等。因此要充分提升公司核心竞争力、注重价值营销，努力培养战略价值型客户，减少与对手频繁地开展价格战营销。

2. 忽视销售利润创造，盲目依靠大客户以销量取胜

公司经营的目的更多的是获取适当合理的经营利润维持持续发展，当然公司也承担了部分社会责任，所以不论大小客户，公司交易的结果和目的是通过提供产品和服务获取利润等价回报。有一些公司将思路确定为：做大客户营销是主要提高售电量，扩大市

场份额，打压竞争对手，使用低价格，甚至亏本销售，而并不在于获取利润。但是大客户凭借控制市场的强大能力往往会对供电商提出各种苛刻条件，因此即使勉强进入这一市场也无望获取利润。所以应转变合作观念，令大客户愿意摒弃原有的观点，更注重长远持续合作使双方共赢，公司的获利愿望才能变得更为现实。

3. 忽视大客户的维护和持续关注导致流失

大客户的开发、合作关系的形成及对产品和公司认同往往会经历很长的过程，涉及产品的质量评价、合作机缘的巧合、良好的服务保障和使用价值真实体验等各种因素，是在长期业务交往中形成的综合评估。但销售人员经常错误认为，合作关系已经确立，基础稳固，此时往往掉以轻心，福祸相依，在成功拿到订单之后，真正的合作体验刚刚开始，如果过程中不注意工作细节，不能认真兑现承诺，不能满足客户事前期望，危险由此而来，化解不力继而产生抱怨和不满，才真正地把下次合作机会拱手送给他人，即使数年后得到改善再次合作，付出的代价往往是当初数倍。较为常见的现象，如决策关键人物的变化、客户组织机构和决策程序的调整、售后服务的质量不好、竞争对手提供的更加优惠条件的吸引、对大客户的持续关怀不够、维护不力，都极易引起合作关系崩溃。因此，不断创造新的需求，提供更好的产品和服务，并调整销售政策和措施，竭尽全力去地满足客户需求，才能巩固这种良好的合作关系。

9.2 黏性营销策略

顾名思义，黏性营销就是让客户"粘住你"。黏性营销必须从长远利益的角度来考虑，要让客户先对公司然后再对公司的产品产生感情、产生依赖，慢慢地就会形成黏性营销。黏性营销要做的就是增强公司和客户之间的关系。客户失黏是售电营销的"出血点"和"伤心点"，如何实施营销补救策略，挽回或重新粘住客户，把营销做得和酒一样，接触的时间越久，感觉越有味道，依赖性越大，使那些毫无黏性的客户回到公司的身边，是当前所有售电营销都要思考的问题。

9.2.1 客户失黏的原因

客户失黏指客户间断用电或转向其他竞争对手提供的电源的行为，其失黏原因多种多样，客户失黏的原因粗略归纳为以下几种。

1. 自然失黏

自然失黏最常见的原因就是客户需求发生变化，客户的经营、技术、产品等的变化，都可能导致失黏。有些客户的自然失黏属于用电营销管理上的问题，长期与客户缺乏互动，不了解客户的市场地位，不了解客户的生产周期等。自然失黏的关键原因就是营销战略执行不能真正做到"后台围绕前台转、公司围绕营销转、营销围绕创新转、创新围绕黏性转、黏性围绕客户转"。而目前的售电公司都在拼命抓优质服务，但没有哪个真正把客户黏性度做起来。

2. 竞争失黏

我国售电侧开放后,大量社会资本涌入售电市场,形成了强力的竞争,与售电公司争夺市场需求。《售电公司管理办法》规定:多个售电公司可以在同一配电区域内售电,同一售电公司可在多个配电区域内售电。一些靠购售电价差生存的公司,盈利空间必然受到很大压缩。取消工商业目录销售电价后,客户可直接向发电公司购电,发电公司作为电能的直接生产,具有明显的价格优势,大客户出于节约生产成本的考量,会直接向发电商购电,导致其流失。电改后,售电公司会以指数级的速度增长,服务内容和服务模式的创新层出不穷,售电的竞争越来越激烈。在这种碎片化、竞争白热化的背景下,对一家售电公司而言,能否维系好客户的黏性直接影响到其经营成败。提供客户认可、高质量、创新服务内容的营销策略,几乎成了各售电公司的首选,这就形成了一个竞争悖论,即如果售电公司不开发新的服务项目,那么客户可能会失黏,转移到竞争对手那里去,而如果售电公司过度开发新的服务,就会使经营成本大幅上涨,降低客户盈利率。

3. 失望失黏

没有客户期望,就没有客户失望。虽然客户期望是一种意识形态,但其实质却离不开售电质量或服务本身这一核心,服务的质量与客户感受有很大关系,是否失望,部分取决于客户期望跟实际感受之间的对比。许多售电公司认为,客户之所以失黏,是因为售电质量或服务出现了问题。其实,客户失黏更大的可能性是因为客户关怀的缺失。公司不能及时与客户进行互动沟通,客户感受不到期望的满足,就会去寻找新的合作公司。

9.2.2 电力客户失黏的原因

电力客户的失黏行为有不同信息粒度的失黏原因,根据不同失黏类型的粒度,可以将电力客户失黏分为以下几类。

1. 口碑失黏

电厂口碑是客户在某电厂的服务接受过程中产生的印象看法。由于电厂的口碑传播多发生于亲朋好友等强关系人群中,因此对客户的群体黏性有很大的影响力,一个失黏客户通过他的沟通渠道快速编辑,不仅能放大自身体验,也能加速负面口碑的扩散效应,出现"兵败如山倒"的群体失黏现象。

2. 服务失黏

营销服务可分为两类:搜寻型服务和经验型服务。搜寻型服务的全面完整的信息可以在用电前获得;经验型服务的信息只有在用电后才可以获得,其信息的获取比搜寻型服务更难,需要信息传播者媒介本身的经验。其来源认同度影响到客户的黏性,进而对服务内容的黏性有调节作用。服务失黏的客户又分为服务内容失黏型客户、服务人员失黏型客户、售电质量失黏型客户、价格比较失黏型客户等。

3. 营销失黏

营销失黏型指由于电厂营销策略不当导致客户转向其他售电主体。售电营销目前在技术、质量和用户体验上没有太大差异,所以营销策略成为各家争夺的制胜法宝。

4. 脱网和离网

用户利用分布式发电或储能系统,进行自发自用,从而逐步减少从电厂购电量的现象叫作"负荷脱网"。用户可以通过分布式＋储能系统实现能源自给自足,不从电厂购电,只将电厂作为备用电源。更进一步地,用户甚至自建配电网,或通过过量装机来完成备用,从而完全脱离电网,实现"用户脱网"。

我国分布式光伏项目已经成为新的节能环保热点,多地开展的"低碳""零碳"计划都会导致"负荷脱网",甚至最终引发"用户脱网"。尤其是现阶段我国的工商业电价远远高于居民用电,这使得分布式光伏在我国已经具备良好的经济效益。

5. 替代能源失黏

现在,大客户的用电结构越来越多样化,替代能源的竞争也越来越激烈。比如:在"双碳"目标下,新型电力系统的构建,风电、光伏发电的比例越来越高,自发自用的光伏发电、风力发电、小型水电都方兴未艾。同时,天然气公司就借此迅速发展,尤其一些出口型大客户,担心出口国征收"碳税",出于环保和价格的考虑,转用替代能源的可能性越来越大,以前火电的用电大客户,转用新能源或天然气的客户也在迅速增加。

6. 负荷调控失黏

我国一部分省份拉限电比较严重,部分原因是受"能耗双控"影响,不少省份因为经济形势很好,订单较多,或因国外疫情严重无法生产,增加了中国公司的生产,因此希望趁形势好而拼命加大产能,加大了用电负荷。而一些省份为了控制能耗指标,完成全年"能耗双控"指标,纷纷搞"能耗双控"指标的运动式突击。一方面负荷增加,另一方面拉闸限电,用电合同不能履行,失去了用电黏性。

7. 高耗能公司失黏

就高耗能类型的公司而言,一般都严格受到国家政策的限制,并且在环保方面的要求非常严格,而售电公司大多数的大客户都是高耗能公司。国家发展改革委印发的《关于进一步深化燃煤发电上网电价市场化改革的通知》规定,对高耗能公司市场交易电价,规定其不受上浮20%限制,这样上浮不限,就是要让用电多、高能耗的公司多付费。高耗能公司为了生存,利用高温废气余热、冷却介质余热、废气废水余热、高温产品和炉渣余热、化学反应余热、可燃废气废液和废料余热及高压流体余压等发电的会越来越多,不再单纯依赖售电公司供电。

9.2.3 售电黏性营销策略

黏性营销理念的核心之一是:"不要再问市场营销能带给你什么回报,要问市场营销能为你的客户带来什么!"这是一种交易为导向的营销模式。

1. 挽留失黏客户的策略

挽留失黏客户的策略指运用科学的方法对失粘的有价值的客户采取措施,争取将其留在售电公司的营销活动。客户挽留策略是降低售电公司跳出率的关键功能之一。挽留失黏客户最有效的策略是零失黏时间赢回策略,"扎紧篱笆墙"防止客户失黏是最高境界的策略。

（1）对于市场大客户来说，价格相对优惠了许多，但是供电的可靠性比较低。因此，售电公司应同时在这两个方面着手：一是为了能够提高供电的可靠性，减少电路的阻塞，应加快电源结构的调整，并扩大输电的容量；二是在公司的内部，应该加强管理，为了提高自身的竞争力，可以改善对大客户的服务、提高供电的效率、降低一定的成本，这样还可以提高供电的安全性。此外，还要争取像过渡期的补贴、大量购电价格折扣这样的相关政策支持，以争取到合理的供电价格。

（2）面对大客户使用替代能源，售电公司应制定电能能够取代其他能源的相关策略。为了能够提高电能在终端能源消费中的比例，可以利用安全、方便、占地面积小等的优势以蓄电式电锅炉、热泵等一些用电器为突破口，派专业人员帮助大客户实施一些相关的改电工程。

（3）针对负荷调控，在进行调控的过程中，应先考虑大客户的一些特殊情况，然后再制定相应的限电方案。比如，像一些高危的公司，就需要用一些比较灵活的方法来应对。大客户因限电付出了一定的经济代价，所以售电公司应该争取一些优惠政策，然后实行优惠电价对一些大客户作出一定的补偿。

（4）针对高耗能公司失黏问题，售电公司要充分发挥好自己的行业优势，并对产业的调整进行相应的协助，以降低单耗，从而提高用电的效率。此外，对于一些需要单独建设供电设施的公司，要保持着一种谨慎的态度，为了防止对社会和售电公司经济效益造成一定的负面影响，必须严格进行资质和国家有关部门认证的检查。

2. 防止客户失黏的策略

防止客户失黏的策略主要是建立客户流失壁垒，提高客户流失的成本，迫使失黏客户黏附在售电公司中。提高失黏客户的转移成本、减少机会成本，是防止客户失黏的重要策略。

（1）大客户电费的缴纳对于电费上较困难的大客户，可以从这两个方面来做：一是采取像增加结算次数、电费预付这样的方式进行收费；二是通过了解大客户的相关情况，分析欠费原因，帮助大客户解决困难。如果大客户确实不能交上电费，需要严格按照规定进行，避免造成电费拖欠。

（2）用电设备的维护。在用电维护方面，一些大客户的用电维护人员和技术力量都比较缺乏，在用电设备方面也不是很齐全，因此，在生产和安全用电方面并不能得到满足。那么，这个时候，售电公司就要发挥出自己相应的优势，实行有偿延伸服务，与大客户签订相关的维修协议，主要负责像一些设备的安装、事故抢修这些服务，为客户提供一个安全、放心的用电环境，从而进一步建立与大客户之间的关系，做到电力市场的稳固。

（3）设备陈旧、能耗高问题。一些大客户在用电设备的使用上也存在着很多问题，很多大客户的用电设备比较陈旧，故障多，能耗比较高，这不符合我国当前正在实施的节能减排的方针，同时，也降低了公司效益。作为一个售电公司，应该在大客户开展节能降耗的工作中，对其大力支持，并提供有力的帮助，也可以通过对设备进行改造，以实现国家节能减排的目标，达到公司减少能耗、增加效益的目的。

3. 竞争环境下的售电服务策略

售电市场的竞争是价格与服务的竞争，在传统供电服务市场实现完全的竞争条件下，最终必然延伸到增值服务的竞争，同时增值服务也将转变为最大的利润增长点。增值服务既是服务的竞争，又是核心利润点的竞争。提升差异化供电服务能力，试行"能源管家"服务，扩展"1＋N"综合能源服务内涵。在答复客户"1"个安全经济供电方案的同时，提供"N"个灵活多元的能源增值服务，包括综合能源服务、能效诊断、节能改造、运行托管等。以园区、工业公司、大型公共建筑等为重点，拓展能源服务市场，全面推进综合能源服务。

1）提升营销人员整体服务意识

售电公司的服务质量主要是通过公司营销呈现的，为此电力营销人员的服务态度就显得尤为重要，售电营销人员一旦对于工作抱有消极抵触的情绪，就会导致工作进度变慢，工作质量变差，同时还会严重影响服务的质量。所以售电公司除了要重视对工作制度的管理完善，还应以"我为人人，人人为我"的工作准则，提高工作人员对工作的积极性，提升工作人员在工作中的服务意识。要切实了解工作人员的自身需求，这点可以通过内部调查的方式来实现，根据调查结果进行分析与整合，就可了解每类工作人员的内心需求，如能力提升、发展前景、薪水提高等，在这个前提下就可针对不同员工的需求进行不同的奖励，进而提高工作人员对工作的积极性，使其在工作中能够表现出更好的服务态度。奖励机制的开展和实施，一方面可以提升工作人员的服务意识，另一方面还能有效降低人才的流失，从而实现更规范化、合理化的人才管理。在实施过程中，员工也会在工作中不断积累经验，以更好的服务态度投身于岗位中，进而达到提高电力营销服务质量的目的。但如果售电公司不重视激励机制的构建，就会导致成本的亏损和大量人才的流失，这样公司就会因为人员的大量缺失而严重影响了服务质量，因此，售电公司对于奖励机制的构建是必要的。

2）建立良好的供电服务信息数据库

要想寻求有效和优质的服务路径，最重要的是获得一定数量的数据支持。售电公司可以通过电力营销调查对本地用电客户进行基本了解，建立基础性的用电数据体系，然后根据客户不同用电类型进行合理分配，将生活用电、工业用电、商业用电等基础设施的耗电量，根据当地用电量的特点进行分析和处理。同时，建立智能数据库用于准确分配电力资源，从而节省电力营销源头的电力成本。这样可以实现电力营销服务的准确性，从而更好地提高售电公司的经济效益。

3）基于客户实际需求对营销服务进行优化

售电公司应以客户的要求作为提高服务质量的向导，了解客户对电力资源供应还有哪些具体的要求，以此为客户提供更加优质的售电服务。实际上，传统的服务理念已经不能适应国内的电力市场，售电公司要基于实际情况，与时俱进，改变自身服务观念，以客户需要为核心，积极开拓市场，使用优质服务的方式，挖掘售电公司的市场潜力，由此实现公司自身的良性可持续发展。

值得注意的是，售后服务始终是售电公司在营销服务中的薄弱点，其长期存在着售后质量差、无人管理等问题，致使客户对售电公司的售后服务满意程度严重偏低，这直接导致了售电公司的整体信誉和形象受到了严重的影响，最终导致公司的整体经济效益的降低。实际上，若只单纯依靠建立售后维修的售后服务模式是不能满足客户多元化要求的，售电公司必须要在客户使用电力产品的各个环节对客户提供优质的服务才能让自身潜力得到有效挖掘，并更加充分地了解客户的需求，进而采用更加科学有效的方法来让客户的个性化要求得到满足。另外，售电公司还需要根据客户的用电量和用电变化情况、电价水平、负荷率、电费回收率等数据，来对优质客户进行筛选，使其占据市场主导地位，同时也让客户所享受的服务更加舒心。

4）优化电力营销服务的管理系统

在复杂的服务系统中为客户提供高质量和精确的服务是一项重要内容。要做到这一点，首先要优化电力营销管理体系。其主要目的是为客户提供最高效的服务，并为售电公司提供更准确的服务数据和协调能力。电力营销服务管理系统需要为客户建立绿色通道，及时处理客户出现的问题。服务管理系统的协调不同于传统的服务管理模式。遇到问题时，售电公司有关部门应进行及时处理，从而缩短服务消耗时间，优化服务质量。在实现服务管理系统的协调后，电力营销服务管理系统还需要实现服务管理系统的数据共享和远程控制，这样服务才能不受时间和地域的限制，从而节省人力、财力，提高服务质量。

5）建立电力营销服务监督机制

售电营销的优质服务需要一个综合的监测机制。首先，是加强部门协同，严格预警管控，以市场和客户为导向，主动服务，健全部门主动协同机制，加大协调沟通和支持配合力度，快速传导客户用电需求，及时响应客户服务诉求。其次，是售电营销服务团队建立人员评估机制，对前线服务人员的业务水准进行定期评估，这不仅会提升工作人员的业务水平，也能促使整个公司的服务质量进一步提升。再次，推行公司营销例会讲评全环节工作质量、公司售电例会讲评重要项目进度的"双管控"模式，售电营销人员要在自我审查和公司高层审查制度中，寻找到工作存在的缺陷，有效解决问题，进行自我提升。最后，将监督的核心落实在售后服务上，售电公司优质服务的提升是通过售后服务所呈现的，优化售后服务的同时，也为售电公司的持续发展提供了保障。

6）加强售电营销服务团队建设

售电公司要加强人才储备建设。比如，要吸收专业的电力技术人才、电力营销人才以及一线服务人才。同时，还要加大培训工作的资金投入。如果条件允许的话，可以与专业的营销团队形成长期合作关系，定期组织员工进行培训，一方面要提高其优质服务意识，另一方面要提高专业素养。此外，对培训结果要进行考核。需要制定相关考核标准，完善奖罚机制，要保证服务工作能够有章可循，违章必究，进而激发电力营销人员的工作积极性及责任心，为优质服务的顺利开展提供人为保障。

9.3 营销策略拓展

9.3.1 "双碳"目标下的售电营销策略

1. 碳交易策略

参与碳交易,对于售电公司而言,可预见的利益有很多,如新能源开发、节能技术提高、公司品牌打造。技术的提高带来的是有形资源,而品牌打造、社会形象的塑造,带来的是无形资产。然而,不可忽视的是碳排放权交易市场与经济发展密不可分。经济下滑时,许多活跃于碳排放权交易市场的公司由于现金流紧缩会退出碳市,部分公司为了套现而抛售持有的排放额度,使碳排放权市场供大于求。所以售电公司在制定碳交易策略时,必须考虑经济发展态势。

碳交易策略主要包括五大方式:一是直接投资碳交易相关资产,作为股东或是合伙人;二是投资以碳交易为主要获利来源的碳基金(为支持节能减排项目开展,由市政府、金融机构、公司或个人投资设立的专门基金);三是自行设立碳基金,成为国际买家;四是经营概念数据模型(conceptual data model,CDM)项目咨询公司,咨询公司致力于可开发减排的工厂项目,项目主要产生CER卖给需要的公司或基金公司,也可以直接开发CDM项目;五是主导或参与发起新的碳交易所。据世界银行统计,2021年全球碳交易超过3.5万亿美元,超过石油期货市场成为世界第一大市场。

对于以上这些策略的选择与售电公司的财力、发展业务、人才储备等都息息相关。

2. 绿电交易策略

绿色电力交易的价格,大体分两部分,一部分是电能价值,另一部分是环境价值。通过交易的绿色电力价格,较基准电价上浮了5%~10%。国内绿电交易价格由发电企业与电力客户通过双边协商、集中撮合等方式形成。

售电公司制定"绿电交易"策略,首先要搞清用电大客户为何自愿加价购买。近年来,国内外越来越多的企业努力实现能源清洁低碳转型,购买和消费绿色电力的需求日益迫切。宝马汽车、巴斯夫等跨国企业都提出在未来十几年内实现100%绿色电力生产的目标,首钢等国内传统工业企业期待用绿电生产推动转型升级,我国许多出口型企业也希望用绿电生产来增强产品的国际竞争力,绿电交易能有效满足企业绿色转型的刚需。

"双碳"目标下售电公司的营销策略设计可考虑以下方面。

1)通过"绿电交易"提前锁定"双碳"预期

绿电交易具有新能源消费的价格锁定机制,为用能企业提供了"双碳"达标的全新路径。"双碳 30、60"的要求将成为一大挑战,在各省碳配额指标的"指挥棒"下,不排除通过减碳评估报告等措施强制购买"绿电",对售电公司业务发展造成重大影响。而"绿电"的价格将随着消费侧CCER碳交易价格的上涨而"水涨船高",预计在2030年我国"碳达峰"时将增长6倍左右。通过提前预估目标客户减碳速度,通过"绿电交易"实现"碳达峰",客户增加了清洁能源的使用比例,进而加速了"碳达峰"进程。

2）充分利用"绿电"制度与交易机制

根据发改委的初步估计，从长期来看，每吨二氧化碳当量的价格为300元的碳价是真正能够发挥低碳绿色引导作用的价格标准，未来碳资产价格将持续攀升，除了"绿电交易"、自行开发绿电项目、投资入股"绿电"项目等方式外，售电公司还可以参与"绿电"项目的申报、清洁发展机制（clean development mechanism，CDM）项目申报。通过合同能源管理的方式为客户做能源的综合策划，包括为客户搞一些节能减碳，通过减碳合同能源管理这种方式，就可以实现对客户的长期锁定，通过能源合同管理，可以达成"绿电交易"。直到客户黏性很高，再深入节能信息化等服务，储能站、多能互补等一些新的业态。

3）投资配套"绿电"项目

售电公司围绕"绿电"资源链条、碳资产链条，与产业链上下游深入合作，积极落实国家政策，充分利用省级碳市场资源、企业内部碳资产，助力国家"双碳"战略。例如：投资屋顶及可以部署太阳能发电设备的项目，通过风光电互补、风光水互补、储能技术等措施最大限度利用自然能源；与项目合作伙伴共同投资矿山、水面、道路、建筑周边等"绿电"项目，通过在线式售电使电网公司直接参与"绿电交易"，或者通过CCER认证参与离线式碳交易，并为合作伙伴提供部分绿色能源。绿电有溢价，绿电销售公司才有动力去大力投资。因为碳排放需要钱。下游企业如钢铁、冶炼等用电大户，每年因为碳排放需要购买碳积分，如果直接采用绿电，那么就可以减少碳排放，所以客户有动力给绿电溢价。

4）技术型售电与聚合新业态带来第二曲线

通过认真研究国家发改委出台的《关于加快建设全国统一电力市场体系的指导意见》，我们认为，电力市场加速建设是解决构建新型电力系统过程中各类主体间利益矛盾的最佳手段，在全国统一电力市场体系顶层设计下有望全面提速，市场化环境下具备灵活调节能力的火电、储能、抽蓄等或优先受益，从售电和信息化角度切入电力市场领域的核心标的也有望收获成长。

售电公司经历一轮优胜劣汰，价差模式恐难以为继。2016年我国售电侧改革启动后，由于门槛较低，大量售电公司涌入市场，但这些公司技术水平参差不齐，有些公司抗风险能力较差，业务模式仅限于靠价差套利。随着降电价红利渐尽，以价差模式为主的售电公司业务难度越来越大，加之之前的电力供应紧张形势带来批发侧价格上涨，使售电公司雪上加霜。

百万用户进市场，售电公司迎来第二曲线。发改委1439号文件放开全部工商业用户目录电价，未来预计新增百万数量级用户参与电力市场，售电业务面临翻倍增长空间。对于一些电压等级低、用电量小的用户，面对发电企业没有选择和议价的能力，许多用户也并不具备进入市场的计量装置，寻找售电公司或者由电网企业代理或许是最好的途径。加之"能涨能跌"市场机制业已建立，售电公司需要深耕业务能力，加强服务水平和风险管控能力。在售电市场发展初期，发售一体的售电公司可以凭借低价电资源占有一席之地，而随着电力市场不断向纵深发展，一些拥有核心技术优势的独立售电公司有望脱颖而出。

"尖峰缺电力"现象频现,负荷聚合商有望成为售电公司新业态。由于系统峰谷差不断拉大、尖峰负荷持续攀升,我国电力装机虽整体过剩,但难以应对短时尖峰电力缺口问题,呈现出"火电利用小时数下降,但尖峰缺电"的现象。需求侧响应将是重要的用户侧调节资源,解决电力供需紧张及清洁能源消纳问题。

3. 捆绑销售策略

国家能源局印发的《关于报送"十四五"电力源网荷储一体化和多能互补工作方案的通知》,鼓励新能源电力打捆,要求国家重点支持大型多能互补项目、新能源电力消纳占比不低于整体电量50%的源网荷储项目。新能源与火电打捆交易或成为售电公司的新策略,"风光火"打捆销售,既满足了减碳的要求,又解决了电源稳定性的问题。

新能源与常规能源打捆外送中,尚未有对打捆比例的科学理论计算依据,新能源与火电配置比例通常根据实际工程经验,一般取值1:2,甘肃是4:6。打捆外送涉及的因素主要包括对新能源与火电打捆外送的协调调度、输电线路外送容量的经济评估、新能源外送特高压专用通道落点选择及外送的等效可信容量等方面,但对于影响系统的单位煤耗、系统经济性、弃风弃光的经济成本等因素未进行深入讨论。

从广义角度打捆售电有以下分类。

(1)依据打捆主体不同,分为公司内部打捆和公司之间打捆。

公司内部打捆指公司将自己生产的新能源和火电结合在一起销售;公司之间打捆指两个及以上公司为完成共同利益而将各自拥有新能源、火电或服务结合在一起打捆销售。

(2)依据打捆对象不同,分为产品打捆、服务打捆、产品和服务打捆。

产品打捆指公司将两个及以上的能源类型结合在一起打捆销售;服务打捆指公司将两个及以上的无形服务结合在一起出售;产品和服务打捆指公司将两个及以上的有形产品和无形服务结合在一起打捆销售。

(3)依据打捆方式不同,分为融合式打捆和物理式打捆。

融合式打捆指两个及以上打捆在一起的产品或服务融合为一个有机整体,如综合能源服务公司合作;物理式打捆指两个及以上打捆在一起的产品只是简单相加和相互促销,如新能源和传统能源打捆在交易市场报价。

(4)依据打捆产品关联程度不同,分为同一产品打捆、同类产品打捆、相关产品打捆和非相关产品打捆。

同一产品打捆又称整打销售,指公司将两个及以上完全相同的产品结合在一起出售,如不同地区的水、风、光电能利用区域互补打捆销售;同类产品打捆又称套装销售,指公司将两个及以上运用价值相同但在能源形式有差别的产品结合在一起出售,如电、汽、热、冷搭配成一个套装;相关产品打捆指公司将两种及以上在最终用途、运用条件等方面具有关联性的产品结合在一起出售,如电、氢、天然气打捆销售;非相关产品打捆指公司将两种及以上无关联的产品结合在一起出售,如汽车电池与充电打捆销售。

(5)依据打捆产品对等程度不同,分为对等打捆、主辅打捆和附赠打捆。

对等打捆指两个及以上打捆在一起的产品是对等关系,即彼此互相依赖和互相促销;主辅打捆又称搭配销售,指两个及以上打捆在一起的产品是主辅关系,即附属产品依赖主导产品销售,如充电桩与电动汽车电池打捆;附赠打捆又称赠品促销,指公司为促进某一产品（可称为基础产品）销售而向客户提供肯定的赠品——赠品不需要客户支付费用，但客户也无权选择其他赠品或要求公司在不提供赠品的情况下予以折扣，如售电与计量设备打捆。

（6）依据打捆产品是否独立存在，分为强行打捆和自愿打捆。

强行打捆指公司利用垄断地位或其他优势强行销售打捆产品，而不单独销售其中任一产品或主要产品，即客户要想购买到某一产品必须同时购买整体打捆产品，如一些售电公司与特定电饭锅、电磁炉、节能空调公司"联姻"；自愿打捆指公司除整体销售打捆产品外还单独销售其中任一产品，即客户可在市场上单独购买到整体打捆产品中所包括的各个详细产品，如电力新零售服务，客户可在售电营业厅通过智能互动体验，自愿选择相关产品。

9.3.2 强化竞争性售电营销策略

售电公司在激烈的市场竞争中将面临一系列的技术问题，需要制定相应的策略化解困境。

首先，如何在售电市场增加自身的市场份额，更好地立足和生存。售电公司销售的主要商品是电力，售电量是直接决定售电公司最终收益的因素之一，而售电量一般与该公司在售电市场占有的份额息息相关。研究售电公司如何提高市场份额的方法，是在竞争性市场环境下发展的基本前提。目前，国内外营销业学者使用"努力模型"和"吸引力模型"两种理论，研究顾客满意度、产品价格、服务质量和品牌形象对市场占有率的影响。售电公司可以充分学习和借鉴上述模型，同时引入系统潮流约束，得出适用于售电公司扩大和提升市场份额的方法。

其次，如何构建适合售电公司自身发展的营销策略，提高市场竞争力。售电公司作为市场的重要连接者，一方面需要在批发市场与发电公司竞标；另一方面需要在零售市场与其他售电公司竞争；此外还需要与用户进行动态博弈。这三方面的结果综合影响售电公司的收益情况。因此只有提出更精准的营销策略才能够实现售电公司的最大化收益。

最后，如何有效规避市场风险，确保售电公司可持续发展。售电公司作为开放的电力零售市场中的售电主体，不仅需要面对集中交易的不稳定因素，还将面临用户需求电量的变化及市场份额出现的波动。因此，风险规避问题也是售电公司重点研究的方向之一。售电公司应基于风险价值（value at risk，VaR）和条件风险价值（condition value at risk，CVaR）理论，制定风险评估方法，提出有针对性售电营销风险管理策略，有效避免市场中的经济损失，为售电公司的可持续发展提供保障。

1. 售电营销风险管理策略

风险管理是售电公司需要重点关注的问题，也是售电公司经营模式的核心部分。造成运营风险的主要原因是售电公司以不确定的价格从批发市场中购买电能，但却以确定的价格将电能卖给客户。理想的情况是售电公司卖给客户的电量与其通过双边合同购得的电量相互匹配，但由于客户侧负荷的天然不确定性，两者不可能做到精确平衡，因此售电公司必须在现货市场中购买该部分的偏差电量。现货价格变化迅速，因此对于偏差电量的处理是售电商风险的一个重要来源。以独立售电公司为例,其面临的主要运营风险如表 9-1 所示。

表 9-1 售电公司面临的运营风险

种 类	来 源
现货市场风险	不同的电量购买分配政策导致偏差电量和电价的波动
合同风险	不同面向的、不同类型的合同存在不履约、违约风险
模型风险	预估市场价格、预测负荷变化、对冲判断等模型设计
竞争市场风险	大用户更换售电商、同行低价竞争等市场风险

售电公司可以通过与客户签订多种形式的用电合同来规避这一风险,同时还可以通过直接与售电公司签订中短期双边合同来降低价格波动的风险。总的来说,售电公司可以通过投资物理资产的方式进行"物理对冲",也可以通过签订金融合同的形式进行"金融对冲"。

售电公司在竞争过程中,应对风险进行全面准确的预估,熟悉客户的用电特性、完整用电数据,应用精确的计算模型以获得准确的负荷预测,根据负荷量确定与售电公司或客户签订的交易量和合同类型。负荷预测越精准,售电风险越小。必要时可对客户做基本的筛查,或多元化地调整客户结构来降低风险。同时,通过基于风险价值和条件风险价值理论或序列运算理论建立风险评估模型,制定风险管理策略。

2. 增值服务策略

除了常规售电业务外,售电公司还向客户提供多种增值服务,以增加市场竞争力。不同类型的售电公司可开展的增值服务类型有所区别。不同类型的售电公司可以提供相同类型的增值服务,如智能用电管理、奖励计划或会员制度等,但更多的是利用自身的优势和特点,侧重开展益于盈利的增值服务。

垂直一体化公司能在电力市场发展初期拥有极大的客户数量优势,其主要目标是保证供电的可靠性和稳定的电价,同时积极探索灵活的电力套餐,提供优质的售后服务,以提高客户的忠诚度。此外,由于垂直一体化公司和配售一体化公司拥有配电网运营权,与用电相关的周边"电力物业"服务是其侧重的商业模式,如公用事业抄表、智能电表选配运维、配电网络维护、事故抢修等。

综合能源服务公司结合提供的多品种能源,进行套餐协调和打捆销售,同时通过多能互补耦合电力、天然气、供热、交通等多种能源系统进行能源优化,提高自身收益。例如,德国 Entega 能源公司不仅销售可再生能源电力,同时也销售天然气、水、暖气,进行灵活的套餐搭配,还向客户提供销售、咨询、优化等"一站式"综合能源管理。

3. 从"圈资源"到"圈客户"策略

我国电力工业长期处于垄断的经济形态,对于售电公司来讲,争市场、抢资源是首要业务。但是当前我国处在煤电资源过量冗余,新能源投资方兴未艾的时期,售电侧市场已经放开,进入不折不扣的"买方市场",在这种情况下再去一味地追求强电量、高容量,不顾一切地投资新项目,将面临由拉闸限电,到发了电却无人可用的窘境,在资本无法回收的情况下，这些投资最终都将变成企业的累赘。因此要适应市场化改革，售电公司第一步就应当从"圈资源"转变为"圈客户"。

所谓"圈客户"，就是通过多种营销手段去争取客户，为自己的电寻找多元化、可持续的销路。在这一点上，售电业务与一般市场经济一致，电力市场普遍供电容量冗余的情况下，谁能争取到更多的客户，谁的电就能卖出去，回收资产的同时获取利润。而那些一味地扩大发展，不多花心思争取客户的售电公司，必然将被淘汰。如何才能"圈"到客户，市场营销学上有一句话非常适用：在市场经济条件下，企业要获利，必须先让客户获利，然后企业才能获利。

4. 契约营销策略

契约经营策略指由两个或两个以上的公司进行合作，合作的各方，通过协商签订合同，规定各自的权利与义务，是开展经营活动的一种直接营销策略，又称合作经营。例如，售电公司不再售电给客户，而是把电能源作为股份向客户投资，合作的客户企业由于具有了电力成本优势，增强了市场竞争能力，扩大了市场占有率，客户原来的购电费用可以用来扩大生产规模，同时由于生产规模的扩大，用电量也会成比例增长。这样，一个周期结束，不但收回了电费，合作伙伴的利润也有公司一份，更重要的是，售电公司牢牢占据了这个客户市场。

供用电各方（双方或多方）的电或固定资产投资一般不折算成出资比例，利润也不按出资比例分配。各方的权利和义务，包括投资或者提供合作条件、利润或产品的分配、风险和亏损的分担、经营管理的方式和合同终止时财产的归属等事项，都在双方（或多方）签订的合同中确定。创办供用电各方（双方或多方）合作经营企业一般由用电合作者提供全部或大部分资金、土地、厂房、可利用的设备、设施，有的也提供一定量的资金，售电公司提供电力能源。

契约营销策略的实施过程中，售电公司利用现成的网络营销平台发布自身的合约信息及服务信息，拓展其线上及线下业务，扩大销售空间和销售渠道。这种营销策略对售电公司来说是一种无收益无支出、有收益才有支出的量化营销策略，低成本而且风险近似于零，因此契约营销策略已被欧美等国绝大多数售电公司采用。

契约营销策略成功与否的关键是找准、找对合作伙伴，可以利用客户产品的市场占有率、购电量比率、电费回收准时率、资产负债率、流动比率、速动比率等指标测算契约营销策略风险的大小。

5. 将蛛网式营销转变为蜜蜂式营销策略

所谓蜜蜂式营销，就要售电公司与国家发展改革委、工信部、招商局等部门联网，自动生成供电计划。

蜜蜂式营销要求信息系统要实现六个"无缝对接"。

一是营销信息系统（主要是业扩、负荷控制、故障报修）与生产管理系统（主要是调度和指挥系统）实现无缝对接；二是客户服务热线 95598 和营业网点视频系统与网省公司共同组成数据语音视频虚拟网，实现语音视频无缝对接；三是营销信息系统与财务 Fmis 系统全过程实现无缝对接；四是供配电资源与自动生成客户最优业扩方案无缝对接；五是多渠道缴费与电费收取多样化便捷化无缝对接；六是实现用能状况、电费构成与可视化展示和智能控制无缝对接。

这六个无缝对接将对电网的生产过程、状态、结果实现"全面、全方位、全过程"监督和控制。"状态监督"是将营销作为企业的龙头，打造成最具挑战性、最有亮点的工作。

"过程控制、量化指标、绩效兑现"三原则，是科学管理的定量原则。它是建立在众多的功能模块的界面之上和众多的数据库之中，属于信息控制，不同于看得见的生产流程。但是每一个功能模块和界面的连接点，都有各自的绩效指标存在，只要控制每一个节点上的绩效指标，就能确保整个系统的绩效指标和质量。所以建立健全信息系统指标，就能实施过程（面）控制，量化节点指标，就能控制功能模块（点）的绩效，只要严格指标考核，实行绩效兑现，就完全能控制电网的各项工作质量，控制好影响售电市场营销的每一个因素，确保公司高效运作。

9.3.3　新科技条件下的售电营销策略

1. "区块链+售电"策略

售电公司在营销中有四个需求痛点（图9-1）：①多方互信，售电交易涉及交易中心、国家电网、南方电网、蒙西电网，及其所辖范围内售电公司、电力客户、自备电厂等各方主体，相关结算统计工作需要具备强大公信力；②点对点可信交易，售电营销需要透明可信、灵活自由，为市场主体提供便捷可靠的参与体验；③追踪溯源，售电营销需要实现可溯源，可在市场初期防止多次交易进行套利；④国家发改委、国家能源局印发的《售电公司管理办法》提出建立售电公司履约保函、保险制度，加强售电市场风险管理，国家发改委、国家能源局、地方政府需要对售电营销开展常态化监管。

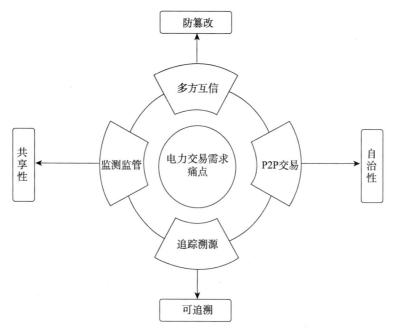

图 9-1　售电公司需求痛点

区块链技术具有开放互信、多方共识、不可篡改、全程追溯等技术特性，与售电营销有高度的需求共鸣和技术契合：①应用区块链多方共识、防篡改特性，可以实现交易全过程真实可信、不可篡改或抵赖，从技术上保障了各项工作的公信力；②应用区块链智能合约技术，可以实现交易申报出清链上运行，支撑大规模点对点式交易灵活可信运作；③应用区块链链式存储结构，可以实现销售电量全生命周期追踪溯源，杜绝遗漏和篡改；④应用区块链共享特性，可以实现不同主体间的数据集成与确权，并高效支撑政府监管部门开展监测监管。

"区块链+售电"可以实现不借助中心化清结算机构的点对点直接交易。这可以解决目前分布式发电在就近销售的支付及清结算方面所面对的挑战，尤其适用于隔墙售电应用场景。在基于区块链的售电场景中，不再需要依托售电公司完成电力生产和消费的清结算工作，以前由第三方售电公司所构建的供需之间的中介信任，转而由区块链分布式账本来实现，自然可以降低交易的信任成本。借助"区块链+售电"，可以通过绿电交易或碳交易等需要电源属性证书实现电力生产、消费、配送的虚拟溯源，满足了这一部分消费者的需求。

但售电公司采用"区块链+售电"策略，应注意我国的电力供需在未来很长一段时间内的主要矛盾仍然是资源地和消纳地的地理不匹配，可再生能源经济成本同我国能源消费经济承受力的不匹配。因此，为了消解这些失衡，多层级的强中心化的规划、调度、控制、管理机构仍然必不可少。这套中心化的机制，恰恰与基于区块链的电力去中心化、自协调交易网络是不兼容的。

2. 数字营销策略

所谓售电数字营销，指借助于能源互联网络、电脑通信技术和数字交互式媒体来实现售电营销目标的一种营销方式。数字售电营销将尽可能地利用先进的计算机网络技术，最有效、最省钱地谋求新市场的开拓和新用电客户的挖掘。

数字售电营销是目标营销、直接营销、分散营销、客户导向营销、双向互动营销、远程或全球营销、虚拟营销、无纸化交易、客户参与式营销的综合。数字营销赋予了营销组合以新的内涵，其功能主要有信息交换、网上购买、网上出版、电子货币、网上广告、企业公关等，是数字经济时代企业的主要营销方式和发展趋势。

数字售电营销系统由客户服务业务中台、营销业务服务、营销数据服务、客户物联应用中心、前台业务应用等构成。营销数据服务作为营销 2.0 系统的重要组成部分，是助力营销 2.0 实现"客户聚合、互动智能、业务融通、数据共享"的重要载体，是支撑售电营销数字化转型、提升系统决策洞察能力的重要板块。

数字营销的核心要领是实现精准营销，即在数据赋能的基础上实现精准电力市场细分和客户定位。售电公司通过对客户进行数据描述，清楚地掌握特定客户类型的基本负荷特性，从而"量体裁衣"制定精准营销。精准营销策略实施过程包含三大步骤：一是通过数据采集、数据处理、数据标签化、数据可视化等描述特定客户的类型；二是针对特定客户类型，精准设计售电方案，并及时将精准售电方案送交用电客户，从而避免用户收到无关推荐信息，减少资源和时间的浪费；三是一旦售电策略实施成功，尽量详细记录客户购后的反馈信息，经过系统处理后可以进一步充实和完善客户信息。

3. 虚拟营销策略

伴随能源互联网的快速发展,售电公司的虚拟营销策略应运而生,尤其对于自身营销资源有限的售电公司,利用以能源互联网为核心的信息技术,借用外力,扩大售电公司资源的优化配置范围,是迅速占领电力市场的一种具有临时性、动态性特征的营销策略,也是一种对电力市场需求做出快速反应、迅速占领市场的新的营销策略。

虚拟营销是售电公司一种创新的运作策略,其"虚拟"的含义是突破传统售电公司的有形界限,对售电公司的功能模块进行"剪辑"与"合成",仅仅保留最关键、最具优势的功能,而把售电公司该有的其他功能虚拟化,并通过各种方式与外部的优势资源进行整合,以最大限度地发挥企业自有资源的效率,是结合企业外部力量而形成的开放型售电营销形式。

1) 虚拟营销策略的特点

(1) 售电营销功能虚拟化。在虚拟售电营销的组织形态下,虚拟售电公司成员都具有营销功能,包括产品研发、定价、促销等。但在每个成员公司内部,却并未建立起执行这些职能的具体机构,这称为营销功能的虚拟化。

(2) 售电营销组织虚拟化。售电营销的组织结构也要反映市场动态。虚拟营销的组织结构不是固定不变的,而是呈现出柔性化、扁平化、网络化的特征,售电组织系统中具有不同售电营销职能的组织结构,售电营销组织的虚拟化是售电营销功能虚拟化的必然结果。

(3) 虚拟售电营销法律特征多样化。虚拟售电运营客体的法律特征:虚拟售电营销因契约而成立,虚拟售电的进行是以成员公司达成合作协议形成合作网络为前提,相互之间不存在股权或行政联系;契约的标的是功能,主导或参与虚拟售电公司间的契约不是一般的劳务或购销标的,而是通过与成员公司的人力、设备、资源合作获得自己所不具备的功能。虚拟售电营销是以合作实现完整功能,故其合作主体极为广泛,合作主体具有多重属性,售电公司与合作主体在签订合作协议后,可以再与其他公司达成类似协议,虚拟售电合作各方可与多个公司形成类似契约的关系。

2) 虚拟营销策略的优点

(1) 由于虚拟售电营销不需要实际经营交易场所,交易成本相对低廉,具备一定的竞争优势。

(2) 虚拟售电具有全球营销的条件,能源互联网可以打破国家和区域界限,售电公司一上网,即可能成为国际品牌。

(3) 虚拟售电可以实现全天候营销,无须雇佣经营服务人员,可全年全天候持续不间断营销。

(4) 虚拟售电具有极强的互动性,售电公司与用电客户可随时进行互动式交易,其交互是双向的。

(5) 虚拟售电表现为公司规模变得无关紧要,可以使小公司变大,大公司变小。

(6) 虚拟售电是软营销,打破广告、公关、促销、销售的界限,给用电客户提供大量信息以取代灌输和说教。

(7) 虚拟售电是整合性营销,整合传统营销,把 4P's 理念推广到 4C's 理念。

(8) 虚拟售电是柔性营销,能及时掌握电力市场动态和客户需求,灵活调整售电策略，决策具有敏捷性。

（9）虚拟售电具有营销绩效的可测性，由售电公司与客户交互，可获得客户的准确数据及建议，以进行营销测试和战略选择，这在售电营销管理中极为重要。

3）虚拟营销过程

（1）市场机遇识别。市场机遇是售电公司虚拟营销的原动力，也是售电虚拟营销的首要活动。公司要从不断变化的电力市场环境中发现市场机遇，并对机遇的风险性和获利性进行评估，以便决定是否响应机遇。在这一过程的关键是公司要有完备的市场信息系统、科学的机遇识别、评价、选择方法。

（2）营销核心能力识别。售电公司在准确捕捉到市场机遇信息后，需要从以下两个方面做好营销核心能力需求分析工作：一是需要对抓住市场机遇所需要的营销核心能力进行全面分析，确定所需要的全部营销核心能力；二是根据市场机遇对企业营销资源和能力的需求，分析公司自身在营销资源和能力上的优势和劣势，明确自身拥有哪些营销核心能力，哪些是需要通过虚拟方式获得的营销核心能力。

（3）选择虚拟营销策略组合。售电公司根据对电力市场机遇所需的营销职能及营销核心能力的分析结果，选择需采取虚拟化售电策略获得的营销职能的类别，目的在于通过借助外部营销资源构造售电公司完整实现目标的营销职能组合，一般主要指产品、价格、渠道、促销、公共关系、行业权力、售电服务。

（4）合作伙伴选择。虚拟企业合作伙伴的选择过程包括以下三个方面：一是选择过程经历初选、精选、最后综合评价精确选定三个基本阶段确定公司的最佳合作伙伴组合；二是不同的选择阶段伙伴选择的评价指标根据各阶段筛选的目的而存在差异；三是最佳合作伙伴不仅要求具有核心能力，而且与核心企业在核心能力、企业文化上等方面能够相互兼容。

（5）虚拟营销运作形式选择。虚拟营销运作形式主要包括以下四种。一是业务外包，这是虚拟企业经营采取的主要形式。如果售电公司在价值链的某一环节上不强，同时这一环节也不是其核心竞争优势，终止这一活动不至于把公司同客户分开，那么公司应当把它外包给擅长的专业公司去做。二是共同运作，虚拟化的网络合作形式，不仅可以达到节约运营成本的目的，而且还可以达到规模经济的经营成效。三是战略联盟，战略联盟指不同的公司各自拥有不同的关键资源，而彼此的市场又存有某种程度的区隔或分割，为了彼此的利益及共同开发市场，遂组成策略联盟，交换彼此的资源，借以创造新的竞争形势。四是虚拟销售，所谓"虚拟销售"是售电公司与下属销售网络之间的"产权"关系相互分离，销售虚拟化，促使企业的销售网络成为拥有独立法人资格的销售公司。

（6）虚拟营销执行。准备响应既定市场机遇的核心企业在选定最佳合作伙伴组后，要开始执行虚拟营销模式，快速响应市场机遇，实现联盟内合作伙伴的共赢。

（7）虚拟营销联盟重构/解散。当市场机遇消失或虚拟营销联盟完成了特定的机遇目标任务后，需要按照约定的利益分配和费用承担的规定，清算各合作伙伴应获得的权益和应承担的费用，包括利润分配、管理费用、风险损失、新技术知识产权的归属问题等，清算完毕后，虚拟营销联盟即可宣告解散。同时，也可根据新的市场机遇的需要，对联盟进行重构，开始新一轮的虚拟营销合作。

即测即练

自学自测　扫描此码

第 10 章

电力产品销售技巧与策略

10.1 电力产品销售过程

10.1.1 电力产品销售的前期接触

1. 首次接触

首次接触电力客户时要先递交公司资料。上门拜访，介绍本公司情况，进行客户联络、给出公司、电价类别、服务的相关资料。这个阶段必须体现出足够的行业专业度和个人的职业化形象。

拜访客户需要提前做好准备。比如，需要把客户档案、产品手册、笔记本等都准备好，销售人员需要着装整洁。如果销售人员对这些细节问题都没有注意，会给客户感觉不够重视他。如果准备充足，会让客户有个好的印象。拜访客户销售意图不要太明显，该思考如何培养信任感、把人情做透，销售主张越模糊，客户警惕心理越少。

在初期拜访客户时，对涉及能源动力部门要尽可能拜访到。主要是获取以下几个方面的信息。

经理和总工及各部门的人员组成和他们的姓名、电话（手机和住宅电话）、家庭住址、社会关系等；各经理及部门间的实权人物之间的相互关系，对于可能升至实权人物对象要有预测和格外的重视；随时关注内部人员的调动、升迁、客户外出旅游或开会的情况；客户内部的人员了解竞争对手的情况；培养1～2个低级职员的良好客情关系，以便信息的获取更及时和准确；需要深入接触的对象，即公关目标。

2. 第二次接触，嘘寒问暖

谈及方案，转换话题，了解其兴趣爱好。这个阶段要邀约客户，进行二人私下沟通，这个阶段是一个承上启下的重要环节，不要太多关注电力销售内容，而要从客户的身上找到突破口。比如，聊聊个人的兴趣、爱好什么的，目的是进一步拉近客户关系，得到客户信任。

3. 引导需求，送问题

了解需求，发现问题，扩大痛苦，达成有意愿的目标，挖掘问题。这个阶段就是深入地了解目前客户的现状,与他们合作的供电商有哪些供电方案、服务承诺使客户有不满的。引导客户产生不满,找到问题,把问题扩大化,客户才能产生需求。

4. 解决需求,递送售电方案

针对问题,提供解决方案。这个阶段的重点就是针对客户提出的需求,认认真真做出一套完整的行业性供电方案。方案的制定是非常关键的,这里面有很多标准和技巧都要把握好。

10.1.2 电力产品销售的后期推进

1. 推进售电进程,递送要求

与客户私下约会,建立良好客情关系,让其主动推荐。这个阶段的客户已是朋友关系,要在适当的时机,暗示客户或主动要求客户帮助把工作向前推进。

报价之前,一定要和客户进行良好和有成效的沟通,探听竞争对手的动态,但要注意不要泄露真正的底价给任何人。要去了解客户以往的购电价格,竞争对手以前的报价,只要客情关系到位,这些信息都可以收集到。再根据竞争对手跨区购电的报价,对竞争对手的价格进行预估,预估时也要考虑到竞争对手的销售人员的组成情况及对手具体定价人员的性格,以免出现大的偏差。要注意破坏竞争对手的客情关系,但一定要注意技巧和方法,在没有一定的把握之前不要尝试,以免适得其反。报价之前要对供电方案、数量、送电日期、要求的技术标准和公司沟通,避免无法供电和损坏客情关系。

利用一切可利用的资源来接近客户。至少要和一位分管经理或总工级别的客户建立良好的客情关系。从上往下的销售模式才是最好的。注意利用客户外出旅游或开会的机会。一般来说不在办公室的客户相对好接近一些。注意各部门的客情关系是否通畅,这里的工作一定要细致,客户对象甚至要考虑到对方的生产管理一级的人员。要时刻关注竞争对手的动态,在行动上争取要比对手快一步,以达到削弱对手竞争力的目的。

2. 售电合同的签订

签订合同时要注意对合同条款的审阅,了解电费回收程序和细节,并要拜访回款所要涉及的部门。签订完合同后,要对客户进行回访和感谢。

10.2 区分客户心理的售电策略

10.2.1 用电客户心理分析

电力产品销售属于集体配合项目,是全体参与者综合素质的竞争,在销售陷入艰苦的僵持阶段时,是购售双方心理素质的较量。销售人员心理素质的好坏直接影响售电能力的强弱,意志品质坚强、心理素质过硬的一方往往能够取得更大的收获。可以说坚韧、乐观的心态是适应售电营销的必备因素,良好、稳定的心理素质是成为优秀售电销售人员的必备条件。因此,分析客户心理稳定性规律,克服销售人员焦虑心态是研究售电策略的一个主要内容。

1. 电力客户心理影响因素分析

1）购电规模、购电性质对购售电的心理影响

当购电规模大且重要时，客户对讨价还价的目标期望值较高。如果销售人员对达成目标的把握不大，往往会过多地考虑购电的重要性，肩负过大的心理压力，患得患失，并盲目地进行各种幻想，会出现购电前失眠、坐立不安等焦虑情绪，直接影响谈判能力的发挥。

2）销售环境对客户的心理影响

售电环境是影响双边协商效果至关重要的因素。美国总统杰弗逊曾经针对环境影响说过这样一句意味深长的话："在不舒适的环境下，人们可能会违背本意，言不由衷"。

销售环境一般被分为场地环境和社会环境两方面。在购电协商中，客户如果感到自己置身于不利的协商场地中，明知是销售方故意设计的，用来干扰和削弱己方的协商力，一些客户会默默忍受，不会提出更换场地的要求；而有经验的客户，会以不同形式表达自己的心理抗拒。比如，协商室灯光强弱失衡，看不清对方的表情；协商环境纷乱嘈杂，时有噪声影响思路；协商场地温度、湿度不适宜，使客户精力分散，产生急躁和反感情绪等。

购售电协商都是在一定的政治、经济、文化、科技等环境中进行的，这些社会环境都会直接或间接地影响客户的心理状况。例如，我国知识产权代表团首次赴美协商时，纽约好几家中资公司都"碰巧"关门，忙于应付所谓的反倾销活动，美方即企图以此对我方代表团造成一定的心理影响。

3）双方实力对客户的心理影响

协商双方的实力相差悬殊时，无论是相对强的一方还是相对弱的一方，其协商心理都会受到一定的影响。在售电公司实力较强、协商水平较高、协商优势较大的情况下，客户往往会产生"畏谈、畏难"情绪，对实现期望值缺乏信心，对解决购电中的困难缺乏主动性和积极性，临场表现出精神状态不高、言行不果断、束手无策等现象。当售电公司较弱时，容易产生麻痹的思想，主要表现在对预期困难的准备不足。例如：在购电比较顺利时客户往往会忽视细节、举止傲慢、处理问题随便；若遇到困难，特别是出现意料之外的情况时可能会产生急躁情绪，言行失态，从而导致成功率降低。

当购售电双方实力相当时，客户容易产生想赢怕输的不良心理状态，这是一种"怕"的情结。一是怕自己在购电协商中发挥不好而影响预期值，二是怕肩负重任辜负了期望。对如何克服困难，客户想得少、不愿想、不敢想，顾虑重重，怕这怕那，怕言语不慎让对方掌握有利信息、怕发问不当让对方抓住有利时机，顾此失彼，所以行动犹豫，反应迟钝。

4）协商进程和时间对客户的心理影响

购售电协商不仅具有对抗性，还具有复杂性和多样性。在双方不停地主、被动转换中会呈现出暂时的冷场、相持、激烈等不同气氛，这些都将直接干扰和影响客户的情绪。在协商取得主动时，客户容易陶醉、沾沾自喜，情绪兴奋水平过高，从而导致知觉能力下降、放松警惕、陷入对方的布局，给销售人员以可乘之机，致使客户情绪发生较大波

动而影响协商效果。在协商处于被动时,客户又想尽快扭转局面,更加谨小慎微,极怕自己失误,又担心别人失误,相互之间产生消极情绪,造成协商准备和临场的配合不好,因而不能积累成果扭转局势,反而越谈越被动。

售电协商进程越趋向结束,协商越接近预期的最后时限,协商气氛就越紧张,对客户的心理冲击就会越强烈。在协商最后阶段,客户思想过于集中,思路容易僵化,往往会出现意想不到的失误。另外,由于售电协商接近尾声,协商出现需负最终责任的行为,客户的心理压力持续增大,情绪上的拘谨导致行为上的犹豫、缺乏胆识,往往会发生失误,失掉良机。

5)销售人员失礼行为对客户的心理影响

协商中售电公司销售人员失礼的言语、傲慢的举止会激怒客户,从而影响其协商水平的正常发挥。尤其是客户主要负责人受对方干扰出现较多失误时,整个协商团队情绪往往受到干扰,造成协商气氛失控,团队配合不协调,在协商中容易出现过激行为,使售电公司销售人员处于尴尬或不利地位。

2. 准确揣摩客户心理

察言观色是一切人情往来中操纵自如的基本技术。不会察言观色,等于不知风向便去转动舵柄,售电营销便无从谈起,弄不好还会"在小风浪中翻了船"。直觉虽然敏感却容易受人蒙蔽,懂得如何推理和判断才是察言观色所追求的顶级技艺。言谈能告诉你一个人的地位、性格、品质及至流露内心情绪,因此善听弦外之音是"察言"的关键所在。如果说观色犹如察看天气,那么看一个的脸色应如"看云识天气"般,有很深的学问,因为不是所有人所有时间和场合都能喜怒形于色,相反是"笑在脸上,哭在心里"。"眼色"是"脸色"中最应关注的重点。它最能不由自主地告诉我们真相,人的坐姿和服装同样有助于我们识别客户,对其内心意图洞若观火。

1)辨清风向才能使好舵

我们如能真的在电力销售中察言观色,随机应变,也是一种本领。例如,在售电过程中我们常常会遇见一些意想不到的情况,销售人员应全神贯注地与客户交谈,与此同时,也应对一些意料之外的信息敏锐地感知,恰当地处理。客户一面跟你说话,一面眼往别处看,同时与人在小声讲话,这表明你这次来推销可能打断了什么重要的事,客户心里惦记着这件事,虽然他在接待你,却是心不在焉。这时你最明智的方法是中断谈话,丢下一个最重要的请求告辞,例如:"您一定很忙。我就不打扰了,过一两天我再来听回音吧!"你走了,客户心里会对你既有感激,又有内疚:"因为自己的事,没好好接待人家。"这样,他会努力完成你的托付,以此来补报。在售电过程中突然响起门铃、电话铃,这时你应该主动中止交谈,请客户接待来人,接听电话,不能听而不闻滔滔不绝地说下去,使客户左右为难。当再次施展售电技巧,希望听到所托之事已经办妥的好消息时,却发现客户受托之后尽管费心不少,但并没圆满完成甚至进度很慢。这时难免急躁,但应该将到了嘴边的催促化为感谢,充分肯定客户作的努力,然后再告之以目前的处境,以求得理解和同情。

这时,客户就会意识到虽然费时费心却还没有真正解决问题,产生了好人做到底的决心，进一步为你奔走。人际交往中，对客户的言语、表情、手势、动作及看似不经意的行为有较为敏锐细致的观察，是掌握对方意图的先决条件，测得风向才能使舵。

2）善于捕捉"弦外之音"

人内心的思想，有时会不知不觉从语言中流露出来，因此，与客户交谈时，只要留心，就可以从谈话中探知客户的内心世界。

（1）由话题知心理

人们常常将情绪从一个话题里不自觉地呈现出来。话题的种类是形形色色的，如果要明白对方的性格、气质、想法，最容易着手的步骤，就是要观察话题与说话者本身的相关状况，从中能获得很多的信息。

（2）措辞的习惯流露出的"秘密"

语言表明出身，语言除了社会的、阶层的或地理上的差别外，还因个人的水平而出现差别的心理性的措辞。人的种种曲折的深层心理就会不知不觉地反映在自我表现的手段——措辞上。

通过分析措辞常常可以大体上看出客户的真实内心特点。使用"我"的人，独立心和自主性强；常用"我们"的人多见于缺乏个性，埋没于集体中，随声附和型的人。人们总是认为是在用自己的话说话、写文章。实际上无意中在借用别人的话，有自我扩大欲，反过来探寻这一点，就能窥见其人的内心深处。例如，对说话者使用难懂的词和外语的人多会感到困惑，其实，这种人多是将词语作为掩饰自己内心弱点的盾牌。电力销售过程中，充分显示自己的专业才能是必要的，但若过分展示，反而画蛇添足，让别人如坠云雾的效果是最不利的。这种情形常常不过是反证了对自己的自卑意识，将词语作为盾牌，掩饰自己的自卑感。

（3）说话方式能反映客户的真实想法

一般说来，一个人的感情或意见，都在说话方式里表现得清清楚楚，只要仔细揣摩，即使是弦外之音也能从语言的"帘幕"下逐渐透露出来。

①说话快慢是看破深层心理的关键。如果客户人心怀不满，说话速度会变得迟缓；如果有愧于心或说谎时，说话的速度自然就会快起来，这样，他可以解除内心潜在的不安。

②从音调的抑扬顿挫中看破客户心理。当购售电双方意见相左时，客户往往会提高说话的音调，即表示他想从心理上压倒对方。

③由听话方式看破客户心理。销售人员可以根据客户对自己说话后的各种反应，来突破对方的深层心理。如果客户很认真地听话，他大致会正襟危坐，视线也一直盯着对方。反之，他的视线必然会散乱，身体也可能会倾斜或乱动，这是他心情厌烦的表现。

3）注意脸上的表情

"观色"指观察人的脸色，获悉对方的情绪。人类的心理活动非常微妙，但这种微妙常会从表情里流露出来。倘若遇到高兴的事情，脸颊的肌肉会松弛，一旦遇到悲哀的状况，也自然会泪流满面。不过，也有些人不愿意将这些内心活动让别人看出来，单从表面上看，就会让人判断失误。

3. 透过"眼神"看透客户心理

眼神是无法伪装的，它是销售过程中最清楚、最正确的信号。因为，人的瞳孔是根据感情、态度和情绪自动发生变化的，人不能自主控制，在售电过程中，观察客户的"眼神"万万不能忽视。

客户眼神沉静，说明客户对于你着急的问题，早已成竹在胸，定操胜算。如果客户眼神锐利，仿佛有刺，说明客户异常冷淡，如有请求，暂且不必向他陈说，应该从速借机退出，再谋求恢复销售的途径。客户眼神阴沉，说明这是凶狠的信号，推销时得小心一点。客户眼神流动异于平时，说明客户胸怀诡计，推销时应步步为营，以防失误。客户眼神恬静，面有笑意，说明客户对于售电谈判非常满意。客户眼神四射，神不守舍，说明客户对推销已经感到厌倦，再说下去必无效果。客户的眼神凝定，说明客户认为销售员的话有一听的必要，应该照预定的销售计划，婉转陈说，只要推销见解得当，你的供电方案可行，他必然乐于接受。

总之，眼神有散有聚、有动有静、有流有凝、有阴沉、有呆滞、有下垂、有上扬，仔细参悟之后，必可发现客户真实心理。

10.2.2 不同客户售电策略

电力销售总会遇到各种各样的客户，按照客户的个性心理特征和购电行为，大致可以将客户分为12种。电力销售不但要满足客户的物理需要，还要满足客户的心理需求，只要了解电力客户常见的心理类型，并加以运用，售电工作就会顺风顺水。

1. 理智型客户

特征：比较理智，他知道自己要的电能及服务，知道能够承受的价格，只要能够符合他的需求，能够有合适的价格，他就会购电。

优点：购电过程直接、干脆，不很在意双方间亲和力的建立。缺点：比较固执，一旦做出决定，不容易改变、说服，不喜欢被强迫销售。

心理分析：在与客户接触的过程中，要注意观察这种类型的客户说话比较干脆，并且有些傲气，会主动提问一些供电服务问题，比较关注技术性问题，一般男士较多。

售电策略：耐心倾听，以商量的方式、站在客观的立场向他介绍供电方案或服务，以及所具有的优点。一般这种客户喜欢别人称赞他有主见、有眼光和判断力。

2. 感性型客户

特征：做决定时犹豫不决，缺乏主见，容易受别人的影响。

优点：如果能够"同流"，进入一个频道，方法得当，很容易说服。缺点：非常敏感，比较在意人与人相处的感觉，非常在乎服务态度，如果他看你"不顺眼"，就不会购电。

心理分析：这种类型的客户容易在几个供电商之间犹豫不定，无从选择，并且一般都协同"专家"或职能部门前来协商，让别人帮他拿主意，比较关注价格，尤其女士表现更明显。

售电策略：需要提供给他许多客户的见证、媒体的报道、某些专家的意见。对此类型的客户要更多地介绍供电方案的利益和优点以及带给他的好处，并且拿售电记录给他看，告诉他其他客户或与他相关的人从公司购电以后的感觉。

3. 实惠型客户

特征：非常在意从本公司购电是否非常便宜，把"杀价"当成一种乐趣。

心理分析：这种类型的客户非常关心价格，在介绍供电方案时客户会迫不及待地询问价格，并且关注是否还有优惠条件，在购电时会不断地压价。

售电策略：一般此类型客户的经济实力一般。所以在协商时，要更多的推荐差别电价，并且强调物美价廉、实用，在讨价还价的过程中给他心理满足感。

4. 服务品质型客户

特征：比较在意供电服务的品质，始终相信便宜没好货，用价格来判定供电能力和服务水平。

心理分析：向这种类型的客户介绍差别电价时，客户会关心"有没有中断赔偿"。

售电策略：一般此类型客户的经济实力较强，很注重供电质量，协商的重点需要不断强调供电的质量、服务、可中断服务等。

5. 恋旧型客户

特征：在看事情的时候比较倾向于看相同点，喜欢同自己熟悉的事物相类似或相关联的事情，不喜欢差异性。

心理分析：可以了解他以前接受的供电服务。

售电策略：在说服客户的时候，营销人员要强调供电方案与客户所熟悉的服务或事物之间相类似的相同点。

6. 喜新厌旧型客户

特征：比较有个性，喜欢新鲜事物，喜欢夸大电改后的供电主体的差异性。

心理分析：营销人员可以问客户以前接受的供电服务和供电质量，喜新厌旧型的客户会说以前售电公司有许多缺点。并且对新电改的变化很感兴趣。

售电策略：介绍现在的供电服务与电改前服务之间的差异、优势，并强调现在的供电途径、价格、质量。

7. 谨慎型客户

特征：与一般型客户刚好相反，其主要注意力都放在所有细节问题上，一步步提问，客户的观察力比较敏锐，常常会看到别人看不到的细节。

缺点：在做决定的时候比较小心谨慎，甚至比较挑剔，客户可能会问营销人员一些不现实的问题。

心理分析：这种类型的客户说话较慢，并且问得非常详细，在介绍的过程中，客户会不断地询问营销人员卖点与售电的细节问题。

售电策略：提供的关于供电方案的信息越详细，越能够让客户放心。有时要给客户一些参考数字或数据，这样对客户说服力会更大。

8. 粗放型客户

特征：专注于掌握大方向、大原则、大的结构，一般不注重细节。

心理分析：这种类型的客户语速比较快，在详细介绍供电方案时没等营销人员说完这一点，客户就会迫不及待地问下个问题。

售电策略：在向客户介绍供电服务时，切记不要讲得太详细，要知道客户在意哪些东西，要很清楚、很有条理、很分明地把大结构、大主体抓住，然后不断强调客户的购电利益或购电用意。

9. 杀价购电型客户

每个销售人员都有这种感受，有的客户生来就有"杀价"的天性，而且精于"杀价"。正因为客户对于自己的能力深信不疑、并常为此而沾沾自喜，所以这类客户常常乐此不疲。这类客户被称为杀价购电型客户。

特征：敲定供电方案，坚持让电价打折，并且只要电价折扣合适会当场签合同。

售电策略：赞扬其协商能力，突出供电质量，适当满足条件；营销员应当欢迎杀价购电型客户，因为客户正是有心购电才开口杀价，杀价是购电的前奏，所以营销人员一定不能对客户敬而远之；对于真正想购电的客户来讲，并不介意多花点钱，只是想证明自己的杀价能力，得到心理上的满足。

10. 自我炫耀型客户

特征：此类客户不论在哪种场合，总是喜欢炫耀自己、表现自己、彰显自信，比较虚荣，常用自身知识来加深别人的印象。

心理分析：这类客户有着一定的虚荣心，决不要与这类人争辩，如果伤了其自信心，客户会无心和营销人员沟通做生意，甚至失去意向。

售电策略：销售人员要奉承这类客户，让客户相信自己是专家。倾听客户所做的决定，并恭维他，设法满足他们的自尊心。

11. 善于比较型客户

特征：这类客户购电电力产品没有任何障碍，只喜欢"进行比较"，经过反复比较以后，觉得"购电合适"就会产生购电。

心理分析：客户善于将其他售电公司的价格等在心里"做比较"。

售电策略：应多给客户进行一些"比较性"介绍，让客户"再比较"，一旦客户觉得本公司的售电方案，在供电质量、电能价格、增值服务、销售服务等方面好于同行时，客户就会觉得这是个难得的好机会。

12. 沉着老练型客户

特征：此类客户表现比较老练沉稳，一般不随便轻易开口说话，通常会以平和的心理和营销人员沟通。

心理分析：这类客户不愿受导购及周围其他人的影响，会凭着自己的眼力和了解来判断公司的综合实力。此类客户多数是知识分子，属于理智型购电客户。

售电策略：销售人员要以静制动，用客户不易觉察的眼神去观察客户，注意倾听比说更重要；说话一定要有力度、有自信，要让客户"刮目相看"，觉得营销人员确实在行，是电力行业的专家。

10.2.3 电力销售中客户端的忌讳

1. 无礼质问

销售人员与客户沟通时，要理解并尊重客户的思想与观点，要知道人各有所需、各有所想，不能强求客户购买你的产品。客户不买你的产品，自有他自己的考虑，销售人员切不可采取质问的方式与客户谈话。比如，有的销售人员见客户无意购买产品或对产品（或服务）提出异议，就马上"逼问"客户：您为什么不买这个产品？您为什么对这个产品有成见？您凭什么认为我公司的产品不如竞争对手的呢？您有什么理由说我公司服务不好？用质问的方式与客户谈话，是销售人员不懂礼貌的表现，是不尊重人的反应，是最伤害客户的感情和自尊心的。销售人员千万要记住：如果想赢得客户的青睐与赞赏，切忌质问客户。

2. 命令指示

销售人员在与客户交谈时，微笑要展露一点，态度要和蔼一点，说话要轻声一点，语气要柔和一点，要采取征询、协商或请教的口气与客户交流，切不可使用命令和指示的口吻与客户交谈。人贵有自知之明，销售人员要明白自己在客户心里的地位，需要永远记住一条——自己不是客户的领导，无权对客户指手画脚、下命令或下指示，自己只是一个电力产品销售人员。

3. 说话直白

客户千差万别，其知识和见解不尽相同，销售人员在与客户沟通时，如果发现客户在认识上有不妥的地方，不要直截了当地指出，说他这也不是那也不对。一般来说，人们最忌讳在众人面前丢脸、难堪，销售人员切忌说话太直白，直言不讳并非都是好事。销售人员一定要看交谈的对象，运用好谈话的技巧、沟通的艺术，要委婉地对客户提出忠告。

4. 当面批评

销售人员在与客户沟通时，如果发现客户身上有某些缺点，不要当面批评和教育，更不要大声地指责。要知道批评与指责解决不了任何问题，只会招致对方的怨恨与反感。

与客户交谈时要多用感谢词、赞美语，少说批评、指责的话，要掌握好赞美的尺度，恰当地赞美。

5. 滔滔不绝

销售人员与客户谈话，就是与客户交流思想的过程，这种交流是双向的，不但销售人员自己要说，同时也要鼓励客户讲话，通过客户说的话销售人员可以了解客户的基本情况和真实需求。销售人员切忌"唱独角戏"，不给客户说话的机会。如果销售人员有强烈的表现欲，一开口就滔滔不绝、唾沫横飞，只管自己一吐为快，全然不顾对方的反应，结果只能让对方厌恶，避而远之。

6. 言语冷淡

销售人员与客户谈话时，态度一定要热情，语言一定要真诚，言谈举止都要流露出真情实感。俗话说："感人心者，莫先乎情。"这种"情"就是销售人员的真情实感，只有用自己的真情才能换来对方的情感共鸣。

在谈话中，冷淡必然带来冷场，冷场必定会使业务失败，销售人员切忌言语冷淡。与客户交流时，销售人员要注意"管好自己的口，用好自己的嘴"，要知道什么话应该说、什么话不应该讲，什么样的说话方式不受客户欢迎，甚至会得罪客户，注意用恰当的方式把该说的话说好，说到客户心坎上，使语言沟通成为客户关系的"润滑剂"，进而有助于沟通朝着预期的目标顺利进行。

10.3 电力销售技巧与策略

10.3.1 售电过程的三项技巧

"找对人、说对话、办对事"是售电工作的基本技巧。找不对人，销售工作如无头苍蝇；找对了人，话说了一大堆，都不在点上，会让客户云里雾里，摸不到头脑；最后该签供电合同时，事没做对，会徒劳无功，甚至惹来麻烦。

1. 找对人

与不正确的人谈电力销售就是在浪费时间和金钱，这是售电营销永恒不变的真理。如果销售人员在销售过程中始终在和不正确的人对话，即使其他方面做得很到位，也不会有好的业绩。

找对人就是：电力销售过程中跟什么人进行初次接触；跟什么人进一步沟通；还要涉及什么人；最主要的是找什么人。要想找对人，必须对所接触的客户在公司的身份地位进行恰当的判断，主要是判断对方在公司是否有权决定购买电力产品或服务还是需要汇报审批，是决策层还是办事人员。如果做出了恰当的判断，销售人员最好能做到绕过办事人员直接找决策人，那才是最正确的人。

1）跟什么人初步接触——找到人

这种人一般是企业动力部门的一般性业务人员或主管，说重要很重要，没有他们根本不能入围；说不重要也不重要，他们似乎没有太多的权利拍板。找到这种人很容易，但是，把他们变成自己的朋友、线人才是跟他接触的核心和努力方向。

2）跟什么人初步沟通——找准人

跟什么人初步沟通很关键，不能见人就谈生意，也不能被表面现象所蒙蔽，一定要找准初步沟通的对象。

还有另外一种情况就是，这种人也可能是背后冒出的人，就是所谓的公司采购兼协商专家。必须在开始谈生意之前，做足充分准备。这些准备包括：如何切入到产品、服务，如何应付他们可能做出的回应等。

3）还要涉及什么人——找全人

一般电力销售流程中，用电参与者还包括技术部门、财务部门、生产部门、交易小组、身边的影响力人物等，售电还要满足这些人的需求，最好是能够在适当的环节找到这些人，让这些人在采购流程内部，为电力成交推波助澜。

4）最主要的是什么人——找决策人

一般最后拍板的是企业的老总或者副总，这种人很难找到，要想办法调动一切可以利用的资源找到决策人。

不论是哪一种方式，在寻找决策人的时候，都要事前分析好他们的心理，一般这些人更多站在公司高度考虑电力购买的可行性，这就要研究行业方向、企业业务，还要研究这个决策人的心思。

2. 说对话

电力产品销售过程中的第二个秘诀是"说对话"。说对话的关键在于时时刻刻不忘记发展良好的客户关系。没话题找话题；找到话题聊话题；聊完话题没问题，这是销售人员说对话的最高境界。

1）没话题找话题——把关系拉近点，再拉近点

由于社会、不良销售等因素导致一半以上企业对于营销还是停留在销售阶段，有些企业看到、听到销售人员的声音，就会产生反感，这就是所谓的客户拒绝。这个时候也是销售活动进展的一道坎，如果不能顺利迈过去，注定会失败。

迈过这道坎的关键就是寻找话题。可以通过微笑、致敬、身体语言、语言技巧等，让客户对销售人员产生良好的第一印象和职业化形象，至少让客户不会拒绝，把关系拉近点。这时候一定要把握好时机，不能马上提出自己的产品和服务，要运用一些技巧引导客户，让客户愿意坐下来一起分析自己的现状，把客户关系再拉近点。

2）找到话题聊话题——发现问题，引导产生需求

找到话题以后，就要聊话题。在与客户坐下来面对面分析企业的现状的时候，还要继续引导客户，尽可能多地让客户发现自己存在的问题，找到切入口。

客户产生了问题之后，这时候就要开始跟客户分析问题产生的原因，继续分析可能出现的后果，把后果扩大化，把客户的需求引导出来。最后描述解决思路，再把问题解决后的情景勾勒出来，让客户把需求迫切化。

3）聊完话题没问题——迫切需要，生意成交

当客户的需求被引导出来，被迫切化的时候，销售人员就化被动为主动了。这时不能窃喜，把客户的疑惑统统解决掉，才可以顺利成交，这时更能体现一个电力销售人员的职业化素质。

3. 做对事

电力销售过程中，最后一个秘诀是"做对事"。做对事的关键点是分析客户的需求永远要放在做事情之前，把销售工作做到位，具体要做到以下几点。

1）了解情况，不要被表面情况所迷惑，要找出问题发生的根源，可以通过对客户的多次走访，来了解实际情况。

2）对于因自己工作不到位的情况而产生的麻烦，要及时补救，除了增加拜访次数，用诚意感动客户之外，还可以利用电力系统、客户内部的人际关系来协调和解决。

3）对于因客户内部的人际斗争而产生的困难要注意转移矛盾，切不可用权力高的一方来压制权力低的一方。因为客户购电中往往会出现"一票否决权"，即因某一个人有抵触情绪而导致整个销售工作的失败。

4）对于因为自己公司内部协调的问题而产生的困难，应注意及时的沟通，提出自己的意见和解决办法。

5）可以利用公司、同事、客户及电力系统资源来解决遇到的问题。

10.3.2 "简单"销售技巧

经常会有销售人员见到客户就迫不及待地介绍供电方案、报价，恨不得马上达成交易，听着一些营销人员的讲解，往往让人感叹其销售知识的匮乏，使得客户的专业知识不能得到很好的发挥。

其实，最好的销售技巧在于两个字：简单。销售是有规律可循的，就像拨打电话号码，简单的次序是不能错的。

1. 三思而后言

人们都愿意和一位善良、正直、可靠的人交谈。科学家们研究后得出，初次见面时最佳的对视时间是 3.2 秒，而大多数人在初次见面的 7 秒内就已经形成对对方的观感。这就要求销售人员要做到少说话、多倾听。因为爱说话的人本就失去了一分宁静的美，言多必失。

有句话是，"三思而后行，三思而后言"。即使是靠语言交流的网络平台，多言也会让人讨厌。想说话了可以对自己说、因为过多的话几乎没有人愿意听。

销售人员与陌生客户第一次见面时，应先对视几秒，站直，微笑，摊开双手，精准地喊出对方的名字，然后准备迎接一切机会。千万不要懒散，如果连自己都没有打起精神来，客户不可能对营销人员产生信任。

2. 讷于言而缓于行

销售员在某种情况和某种环境下应该讷于言而缓于行。事情的紧急程度与说服的有效程度密切相关。当销售人员试图让客户立即答应某件事时，客户往往更倾向于坚持原来的想法。更糟的是，如果这时销售人员变得急躁则会使得客户做起防卫的姿势，甚至开始反对销售人员说的每一句话。

3. 抓住时机，触及对方需求

美国心理学家拉兹兰有一个著名的实验，让一组人在吃东西的时候听一些谎话，结果很多人都相信了"几个月内你就可以登上火星"等无稽的说法，甚至打包行李准备报名。相反，另一组人在没吃任何东西的情况下看同样的结论则坚定地持怀疑态度。这个研究最后证明，人在吃东西时更容易被说服，这种效果又被称为"午餐技巧"。当然要想真正说服一个陌生人听取自己的主张，遵从自己的指令，只靠一顿午饭可不行。

当信赖感建立起来后，销售人员和对方都会感觉很舒服。这个时候，要通过提问来找到客户的问题所在，也就是客户要解决什么问题。销售人员只有知道客户的真实想法，才能对症下药，解决客户的异议，最终完成交易。有时销售人员虽然在和客户交谈时逻辑清晰语言有力，但却毫无意义，因为完全没有触及对方的真正需求。

10.3.3 客户已有供电商时的销售技巧

想让客户直接接受供电方案有时是有很大困难的，销售人员可以玩鸠占鹊巢的游戏。也就是利用心理学上的"登门槛效应"，登门槛效应（foot in the door effect）又称得寸进尺效应，指一个人一旦接受了他人的一个微不足道的要求，为了避免认知上的不协调，或想给他人以前后一致的印象，就有可能接受更大的要求。这种现象，犹如登门槛时要一级台阶一级台阶地登，这样能更容易更顺利地登上高处。心理学家认为，在一般情况下，客户都不愿接受较高较难的要求，因为它费时费力又难以成功，相反，却乐于接受较小的、较易完成的要求，在实现了较小的要求后，人们才慢慢地接受较大的要求。将"登门槛效应"应用到客户已有供电商的电力销售中，可以将销售过程分为以下三个阶段。

1. 切入阶段

如果客户在心里已经有供电商了，客户前面对营销人员很热情，什么都答应，到后面却翻脸不认账。那是因为客户要向老板交代，所以对所有来竞标的公司都很热情，销售人员千万不要以为自己有戏了。如果遇到这个情况，可以先把自己定位成竞争对手，作为供电价格的磨刀石，先挤进客户购电序列中去。哪怕是一个很微小电量或服务的单子，销售人员可以通过和客户沟通，不断地加深感情，才有机会成为客户购电的备胎。这样客户就可以牵制竞争对手价格，或让竞争对手提供增值服务，公对公的事情就有可能变成私对私的事情。一旦不肯降低电价或付款方式不合适的时候，销售人员就有机会切入了。

2. 平起平坐

等到销售人员切入后，就开始寻找机会，慢慢和竞争对手平起平坐。比如，针对客户怕担风险的心理，解释《关于促进跨地区电能交易的指导意见》（发改能源〔2021〕292号）、《关于规范电能交易价格管理等有关问题的通知》（发改价格〔2021〕2474号）文件。销售人员可以告诉客户，在跨省跨区电力交易环境下，售电公司可以从不同时间跨度的多个市场中购电，如远期合约市场、日前市场和实时市场。购电组合问题涉及在不同市场的购电成本和风险，购电策略不同，其对应的风险也不一样。例如：一方面，售电商可以选择从远期合约市场签订中长期合同购电，以规避未来现货市场价格的不确定风险，这样可能将风险维持在一个较低的水平，然而低风险水平的合同通常具有较高的价格，会增加售电商的购电成本；另一方面，日前市场和实时市场的平均结算电价可能较低，但其波动性大，会提高售电的风险水平。因此，购售电双方在制定购电策略时，需要同时考虑购电成本和对应的风险，在管理风险的同时，尽可能使自己的利润最大化，并借此放大对手的缺点，具体细节在执行中一定要用心观察，当和客户关系处理好了后，就加深了客户的信任，后面就有可能和竞争对手平起平坐。

3. 战胜对手阶段

一旦有机会和竞争对手平起平坐，肯定有可能将竞争对手挤出去。

10.3.4　电价高于竞争对手时的销售技巧

电力市场竞争中，不是没有价格高于竞争对手成交的，这与售电公司的规模、实力、在电力市场的知名度、销售策略都有关系，也与销售技巧有关。

（1）首先选出地区 5～10 家最好的潜在客户（最好还是有竞争关系的），然后一家一家去拜访，但要想好介绍的话术，方案的优点，能满足什么需求。

（2）如果直接接触不好切入，那就找一找客户的主管单位，如果要走购电流程，主管单位一定要搞定。

（3）要明确电价高的理由（环保费用增加、地方政府干预过多、经济波动），这叫"公对公"话术，就是供电方案对客户的好处，最好拿出数据，更有说服力。

（4）提炼出竞争对手的劣势，然后再做对比分析。比如，竞争对手的供电可靠性、连续、稳定、灵活供电能力，绿色环保，供电服务等，肯定有不足的地方，抓住对方的不足。

（5）熟人介绍比销售人员自己建立信任更好，如果有合适的人介绍，客户一定会注意的。

10.3.5　SPIN 售电技巧

SPIN 销售是美国销售咨询专家尼尔·雷克汉姆与其研究小组，于 1988 年正式对外公布的一种销售模式。它可以协助分析客户的需求，了解客户的问题，引出客户的危机感，从而找出有效的解决方案。简单地说，SPIN 是一种向客户提问的技巧和开发潜在客户需求的工作，它专门应用于大生意销售过程，且十分有效，是所有销售人员必须掌握的专业技能。它解释了面对用电客户时该如何提问、何时提问，如何一步步促使客户明确其需求并做出购电决定。

SPIN 模式有四个问题，且要按顺序提问。首先是利用情况型询问了解到客户的一些背景信息；然后销售人员通过难点型询问揭示出他们的问题；使用内涵型询问，开发难点，将隐藏性需求开发成明显性需求；最后转向对策（供电方案），提出需要回报型询问（图 10-1）。销售人员运用 SPIN 技巧提问时，应按照这四类问题的顺序询问客户。

1. 情况型问题（situation question）

与客户现状的事实、信息及其背景数据相关的问题是情况型问题。尽管情况型问题对于收集信息大有益处，但如果问得过多，会令买方厌倦和恼怒。因此，询问的时候要把握两个原则：一是数量不可太多；二是目的明确，问那些可以开发成明确需求，并且是自己产品或服务可以解决的难题方面的问题。

2. 难点型问题（problem question）

每一个问题都是针对难点、困难、不满来问，而且每一个问题都是在引导客户说出隐含需求，我们称为难点型问题。难点问题为订单的开展提供了许多原始资料。因为提出难点问题有一定的风险性，所以许多缺乏经验的销售人员很难把握提问的时机。

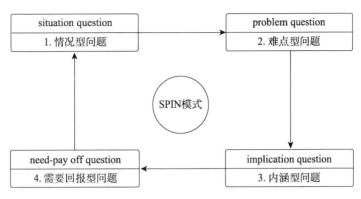

图 10-1　SPIN 模式

3．内涵型问题（implication question）

扩大客户的问题、难点和不满，使之变得清晰和严重，并能够揭示出所潜伏的严重后果的问题是内涵型问题。内涵型问题就是通过积聚潜在客户难题的严重性，使其达到谈判对手足以付诸行动的程度。询问内涵型问题的困难在于措辞是否恰当和问题的数量是否适中，因为它往往使客户心情沮丧、情绪低落。如果销售人员还没有问到前两个问题，而过早引入内涵型问题，往往使客户产生不信任感甚至拒绝达成合作。

4．需要回报型问题（need-pay off question）

销售人员通过询问需要回报型问题、描述可以解决客户难题的对策，让客户主动告诉你，你提供的这些对策让他获利多少。需要回报型问题对组织购买行为中的哪些影响者最有效，这些影响者会在你缺席的情况下担当起你的角色，将你的对策提议交给决策者，并通过自身的努力给决策者施加一定的影响。

销售人员最易犯的错误就是，在没弄清问题性质之前过早地介绍对策，因此，问需要回报型问题的最佳时机是：在通过内涵型问题建立起买方难题的严重性后，在描述对策之前。在每次谈判中，出色的销售人员比一般销售人员所问的需要回报型问题要多 10 倍。

SPIN 作为一种提问技巧，是整个销售步骤中的组成部分，而其整体的销售步骤，可以分为四个阶段，即准备阶段（preliminaries）、调查阶段（investigating）、供电方案展示阶段（demonstrating capability）和获取承诺阶段（obtaining commitment）。

1．准备阶段

这个阶段既包含与客户初见面前的拜访准备，又包含与客户见面后但还未开始正式推销的所有动作，如自我介绍、开场白等。前者的重点在于掌握有关客户的基本信息，包括客户企业的全称、地理位置、负责人和其他的基本情况，后者的重点在于取得客户的基本信任和初步好感，促使客户进入深度交流。

2．调查阶段

调查阶段指销售人员在与客户沟通时，进行调查了解的阶段。在这个阶段中，如何运用提问的技巧来了解客户和他的公司背景，并且找出客户的需求是重点。而这个阶段也是 SPIN 中最重要的销售技巧。

3. 供电方案展示阶段

用电大客户的营销方案展示除提供客户解决问题的方法外，还应使客户觉得他所付出的代价是值得的，稳住销售过程中客户心中的价值天平，或使之向供电方案的价值一方倾斜，因此，如何来建立客户心中对供电方案的认知价值是这个阶段的重点。

4. 获取承诺阶段

由于电力销售不像小额销售般可在短时间内使客户做决定，必须经过阶段性的进展才能成功，因此成功的销售拜访应获得客户某种形式的承诺，这个承诺不一定就是购买电力或服务，而是达成销售拜访前所设定的目标，如争取客户给予面见高阶决策者的机会或参加一个供电竞标等。

SPIN 销售技巧应用的基础同为大宗电量销售，虽然 SPIN 技巧着眼于与客户沟通时的提问技巧，但是其必然应用于整个销售进程，在售电实践中，任何销售对话都隶属于整个销售进程，因此整体的销售步骤中应用 SPIN 技巧不仅具有可行性，也具有必要性。

在销售拜访进程中，销售人员应遵照整体的销售步骤完成拜访进程，其中在调查阶段，使用 SPIN 技巧中的状况性询问和问题性询问；在供电方案展示阶段，合适的时候使用 SPIN 技巧中的暗示性询问和需求确认询问，最后以明确的语言获取客户下一步的承诺。

SPIN 技巧与整体的销售步骤的整合应用如图 10-2 所示，SPIN 标准话术如表 10-1 所示。

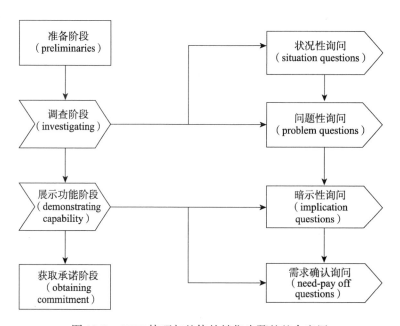

图 10-2 SPIN 技巧与整体的销售步骤的整合应用

表 10-1 SPIN 标准话术

序号	标准话术	核心理论
1	你用电的情况，感觉怎么样？	S——现状
2	你感觉什么方面改善一下就更好呢？	P——问题
3	因为这个问题，对你又会造成什么影响呢？	I——痛苦
4	假设解决这个问题，对你有什么好处呢？	N——快乐

10.3.6 电力产品销售策略

电力销售需要把握以下基本原则。

（1）以客为尊。人的行为，公司的行为，有一点是一样的，那就是必须为对方着想，不能坑蒙拐骗，只有这样，才能持续发展，才能实现双赢。因此，必须始终以客为尊，把对客户负责作为根本的原则。

（2）凡事预则立，不预则废。认真做事只是把事情做对，事先用心准备才能把事情做好。行动前做好充足的准备，方能运筹帷幄，决胜千里。售电领域竞争激烈，更需要做好周全的计划，稳扎稳打。机会从来都只属于有头脑，有准备，有行动能力的人。只有做好充足准备，才能获得成功。对自己的优势、自己的努力、自己的效果，做到一切心中有数。

（3）遵守规则。不以规矩，不能成方圆。人若没有规则的约束，就会私欲横行，人性之恶也就随之而生。自私自利，唯利是图，不择手段。因此，做事一定要合法合理，遵循规矩，这样方能心安理得，人心所向，众望所归。

那么，在遵循三大原则的基础上怎么去说服客户买电呢？让客户买下电能或服务的过程，就是一个说服客户的过程。

说服人的方法无非四个：诱之以利、晓之以理、动之以情、胁之以威。同时，必须考虑客户对销售人员的信任程度，对销售人员的信任是电力销售的基础。因此，说服客户，把电卖出去，总共八个策略（见表 10-2）。

表 10-2 电力产品销售策略

信任基础	方法			
	诱之以利	晓之以理	动之以情	胁之以威
信任	唯利是图	顺理成章	情投意合	恩威并重
不太信任	兴利除弊	据理力争	情真意切	耀武扬威

即测即练

自学自测 扫描此码

第 11 章

电网企业营销基本业务

11.1 业 务 报 装

供电营销的基本业务可分为业务扩充、变更用电、营业电费管理、电能计量、供用电合同管理、用电检查与营销稽查。对于直接参与市场交易购电与选择代理购电的用户,电网企业无差别向各类用户提供报装、计量、抄表、收费、抢修等供电服务。各省在各类供电服务管理方面都有各自的标准,本章主要以某省级电力公司的业务标准编写。

11.1.1 业务报装流程

供电报装是受理客户用电申请,依据客户用电的需求并结合供电网络的状况制定安全、经济、合理的供电方案,进行确定供电工程投资,组织供电工程的设计与实施,组织协调并检查用电客户内部工程的设计与实施,签订供用电合同,装表接电等业务。是客户申请用电到实际用电全过程中供电部门业务流程的总称。

供电报装是电力企业进行电力供应和销售的受理环节,包括新装和增容,是电力的售前服务行为。新装指用电客户首次申请用电。增容指客户在正式用电后,由于生产经营情况变化,原有用电容量不能满足用电要求,提出增加供用电合同约定的用电容量的一种用电业务。

图 11-1～图 11-4 为不同电压的扩充报装流程。

11.1.2 业扩报装管理内容与方法

以 220 kV 及以上高压客户新装及增容为例来介绍业扩报装管理内容与方法。

(1)地市级电力公司供电服务中心应收集 220 kV 及以上高压客户新装和增容业务办理所需的完整信息资料,如用电申请、独立法人企业工商注册营业执照、项目核准文件、立项清单、供电方案可研报告、保安负荷明细及自备应急电源、专用变电站供电范围、电气一次接线图及运行方式、用电规划等,并在 1 个工作日内通知公司发展部。

(2)地市级电力公司供电服务中心组织现场查勘,公司发展部在正式受理申请 12 个工作日内(双电源客户 20 个工作日内)拟定接入系统方案并传递至供电服务中心,供电服务中心在收到公司发展策划部接入系统方案后 1 个工作日内拟定供电方案,由营销

第11章 电网企业营销基本业务

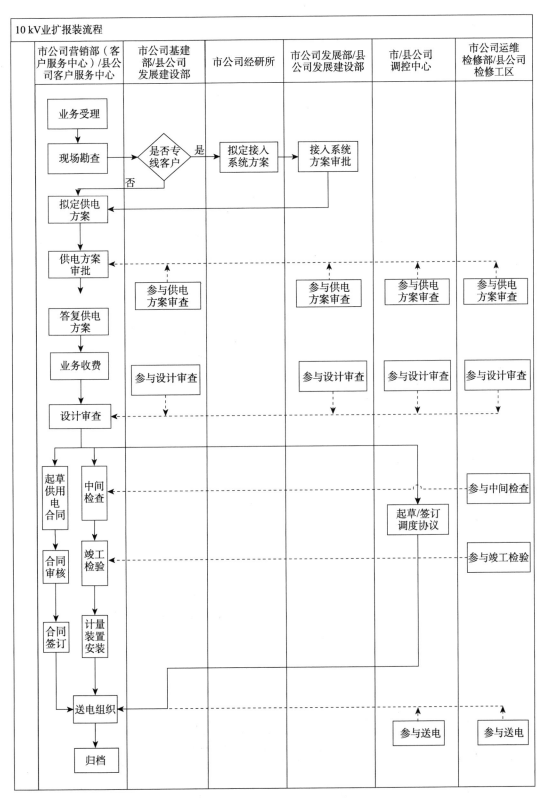

图 11-1　供电企业 10 kV 扩充报装流程

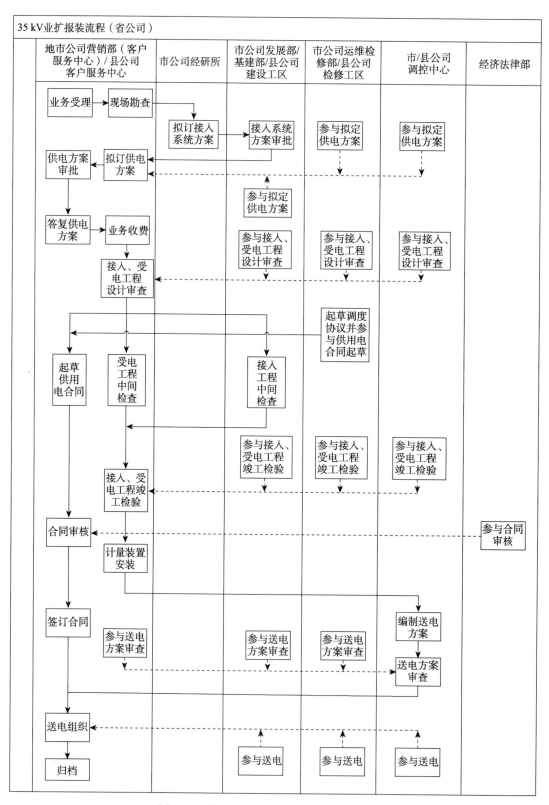

图 11-2　供电企业 35 kV 以上扩充报装流程

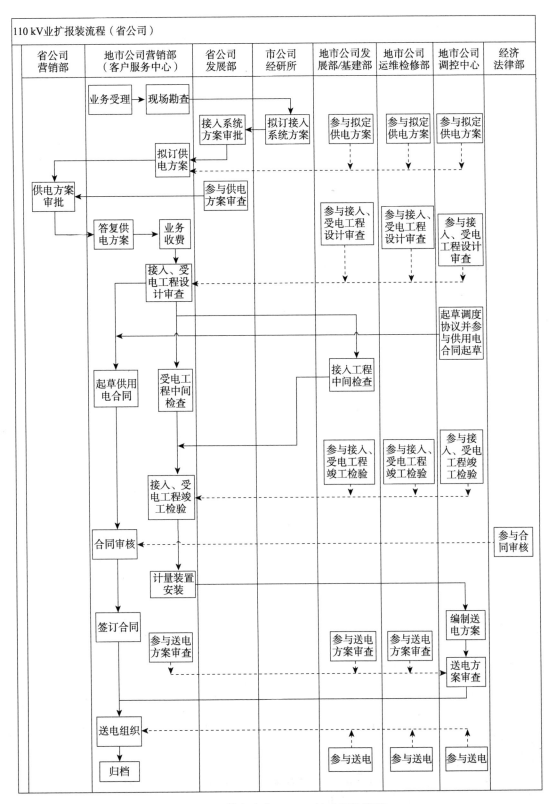

图 11-3 供电企业 110 kV 扩充报装流程

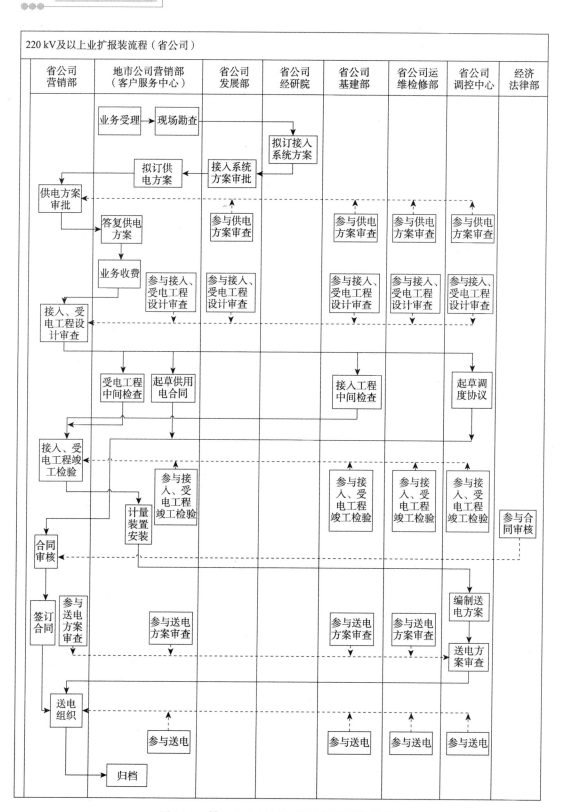

图 11-4 供电企业 220 kV 以上扩充报装流程

部在 1 个工作日内组织供电方案审查，再由供电服务中心正式答复供电方案，确定业务收费。确定供电方案的总时限为高压单电源客户不超过 15 个工作日，高压双电源客户不超过 30 个工作日。如因故延期，应在 20 个工作日内向客户说明延期原因。

（3）由地市级电力公司营销部按照核准的收费标准收取营业费用，营业收费票据应符合公司财务部的发票使用规定，正确选择相应的票据类型。

（4）省级电力公司营销部在客户交齐图纸资料后的 15 个工作日内组织设计图纸审查会，5 个工作日内形成"初设审查纪要"。

（5）地市级电力公司供电服务中心在设计审查合格后，启动供用电合同的起草，在公司营销部审核通过后，由地市级电力公司单位授权代理人负责签订。

（6）省级电力公司调控中心在设计审查合格后，启动调度协议的起草、签订和送电方案的编制、审查报批。

（7）地市级电力公司供电服务中心在客户提出中间检查申请后的 3 个工作日内，组织中间检查。

（8）地市级电力公司供电服务中心负责接受客户竣工验收申请，收集竣工验收所需的信息资料，如工程竣工报告、监理报告、预验收报告、施工单位及监理公司资质、操作人员名单及上岗资质情况、与调度单位通信联系配备、客户变电站前两次调试报告、客户变电站启动投产方案、设备参数、竣工图等。其中竣工图应包含一次设备电气接线图（标明主要设备参数）、室内室外设备平面布置图、控制盘排列及盘面布置图、继电保护、自动装置原理图（或展开图）及远动装置配备图。审查合格后，供电服务中心应在 5 个工作日内组织竣工验收，并完成"竣工验收报告"。

（9）地市级电力公司营销部在竣工验收合格后，及时完成计量装置及用电信息采集装置安装工作，并准确提供表计起度、铅封号、技术标识号和实际装表时间等有效信息。

（10）地市级电力公司供电服务中心应在客户受电工程验收合格并办理相关手续后 5 个工作日内组织送电。

（11）地市级电力公司营销部应在业务办结后 2 个工作日内整理客户新装、增容业务资料，建立客户档案，并存档。

（12）省级电力公司电科院计量中心在送电后，有负荷的情况必须在 7 个工作日内完成计量装置首次现场检验，其他情况必须在 20 个工作日内完成计量装置首次现场检验。

11.2 变更用电业务

11.2.1 变更用电

变更用电只改变由双方签订的《供用电合同》中约定的有关事宜的行为。属于电力营销工作中的"日常营业"。所谓日常营业是供电企业日常受理运行中电力客户各种用电业务工作的通称。它与业务扩充和电费抄、收、核管理三位一体，构成整个电力营销管理工作的全过程。在电力营销工作中，是一个承前启后的环节。

变更用电业务指客户在不增加用电容量和供电回路的前提下，由于自身经营、生产、建设的变化，而向供电企业申请，要求改变原《供用电合同》中约定的用电事宜的业务。

变更用电包括下列情况。

（1）减容

减容指客户在正式用电后，由于生产经营情况发生变化，考虑到原用电容量过大，不能全部利用，为了减少基本电费的支出或节能的需要，提出减少供用电合同约定的用电容量的一种变更用电业务。减容分为临时性减容和永久性减容。

（2）暂停

暂停指客户在正式用电后，由于生产经营情况发生变化，如设备检修或季节性用电等原因，为了节省和减少电费支出，需要短时间内停止使用一部分或全部用电设备容量的一种变更用电业务。

（3）暂换

暂换指因客户受电变压器故障而无相同容量变压器替代，需要临时更换大容量变压器。

（4）迁址

迁址指客户供电点、容量、用电类别均不变的前提下迁移受电装置用电地址。

（5）移表

移表指客户因修缮房屋或其他原因需要移动用电计量装置安装位置。

（6）暂拆

暂拆指客户因修缮房屋等原因需要暂时停止用电并拆表。

（7）更名

更名指在用电地址、用电容量、用电类别不变条件下，仅由于客户名称的改变，而不牵涉产权关系变更的，完成客户档案中客户名称的变更工作，并变更供用电合同。

（8）分户

分户指一户分为两户及以上的客户。

（9）并户

并户指同一供电点，同一用电地址的相邻两个及以上客户并户的变更业务。

（10）销户

销户指因客户拆迁、停产、破产等原因申请停止全部用电容量的使用，终止供用电关系。

（11）改压

改压指因客户原因需要在原址原容量不变的情况下改变供电电压等级的用电变更。

（12）改类

改类指客户在同一受电装置内，电力用途发生变化而引起用电电价类别的增加、改变或减少。

（13）过户

过户指由于客户产权关系的变更，为客户办理过户申请，现场勘查核实客户的用电地址、用电容量、用电类别未发生变更后，依法与新客户签订供用电合同，注销原客户供用电合同，同时完成新客户档案的建立及原客户档案的注销。

用户需变更用电时，应事先提出申请，并携带有关证明文件，到供电企业用电营业场所，按流程办理变更供用电合同。

11.2.2 变更用电业务流程

1. 减容（暂停、暂换）流程

减容（暂停、暂换）流程如图 11-5 所示。

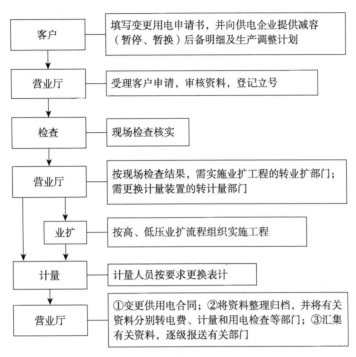

图 11-5　减容（暂停、暂换）流程

2. 移表、改类流程

移表、改类流程如图 11-6 所示。

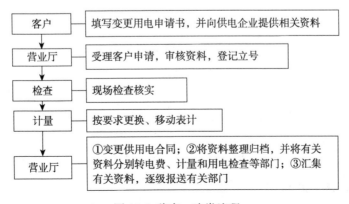

图 11-6　移表、改类流程

3. 更名（过户）流程

更名（过户）流程如图 11-7 所示。

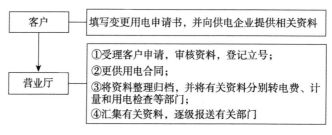

图 11-7　更名（过户）流程

4. 分户、并户流程

分户、并户流程如图 11-8 所示。

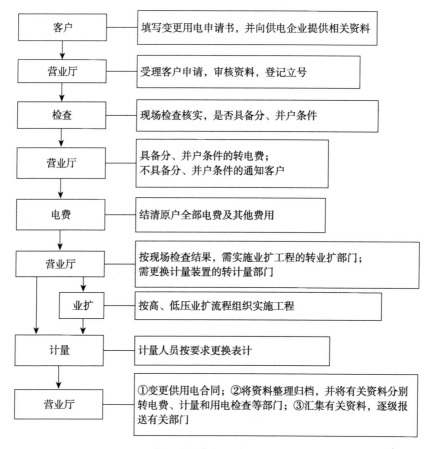

图 11-8　分户、并户流程

5. 销户（暂拆）流程

销户（暂拆）流程如图 11-9 所示。

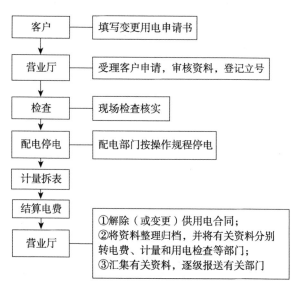

图 11-9 销户（暂拆）流程

11.2.3 变更用电管理内容与方法

1. 减容

（1）市（县）级公司营销部（客户服务中心）应及时受理客户减容用电申请，并在 5 天内答复客户。减容应包括整台或整组变压器的停止或更换小容量变压器用电。

（2）根据客户申请减容的日期对设备进行加封。从加封之日起，按原计费方式减收其相应容量的基本电费，减容后的容量已达不到实施两部制电价规定容量标准时，应改为单一制电价计费。

（3）根据客户所提出的申请确定减少用电容量的期限，但最短期限不得少于 6 个月，最长期限不得超过 2 年。

（4）在减容期限内，应保留客户减少容量的使用权。超过减容期限要求恢复用电时，应按新装或增容手续办理。

（5）在减容期限内要求恢复用电时，应及时办理恢复用电手续，确保在 5 天内答复客户，基本电费从启封之日起计收。

（6）减容期满后的客户及新装、增容客户，2 年内不得申办减容或暂停。如确需继续办理减容或暂停的，减少或暂停部分容量的基本电费应按 50％计算收取。

2. 暂停

（1）市（县）级公司营销部（客户服务中心）应及时受理客户暂停用电申请，并确保在 5 天内答复客户。

（2）可根据客户所提出的申请确定暂停期限，供电企业不再限制客户申请全部（含不通过受电变压器的高压电动机）或部分用电容量在 1 个日历年内的暂停次数，但每次暂停时间不得少于 15 天，1 年累计暂停时间不得超过 6 个月。季节性用电或国家另有规定的客户，累计暂停时间可另行协商确定。

（3）按变压器容量计收基本电费的客户，暂停用电必须是整台或整组变压器停止运行。供电局在受理暂停申请后，根据客户申请暂停的日期对暂停设备加封。从加封之日起，按原计费方式减收其相应容量的基本电费。

（4）暂停期满或每1个日历年内累计暂停用电时间超过6个月者，不论是否申请恢复用电，供电局应从期满之日起，按合同约定的容量计收其基本电费。

（5）在暂停期限内，客户申请恢复暂停用电容量用电时，应及时受理客户恢复用电申请，确保在受理申请后的5天内办结。暂停时间少于15天者，暂停期间不扣减基本电费。

（6）按最大需量计收基本电费的客户，申请暂停用电必须是全部容量（含不通过受电变压器的高压电动机）的暂停。

（7）擅自使用已在供电局/供电公司办理暂停手续的电力设备或启用供电局封存的电力设备的，应按违约用电处理。属于两部制电价的客户，应补交擅自使用或启用封存设备容量和使用月数的基本电费，并承担2倍补交基本电费的违约使用电费。其他客户应承担擅自使用或启用封存设备容量每次每 kW 30 元的违约使用电费。

3. 暂换

（1）市（县）级公司营销部（客户服务中心）应及时受理客户暂换申请，暂换仅指在原受电地点内整台暂换受电变压器的用电变更行为。

（2）可根据客户所提出的申请并结合具体规定确定暂换期限。暂换变压器的使用时间，10 kV 及以下的不应超过2个月，35 kV 及以上的不应超过3个月。逾期不办理手续的，供电局可中止供电。

（3）暂换的变压器经检验合格后方可投入运行。

（4）对两部制电价客户应在暂换之日起，按替换后的变压器容量计收基本电费。

4. 迁址

市（县）级公司营销部（客户服务中心）应及时受理客户迁址用电申请，并确保在5天内答复客户。原址按终止用电办理，予以销户。新址用电优先受理。迁移后的新址不在原供电点供电的，按新装用电办理。准确收取客户新址用电引起的工程费用。迁移后的新址仍在原供电点，但新址用电容量超过原址用电容量的，应按超过部分办理增容手续。私自迁移用电地址而用电者，属于居民客户的，应向客户征收每次 500 元的违约使用电费。属于其他客户的，应向客户征收每次 5000 元的违约使用电费。私自迁移用电地址不论是否引起供电点变动，应一律按新装用电办理。

5. 移表

市（县）级公司营销部（客户服务中心）应及时受理客户移表申请。在客户用电地址、用电容量、用电类别、供电点等不变情况下，为客户办理移表手续。向客户收取移表所需的费用。客户不论何种原因，不得自行移动表位。否则，属于居民客户的，供电局/供电公司应向客户征收每次 500 元的违约使用电费；属于其他客户的，供电局应向客户征收每次 5000 元的违约使用电费。

6. 暂拆

市（县）级公司营销部（客户服务中心）应及时受理客户暂拆申请，并查验客户的有关证明材料。客户办理暂拆手续后，供电局应在5天内实行暂拆。暂拆最长不得超过

6 个月。暂拆期间，供电局保留该客户原容量的使用权。暂拆原因消除，客户要求复装接电时，供电局应指导客户办理复装接电手续，并收取规定交付的费用。供电局应在客户办理手续及交费后的 5 天内为该客户复装接电。超过暂拆规定时间要求复装接电者，供电局按新装手续办理。

7. 更名或过户

市（县）级公司营销部（客户服务中心）应及时受理客户更名或过户申请，并查验客户的有关证明材料。在用电地址、用电容量、用电类别不变条件下，应允许办理更名或过户。在原客户结清用电债务时，解除原供用电关系。不办理过户手续而私自过户者，供电局应向新客户追偿原客户所负债务。经检查发现客户私自过户时，应通知该户补办手续，必要时可中止供电。

8. 分户

市（县）级公司营销部（客户服务中心）应及时受理客户分户申请，并查验客户的有关证明材料。在用电地址、供电点、用电容量不变，且其受电装置具备分装条件时，应允许办理分户。在原客户结清用电债务时，为其办理分户手续。与分立后的新客户重新建立供用电关系。原客户的用电容量由分户者自行协商分割，需要增容者，在其分户后根据其增容申请为其办理增容手续。向分户者收取分户引起的工程费用。对分户后受电装置进行检验，确认合格后，分别装表计费。

9. 并户

市（县）级公司营销部（客户服务中心）应及时受理并户申请，并查验客户的有关证明材料。允许在同一供电点、同一用电地址的相邻两个及以上客户办理并户。在原客户结清用电债务时，为其办理并户手续。控制新客户用电容量，总容量不应超过并户前各户容量之总和。向并户者收取并户引起的工程费用。对并户的受电装置进行检验，确认合格后，重新装表计费。

10. 销户

市（县）级公司营销部（客户服务中心）应及时受理销户申请。销户必须停止全部用电容量的使用。收回客户电费欠费。在查验用电计量装置完好性后，拆除接户线和用电计量装置。全部完成上述工作后，与原客户解除供用电关系。客户连续 6 个月不用电，也不申请办理暂停用电手续者，应以销户终止其用电。客户需再用电时，按新装用电办理。

11. 改压

市（县）级公司营销部（客户服务中心）应及时受理改压申请。超过原容量时，应按超过部分办理增容手续。向客户收取改压引起的工程费用。由于供电原因引起客户供电电压等级变化的，不应向客户收取改压引起的客户外部工程费用。

12. 改类

市（县）级公司营销部（客户服务中心）应及时受理改类申请。在同一受电装置内，电力用途发生变化而引起用电电价类别改变时，应允许办理改类手续。对客户擅自改变用电类别行为，应按实际使用日期向违约客户补收差额电费，并征收 2 倍差额电费的违约使用电费。使用起讫日期难以确定的，实际使用时间按 3 个月计算。

11.3 营业电费管理

11.3.1 电费抄核收流程

为使电费管理工作做到准确、及时和高效,一方面要采用先进的技术装备,尽量做到规范化、程序化和自动化,另一方面还要建立严密的组织机构和合理的工作流程。电费抄核收流程如图 11-10 所示。

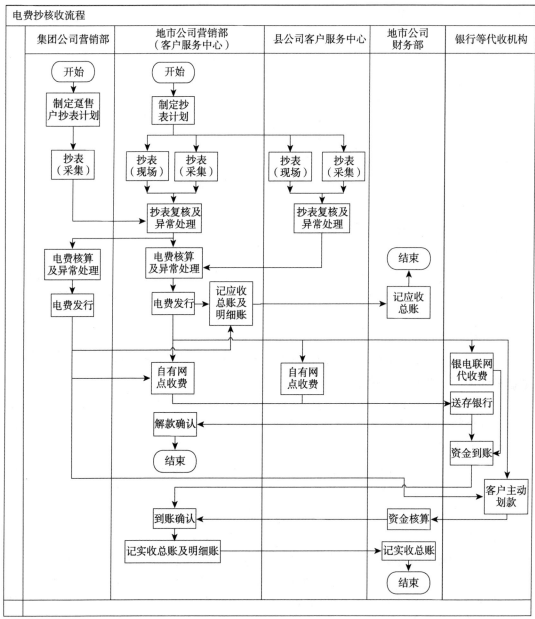

图 11-10 电费抄核收流程

电费管理主要包括以下工作。
(1) 抄表计划安排；
(2) 电费核算；
(3) 电费收取；
(4) 电费回收监控；
(5) 催收电费；
(6) 电费差错处理。

11.3.2 电费抄表管理

抄表可采用手工抄表、抄表机抄表和自动化抄表方式。抄表类型分为周期性抄表和临时抄表。周期性抄表指按照抄表段设定的计划抄表例日和周期定期进行的抄表，临时抄表指除周期性抄表以外的抄表类型。

高压客户按时抄表率为 100%，低压客户按时抄表率不小于 99%。高压客户抄表差错率为 0，低压客户抄表差错率不大于 0.3%。高压客户电能表实抄率为 100%，低压客户电能表实抄率不小于 99%。

抄表应抄表到位，不得估抄、漏抄、代抄。抄表催费工应遵守安全作业规定，严禁违章作业。因特殊情况抄不到表的，应予补抄。连续 2 个抄表周期无法抄到表的，SG186 营销系统将自动触发异常工单，相关人员应进行现场检查。对因客户原因连续 6 个月无法抄到表的，可按规定程序报批后，通知客户终止送电。

抄表时应核对客户名称和地址、电价类别、电能表厂名和厂号、户号、装表号、互感器倍率等信息是否与记录相符。如有不符，应填写"异常处理工作单"，按照《异常处理作业指导书》要求进行处理。

抄表时，对城网客户应将填写完整正确的"电费缴费通知单"送达客户，对自动抄表客户应在告知客户三个抄表周期后可不再发放电费缴费通知单；客户申请办理暂停、减容、增容、过户、改类、改压、暂换等业务变更时，现场工作人员应抄录相应电能表的读数经客户签字确认后，按营销系统要求录入。对因报停等原因处于断电状态的客户，仍需按抄表计划正常抄表。

11.3.3 电费核算管理

在每次抄表之后，应对电费进行核算。对高压客户应每月对其进行逐户、逐项核算。对新装、增容、变更用电、电能计量装置参数变化等业务流程处理完毕后的首次电费计算的客户，电量电费突增或突减及电费差错的客户，进行逐户、逐项核算。对每月未通过核算规则的低压客户进行逐户、逐项核算。

地（县）级电力公司营销部（客户服务中心）建立高压客户计费信息台账。大客户经理班负责新装、增容业务的纸质资料传递，高压用电检查班负责减容、暂停、暂换、过户、改类、改压、销户等业务变更的纸质资料传递，装表接电班负责计量装置更换等业务的纸质资料传递。核算班在接纸质资料 3 个工作日内负责高压客户计费信息台账的新建和信息变更。

地（县）级电力公司营销部（客户服务中心）建立"电费应收日报表""电费应收日累计报表""电费应收月报表"，保证统计数据的准确性和真实性。

地（县）级电力公司营销部（客户服务中心）在应收关账前完成 SG186 营销系统中影响关账的在途业务工单和清除影响关账的无用数据。

11.3.4 电费回收管理

电力公司可以采用多种方式回收电费，如前台收费（现金、票据、委托收款、客户直接付款、POS 机刷卡收费等）、供电局现场收费（走收或设点坐收）、网站、自助缴费终端；银行代扣、银行柜台代收、银行自助机具收费、银行电话、网上银行、一卡通柜台等第三方代收。

电力公司应规范客户缴费到期日管理，严格执行电费违约金制度。缴费到期日应在双方签订的供用电合同或电费结算协议中约定，对到期后仍未交纳电费的客户，电力公司应立即进行电费催收，对欠费客户按照下列程序办理停（限）电。

在对重要及高危客户实施停（限）电时，电力公司要充分估计停（限）电对客户的影响，督促客户及时调整用电负荷。电力公司应以正式公文函件的形式将欠费停电相关信息送达客户，报送上一级电力公司营销部和同级电力管理部门备案，同时报送对停（限）电过程中出现的问题应及时加以解决和汇报。

在确认停（限）电客户申请缴清电费及违约金后，电力公司按照规定程序 24 小时内恢复对客户的正常供电。在协商采取停（限）电后客户仍未付款的，电力公司应及时调查客户的相关情况，积极协商采取措施追讨欠费。

11.4 电能计量与供用电合同

11.4.1 电能计量

1. 电能计量的含义

电能计量是电力生产、营销及电网安全运行的重要环节，发、输、配电和销售、使用电能都不能离开电能计量。电能计量的技术水平和管理水平不仅影响电能结算的准确性和公正性，而且事关电力工业的发展，涉及国家、电力企业和广大电力客户的合法权利。

电能计量包括两层含义：
（1）由电能计量装置来确定电能量值的一组操作；
（2）为实现电能单位的统一及其量值准确、可靠的一系列活动。

2. 电能计量工作内容

电能计量工作内容主要有以下几个方面。
（1）制定并实施辖区电能电网计量工作规划，以及电能计量标准和电能计量装置的配置、更新与发展规划,建立电能计量保证体系。

(2)确定电能计量点和电能计量方式。包括各类关口、大客户电能计量点、计量方案的选定;参与电源、电网建设工程和用电业扩工程方案中有关电能计量方式的确定,以及电能计量装置的设计审查等。

(3)选型、购置和安置电能计量装置。

(4)运行、维护和检测电能计量装置。

(5)建立电能计量标准,完善电能量值传递系统。制定电能计量标准建设规划,完善电能计量器具检定的工作计划,按计划实施电能计量标准的建标配置与鉴定、考核、复查工作。

(6)开展电能计量装置的各类检查工作。包括电能计量装置的现场检查,电能计量器具的验收检定、臭氧检定、修调前检定、周期检定和临时检定,以及电能计量器具和电能计量标准设备的封存、报废与淘汰。

3. 电能计量管理

电能计量管理包括资产管理、实验室管理、电能计量封印及印证管理、电能计量装置故障及差错调查处理。

电能计量器具指用于电能计量的各类电能表、电流、电压互感器及其二次回路、电能计量柜(箱)等。电能计量资产指各类由电科院计量中心统购统配的电能表、低压电流互感器、低压微型断路器、数据采集终端、负荷控制终端、采集设备等。

电能计量资产实行归口管理、分级负责原则。电能计量器具由省级电力公司物资部统一组织招标,地(市)级公司物流中心负责实施采购合同的签订,省级公司计量中心负责进行检定、配送、仓储管理、结算和报废工作。

电能计量资产管理包括制订计量器具需求计划、计量器具订货、计量资产验收和入库、库房管理、计量资产出库、资产配送管理、运行中的资产管理、库存稽核、资产调拨管理等。

电能计量实验室管理是电能计量管理的重要组成部分,应严格贯彻执行国家和行业规范要求。公司市场营销部应进一步加强对电能计量实验室检定管理的监督、检查、指导和考核,不断提高电能计量实验室管理的质量和水平。电能计量实验室交费:计量标准验收与建档,计量标准溯源与传递,计量标准检定与考核,计量标准设备的安全处置、运输、贮存、使用和维护,计量标准设备异常情况处理,计量器具检定工作。

计量印证指计量证书、首检牌、合格证等,按照不同用途分为检定证书、校准证书、校准报告、检测报告、测试证书、检定结果通知书、检定合格证。其中检定合格证又分为现场检验合格证和室内检定合格证两类。计量封印指用于对电能表表盖、端钮盒、联合接线盒、计量箱(柜)、负控终端、CT二次接线端钮盖等电能计量装置及相关用电设备加封的一种装置。电能计量封印及印证管理包括封印采购发放管理、回收处理。运管部审批计划后根据系统中数据严格按照公司定标结果组织采购,厂家到货后采管服务商在运管部监督下对到货封印进行数量核对,在技术质检部的监督下进行质量抽查等验收操作,并依据具体情况发放封印,封印回收范围为未及时拆回的旧型号封印和使用过程中损坏和拆回的新型封印。

11.4.2 供用电合同

1. 供用电合同管理流程

供用电合同是供电人向用电人供电,用电人支付电费的合同。供用电合同的内容包括供电方式与供电质量、供电时间、用电容量和用电地址、用电性质、计量方式和电价、电费结算方式、合同的有效期限、违约责任、供用电设施的维护责任、双方共同认定应当约定的其他条款等。

供用电合同根据供电方式、用电要求等因素进行科学分类,分级管理。供用电合同分为"高压供用电合同""低压供用电合同""临时供用电合同""居民供用电合同""趸购电合同"和"转供电合同"六大类。对需要单独签订并网协议、调度协议、购售电合同及电费结算协议的,一律作为供用电合同的附件纳入供用电合同管理。供用电合同文本一律采用公司下发的标准文本。

供用电合同管理流程见图 11-11。

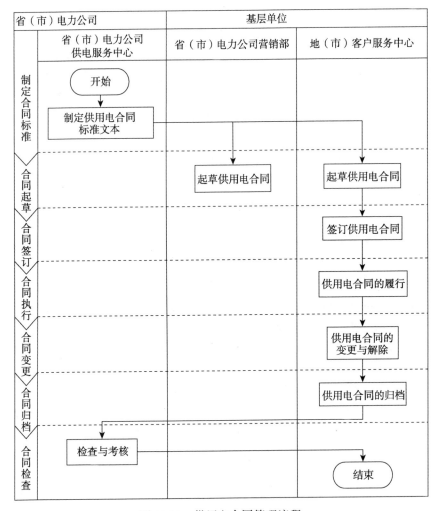

图 11-11 供用电合同管理流程

2. 供用电合同的签订

签订供用电合同及实行洽谈权、审查权、批准权相对独立、互相制约的原则。凡属于在公司范围内签订和履行的所有供用电合同、并网协议、调度协议、电费协议等供用电合同，一律采用书面形式签订，严禁口头协议。杜绝供用电合同履行在先、签订在后的现象发生。

实行授权委托制度时，委托代理人应在授权范围内签订供用电合同，不得超过代理权限，不得与自己代理的其他人签订供用电合同。无授权单位或单位负责人委托，任何人无权签订供用电合同。

供用电合同洽谈前，供用电合同管理部门应对当事人的综合情况进行考察，召集有关部门认真组织供用电合同洽谈准备会，根据经营的策略和意图制订谈判原则和方案，与对方进行谈判。

在供用电合同签订前应验证供用电合同对方当事人有效的营业执照、资质证书、资信状况，验明供用电合同当事人是否具有签订供用电合同的主体资格；审查供用电合同对方的主办人是否有代理权、是否超越代理权限范围和有效期及其真实性；审查对方使用的印鉴是否合法与真实有效。

供用电合同主要条款商定后，洽谈部门负责修改文本，由法律事务人员进行审查，确保供用电合同的内容符合法律、法规的规定。订立供用电合同应使用行政公章或供用电合同专用章，使用的行政公章或供用电合同专用章应与登记注册的名称一致，禁止使用部门公章签订供用电合同。按规定须经上级有关部门批准才能签订的供用电合同，应经批准才能签订。

3. 供用电合同的履行

供用电合同履行过程中，供用电合同履行单位应教育督促全体人员严格按供用电合同进行工作，应随时检查、记录供用电合同的实际履行情况、发生的问题定期上报，并根据实际情况制定切实有效的措施和对策，保证供用电合同的顺利履行。

公司营销部和市（县）级公司应定期进行供用电合同履行情况的检查，对供用电合同履行中出现的问题给予解释、解决，对经常出现的问题加以研究、剖析，以期在以后签订的供用电合同中改进。

有关供用电合同履行中的补充协议、来往信函、文书、电报等均为供用电合同的组成部分，执行部门在收到对方的信函、文书或电报后，应及时审阅并制定对策，经办人员应及时、积极地收集、整理、保存资料，并做好备案工作，为预防和解决供用电合同纠纷做好基础工作。

对供用电合同履行过程中的违约情况或违反供用电合同的干扰事件，供用电合同履行单位应及时查明原因，通过取证按照供用电合同规定及时、合理、准确地向对方提出索赔（含违约）报告；由于对方责任，公司及其供电局/供电公司权益受损时，签约单位经办人员及供用电合同管理部门均有责任认真收集证据并及时追究对方的责任。当公司及其供电局/供电公司接到对方的索赔（含违约）报告后应认真研究并及时处理、答疑、举证或反诉，及时与对方协商解决。

11.5　用电检查与营销稽查

11.5.1　用电检查

1. 用电检查职责

用电检查在我国电力体制改革前称为用电监察，是一种政府职能。电力体制改革后，电力管理部门的职责移交了经贸委等部门，电力部门保留了行使企业行为的用电检查职责。

在电力市场营销中，不能将用电检查工作理解为卖方市场对买方市场的单方面的检查，这将使工作步入误区，应该认为用电检查工作是供电企业服务工作的一部分，不是检查用电，而是服务用电。

用电检查工作的开展有以下作用。

（1）保证和维护供电企业和电力客户的合法权益；

（2）保证电网和电力客户的安全用电；

（3）通过用电检查人员对客户的上门服务，树立供电企业的形象，增强在市场中的竞争实力，开拓电力市场。

用电检查工作的主要职责有：

（1）负责客户受（送）电装置工程电气图纸和有关资料的审查；

（2）负责节约用电措施的推广；

（3）负责安全用电知识宣传和普及教育工作；

（4）参与客户重大安全电气事故的调查；

（5）组织并网电源的并网安全检查和并网许可工作。

2. 用电检查工作类型

用电检查按检查类型划分为定期检查、专项安全检查和特殊巡查。根据需要可以将定期检查与专项安全检查结合开展工作，以提高工作效率。

1）定期检查

定期检查指按照规定的检查周期，对客户实施例行用电检查工作。定期检查周期分以下几种。

（1）高压专线供电客户，每3个月至少检查一次，对重要客户，可以根据实际情况增加安全检查次数。

（2）高压非专线供电客户，每6个月至少检查一次。

（3）低压非居民供电客户，每12个月至少抽查一次。

（4）低压供电居民客户，每年按不低于1%的户数比例抽查。

2）专项安全检查

专项安全检查指根据需要对某一事项进行专项用电检查，专项检查分为春季和秋季客户安全用电检查。

安全用电检查指用电检查人员按照国家或电力行业的有关标准和规定，对客户管电人员、运行制度和设备安全状况进行全面检查，帮助客户发现问题，消除安全隐患，确保客户和系统安全运行。

（1）春季客户安全用电检查：每年春季（1月15日—4月30日），以防雷专项检查为重点，检查客户用电设备的防雷安全完好性。检查的主要内容有接地系统、避雷针、避雷器等设备定期预防性试验检查。

（2）秋季客户安全用电检查：每年秋季（9月15日—10月30日），以检查客户的设备预防性试验为重点，检查的主要内容有变压器、开关、继电保护装置等一、二次设备的定期预防性试验。

3）特殊巡查

特殊巡查指对大型政治活动、大型集会、庆祝娱乐活动等涉及的场所用电进行特殊性用电检查，确保客户供电。

特殊巡查重点主要有巡查清理曾经发生过越级跳闸事故的客户、重要工商客户、政治中心、重要场所和易燃易爆客户用电。

3. 用电检查工作内容

用电检查工作贯穿于电力客户服务的全过程，可以说从某一客户申请用电开始就有其职责，直到客户销户终止供电为止，既有对客户的服务工作，又担负着维护供电企业合法权益的任务。

用电检查主要内容如下所示。

（1）检查客户变电站（所）各种规章制度及管理运行制度执行情况。检查客户有无"两票三制"（工作票、操作票；交接班制、设备巡回检查制、设备定期试验和轮换制度）运行管理制度，是否严格执行。

（2）客户设备信息变化情况检查。按照台账核对用户基本情况，主要包括客户户名、受电电源、客户受电设备装接容量，一次设备主接线，计量电流互感器（CT）、电压互感器（PT）变比等，电容器的安装和运行情况，生产主要产品及单耗，用电负荷构成和负荷变化情况。

（3）客户设备缺陷检查。检查客户设备运行有无异常或缺陷，检查客户设备缺陷的处理情况。

（4）检查客户的一、二次设备（包括线路和变电站的设备）和防雷设备，主要对客户现场的变压器、开关、继电保护装置等一、二次设备和避雷器、避雷针、引下线及接地装置等防雷设施进行检查，是否按照规定的试验周期进行预防性试验和检定，试验项目是否齐全，试验（检定）报告是否合格和完整，试验单位是否有资质。

（5）设备外绝缘检查。检查设备外绝缘是否定期清扫，电缆沟内是否有积水或潮湿，接地圆条、扁铁是否锈蚀，地网接地电阻是否定期进行测试。

（6）继电保护装置定期校验记录和保护定值检查。检查客户电源进线的继电保护装置，是否有供电局（或电力调度部门）提供的定值通知单。客户侧的继电保护配置与系统侧的继电保护配置是否合理，是否需要重新进行计算，根据客户设备实际变化情况，要求客户到供电局进行定值核定，防止客户设备事故引起系统越级跳闸。

（7）客户双电源检查。必须加强煤矿及高危企业等客户双电源、自备应急电源（或发电机）管理，严格审核重新启用和安装自备发电机的客户，检查客户发电机连锁装置的可靠性和防止反送电的安全措施和组织措施，防止客户事故影响电力系统安全运行的情况发生，危及人身安全。

（8）计量装置检查。主要检查客户计量配置是否满足当前运行要求，计量装置接线是否正常，铅封、封印是否齐全、完好。

（9）检查客户变配电室安全防护措施。检查防小动物、防雨雪、防火、防触电等措施。检查客户安全工器具［高压验电器（笔）、绝缘手套、绝缘靴、接地线、绝缘操作棒（杆）、摇表、万用表等］、安全标示牌是否齐备。

（10）检查客户受电端电能质量。主要检查客户的冲击负荷、波动负荷、非对称负荷对供电质量的影响或对系统安全运行构成的干扰，用电现场是否增加谐波源设备、有无谐波治理措施，供用双方共同加强电能质量管理。

（11）检查重要客户是否制定停电后的应急预案。掌握涉及重要客户的供用电安全状况，用电检查人员应检查煤矿及高危企业等重要客户是否制订应急预案，并经过应急演练，防范事故风险，及时向地方政府汇报备案，协调解决供电安全问题。

（12）检查建立与重要客户的联系机制。核定煤矿及高危企业等重要客户联系人和联系电话是否及时更新，核定结果报运行管理部门，严禁外传，按照供电单位内部对专线和公用线路停送电管理的职责分工，在调度、配网运行管理等相关部门备案，调度、配网运行管理等部门将客户电话纳入停电电话通知的管理范围。

（13）加强客户进网作业电工的管理。检查电工的资格、进网作业安全状况及作业安全保障措施，检查客户变电站是否有值班人员，值班人员是否经过培训，是否持证上岗，调度员或变电值班人员是否有资格接受调度命令（人员名单报供电局）。

（14）指导客户搞好需求侧用电管理。检查客户现场管理装置运行情况，检查该装置是否严格按规定和相关要求接入跳闸回路，确保管理系统的安全性和可靠性，保证缺电形势下发挥应有的调控负荷功能。督促客户开展节约用电工作。引导和督促客户对高耗能设备进行淘汰更新改造工作，推广节约用电新技术和新产品。

（15）检查客户有无违章用电和窃电行为。按照《中华人民共和国电力法》反窃电管理相关要求有关规定开展反窃电工作。

（16）消防设备检查。变电站（配电房）内消防器材配备是否合理，位置摆放是否正确、规范，消防器材是否定期检验。

（17）调度通信检查。检查调度通信装置运行状况，通信设备是否带录音电话，站内运行设备是否按规定进行双重编号，双重编号是否与调度下达的编号一致，设备名称和调度编号是否正确印刷在设备的适当位置。

（18）客户受（送）电装置检查与验收。对新装增容客户受（送）电工程进行中间检查和竣工检验。供电局收到客户竣工报告和验收（通电）申请后，应积极组织验收投运。

(19)供用电合同履行情况检查。对供用电合同的签订和执行情况开展检查,是否需要补充和完善相关条款。

(20)根据需要进行的其他检查。

4. 用电检查流程

用电检查流程如图 11-12 所示。

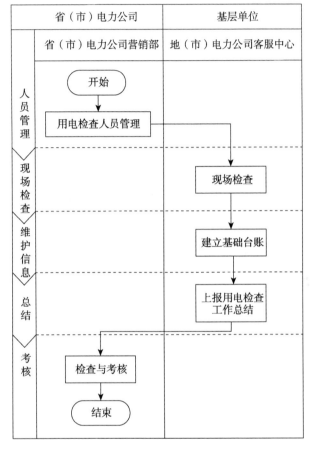

图 11-12　用电检查流程

11.5.2　电力营销稽查

1. 电力营销稽查

电力营销稽查,主要可分为"内稽"和"外查"两个方面。其中,"内稽"指企业针对内部工作人员的检查管理,其主要作用是对工作人员的工作态度和工作行为进行规范,确保工作人员能够始终以认真负责的态度对待自身的工作。"外查"则指针对住户及其他用电企业的外部检查,其主要作用是避免部分电力用户出现偷电或违章用电的情况,以确保用户的合法用电权利,维护市场秩序。

营销稽查工作也是电力营销工作的重要内容之一。不仅关系到供电企业的自身利益和形象，还关系到客户的切身利益，由于用电业务办理的环节多、管理部门多，客户类型多，业务多，因此营销稽查有重要的意义。

1）打造良好的电力市场环境

在电力企业营销过程中，要始终做好电力营销稽查工作。就目前我国电力行业的发展情况来说，虽然近些年有了较好的发展，但是电力市场环境建设仍不完善，这样的情况和国内电力行业的发展模式有很大的关系。因此，电力营销就成为把电能转变为经济效益的重要环节，电力营销的模式科学与否、规范与否都对电力行业的发展有很大的影响。电力营销稽查为确保电力营销的科学性与可靠性提供了依据。有了电力营销稽查的保障与支持，国内电力行业的营销市场环境可以得到有效改善，有利于国内规范有序的电力市场的建立。

2）保障电力营销的规范性及科学性

电力营销稽查工作的基础内容就是进行电力营销的监督，最主要的目的就是确保电力营销的规范性与科学性。在目前的电力行业发展情况下，要想满足社会对于电能日益增长的需要，需要建立更多的电力营销服务终端。而服务终端过多极易出现营销漏洞，这样不仅会对社会用电造成很大的影响，还会给电力企业造成很大的经济损失，因此必须要避免和杜绝在营销过程中出现这样的问题。将检查与监督作为工作基础的电力营销稽查，可以利用定期或是不定期的稽查，来实现对电力营销服务终端工作的监督和约束，以此来保证每个服务终端的营销工作完全依据企业的制度来执行，从根本上保证电力企业的经济效益并且可以提供给社会大众更优质的服务。

2. 营销稽查业务范围与工作程序

营销稽查主要业务范围如下所示。

（1）业务报装各环节全过程的检查。主要包括用电申请受理稽查、供电条件勘察及供电方案确定稽查、受电工程稽查、供用电合同稽查、装表接电稽查、客户档案稽查等。

（2）电价与电费管理的稽查。主要包括对客户所执行的电价正确与否、向客户收费合理与否进行检查、抄表环节稽查、核算环节稽查、电费回收及电费账务处理稽查等。

（3）电能计量稽查。包括电能计量装置的分类及技术要求稽查、电能计量装置资产管理稽查、计量单管理稽查、计量体系管理稽查等。

（4）变更用电稽查。包括各类变更用电业务稽查。

（5）违约用电与窃电的处理情况稽查。包括违规用电查处工作稽查、窃电查处工作稽查。

（6）有序用电工作稽查。主要包括有序用电方案编制与实施效果稽查。

（7）服务质量稽查。供电服务工作时限是否达到稽查、投诉举报及规范停电管理的稽查、营业厅故障抢修稽查、完成各种报表的统计上报和对相关部门的经济责任制的考核统计工作稽查等。

营销稽查流程如图 11-13 所示。

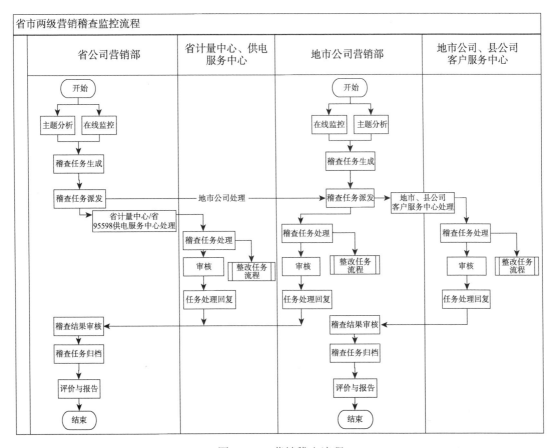

图 11-13 营销稽查流程

即测即练

第 12 章

用电服务接触管理

12.1 情感服务与"真实瞬间"管理

情感服务是提升客户满意度与忠诚度的重要工具，没有情感的沟通与交流，就没有客户服务的确切发生。在情感消费时代，客户接受服务所看重的已不只是数量多少、质量好坏及价钱的高低，而是为了一种感情上的满足，一种心理上的认同。情感营销从客户的情感需要出发，唤起和激发客户的情感需求，诱导客户心灵上的共鸣，寓情感于营销之中，让有情的营销赢得无情的竞争。

12.1.1 营销过程中的情感服务

所谓情感营销，指通过心理的沟通和情感的交流，赢得用电客户的信赖和偏爱，进而扩大市场领域，取得竞争优势的一种营销方式，情感营销来自员工的情绪劳动。

情感和服务是人们最熟悉不过的两个词汇，"情感服务"不仅是个新组合词，而且也代表着一种新的营销思想，以情感为基础的用电服务，更重视承诺、履诺、体验和责任。现代心理学研究认为，情感因素是人们接受服务的"阀门"，在缺乏必要的"丰富激情"的情况下，理智处于一种休眠状态，不能进行正常的工作，甚至产生严重的心理障碍，对周围世界表现为视而不见、听而不闻。只有情感能叩开人们的心扉，引起消费者的注意。用电服务在充分了解客户需求的前提下，要不断地以情感取胜，同时在引导客户做出正面反应时，更要用自己周到而独特的服务手段使客户对自己的服务从情感上、心理上产生认同。客户服务是用电业务中最具人性化的部分内容，服务是一种体验，是一种令人印象深刻的感觉，情感体验能真正从用电客户的感受出发，细心体察与呵护客户的情感。

情感服务，是一种人性化的营销方式，是感官体验、社会体验和氛围体验的过程。感官体验是通过用电服务过程的知觉刺激，使客户感受到美的愉悦、兴奋、享受与满足，从而有效地达成用电服务的目的；社会体验是地位、时尚、品位、社会性需求的体验；氛围体验是场所或环境产生的效果和感觉。情感服务是提升客户满意度与忠诚度的重要工具，没有情感的沟通与交流，就没有客户服务的确切发生，客户服务需要创造性与丰富的想象空间。现在有企业提出了一个响亮的口号："二次竞争"，指企业间第一次竞争的战场是市场占有率，那么第二次竞争便是情感服务。企业力图用最具诱惑力、竞争力的承诺来吸引客户，并通过承诺的及时、足量兑现来塑造企业及品牌形象，提高客户的忠诚度，使本企业与其竞争对手形成明显的服务差异，增强企业的营销效果，获得差异化竞争优势。当然，这种承诺应该是真诚的、严肃的、可行的，要情真意切。

1. 情感营销的作用

1）情感营销能营造更好的营销环境。营销环境会给企业带来威胁，也可以带来机遇。营销环境制约着企业的生存和发展。传统的营销方式专注于企业和客户之间的商品交换关系，企业营销往往跟客户获得使用价值和企业获得利润联系在一起，使客户总是难以感到满意。随着情感消费时代的到来，消费行为从理性走向感性，客户在购物时更注重环境、气氛、美感，追求品位，要求舒适，寻求享受。情感营销不仅重视企业和客户之间的买卖关系的建立，更强调相互之间的情感交流，因而致力于营造一个温馨、和谐、充满情感的营销环境，这对企业树立良好形象、建立良好人际关系、实现长远目标是非常重要的。

2）情感营销能提高客户的品牌忠诚度。现在的市场竞争日益激烈，是否有优秀的品牌已成为企业竞争成败的重要因素。一个好的品牌能建立客户偏好，吸引更多的品牌忠诚者。但是品牌忠诚的建立除了有过硬的产品质量、完美的产品市场适应性和营销推广策略外，在很大程度上与客户的心理因素有很密切的关系。情感营销正是以"攻心"为上，把客户对企业品牌的忠诚建立在情感的基础之上，满足客户情感上的需求，使之得到心理上的认同，从而产生偏爱，形成一个非该企业品牌不买的忠实客户群。

3）情感营销是战胜竞争对手的强有力武器。市场如战场，市场竞争犹如战场上的战斗那样激烈无情。市场竞争，实质就是与同行争夺客户。争夺客户除了注意商品质量上乘、包装新颖、价格公道外，更重要的是要实施情感营销。通过钟情于客户，对客户真诚、尊重、信任，处处为客户着想，从而赢得客户的好感和信任；通过优质的服务，不断提高企业声誉，树立企业良好的形象。这样，企业在市场竞争中必然能取胜。

2. 成功运作情感营销的因素

1）沟通方式。企业的经营者和终端服务人员的语言表达、产品说明书、宣传品、广告的情感传递都属于情感营销。情感营销实际就是在销售或服务过程中通过语言及行为的信息交换，达到将企业服务理念和产品的特色更人性化地传递客户的目的。

2）服务心态。营销人员应该将自己定位成客户的知心朋友，对消费者要充满爱心，帮助客户解决消费疑虑。在与客户沟通过程中，掌握好企业最终目的与客户追求目的最佳结合点。通过观察客户的不同消费心理，运用销售技巧达到最理想的销售目的。

3）沟通内容。运用情感沟通的内容有拉家常、问寒暖等，包括运用情感效果将产品的功能等因素传达给客户。

4）服务环境。服务环境包括终端包装气氛的营造和营销人员的个人包装。在不同的营销场所，最好按照不同的要求和标准进行不同的环境布置。对于营销终端或者服务机构来说，营造合适的服务环境是十分重要的。

5）人员素质。营销人员应在短时间内领会企业的营销理念，而且企业在平时工作中要不断地对其进行培训,帮助他们不断提高各方面素质。

6)情感维护。情感维护手段大体包括:建立客户档案,标注特殊情况,便于跟踪回访;定期电话回访,了解恢复情况,提示注意问题。

3. 情感服务的内容

1)开发情感服务产品。在不同的市场供求状态下,客户对电力服务产品的要求是不完全相同的。一般来说,当电力供不应求时,人们更多地注重其供电的基本效用,往往无暇顾及对服务营销其他功能的要求;而当供过于求时,人们开始较多地注重供电服务满足心理需求的程度,对服务功能的关切度则相对提高。目前我国用电客户心理期望的标准就由通常的物质实用性指标过渡到精神享受性指标上,即强调电力产品在具备基本功能、满足基本需求的前提下,注重情感需要,追求满足其心理需求,这就是所谓的情感产品。情感产品之所以受到人们的青睐,根本原因是企业站在用户的立场上,以客户接受不接受、喜欢不喜欢、满意不满意作为服务产品设计和开发的准则,其中融入了企业对客户的一片深情和爱心,充分体现了以客户为核心的现代市场营销观念,进而赢得了客户的信赖和忠诚。情感产品贵在情感,而情感度又多是通过电力服务的可靠性、安全性、便利性和经济性来体现的。由于不同用电客户的差异,决定了电力服务产品的具体内容和表现形式是不同的,企业须根据具体情况,有针对性地采取相应的方法,才能设计开发出为客户所接受的服务产品来。开发情感产品要切忌主观想象,滥施情感,否则便会画蛇添足,引起客户的反感。为此,需要对用电客户的需求有全面、深刻、真切的了解,使赋予的情感入情入理,切实打动客户的心。由一般产品开发到情感产品开发,是市场供求关系变化和竞争的必然结果,也是电力企业市场营销质的飞跃。虽然给企业提出了更高的要求,使企业面临更严峻的挑战,但是为赢得客户、赢得市场提供了有效手段。

2)情感广告。广告的作用主要有两点:一是企业在激烈的市场竞争之下,利用广告的宣传作用扩大企业的知名度和信誉度,增加其产品和服务的市场竞争力,从而谋求尽可能大的商业利益;二是有社会责任感的企业或组织利用广告的宣传作用,倡导社会公益和社会道德,从而树立企业形象,间接谋求市场价值。现在客户对企业"王婆卖瓜、自卖自夸"式的广告已经深恶痛绝。而人情味十足的广告,通常使产品形象上升到一个全新的高度,也自然化解了客户对广告的本能抵触。客户首先是感动和情感共鸣,继而引发现实的或潜在的消费需求,经营者便在客户的情感体验和满足中达到自己的目的。

3)情感公关。公关在企业营销中的作用已被越来越多的企业所认识,运用公关树立企业及其产品形象,已经成为企业营销战略的重点。情感公关要求企业要设身处地地为客户着想,设法加强与客户的感情交流,通过调查问卷等形式,使客户参与到企业的营销活动中来,让客户对企业及其产品从认识阶段升华到情感阶段,最后达到行动阶段。具有现代经营观念的企业,其公关活动在营销过程中所起的作用越来越大。一方面,通过公关活动,以有效的手段强化渲染企业及其品牌所特有的情感色彩,可把企业的特殊情感和反哺之义传递给社会公众,在社会上树立良好形象,塑造企业及其品牌良好的亲和力,以迅速打开客户的心扉,赢得客户的欢心,为确立市场优势地位打下坚实基础;

另一方面，通过公关活动，可以协调好企业方方面面的情感关系，协调企业内部上下级之间的友谊关系，为企业的顺利经营创造和谐、融洽的内外环境。

4）情感环境。任何人都无法否认情感在营销中的特殊作用。情感体现着人类文明、道德观念、民族精神，在深厚的文化土壤中散发出来的人类情感具有无限的感召力。那种在家乡、祖国、人类和安全、信仰、时尚、保健等情感因素牵引下的企业营销行为，得到了无数客户的青睐。情感创造的环境可使用颜色、质地、音乐、气味和空间设计，来强化客户的服务体验。营造舒适、优雅的营销环境，能给客户带来愉悦的心情，感官的享受，让客户产生一种无形的亲切感，客户在不知不觉的微笑服务中，既办理了供电业务，又接受了电力形象的宣传。因为，令人感到愉悦的环境会吸引人们，而令人感到不愉悦的环境则会造成回避的行为。如果环境是令人感到愉悦的，增加激发的程度就可以产生兴奋感，并引起客户正面且强烈的反应；如果环境是不愉悦的，就应该避免增加激发的程度，以免客户落入苦恼区域当中。在服务接触中，客户的感受是建立忠诚度的重要驱动因子。

12.1.2 真实瞬间

在面对面服务过程中，由于客户、企业、服务人员的相互作用或服务接触，产生一系列的质量问题。服务营销学家把这种客企间的每个"相互作用或服务接触"形象地比作"真实瞬间"。实质上，在服务过程中客户实际经历的服务质量是由一系列的真实瞬间构成的，显然，真实瞬间极大地影响着服务过程的质量乃至客户感觉中的整体服务质量。

1. 用电服务真实瞬间的概念

"真实瞬间"（the moments of truth）也被译为"关键时刻"，该词源于英文中的斗牛士，指斗牛士采取最终行动结束战斗之前面临公牛的那一刻，"真实瞬间"意味着一种机会或机遇的"关键时刻"，通常是在一刹那间完成的。这个概念最早由瑞典学者理查德·诺曼于1984年引进服务质量管理理论之中。诺曼认为："客户心中的服务质量是由真实瞬间的相互影响来定义的。一个客户和服务提供者一起经历多次相遇之时，在这经常的短暂相遇的瞬间中客户评价着服务并形成对服务质量的看法，每一个真实瞬间就是一次影响客户感知服务质量的机会。"某位服务营销管理研究领域的专家认为："真实瞬间是连续的服务接触过程！可将其设想为一个链环。在这些接触中，客户很快接收到了企业的服务质量，如每一次接触企业都提供给客户全部的满意，客户自然愿意和企业再一次做交易。从组织的观点来看，每一次接触都是证明服务提供者潜在服务质量和增加客户忠诚的一次机会。"这样的瞬间正是展示服务产品质量好或坏的关键时刻。服务营销学大师克里斯蒂·格鲁诺斯认为："服务过程的核心就是买卖双方相互作用的真实瞬间，也就是机遇。"

用电服务真实瞬间的概念，是针对用电服务的特殊性提出来的。可以把"真实瞬间"理解为"客企接触"，每一次"客企接触"就是一个"真实瞬间"。"真实瞬间"实质上意味着一种机会的"关键时刻"。也就是说，只有在"客企接触"这一"瞬间"内营业员才真正有展示自己的机会。显然，对于电力市场营销而言，"真实瞬间"既是成功点，又是失败点。成功与否，关键在于如何把握它。把握得好，营销人员可以利用"真实瞬间"充分展示自己的优质服务，树立企业良好的形象。同时，"真实瞬间"也最容易出服务差错。一旦"真实瞬间"出了质量问题，在这一瞬间内往往存在着无法挽回的后果。如果真的要补救，也只能在下一个"瞬间"。而后果是，电力企业可能付出了很大的代价却未必能收到好的效果。

实质上，在面对面服务过程中，客户实际经历的服务质量是由一系列的真实瞬间所构成的。研究表明，功能性质量即服务过程的质量是由真实瞬间决定的，技术性质量即服务结果的质量也是在真实瞬间内渐渐体现出来的。因此，提高服务过程的质量，对真实瞬间的管理不容忽视。实际上，用电服务和电力消费是一个不可分割的过程，我们可以将这个过程想象成由一个个服务提供者和客户相互作用的时间点构成的，就像一条线是由很多点组成的一样，在这一个个时间点上，服务提供者与客户发生联系并完成服务产品的一部分生产和消费，这样的点就是服务营销过程的真实瞬间。在实际的服务营销操作中，可以将各种服务过程分解为很多的真实瞬间，并抓住主要的真实瞬间来进行考察，从而更有针对性地开展优质服务和协调工作。例如：在炎热的夏季，排队交电费的人很多，客户难免抱怨，甚至发无名火，如果营业员在接纳客户时，由衷地说一句："实在对不起，让您久等了。"客户的火气就会削去一半，这句话说与不说的后果显然不同，这就是"真实瞬间"的魅力所在。能否持续创造积极的真实瞬间是一个公司保留客户与生存的关键。

2."真实瞬间"对用电服务的意义

随着互联网等新兴媒体的快速发展，社会舆论的形成和传播机制发生了根本改变，舆论的开放性和自由度越来越高。电力企业始终自觉接受政府监管和社会监督，积极听取各方面意见和建议。但也要看到，电力企业备受社会和媒体的关注，又属于"过敏"体质，出现的问题，即使是个案、特例，也往往容易被炒作、渲染、放大，甚至演化成社会公共事件。电力企业面对严峻形势和新的要求，在管理上还有不少薄弱环节，"出血点""发热点""风险点"依然很多，对真实瞬间的管理尤为重要。

（1）真实瞬间是体现优质服务的关键环节。斯科特·罗比内特曾将"客户体验"定义为"企业和客户交流感官刺激、信息和情感的要点的集合"。具体到用电服务，客户体验来自于客户每一次与电力职工的接触感受，而客户体验的差异将会产生三种不同的结果，即忠诚的客户、满意的客户、投诉的客户。对用电服务来说，把握好真实瞬间，有助于展示企业的优质服务，树立良好形象。但真实瞬间很容易出现服务差错，一旦产生了投诉问题，极容易被炒作、渲染、放大，造成无法挽回的后果，即使企业付出很大代价去补救，也未必能收到好的效果。所以，每一个真实瞬间都是电力企业能否赢得客户满意和忠诚的关键点。

（2）真实瞬间影响着能源市场竞争的地位。在市场经济条件下，能源市场是一种竞争市场，各种能源形势之间竞争的焦点是服务竞争。服务是电力企业生存的根本，服务营销更是电力企业实现永续发展的恒动力。真实瞬间与电力企业竞争地位之间的关系可以通过对电力企业真实瞬间价值链的分析清楚地看出来。在能源市场竞争中，客户日趋成熟，用电服务质量影响着竞争地位。价值链理论认为企业竞争地位来源于高度忠诚的客户，客户忠诚度的基础是由电力企业为客户带来的满意度，而正是在用电服务中的一个个真实瞬间获得的感知服务价值，决定着客户的满意度，客户满意度、客户价值是由满意的、忠诚的、高效的员工创造出来的，而真实瞬间管理又促进了电力企业员工满意度。由此可见真实瞬间对提高客户满意度和忠诚度的作用是巨大的。正是由于真实瞬间对用电服务质量和客户满意度影响极大，而客户满意又直接导致客户忠诚，故而真实瞬间是电力企业提高竞争地位的关键时刻，特别是当把一个忠诚客户对其他客户的介绍、引导效用也考虑在内时更是如此。

（3）真实瞬间可以促进服务质量的改进。电力企业要想获得客户的正面评价，就必须提供优质服务，在真实瞬间实现客户满意。对电力企业来讲，客户是根据最后一次接触来评价电力企业的服务质量，而非电力企业为其提供服务的次数、时间等。如果是正面的，客户就会对电力企业的服务质量给出积极的评价；反之就意味着真实瞬间失控，客户的感知服务质量大打折扣，服务可能会退回到初始状态，甚至出现负面效应。根据研究人员对真实瞬间的研究，当电力企业给客户带来一次负面"真实瞬间"时，之后还想留住客户，需要付出12次的正面"真实瞬间"才能挽回。因此，在用电服务管理中重视"真实瞬间"的管理，可以有效地促进服务质量的改进，树立电力企业在客户心目中的良好形象。

3. 真实瞬间的管理

真实瞬间的管理主要应从对员工、有形证据、服务设计（如服务产品、服务流程等的设计）等三方面的管理入手。

第一，企业管理者应帮助员工树立真实瞬间的理念。在面对面服务过程中，客户眼里的服务人员就是企业的代表，客户是通过与他们的接触来认识企业的。因此，管理者应努力向员工灌输真实瞬间的意识。在服务过程中的每一个真实瞬间，管理者都必须要求服务人员保证向客户提供优质可靠的服务。

在此特别要强调电力客户服务应防止陷入两个认识上的误区：一是认为区区小事不足为奇，在实践中忽视对细节的重视；二是认为只有无微不至才是优质服务。

服务不能"过头"，"恰到好处"才是服务的最高境界。如果服务人员善于把握服务的"火候"与"度"，迎合客户的需求，不仅可以极大地提高客户的满意度，还会超出客户的期望，培养客户对企业的忠诚度。

第二，加强有形展示的管理。营销学家萧斯塔克指出："一种物质产品可以自我展示，但服务却不能。"虽然服务是无形的，但是有关服务的线索（如服务的工具、设备、设施、员工、信息资料、价目表等）是有形的，这些有形的线索总会传递一些信息，帮助客户理解、感知、推测服务质量。很显然，如果一家高档餐厅的菜牌或菜谱沾满油污，必然会极大地影响客户对餐厅服务质量的感知。由于客户购买服务的风险很大，在购买服务时，客户往往会对服务线索格外关注。管理者必须充分认识到，在服务过程中客户所接触到的并非只有员工，还包括服务环境、设施设备、信息资料等有形证据。在面对面服务过程中，客户很善于通过这些有形证据来认识企业。因此，在实践中，电力客户服务必须高度重视对有形证据的管理，确保有形证据正确反映本企业的档次和形象，确保有形证据引导客户对本企业的服务质量形成合理的期望，进而极大地提高客户对本企业整体服务质量的感知。

第三，在对电力客户服务设计时（如服务产品、服务流程等的设计），应善于运用真实瞬间提高服务质量。真实瞬间对服务质量存在着正反两方面的影响。每个单独的真实瞬间都会增加或减少服务提供者的整体形象。每个真实瞬间不是在加强服务质量就是在降低它。电力客服的管理者在对服务产品、服务流程等的设计时，可以充分利用这一点，最大限度地发挥真实瞬间的正面作用，限制它的负面影响。在实践中，我们可以考虑通过增加或减少真实瞬间来提高服务质量。其原则是增加的真实瞬间必须既便于管理，又可以充分地展示企业的优质服务，树立企业的良好形象，提高客户对整体服务质量的感知。反之，对于难以控制的客企接触点，在不影响对客服务和企业形象的情况下，企业可以考虑通过减少真实瞬间，来提高服务质量。

4. 创造积极的真实瞬间

真实瞬间的创造并不高深，只是生活常识的综合体现，是一种精神价值和生活方式，是一种思维方式。也正因为如此，真实瞬间才会对个人行为产生制约或提升作用。好的真实瞬间状态可以让人懂得如何更好地竞争和生存，学会在挑战和机遇并存的时代，放开胸襟、开阔视野、明辨是非，可以创造属于客户、属于自己、属于企业、属于社会的未来。强大的、可持续的真实瞬间影响力，是用电服务的一个部分，是电力企业文化的一部分，也是电力事业的一部分。电力企业致力于真实瞬间影响力的创造和再造，就可以使电力市场营销做得更远更辽阔。在用电服务过程中存在各种各样的问题直接影响着真实瞬间服务的创新，其影响因素主要来自客户、管理者、员工三个方面。

1）换位思考

换位思考就是客户导向创新真实瞬间服务。不同类型的用户对电力产品的需要和欲望存在较大的差异，而每个客户个体的生活方式、偏好、预期和需求都因人而异，而对于同一客户其特征也随着时间的推移而改变，其生活方式、偏好、预期和需求都是在不断地变化中的，这就使得与客户对应的需求不断变化，在真实瞬间服务过程中很难把握，这无疑增加了真实瞬间服务的难度，同时影响着真实瞬间服务的质量。

对真实瞬间服务而言，重要的不是做了什么或没做什么，而是客户感受到了什么。并且提供哪些服务、提供什么样的服务也不是电力企业决定的事，而应该由客户做主。只有通过角色调换才能够真正懂得客户的感受，了解客户如何感知、客户感知到什么、客户感受的程度、感知的代价，才能有针对性地创造积极的真实瞬间。

了解客户如何感知，就是了解用电服务通过哪些渠道传递给客户，也即客户接触点的确定。不同类型的用电服务，客户的接触点不同。例如，大客户用电服务，客户的接触点在于大客户经理，客户与大客户经理接触时段内，其活动的各个地点都属接触点。当然，客户的感知还包括等待的时长、环境的整体感受、问题处理的满意度等。对于95598服务而言，客户的接触点在于：接通率、接通速度、应答清晰度、问候语、语调、语气、业务熟悉度、服务意识、问题解决程度等。在这些接触点中，不同需求的客户、不同等级的客户关注的侧重点也有所不同。

客户感知到什么，指营销人员提供的用电服务与客户感受到的服务是否一致的问题，也就是执行力与执行标准的问题。真实瞬间服务不全是靠创新，把细节做好并能坚持，就算成功。在工作中，营销人员经常会有很多很好的想法与做法，但由于执行的问题，而影响甚至破坏了这种效果。客户感知其实就是一些细节给客户造成的感受，所以真实瞬间服务创新要站在客户的角度来切身感受，在营销人员做真实瞬间服务的时候，也要搜集客户的真实感受。

客户感受的程度包括两个问题，一个是客户的感受是不是他所需要的，或者说，客户的需求与感知的差异。另一个问题是客户的感知能否促使客户采取正面的行为。企业在提供真实瞬间服务的时候要站在客户的角度去看，这是否是客户真正需要的。在这个问题上，可以通过客户体验捕捉，仔细观察、分析客户在接受用电服务时的体验，这种体验甚至包括客户的心情、表情、坐姿等，真正从客户的角度捕捉客户的真正需求。感知是否能够促使客户采取正面的行为问题，像营业厅提供雨伞一样，这种关怀会给客户留以印象，但不至于让客户因为这一把雨伞来提升忠诚度。作为用电服务，其服务的核心因素仍在时效、全面、环境、价格、速度等，但这一细节确实会让客户留有印象。一次好的客户感知不难制造，但抓住客户，还要看客户感知的力度与频率。

2）提供超知服务

提供超知服务就是从员工角度创新真实瞬间服务，提供超出客户认知的"超知服务"。要提供超知服务，首先要吃透业务，对于用电服务人员来说对业务的熟悉是进行真实瞬间服务的基础，在服务的过程中员工只有最大限度地掌握业务知识，才能够在真实瞬间服务的过程中挥洒自如。想要使自己的业务精通就必须在真实瞬间服务过程中通过不断的学习与积累，不断地总结和反思，也只有这样才能够在真实瞬间服务过程中游刃有余。在熟悉业务的同时还要熟悉客户，了解客户、研究客户，不断地与客户沟通、交流，才能从真正意义上掌握客户的需求、动机、理念、习惯及用电特性，从而创新真实瞬间服务，方便用电服务的延展。我们所身处的是一个具有多样个性的社会，客户的生活方式是影响其需求和态度形成的关键因素，这些因素可以分为两类，内因和外因。内因包括情感、感受、学识、情绪、个性；外因包括统计特征、社会地位、相关人群、家庭成员、负荷特性、文化、价值观。因此在服务的过程中不能仅仅依靠客户资料以及个人印象来为客人提供真实瞬间服务，而是不断地通过沟通了解客户，排除服务障碍，创新真实瞬间服务，适应不断变化的客户需求。

衡量真实瞬间服务创新水平的高低，依据是用电服务人员态度和行为所表现出来的服务状态和水准，主要包括服务项目、服务态度、服务方式、服务时机、服务效率和服务技能。

服务项目是为满足用电客户的需要而规定的服务范围和数目。用电服务项目的多少，一方面反映服务的档次，另一方面直接关系到客户的方便程度。

服务态度指电力员工在对客服务中表现出来的主观意向和心理状态。电力员工服务态度应该做到主动、热情、耐心、周到，这主要由员工的职业品行和情绪劳动所决定。

良好服务态度的外在表现就是：先听清楚客户问题和要求，判断客户类型和个性特点，同一问题不同的客户其服务要求也不同，针对不同的客户个性，实施不同的真实瞬间服务方式，特别注意语气和形体动作。

服务方式是真实瞬间服务活动的表现形式，在一定程度上反映了用电服务的适应性和准确性。让客户感受到你在帮助他，而不是敷衍他，真实瞬间设计的解决问题关键在于进步和改善，哪怕是客户的责任也不要推卸，解决问题尽量以商量的口气，去征询客户意见，实施有针对性的客户真实瞬间服务，实施针对客户服务，关键根据客户个性采用适合的真实瞬间服务方式。

服务时机指在什么时候提供服务，包括营业时间和某一单项服务行为提供的时间，在一定程度上反映了用电服务的适应性和准确性。

服务效率指用电员工在对客服务过程中对时间概念和工作节奏的把握。用电服务效率应该做到准确、及时。

服务技能指用电员工在对客真实瞬间和服务过程中所表现出来的技巧和能力。由于用电服务提供与客户消费的同一性特点，员工的服务技能就直接构成服务质量的要素。用电员工的服务技能必须达到准确、娴熟的要求。

真实瞬间服务过程具有不可逆的特性，在真实瞬间创新设计中必须把握"火候"，既不能"火候"欠缺，也不能"火候"过大，导致过犹不及。真实瞬间服务是人对人的服务，高明的员工不能一味地、不分对象地表现自己的热情，虽然热情是用电服务的基本要求之一，但是和谐自然才是服务所要达到的最高境界。要做到和谐自然，就必须把握"火候"。不要让客户在接受服务的同时感到别扭，不要向客人提供他们本人并不希望的过剩服务，也不要由于真实瞬间服务而影响和干扰客户的正常活动，最好让客户在不知不觉中享受真实瞬间服务。

3）适当授权

向营销人员适当授权就是从企业管理角度创新的"真实瞬间"服务。授权指企业管理者给予员工在与工作相关的活动中进行日常决策的处理权。用电服务既强调不出错，又强调随机应变；既要在整个服务过程中始终无懈可击，又要在各个"真实瞬间"不拘一格而善于应客户之所急。用电客户的需求千差万别，这就要求一线员工要有较大的自由和活动余地，使其能够在用电服务过程中，根据不同客户的需要和期望量体裁衣，灵活和创新地向客户提供"真实瞬间"服务。

首先，在客企接触的真实瞬间服务中采取一定的授权，有利于提高员工的满意度。因为拥有权力和自主性是员工的自然要求，授权有利于增强员工的成就感和自豪感。其次，一定的授权能增加员工的自我效能，提高处理应急事件的能力和为客户提供个性化的服务的能力，并对客户的服务需求及时做出反应。当员工获得较多的工作处理权时，他们的自我效能就会提高，因为他们可以决定如何用最好的方法来完成给定的工作。鉴于客户的服务需求各不相同且难以预测，如果员工得到授权对客户特殊的需要做出快速反应，就有更大的可能性在短暂的真实瞬间服务中让客户满意。一旦问题发生时，现场解决问题的能力对客户有十分重要的影响，但在实际用电服务中，当客户提出某项服务要求时，我们经常听到一些员工说"不行，这违反了规定"或"必须向主管请示一下"，此时未经授权的员工不是立即采取措施尽量让客户满意或对服务差错及时修正，而是互相推诿，甚至把客户丢在那儿请示主管，这种做法极容易增强客户的不满意感，很难达到客户满意的最终目的。再次，能发挥员工的主动性和创造性，充分利用蕴藏在员工中的资源和智慧，由于一线员工直接与客户接触，他们非常了解客户的需要和现存服务体系中存在的问题，清楚哪些政策和规定是可行的，哪些是不可行的，哪些规定应修改，以及客户对用电服务的反应如何等，他们清楚如何创新"真实瞬间"服务，才能贴近客户的需求。同时，授权能让员工把自己当作电力公司的主人，不但对工作负责，主动进行"真实瞬间"服务创新，而且认为工作富有意义，从而使员工在满意的状态下为客户提供满意的"真实瞬间"服务。

当然，用电服务是一个整体的概念，如果只强调一线服务人员的创新作用，就容易使营销服务脱节。为此，要想把真实瞬间创新落到实处，还应研究客户服务圈，建立"后台为前台服务，前台为客户服务，上级为下级服务，机关为站所服务，全员为客户服务"的体系，使公司每一个职能部室，都承担着一定的用电服务任务，一线人员为客户提供服务，其他人员为一线人员的工作提供服务，使服务形成合力。在此基础上，建立"内转联动服务制度""全程代理服务制度"等一系列服务措施，加强部门、岗位间的合作性与协调性。

12.2 用电服务接触分类

服务接触是用电客户与服务系统之间互动过程中的真实瞬间，是影响客户服务感知的直接来源，服务质量很大程度上取决于客户感知，客户感知又以服务接触能力为基础，根据用电客户参与程度，可以把服务过程大体分为基本不与客户发生接触的后台服务支持过程和直接与客户打交道的前台服务接触过程。前台服务接触过程是影响客户服务质量感知的主要来源，客户对服务质量问题的抱怨和不满主要集中在这一接触环节。通过对服务接触及服务接触能力进行深入分析，明确服务接触的内涵、属性、特点和作用，探明服务接触对客户感知服务质量的影响关系，确定关键接触点，指出服务改进重点，以达到控制服务质量波动，提高服务运作管理能力，提升客户满意的目的。

12.2.1 服务接触

服务接触的概念最早出现于 20 世纪 80 年代美国市场营销协会（American Marketing Association，AMA）关于"服务质量"的研讨会，但至今仍没有形成统一定论。国内外学者对服务接触都有着各自的理解。所罗门（Solomon）等人认为服务接触是服务情境中，供应者与接收者间的面对面互动，对于服务质量控制、服务传送系统及客户满意等方面有较大的意义。苏派让特（Surprenant）把服务接触定义为"客户和服务提供者之间的二元互动关系"。比特纳（Bitner）在前人研究基础上，扩大了服务接触的内涵，进一步指出服务接触是抽象的集体性事件和行为，是客户与服务传递系统间的互动，而此互动会影响客户对服务品质认知的评价。他把客户可能与组织发生作用的所有方面都看成服务接触的内容，包括一线员工、客户、实体环境及其他有形因素等对象。洛克伍德（Lockwood）认为服务接触除了人际互动之外，还包括了其他有形、无形的因素，如营业员、实体环境等，这些因素也会影响客户与服务提供者之间的互动。苏派让特和所罗门将服务接触定义为"客户与服务提供者之间的动态交互过程"。肖斯塔克（Shostack）和比特纳等认为，客户接触不仅限于客户与服务提供者之间的互动，而且包括客户与服务设施及其他有形物之间的接触。范秀成认为，服务过程中除了客户与营业员和设备之间的互动外，还应包括客户之间的互动，因为现场客户会影响其他客户对服务质量的评价。

接触管理又称接触点（contact point）管理，指电力用电服务决定在什么时间（when）、什么地点（where）、如何接触（how，包括采取什么接触点、何种方式）与客户或潜在客户进行接触，并达成预期沟通目标，以及围绕客户接触过程与接触结果处理所展开的管理工作。这是20世纪90年代市场营销中一个非常重要的课题，在以往客户自己会主动找寻用电服务息的年代里，决定"说什么"要比"什么时候与客户接触"重要。然而，现在的市场由于资讯超载、媒体繁多，干扰的"噪声"大为增大。目前最重要的是决定"如何，何时与客户接触"，以及采用什么样的方式与客户接触。用电服务与客户有效接触的核心目的是获得客户最大化满意，最终实现最大化营销，并获得品牌忠诚。但是，接触过程必须在科学、系统的管理之下才会有好的效果。客户接触点管理的核心是用电服务如何在正确的接触点以正确的方式向正确的客户提供正确的产品和服务。

用电客户接触点就是用电服务与客户产生信息接触的地方，即运送用电服务信息的载体。它不仅包括广播、电视、报纸、杂志、户外、因特网等媒体，还包括邮寄、服务产品、营业员、营业厅布置、网站、交流用电服务体验的亲友等，只要能成为传播营销信息的载体，就可以视为接触点。

在用电服务的每一次服务接触中，总有一些对客户满意度产生重要影响的事件。服务接触是用来表示在用电服务期间，在客户与营业员之间的个人对个人的直接接触。每一次服务接触都跟随四个步骤：对客户预期的感知；把感知转换为服务计划；服务传递；与客户对服务进行沟通。客户满意度较高的营业厅服务、"95598"服务、现场服务或外部媒介转入服务中，一线营业员往往充满了高度的活力、成就感，甚至是兴奋，而在另外一些客户满意度很低的服务单位，到处弥漫着一种疲倦、冷漠和事不关己高高挂起的氛围。显然充满了高度活力、成就感的营业员更容易与客户进行很好的服务接触，高满意度的用电服务进行的是高质量的服务接触。

12.2.2　服务接触的类型

关于客户接触类型，学术界存在着不同的划分方法。肖斯塔克（Shostack）将客户接触分为面对面接触、电话接触和远程接触；比特纳（Bitner）等将客户接触分为面对面接触、电话接触和互联网接触；国内还有人将客户接触分为人与人接触、人机接触和人与技术接触。客户接触十分重要，泽萨姆尔（Zeithaml）等认为，客户正是在客户接触时建立其服务质量感知的；诺曼（Normann）将客户接触称作关键时刻，并认为"感知的质量是在服务提供者与客户在竞技场上相遇的那一关键时刻实现的";凯弗尼（Keaveney）在对 838 个导致客户转向竞争者的原因调查中发现，失败的客户接触排在第 2 位（34%），仅次于核心服务故障（44%）。

1. 按照接触方式分类

按照接触方式可将服务接触分为远程接触、电话接触和面对面接触三类。远程接触是一种不完全发生在人与人之间，借助某些新型科技手段进行的接触方式。可以是人与人的交流，也可以是人与物的接触。电话接触指以电话为接触媒介进行交流，此时接电话语气、处理问题的效率即成为质量评价准则。面对面接触，是用电服务最常见的一种接触方式，这类接触决定质量的因素更加复杂。例如，营业员制服在很大程度上会影响客户对于服务业者的印象。

2. 按照接触主体分类

服务接触依据接触主体还可以分为以人际互动为基础和以人与科技之间互动为基础这两类。然而随着资讯科技的进步，科技开始应用于服务接触，服务接触的形态由传统人员接触，转变成由网络达成服务之自助服务科技，即客户在无营业员涉入之下，自行完成服务交易。传统人员服务接触的形态，服务提供者与客户间具有紧密的互动关系，但由于作业效率与客户便利性的因素考量下，有些客户则会选择不需要亲自到场的服务，即透过网络与用电服务完成服务交易。

3. 依据客户参与程度分类

根据客户在用电服务中的参与程度可以把服务接触分为三大类，即高接触性服务、中接触性服务和低接触性服务。高接触性服务指用电客户在接受服务的过程中参与其中全部或大部分的活动，客户由于很直接的参与到服务过程中，在很大程度上决定了需求的时机和服务的性质；中接触性服务指通过第三方，如银行、律师、物业等提供的服务，客户只是部分地或在局部时间内参与其中的活动；低接触性服务指在用电服务过程中客户与服务的提供者接触甚少，他们的交往大都是通过一些设备来进行，如人机对话、网络、信息中心等提供的服务。客户视角的观点有利于用电服务更深刻地认识客户与用电服务的关系、客户与电力产品的关系、客户与营业员的互动关系，从而准确识别客户价值感知的驱动来源。

接触程度指服务体系为客户服务的时间与客户必须留在服务现场的时间之比。这个比值越高，客户和服务体系接触程度就越高，反之亦然。据此，将服务体系划分为三种类型：纯服务体系、混合服务体系和准制造体系。纯服务体系与客户直接接触，其主要业务活动需要客户参与；混合服务体系的"面对面服务"服务工作与后台辅助工作松散结合在一起；而准制造体系与客户几乎没有面对面的接触。

4. 根据用电服务的工作特点分类

在用电服务过程中，服务接触主要体现在服务内容、服务方式和营业员上，按用电服务内容分类，服务接触主要发生在用电报装及变更、抄表收费、故障抢修、用电检查、电能计量、投诉举报、咨询查询、业务宣传，电力需求侧管理等方面。根据用电服务的工作特点，把用电服务接触分为功能接触、人员接触、环境接触和远程接触四类。

1）功能接触

功能接触指用电服务中客户可感知到的为其所提供的服务内容。客户在获取电能时，功能接触的水平直接关系到客户能否获得想要的服务及能够获得服务的程度。随着社会的发展，用电服务越来越注重客户个性化需求的满足。客户的个性化需求不仅仅对用电服务提出了更高的要求，对服务功能也是巨大的挑战。如何让更多功能服务于客户的个性化需求，成了客户评价服务水平的主要因素之一。特别是在客户接受服务时，服务提供者的服务能力，直接关系到客户能否获得想要的服务以及能够获得服务的程度。对于用电服务来说，"为民、便民、利民"是其最主要的服务，接电是否及时、电压是否稳定、供电是否不间断、服务承诺履约程度都会影响客户对于该服务功能的评价，从而决定了客户对服务满意的高低。用电服务提供的服务功能越强大，其服务内容越完善，越能更好地满足客户的个性化需求，从而更容易达到客户的期望值，使客户对用电服务的满意感越高。而高度的客户满意感，会使客户更加忠诚于用电服务，并且愿意继续保持这种客户关系。

2）人员接触

通过"人与人的互动"将用电服务传递给客户，是电力企业服务于客户最重要、也是必不可少的方式之一。人员接触是用电服务通过营业员与客户之间面对面的互动，将服务传递给客户的过程。人员接触包括客户与营业员的直接接触和客户通过各种媒介与营业员的间接接触两方面。无论是直接接触还是间接接触，营业员与客户的短暂的互动不仅是企业了解客户需求的重要途径，同时也是维系客户关系、树立企业形象的最佳时机。因此，营业员在接触中占有很重要的地位。客户与营业员间的互动非常微妙，客户是服务的接受人，也是用电服务过程的重要协作者。双方的友好互动，不仅可以为涉及该服务过程的所有客户留下美好的服务经历，也能使用电服务效果到达最佳状态。反之，不友好的互动，常常会导致一系列失误，甚至对电力企业的整体形象造成影响。尤其是直接与客户接触的一线员工，如前台窗口营业员，他们的一举一动、一言一行都代表着企业的形象。客户对于服务质量的感知和评价不仅与营业员的服务能力、服务意愿等有关，而且与营业员当时的仪态仪表、心理状态、身体状况，甚至交际能力等都是高度相关的。双方的友好互动，不仅能使用电服务的服务效果达到最佳状态，还可以为涉及该服务过程的所有客户留下美好的服务经历，从而使客户更愿意同供电企业继续保持交易关系。反之，不友好的互动，常常会导致一系列失误，甚至对用电服务的整体形象造成影响。可见，营业员热情的服务、诚恳的态度和专业的指导，对于提高客户满意、维系客户关系具有重要的意义。

3）环境接触

环境接触指客户接受服务时对所在服务环境的感知。服务环境被认为是非语言沟通或物体的语言，是服务互动过程不可缺少的成分，服务环境的感知会影响客户对用电服务质量的评价。服务环境的概念有广义和狭义之分，广义的服务环境定义包含较抽象的社会环境，而狭义的服务环境定义与实体环境一致，又称"服务场景"。对客户产生现场影响的多为服务环境的狭义概念。服务环境是作为互动的媒介而存在的，它不仅能影响到人们对用电服务的评价效果，还会影响客户对服务的认知和情感。服务环境由多种要素组成，它作为互动的媒介，直接影响到服务提供者和客户的心理感受和行为，每一个客户都会与有形环境产生互动，要么得到环境的帮助，要么受到环境妨碍。良好的服务环境会使客户进行交易时减少时间浪费、更加方便快捷。服务环境直接影响到服务提供者和客户的心理感受和行为，客户若感知到服务环境是高质量的，客户对于该经历就更加满意。对于用电服务来说，便利的地理位置、良好的服务环境和合理的营业时间不仅可以降低客户的使用成本，也为其在客户心目中的形象增色不少，把"你用电，我用心"的服务理念贯穿到环境接触中，能提高客户服务满意度。

4）远程接触

远程接触是一种不完全发生在人与人之间，借助某些新型科技手段进行的接触方式。随着互联网等技术的不断进步，用电服务开始借助某些新型科技手段提供服务，以便更好地服务于客户，如电话自助服务、网上服务、人机对话、远程缴费等。特别是对于用电服务来说，提供远程服务是不可或缺的。远程服务可以使客户更加方便、快捷地办理业务，提高了用电服务的服务效率；同时也可以降低用电服务的人力、物力、财力等的浪费，提高了服务的效率。但是用电服务通过远程服务系统为客户提供服务的同时，客户对于远程服务系统的认知也会影响到客户同企业之间的关系。因为，客户对于远程服务的感知情况是客户评价该企业服务状况的重要组成部分，远程服务接触的好坏将直接影响客户对于该企业服务状况的判断，远程服务接触也是客户评价服务接触状况的重要组成部分之一。因此，只要坚持民生为重、服务为先的出发点，不断提升远程服务的手段和功能，客户服务就会获得满意的回报。

12.2.3　峰终定律

根据峰终定律，用户体验的关键点就是"高峰点"和"终点"，因为用户对这两个关键点体验的记忆最为深刻。强化用电服务体验的关键点（体验高峰和终点），首先应确认体验的关键点，即体验高峰点，也就是用户记忆最深刻的体验之一。服务的体验终点比高峰点较易确定，通常是用户完成任务，使用结束时的感受。例如，用电申请完成时的体验，网上缴费完成付款的感受等。

1. "峰终定律"

"峰终定律"（peak-end rule）是 2002 年由诺贝尔经济学奖得主丹尼尔·卡恩曼提出，他将源于心理学的综合洞察力应用于经济学的研究，指出影响人们体验的是所谓的"峰"和"终"两个关键时刻的经验，在"峰"（peak）和"终"（end）时的体验主宰了对一段体验的好或者坏的感受，而跟好坏感受的总的比重及体验长短无关。也就是说，如果在一段体验的高峰和结尾，用电客户的体验是愉悦的，那么对整个体验的感受就是愉悦的，即使这次体验中总的来看更多的是痛苦的感受。在用电服务接触点设计要根据峰终定律，判断客户体验峰终时刻及核心需求，强调注重客户"峰"值时刻的核心需求和服务过程的"终"点体验。而这里的"峰"与"终"其实这就是所谓的"真实瞬间"，是用电服务最具震撼力与影响力的管理概念与行为模式。从客户体验"峰终"关键时刻入手，变粗放/线条式的服务管理为模块化、可编辑的服务管理;变"眉毛胡子一把抓"为抓关键要素,解放和发展用电服务资源,强化一线人员关注服务重点;体现智慧服务,变被动服务为激情服务,从内心为客户创造愉悦感。

比较同类服务是客户评价服务质量时经常会考虑的问题,比较优势有可能就是客户体验中满意度比较高的关键点,这些关键点的强化有助于用电服务的延伸。用电服务的体验峰值包括正面体验峰值和负面体验峰值,正面体验峰值能提升用电服务在客户心中的形象,同样,负面体验峰值能够降低用电服务在客户心中的正面形象。负面体验峰值越大对用电服务形象产生的负面效应越明显。企业需要消除客户负面体验峰值,但更应提升正面的峰值体验。只是消除负面体验,只能获得平庸的客户体验。

从公司宗旨和同类服务比较中可以获得服务的负面体验峰值,这些峰值代表服务在客户体验中显示出的消极因素,也是服务自身缺陷的表现。因此,积极改善服务的这些不足之处,尽量减小服务的负面体验峰值,相对提高了服务正面体验峰值。在同类服务的比较中,竞争中减小服务负面体验峰值带来的效果更加明显。

用电服务的核心服务是让客户更好地使用电力产品。优质的客户服务让客户感觉到便捷、安全、态度良好、环境舒适,竭力让客户在整个服务过程中保持愉悦,尤其是保证客户对峰值(业务办理、服务过程体验等)和终结(离开)时的感受是有效的,记忆是美好的。为达到此目的,需要引入"峰终"规则来指导用电服务接触点设计。第一,梳理用电客户从递交用电申请到 95598 体验到的一般环节,寻找问题突破点;第二,过滤客户感知影响较大的"真实瞬间"和"峰终"体验,寻找问题解决的重点;第三,研究客户在"峰终"体验及其他关键时刻的服务要求和期望,提升服务关注度和资源配置;第四,探索用电服务标准与客户需求距离,为服务规范的完善提供参考建议;第五,根据满足用电客户"峰终"体验及其他关键时刻服务需求,提出资源配置和后台支撑建议。以客户体验时刻及需求为起点,实现客户"峰终"时刻及所有关键时刻核心需求向服务风险管控转化。

2. 客户接触需求挖掘

客户接触需求有客观"存在"的一部分,这一部分供电公司营销部都会去研究;客户接触需求的另一部分则是"潜在"需求,这一部分往往被用电营业员所忽视。"存在"指的是已经表现出的需求,"潜在"则指尚未表现出来的、将来的需求,它需要通过一些服务行为进行引导才会体现出来,进而向"存在"需求转化。需求挖掘正是立足于对"潜在"特性进行的系统分析,如隐性广告(subliminal advertising)、潜在需求(hidden demand)、隐性需求(implicit demand)、无意识需求(unconscious demand)、能够意识到但不能用语言表达的需求(conscious but non-verbal demand)、能够意识到且能用语言表达的需求(conscious and verbally described demand)、未阐明的需求(non-articulated demand)、非理性因素(non-rational factors)、隐性知识(tacit knowledge)及隐性理解(tacit understanding)等,尤其是广告的引领,"做大靠产品、做强靠品牌、做久靠文化"。国家电网公司在"十二五"规划品牌建设发展目标和任务中指出:"要深入实施品牌引领战略,全方位提升'国家电网'品牌的知名度、认知度和美誉度"。由此可以看到建立品牌管理体系，提升品牌的知名度、认知度和美誉度是国家电网品牌战略的重要组成部分。

客户接触需求挖掘特性分析，在于探求客户的需求延伸性和需求的强度，进而发现新的用电服务机会，制定新的用电服务策略。客户需求的延伸性描述了客户需求中的显性和隐性需求，对核心产品的需求和对延伸服务的需求。这种延伸性体现为由一点向四周发散开来的对相关电力产品和服务的需求，客户需求的延伸性在于提升需求层次和空间的认知，加强客户需求量和变化的分析。客户需求的强度描述了需求与欲望在强度上的增长和消退，这取决于自然延伸的需求和被感知的需求。显然，对于所有用电客户需求而言，特殊事件不会产生相同的需求和欲望。需求欲望的强度很大程度上是由客户应对环境变化的过程中产生的。

客户接触需求是不断变化的，是一种运动状态。需求的客观状态是由客户所进行的活动及其所处的社会环境和知识结构等客观因素决定，这是一种不以客户的主观意志为转移的客观需求状态。需求的认识状态指不同用电目的产生的需求，有了不同的接触需求，客户才能通过各种途径和方式来获得满足。在实际的用电消费过程中，客户对客观接触需求的认识取决于主观因素和意识作用。接触需求的表达状态指用电服务是针对客户表达出来的接触需求开展的，接触需求的表达与认识有关，只有认识到接触需求才可能得以表达，而表达的准确性和完整性由用电客户的知识结构、业务素质、表达能力等因素决定。

关于接触需求结构特性的分析，可以从两个不同的方面加以分析。一方面，隐性接触需求体现了信息认知的本质，这是用电服务中的客企互动过程。客户对自身的接触需求有着清晰、模糊的认识或没有认识，用电服务对客户接触需求的把握也会处于一种不对称状态，因而，某些接触需求是显性的，是用电服务的功能能够覆盖的；另外一些接触需求则是客户认识模糊和难以表述，需要用电服务努力进行挖掘才可能显现。另一方面，隐性接触需求体现了服务价值感知的强度。对用电服务而言，可能是提供生理的、心理的或精神方面的服务功能，对客户而言，可能表现为获得基本的、期望的或兴奋的接触需求满意程度。这表明客户对自身的接触需求域（反映一种接触需求倾向对多种服务功能的影响）存在层次性的认识，满足自身接触需求的价值感知也具有差异，也表明用电服务对需求域（反映一种服务满足多种需求的能力）的探求和提升客户感知价值的期望。

12.3 用电服务接触点管理

12.3.1 接触点设计

1. 用电服务接触点

用电服务一般包括服务产品（如供电服务等）和服务功能（如交费、查询等），基本服务流程是业务受理、业务报装、供电营业区管理、用电检查、反窃电、供用电合同、营业档案、电费抄表、核算、收费管理、销售电价执行等，传统的用电服务接触是把服务过程分为前台（如营业厅、客户服务热线）、后台（如安全监察质量部、运维检修部）员工行为和支持保障（如人力资源部、财务资产部）员工行为，而与客户接触的只是前台营业员行为和部分的后台员工行为，前台营业员的服务行为是决定客户消费感受的最主要因素。这种服务接触模式的缺点是，前台的营业员往往难以及时得到后台及支撑部门的有效支持，在服务环境、服务方式等方面显得有些孤立，难以适时满足客户的变化需求。在现代用电市场中，客户的需求呈现多样化、个性化及快速多变化的特征，需要改变用电服务提供过程的前、后台的简单服务接触模式，使用电服务的所有服务或业务职能部门都直接面向客户，倾听客户的声音。但是，只是注重客户爱好的接触点设计，永远不能满足客户的需求。因为爱好是易变的，是随着用电服务让其满足而增加的，并且还会留下一个难以填满的更大的"沟壑"。因此，用电服务关注的不仅是客户对功能需求、感官需求和认知需求的满足，而且是心灵需求的自我满足。前者是基于感性和思维产生的对基本服务满意，而后者是基于心灵道德力量产生的自我满意。

2. 关键接触点

要大幅度提高用电客户满意度，就要在每一个客户接触点上做好服务。而要快速见到效果，就要找出关键接触点，并集中力量把关键接触点做好。在操作过程中，首先要考虑电力职工何时何地以何种方式与客户接触；在每个接触点上，实际的客户体验是什么样的，每个接触点究竟传达了什么内容，有没有达到客户的期望，有没有带给他们超乎预期的不同体验，用电服务分配了哪些资源到每个接触点上；是否花了太多钱在没有什么影响力的服务上，但在客户觉得对本身的体验很重要的点上却投入太少，同时所分配的资源是否关照到了客户认为重要的接触点；有没有昂贵的服务接触反而造成了负面的影响。

3. 确认有效接触点

营业员要确认那些大部分人所记得的接触点。例如，询问被访者，他第一次办理用电按业务的时间地点及获知用电服务信息的途径等。确认关键接触点，客户接触用电服务的途径成百上千，但是对营销者而言，真正有意义的是那些对客户满意起决定作用的关键点。第一，最能影响客户服务感知的关键点；第二，最能说服客户的服务信息传递关键点；第三，最能引发客户忠诚的关键点。了解尽可能多的接触点。这是分析客户接触点的第一步，就是列出一张足以影响客户满意度的各类接触清单。为完成此过程，需要进行深入的客户调查，通过现场观察、模拟客户体验、客户定性访谈确定初步的接触点及需求；通过对用电服务内部访谈对接触点进行进一步修订，并根据客户访谈和内部访谈确定"真实瞬间"与客户关注点，确定定量研究问卷；将各种调查资料进行定量分析；按照客户接受服务过程的习惯对定量研究结果进行加权，确定总体客户需求水平；得出客户对各接触点及峰终体验时刻各需求要素的重视程度；确定峰终体验及其他关键时刻的核心需求；形成客户接触点管理的规范指导意见。

4. 确定各接触点的重要程度

确定各接触点对客户的重要程度，一般可使用等级顺序量表、分项评分量表、常量和量表以及端位量表等进行分析，这几种量表中，最易操作并易被理解的是分项评分量表，它要求客户在一个特定的重要性量表上为每个结果评分，一般可从重要到不重要分为五级或七级。虽然这种方法精确性不是很高，但也能够反映出客户对接触需求层次的内心体验。

以供电服务营业大厅为例，一般常用的方法是通过一连串的现场观察、模拟客户体验、客户定性访谈确定初步的"真实瞬间"及需求；根据客户访谈和内部访谈确定"真实瞬间"（接触点）客户关注点，确定定量研究问卷；按照客户到厅习惯对定量研究结果进行加权，确定总体客户需求水平；得出客户对各接触点的重视程度。供电服务营业大厅客户接触点如图12-1所示。

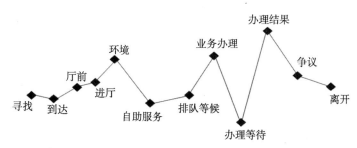

图 12-1　供电服务营业大厅客户接触点

图12-1展示了客户接触用电服务的通常途径。环节划分是站在客户角度进行划分的，表12-1为各接触点客户重视程度，平均值8.55，平均值之上指标认为重视程度相对较高。使用此种清单负责用电营业员就能找出能够诱发客户联想到电网品牌和服务产品的重要接触点。

表 12-1　各接触点客户重视程度

寻找	到达	厅前	进厅	环境	自助服务
8.27	8.18	8.42	8.46	8.86	8.01
排队等候	业务办理	办理等待	办理结果	争议	离开
8.14	8.93	7.8	9.33	8.71	8.5

在客户内在需求的满足过程中，需求认知和接触点创意的不足暴露得越明显，对需求条件的具体匮乏感受得越强烈，接触点创意的方面和方向也就越明确。客户需求结构尽管越来越复杂，但它的挖掘仍然是以另一个层次的系统"需求拓扑"为条件的。这种需求拓扑的演进就表现为点需求、链需求、面需求到网需求的拓扑扩散过程。

5. 泛服务接触点

泛服务的概念尚未引起广大用电服务者注意，泛服务并非各种服务族的任意组合或简单的堆砌，它必须是在充分挖掘客户隐性需求和实现用电营销战略目标的基础上进行。隐性需求是处于客户潜意识中的、尚没有明确意识到和表述出来的，令客户期待和感到兴奋的需求。开发隐性的需求信息和充分利用泛资源，使泛服务能满足客户需求族，是接触点设计满足客户需求的前提，也是用电服务开发泛服务的目标。泛服务指为了满足客户需求，供电企业可利用的泛资源，以客户利益为中心，整合服务功能所组合的服务族。泛服务可由核心服务族、辅服务品族、支服务品族的交集所构成。在泛服务客户接触点设计的规划阶段要做三件事：拟定基于客户接触数据的目标描述；基于目标描述的规格和特性说明；基于规格说明和特性优先级制定的进度表。规划阶段中最重要的事情是如何让整个用电服务开发组的成员对共同的目标形成共同的认同，而且，目标描述要有一定的预见性，以满足客户变化的需要。社会在不断地进步，用电服务在不断地创新。泛服务接触点开发模式也是一个动态变化的过程，每一种理论的产生都有其深刻的时代背景，传统的服务接触点开发模式对于现代社会中的众多需求和个性化需求而言，很难发挥其应有的作用。为此，要有针对性地认真研究用电服务和客户心理变化，充分挖掘客户的隐性需求，完善新型的泛服务接触点开发模式。

按照从用电报装及变更、抄表收费、故障抢修、用电检查、电能计量、投诉举报、咨询查询、业务宣传、电力需求侧管理等的用电服务流程，或从营业厅服务、"95598"服务、现场服务、外部媒介转入等服务方式中排列核心过程。寻找各个核心过程的客户接触特征；用电服务作业中客户置身于何处；客户接受服务时的知觉风险；客户的期望是如何形成的，适当与渴望的期望之间有何差别；客户的需求变化及服务提供的质量变化，以及探讨减少（或增加）客户接触的频率是否会影响到他们的服务体验。在各个关键服务接触点上为客户提供技术精良、方便到位的服务，才能给客户带来愉悦的消费感受，并不断增强客户体验，赢得客户满意。决定能源市场竞争胜负的关键就是客户满意，只有不断提高客户的满意度，才能建立起客户对用电服务的忠诚度，进而提高电网品牌竞争力。

12.3.2 各类服务接触关键点管理

在我国社会市场化的初期，小幅的服务质量提升就能给用电客户带来较大幅度的满足感。但随着社会服务质量水平的普遍提高，用电客户对因服务质量提高而带来的满足感边际递减，服务质量从高激励因素转变为低激励因素，最后变为保健因素。在同类行业服务出现同质化时，服务质量甚至不再成为用电客户的价值驱动因素。在客户体验服务接触条件下，服务质量对客户感知的推动作用逐步减弱，体验的作用增强，成为客户感知最重要的一个驱动因素。在客企接触体验过程中，体验因素成为客户服务感知的载体，必须强调的是，体验是客户参与用电服务过程中或参与后的认知或情感反应，是一种主观感受，接触体验提供的不可能是这种主观的体验。也就是说，接触体验是间接的而不是直接的感知提供物，用电服务是无法直接生产体验并提供给客户的，他们只能提供可以让客户产生体验的接触条件或舞台，或是与某一接触条件和舞台相联系的服务，接触体验是客户自己产生并被自己消费的。

1. 功能接触管理

功能接触指客户可感知到的用电服务为其所提供的服务内容及构成，因此在客户获取用电服务时，功能接触的水平直接关系到客户能否获得想要的服务及能够获得服务的程度。对于用电服务来说，回答问题是否准确、声音是否清晰、电压是否稳定不断线、电网覆盖程度都会影响客户对于该服务功能的评价，决定了客户对服务的满意感知的高低及客户的去留。用电服务提供的服务功能越强大，其服务内容越完善，越能更好地满足客户的个性化需求，从而更容易达到客户的期望值，使客户对用电服务满意感越高，并对用电服务的能力产生信任的感知，更加愿意维持同该用电服务的关系；相反，用电服务提供的服务不能很好地满足客户需求，客户将内心期望值与实际服务情况比较之后，会形成心理落差，从而会导致客户对用电服务的满意感知下降。同时，当客户发现用电服务没有足够的能力满足其需求时，也会对用电服务产生不信任的感知，客户的忠诚度也会下降。

功能接触对人员接触、环境接触及远程接触有至关重要的影响。对于用电服务来说，无论为客户提供的是电力产品还是维修服务，其为客户创造最基本的价值就是客户感知到的功能。对于电力供应来说，用电服务所提供的核心服务是能使客户安全、可靠地用电，因此，客户在功能接触中感受到的电压高低、供电连续性、停电次数、恢复供电的及时性和电网覆盖程度等都会影响客户对其他服务及整体服务水平的评价。如果客户在功能接触中感受到的是用电服务为其提供的高水平的核心服务，一定程度上会降低客户对其他支持性服务的要求。因此，当偶尔发生营业员的服务响应滞后，一些服务不能通过远程服务实现，或缴费不方便等，不会影响客户对服务整体水平的评价。同时，如果用电服务为其提供高质量的核心服务，会减少在其他接触中的业务处理量，从而使其他方面的服务能够更高质量地完成。例如，当客户在功能接触中感受到稳定的电压、连续供电、可信的用电量计量、故障排除及时等，客户服务要处理客户的投诉数量就会有所降低，这样使得营业员有充足的时间去解决每一件事情，从而使得客户的要求得到及时、准确的响应。当客户需要投诉的问题越来越少的时候，他们通过营业厅或通过远程服务办理业务的次数也会大大减少，这使得客户对营业环境及远程服务的要求有所降低。

2. 人员接触管理

人员接触指用电服务通过营业员与客户之间面对面的互动，并将服务传递给客户的过程。在服务接触中的营业员特指"一线员工"。所谓一线员工是在"前台"提供用电服务，直接与客户接触的工作人员。他们接触客户的机会比较多，是客户信息重要来源，其行为更是客户评价服务的关键。前台营业员的地位十分重要，许多具体的问题特别是服务质量都是与在前台营业员的表现紧密相关。营业员主动积极的态度是使客户肯定自身价值并满意的重要因素，即使出现了服务失误，营业员积极解决问题的态度也可瓦解客户的不快。客户感知到的营业员服务技能的熟练程度与其最终满意度有直接关系，营业员的举止体态和辅助语言等因素对于客户积极和消极情感反应均具有显著的影响，表面上营业员、客户间是服务与被服务关系，但在客户眼中他们是电力公司的形象代表，是提供服务质量的最终体现。一方面，营业员自信的精神状态、良好的气质、挺拔的站姿和得体的手势，都容易让客户产生愉悦满意的感知；另一方面，营业员热情的服务、诚恳的态度和专业的指导，使得客户对用电服务更加信任。可见，营业员对客户和用电服务都具有决定性作用，他们不仅是用电服务区别于其他行业同类服务、战胜能源竞争对手的一个重要方式，同样也是影响客户满意与去留的重要因素。良好的人员接触对改进服务质量、提高客户满意度、信任感和维系客户关系具有重大意义。

3. 环境接触管理

服务环境被定义为服务提供时客户所能接触到的所有实体的及服务场景中的"软环境"，如建筑物、服务设施、内部装潢、引导标记、营业员衣着、说明书、一张记事纸、一只纸杯等。服务环境的狭义概念即环境接触，指客户接受服务时对所在服务环境的感知。用电服务与客户之间的沟通与互动以服务环境为媒介，它不仅能影响到客户对用电服务的评价效果，而且会影响客户对服务的认知和情感。每一个客户都会与有形环境产生互动，要么得到环境的帮助，要么受到环境妨碍。良好的服务环境使客户获得用电服务时减少时间浪费、更加方便快捷。服务环境由多种要素组成，并直接影响到服务提供者和客户的心理感受和行为。客户若感知到服务环境是高质量的，客户对于该经历就会满意，今后就更加乐于再度接受该类服务。舒适的服务环境使客户接受服务时候心情愉快，当客户的需求一旦被满足，会很容易对服务形成满意感；同时若客户感受到的服务环境是干净、优雅的，也容易对用电服务形成信任感最终增加客户对该服务的满意度。

4. 远程接触管理

所谓远程服务即通过远程控制实现服务的目的与内容。任何对处在异地的客户或产品提供的服务都可以认为是远程服务。例如，服务商通过网上交流给客户提供信息的服务，供应商通过电话对处在异地的客户或产品提供的支持服务，营业员通过邮件向客户提供服务信息和知识的服务等。一方面，远程服务可以使客户更加方便、快捷地办理业务，极大地提高了用电服务的服务效率和服务质量，并且远程服务大幅度地削减了客户与用电服务的交易成本，使客户的满意度得到了提升。另一方面，当客户感受到作为支持性服务的远程服务都很完善，对核心服务质量会更加信任，从而对用电服务更加信任。可见，远程服务不但为客户带来了便利，而且为双方都带来了成本节约，同时也实现了企业运营效率的提升，进而提高客户对用电服务的满意感知与信任感知，使客户与用电服务之间形成一条密切的关系纽带。

12.3.3 供电服务接触点管理

供电服务设计的方面很多，每一方面接触点不同，其管理内容也有区别，以营业大厅为例说明接触点管理的内容。根据图 12-1，营业大厅共有 12 个接触点，应当从客户核心需求、服务要点指引、详细描述、责任人、实施过程中的重点提示五个方面对每一接触点进行描述，如表 12-2—表 12-13 所示。

表 12-2　接触点"寻找"管理

客户核心需求	服务要点指引	详细描述	责任人	实施过程中的重点提示
方便查询到营业厅信息	电子地图上挂/站牌信息	95598 电话查询（可告知乘车/行走路线）：与网站的电子地图信息保持同步	电力公司办公室	营业厅的关键信息包括：本市所有营业厅分布示意、具体位置示意（标注附近的标志性建筑、交通路线）、咨询电话、营业时间、投诉电话和监督热线；电子地图/公交站牌信息/GPS/12580 信息保持同步
		制作电子地图上挂于网站：本市所有的营业厅分布示意、具体位置示意、咨询电话、营业时间、投诉电话和监督热线		
		公交站牌信息/十字路口指引：类似麦当劳的"M"，在公共汽车站或者十字路口的指示牌上增加关键信息		
		手机/汽车 GPS 定位：结合 GPS 定位业务的应用，增加营业厅的关键信息		

表 12-3　接触点"到达"管理

客户核心需求	服务要点指引	详细描述	责任人	实施过程中的重点提示
容易识别/停车（可选项）	户外醒目标识/大幅广告	制作醒目标识：严格按照要求更换本厅的外部视觉标识系统（门牌、国网标识等）	电力公司办公室	
		明晰的停车指示：有停车场所的争取在进出口增加与厅有关的信息（如"营业厅停车由此进"），或由保安主动引导	电力公司办公室/保安	

表 12-4　接触点"厅前"管理

客户核心需求	服务要点指引	详细描述	责任人	实施过程中的重点提示
整洁/秩序/宣传信息	营业时间/整洁/秩序/重点推荐突出	保洁员定时清扫门前卫生：3 米内无纸屑、烟头和其他垃圾	保洁员	
		保安定时巡逻保障车辆安全	保安	
		营业时间：清晰标注，业务高峰期要提前做好弹性排班和现场的人员疏导，保持良好的秩序	营业厅主任	

表 12-5　接触点"进厅"管理

客户核心需求	服务要点指引	详细描述	责任人	实施过程中的重点提示
问候/指引	主动问候/主动询问需求/明确指引	精神抖擞、热情主动大声向客户问好："您好！欢迎光临！""早上好！""晚上好！"	引导员	人与人的互动：标准化、个性化、人性化
		询问客户："请问您要办什么业务呢？"有明确告示或通过询问告知客户业务办理所需手续（证件）		
		客户需要办理的业务需明确指引区域。"你好，请到这边××区域。""你可以自助到这边办理，不需排队。""麻烦你取张叫号票，到这边等待。""今天人比较多，请您稍微等一等。"		
		设置雨伞架或提供塑料伞袋		

表 12-6 接触点"环境"管理

客户核心需求	服务要点指引	详细描述	责任人	实施过程中的重点提示
环境/面貌/导购	整洁有序/人员精神饱满/有清晰的导购图（产品目录）	布局清晰、保安维持厅内秩序，合适的温湿度；营造家的整洁、和谐氛围。需客户了解的规定、规则等要整齐张贴到显眼位置	营业厅主任	营造家的和谐氛围，客户能感受这里传递的一种文化
		工作人员（含保安/引导员/柜台人员）精神饱满；符合严格标准的产品和员工；专业的知识及良好的互动	所有人员	
		一目了然的功能区域指示（等候区、缴费区、业扩区等）	营业厅主任	
		各种宣传手册整齐摆放，方便取阅		

表 12-7 接触点"自主业务服务"管理

客户核心需求	服务要点指引	详细描述	责任人	实施过程中的重点提示
无故障	无故障/引导使用/重要信息通告	布局上能吸引客户更多使用自助终端；选择相对独立的空间，毗邻排队等待区域；吊牌/指示要清晰、醒目；细致入微的关注；如终端上或者旁边简要提示本机可办理的业务/服务内容（查询电费、交费、打印清单等）	营业厅主任	人与机器的互动（自助式购物）：细致入微的关注、增强体验感知、简单明了的信息
		引导员对客户的随时关注（随叫随到）：引导员必须熟练掌握自助缴费的办理方式，以及每种自助缴费的使用方法；客户第一次使用或者出现迟疑时，主动上前提供帮助，明确指引，及时培训客户	引导员	
		日检制度保障设备正常运转；原则上不得出现"本机暂停使用"等标识	引导员	出现故障必须第一时间报修，2个工作日内修复
		自助缴费终端应成为合理用电、节约用电、低碳生活的宣传	营业厅主任	

表 12-8 接触点"排队等候"管理

客户核心需求	服务要点指引	详细描述	责任人	实施过程中的重点提示
时长及预知	时间预知/关怀/业务预处理/分流	排队机告知客户前面等候人数；排队系统功能改良，类似银行标注前面的人数	办公室	突发性特殊情况影响客户办理业务时，如系统暂时不能登录、网络掉线、营业厅停电等，可结合自身实际，制定应急处理流程，明确引导员和营业员答复口径，做好特殊情况下的客户分流工作
		简明扼要列明重点业务需要携带的证件名称、种类	营业厅主任	
		等候超过15分钟主动进行关怀：为客户递送一杯水、主动问候客户、主动向客户致歉等	引导员	
		主动引导客户使用自助服务，随时向客户做好自助缴费的推荐		
		业务预处理（如证件复印等）：提前了解客户的业务需求，用客户化的语言做好对应的解释工作，请客户提前阅读协议或填表，帮助客户复印证件等		
		休息等待区提供业务宣传资料及电视、报纸、杂志等，帮助客户愉快地等待	客服中心主任	

表 12-9 接触点"业务办理"管理

客户核心需求	服务要点指引	详细描述	责任人	实施过程中的重点提示
礼貌专业解答	礼貌/真诚解答/专业建议	主动问好并询问、确认客户业务办理内容：柜台人员对等候一段时间的客户主动表示歉意"对不起，让您久等了"；询问后迅速确认客户需要办理的内容；如果已经有业务预处理的可以不问，直接办理	柜台人员	真诚对待客户，传递公司营销文化
		真诚/简要解答客户疑问，不能有轻视客户的神态，准确理解客户需求，不随意假设明白客户意思	柜台人员	
		针对客户疑问给出简要专业建议，从客户需求角度说明电力公司相关业务流程及问题提示	柜台人员	

表 12-10 接触点"业务办理等待"管理

客户核心需求	服务要点指引	详细描述	责任人	实施过程中的重点提示
互动微笑服务	快速准确/定时关注/微型资料架/多说一句话	快速准确办理业务：加强业务培训，提高业务解释能力，理顺业务解释口径，制作辅助解释卡片，减少提高验钞速度，加快取放工单、盖章等动作的速度，减少受理单笔业务的绝对时间	柜台人员	不要冷落客户
		定时关注客户，微笑服务与客户互动，适时与客户进行必要的沟通（语言、眼神）	柜台人员	
		在办理过程中注意结合客户的业务特点、根据进程及等待时间的长短，使用"请您不要着急，还要稍等一会儿""这个业务涉及环节较多，再等一下"等语言向客户报告办理进程	柜台人员	

表 12-11 接触点"业务办理结束"管理

客户核心需求	服务要点指引	详细描述	责任人	实施过程中的重点提示
准确/过程中的礼貌细节	核对/离席关怀	办理缴费完毕时清晰告诉客户"您应缴费××元，收您××元，找您××元，请您核对"。办理业扩、变更等业务完毕后，要把需客户配合的工作、各环节的时间节点告知客户，并用双手将应由客户保管的单据等材料轻轻抬起送到客户面前，并礼貌地向顾客说"让您久等了""请小心拿好"等。注意眼睛注视客户，态度亲和	柜台人员	让客户把满意带回去
		客户离席时主动道别：当顾客离开时，服务人员应真诚地说"谢谢光临""祝您愉快""请带齐您的物品"等		
		客户咨询暂时不能答复/解决的事项应记录并承诺客户答复时限	柜台人员（引导员）	

表 12-12　接触点"争议"管理

客户核心需求	服务要点指引	详细描述	责任人	实施过程中的重点提示
态度/解决问题	平息/隔离/有理有节	有争议的客户首先稳定客户情绪：首问负责制，不推诿，中间有交接，须由首问人员简单转述，不得让客户一件事情重复两遍	柜台人员/引导员/营业厅主任	100%回复客户投诉，首次回复客户时限不超过48小时
		情绪激动/行为过激客户及时从现场隔离：遇有特殊情况或情绪激动的客户，引导其至客户接待室（或后台）特殊处理；如同时无其他特殊事件，营业厅主任应亲自接待		
		有理有节按原则处理争议问题，合理问题在解决之后感谢客户提出意见，并赠与小礼品；要有客户接待/客户投诉记录单，记录客户的投诉事由，承诺首次答复的时间，并交其中一份由客户带走（上下联、联系电话、联系人、单号）。专人电话回访客户、跟踪监督，并在记录单上清晰记录，保证投诉处理100%落实		

表 12-13　接触点"离开"管理

客户核心需求	服务要点指引	详细描述	责任人	实施过程中的重点提示
感谢	感谢/致意/关怀	引导员（或保安）向客户到来致谢："欢迎再度光临""谢谢光临""祝您愉快"。注意致谢时眼睛注视客户、停步弯腰，忙碌中则点头示意	引导员/保安	善始善终，做好服务最后一步
		温馨提示："请带好您的随身物品，天雨路滑，小心慢走"等。有条件的厅可以考虑设置爱心伞，在天气突变时，为有需要的老、幼、妇、残、孕免费提供帮助	引导员/保安	

即测即练

自学自测 扫描此码

第 13 章

用电客户满意度管理

客户满意是"客户导向"思想的具体化,它体现了一种先进的管理手段,通过分析影响客户满意状态的各种因素,选取和建立客户满意指标体系,对管理过程和经营方法进行测评,有针对性地提出解决方案,将其应用在企业具体经营、管理中,提高企业市场竞争能力和经营管理水平。对一个企业而言,客户满意是一个管理过程,是以"客户满意"为导向的经营管理过程。

13.1 客户满意度

供电服务质量外部评价主要是对客户的满意度测评。供电企业客户满意度测评是在对客户满意度测评理论研究的基础上,根据各国的客户满意度指数模型建立初始的供电企业客户满意度指数模型;再根据供电服务质量的分析建立客户满意度测评指标体系、建立供电企业客户满意度调研问卷;最后,在调研数据的基础上,通过对供电企业初始的客户满意度指数模型的验证,得到适合我国供电企业的客户满意度指数模型。

进行客户满意度研究,旨在通过连续性的定量研究,获得客户对用电服务的满意度、服务缺陷、忠诚度等指标的评价,找出内、外部客户的核心问题,发现最快捷、有效的途径,实现最大化价值。近年来除采用一些国际上通用的研究方法外,我国研究人员还结合电力行业的特点,对客户满意度的研究进行修正,形成了以"95598"在线调查、第三方满意度测评、"神秘人"调查、客户需求分析为手段的客户满意度研究体系与满意度指数。

13.1.1 客户满意度的概念和内涵

1. 客户满意

客户满意是市场营销领域的一个新概念。客户满意思想萌发于欧洲,但它作为一个概念提出并用 CS(customer satisfaction)表示,则是始于 1986 年美国一位消费心理学家的创造。时至今日,许多学者已经对客户满意进行了广泛研究。然而,在客户满意这个概念的定义上,理论界和学术界至今仍然存在着分歧。目前,对客户满意的定义,学术上有两种主要的观点:一种观点是从状态角度来定义客户满意,认为客户满意是客户对购买行为的事后感受,是消费经历所产生的一种结果;另一种观点从过程的角度来定义客户满意,认为客户满意是事后对消费行为的评价。从过程角度对客户满意的定义囊括了完整的消费经历,指明了产生客户满意的重要过程。这种定义方法引导人们去关注产生客户满意的知觉、判断和心理过程,比从状态角度的定义更具实用价值,也更多地为其他研究人员所采用。因此认为客户满意是一种积极的购后评价,是客户在感受到所购买产品与先前的产品信念相一致时而做出的积极评价,客户满意的内涵如图13-1所示。

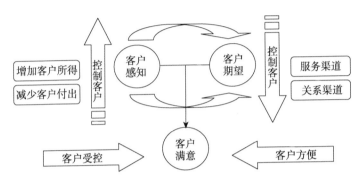

图 13-1　客户满意过程示意图

2. 客户满意度的概念

客户满意度(consumer satisfactional research,CSR),也叫客户满意指数,是对服务性行业的客户满意度调查系统的简称,是一个相对的概念,是客户期望值与客户体验的匹配程度。换言之,就是客户通过对一种产品可感知的效果与其期望值相比较后得出的指数。客户满意理念即 CS 理念指用电服务的全部经营活动都要从满足客户的需要出发,以提供满足客户需要的电力产品和用电服务为责任和义务,以满足客户需要,使客户满意成为用电服务的营销目的。

3. 客户满意度的内涵

客户满意度在纵向层次和横向层次表现出了不同的内涵。

在纵向层次上,客户满意包括三个逐次递进的满意层次:物质满意层、精神满意层和社会满意层。其中,物质满意层,即客户对用电服务产品整体所产生的满意状况;精神满意层,即客户对用电服务的产品给他们带来的精神上的享受、心理上的愉悦、价值观念的实现、身份的变化等方面的满意状况;社会满意层,即客户在对用电服务的产品和服务进行消费的过程中所体验到的对社会利益的维护,主要指客户整体(社会公众)的社会满意,它要求用电服务的产品和服务在消费过程中,要具有维护社会整体利益的道德价值、政治价值和生态价值的功能。

从横向层次看,客户满意包括五个方面:理念满意、行为满意、视听满意、产品满意和服务满意。其中,理念满意(mind satisfaction),即用电服务理念带活内外客户的心理满足状态,它包括客户对用电服务经营哲学的满意、经营宗旨的满意、价值观念的满意和用电服务精神的满意等。行为满意(behavior satisfaction),即用电服务的全部运行状况带给内外客户的心理满足状态，它包括行为机制满意、行为规则满意和行为模式满意等。视听满意（visual satisfaction），即用电服务具有可视性和可听性的外在形象带给内外客户的心理满足状态。可听性满意包括用电服务的名称、产品的名称、用电服务的口号、广告语等给人的听觉带来的美感和满意度；可视性满意包括用电服务的标志满意、标准字满意、标准色满意以及这三个基本要素的应用系统满意等。产品满意（product satisfaction），即产品带给内外客户的心理满足状态，它包括产品品质满意、产品时间满意、产品数量满意、产品设计满意、产品包装满意、产品品位满意、产品价格满意等。服务满意（service satisfaction），即用电服务整体带给内外客户的心理满足状态。它包括绩效满意、保证体系满意、服务的完整性及方便性满意，以及情绪/环境满意。

13.1.2 客户满意度测评模型

1. 美国客户满意度指数模型

美国客户满意度指数模型（ACSI）是由设在密歇根大学商学院的美国国家质量研究中心和美国质量协会共同发起并研究提出的，从1994年10月开始调查、测算和发布，并以此确立了其在客户满意度指数测评理论和实践方面的权威地位。ACSI的主要目标是寻找影响客户满意的各种因素，并将这些因素作为预测企业、行业和国民经济的主要依据。ACSI是建立在结构方程式模型的基础上，它一共包含六个潜变量，客户期望、客户感知和客户价值是三个前提变量，客户满意、客户抱怨、客户忠诚是三个结果变量，前提变量综合影响并决定着结果变量，各变量间的关系如图13-2所示。

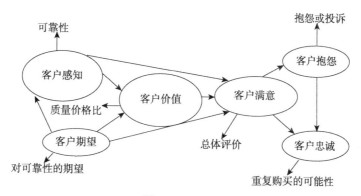

图 13-2　ACSI

2. 德国客户满意度指数模型

德国的客户满意度指数模型是1992开始着手进行研发的，它的目标是对大于16岁以上的客户个体进行不同行业和公司的产品和服务的客户满意调查，而且研究这些产品和服务对未来客户关系和客户忠诚的影响。德国的客户满意度指数模型与ACSI不同，它并不是建立在结构模型的基础上。整个客户满意模型是通过一维研究观测的，除此以外，为了获取客户满意的影响因素，被调查客户还要被问及他们在一些具体行业的满意驱动因素。但是，近年来的研究发现，只有30%左右的客户认可德国客户满意指数中所提到的客户驱动因素。也就是说，用这种一维的研究办法进行客户满意调查，尤其是寻找客户满意影响因素的时候，其效果并不是很好。

3. 瑞典客户满意度指数模型

瑞典于1989年在世界上率先建立了国家层次上的客户满意度指数模型。该模型共有五个结构变量：客户预期、感知绩效、客户满意度、客户抱怨和客户忠诚。其中，客户预期值是外生变量，其他变量是内生变量，各变量间的关系如图13-3所示。

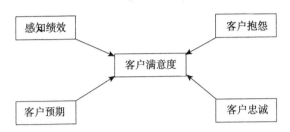

图13-3　瑞典客户满意度指数结构模型

4. 欧洲客户满意度指数模型

欧洲客户满意度指数（ECSI）模型是借鉴了ACSI模型，在ECSI模型中增加了企业形象作为结构变量，将感知质量分为感知硬件质量和感知软件质量两个部分，去掉了客户抱怨这个结构变量。ECSI的结构模型如图13-4所示。在ECSI模型中，对于有形的产品来说，感知硬件质量为产品质量本身，感知软件质量为服务质量；对于服务产品来说，感知硬件质量为服务属性质量，感知软件质量为服务过程中间客户交互作用的一些因素，包括服务人员的语言、行为、态度、服务场所的环境等。

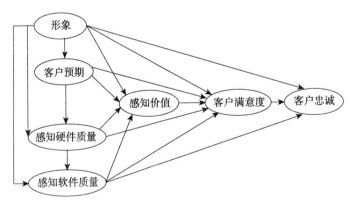

图13-4　ECSI结构

ECSI模型还有一个特点，就是对于不同的企业、行业建立了两套测评体系，称为一般测评和特殊测评，被调查者同时回答一般测评和特殊测评的问题。其中，一般测评采用全国统一的调查问卷、计算口径，其主要目的是用来计算出国家层次意义上的客户满意度指数，作为宏观经济运行质量的评价指标和行业水平对比的基准。而特殊测评，则根据企业、行业的不同特点，用其感兴趣的特殊问题代替一般问题，做深入的调查。然后利用主成分分析和多元回归的方法,来分析一般测评所得到的指数与特殊指标之间的关系,这样,将得到一个同一般测评模型不同的指标体系,该指标体系将用于企业的质量改进。

5. KANO 模型

日本一些研究学者研究出了一种用于观测客户需求的非常有用的图表。客户的满意水平取决于产品的质量,并据此将产品的质量分为当然质量、期望质量和兴趣点质量三个等级,各变量间的关系如图 13-5 所示。

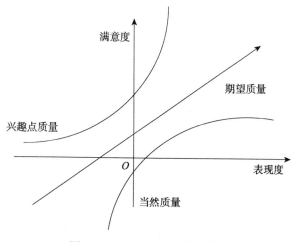

图 13-5　KANO 客户需求观测

其中,当然质量指产品或服务应当具有的最基本的质量特性,客户通常认为具有这种特性是理所当然的事情,往往对它不作明确表述,它的充分实现也不会带来客户满意水平的提升,但是,如果产品或服务缺少当然质量却会招致客户的强烈不满。期望质量指客户对产品或服务质量的具体要求,它的实现程度与客户满意水平同步增长。兴趣点质量指能激发客户进一步满意的附加质量,是属于客户预期质量之外的部分,产品或服务缺乏兴趣点质量并不会导致客户产生不满意,然而具有的话则会带来客户满意程度的大幅上升。客户对超过预期的那一部分质量特性的感知,即等同于 KANO 分析中的兴趣点质量,能够极大地激发客户的满意心理。

13.1.3　供电企业客户满意度的影响因素

国内外对客户满意度的研究表明,与客户满意度有关的主要因素可以分为两类,即客户满意度的原因要素和客户满意度的结果要素。

1. 供电企业客户满意度的原因要素

影响用电客户满意度的原因要素主要包括:企业形象、客户的期望、客户对供电服务品质的感知、客户对价值的感知等。

①企业形象指企业在社会公众心目中形成的总体印象。企业形象通过视觉识别系统、理念识别系统和行为识别系统多层次地体现。客户可从企业的资源、组织结构、市场运作、企业行为方式等多个侧面识别企业形象。客户对企业形象的感知是客户对质量感知

的过滤器。如果企业拥有良好的形象质量，那么些许的失误会赢得客户的谅解；如果失误频繁发生，则必然会破坏企业形象；倘若企业形象不佳，则企业任何细微的失误都会给客户造成很坏的印象。

②客户的期望。客户对供电服务的期望通过两种方式影响满意度。一方面，期望是客户满意或不满意的参照标准。客户经常把对供电服务实际表现的感受同他购买前的期望进行比较，期望越高，失望也会越大，可见客户期望与客户满意度呈负相关关系。另一方面，期望是客户在使用电能之前对供电服务未来实际表现的预期，客户在使用供电服务后，往往将其感受到的满意水平向预期靠拢，导致客户期望与客户满意度成正比。供电企业客户的期望主要体现以下两方面：客户对供电服务品质的理想期望；就现状，客户对供电服务品质可接受的期望。

③客户对供电服务品质的感知，指对供电服务实际表现的感知，包括供电质量和服务品质等。供电服务实际表现与期望的比较会对客户满意度产生影响，供电服务的实际表现与客户满意度呈正相关。在其他条件不变的条件下，供电质量越高，客户越满意，这是必然的。供电质量主要包括供电可靠性、电能质量两个方面的内容：可靠性、电压损耗、电压偏差、无功功率平衡、标称频率、频率偏差、频率波动、电压偏差、电能系统的三相平衡、谐波等。供电质量对用电客户和供电企业的影响都很大，客户用电设备设计在额定电压时性能最好、效率最高，发生电压偏差时，其性能和效率都会降低，有时还会减少使用寿命；而电能质量的高低对供电方发输电设备的影响也是不言而喻的。因此，维持电能产品的质量水平，是整个电力营销工作的基础，其途径主要是提高输配电设备性能，提高供电质量。服务品质感知质量主要体现在客户对服务品质在有形性、可靠性、保证性、响应性、移情性、安全性等方面的评价，客户对不同服务渠道，如营业网点、95598客服电话等方面的评价，客户对不同服务项目，包括用电申请、抄表、收费、抢修、投诉服务等方面的评价。供电质量指电能符合某一标准的能力，而感知质量则是客户个人的评价，不仅受实际供电质量的影响，也受评价参照物的影响。在市场信息传播很快的情况下，客户对供电质量的认识会同实际水平趋于一致。一般的，总的质量期望水平会比较真实地反映实际质量水平。

④客户对价值的感知，主要体现以下两个方面：在现有的电力价格的条件下，客户对供电服务品质水平的评价；在现有供电服务品质的条件下，客户对电网企业和其他公用事业价格合理性的比较。价格是营销的关键因素，对客户来说，电价是其为得到电能服务而必须付出的价值的最重要部分。电价直接决定客户价值，同等价格水平下，服务越好，客户得到的价值就越大，客户满意程度越高。依据公平理论，客户会对电网企业和其他公用事业的价格合理性进行比较。在现有供电服务品质的条件下，当客户同参照对象比较后发现公平比率较高，满意度就较高；相反，如果发现公平比率较低，满意度就较低。因此客户对公平的判断与满意度存在正相关关系。

2. 供电企业客户满意度的结果要素

客户形成了满意或不满意的心理感受后，将会产生多种后续行为，最主要的后续行为是客户忠诚、正式抱怨和负面口碑。①客户忠诚。主要表现在以下几方面：客户推荐电力供应服务品质的意愿程度，客户以其他能源替代电力的可能性，客户对网省公司发展前景的信心程度。客户满意度越高，忠诚的可能性越大；客户满意度越低，忠诚的可能性越小。②正式抱怨和负面口碑。正式抱怨指客户向供电企业或相关执法部门提出的抱怨。当客户对电力供应/服务品质不满意时，通过正式抱怨来发泄愤怒，减轻心理的不平衡或寻求补偿。研究表明客户的不满程度越高，提出正式抱怨的可能性就越大，抱怨的次数就越多，抱怨的激烈程度就越高。显然，客户满意度与正式抱怨具有负相关关系。向其他人传播负面口碑是另外一种形式的客户抱怨行为。在客户不满意时，负面口碑将增加，会向其他人诉说自己不满意的遭遇来减轻紧张感，寻求心理平衡。负面口碑的动机表明，客户的负面口碑与客户满意度具有负相关关系。

13.2 用电客户满意度测评

客户满意指数测评通过测量客户对用电服务的满意程度及决定满意程度的相关变量和行为趋向，利用数学模型进行多元统计分析得到客户对某一特定产品的满意程度，帮助组织了解发展趋势、找出经营策略的不足，为政府部门、企事业制定政策，改进产品和服务质量、提高经营绩效提供科学依据。

13.2.1 供电企业客户满意度理论模型的构建

借鉴国内外研究成果和实践经验，结合我国供电企业客户的实际特点及企业调研的实际可操作性，本次测评选用改进的 ACSI 模型，通过考虑电网企业所具有的国民经济基础性行业和社会公用事业的特殊属性，增加"形象"作为模型的结构变量，体现公众形象的改善对客户期望和客户满意度的影响（图13-6）。

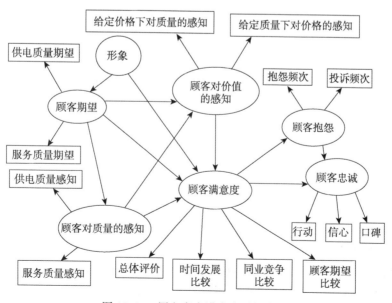

图13-6　用电客户满意度测评模型

该模型主要由 7 个结构变量和 15 个关系组成的一个整体逻辑结构。其中:"形象""客户期望""客户对质量的感知""客户对价值的感知"是系统的输入变量;"客户满意度""客户抱怨""客户忠诚"是结果变量。将这些结构变量转换为可测量的变量,并借助计量经济学中的有关方法将此逻辑结构转换成数学模型,继而将有关测评数据输入此数学模型,便能得出准确的测量结果——客户满意度指数。

1)形象。"形象"变量指供电企业在社会公众心目中形成的总体印象。为加强企业形象建设和宣传电能的优越性,要确立全心全意为用户服务的企业形象,确立电能的方便、经济、洁净、可靠的产品形象。在突出供电质量、供电安全、电价、服务、经营等多方面的优势的前提下,供电企业导入企业形象识别系统,将企业经营理念与精神文化塑造成视觉、心理等形象感觉,运用整体传达系统,传达给企业周围的关系或团体,从而使之对企业产生一致的认同和价值观。

对于企业形象这一要素内部的观测变量,结合供电业务的特点,可以从受社会公众的欢迎程度、重视社会公益事业的程度、重视客户的程度、保证高质量电力供应的程度、提供高水平供电服务品质的程度、服务形象和品牌的社会认知程度六个方面进行观测。

2)客户期望。"客户期望"变量是客户在购买决策过程前期对其需求的产品或服务寄予的期待和希望。ACSI 模型和 ECSI 模型中,都将客户期望要素列为模型的重要组成部分之一,这两个模型一致认为,客户期望会影响客户价值,客户期望还会对客户感知造成影响。"客户期望"是通过"供电质量期望"和"服务质量期望"这两个观测变量进行测评。具体体现在以下八个指标:供电可靠性、电能质量、抄表收费、业务报装、客户投诉、报修抢修、营业厅服务和"95598"服务热线。

3)客户对质量的感知。"客户对质量的感知"变量指客户在购买和消费产品或服务过程中对质量的实际感受和认知。客户对质量的感知是构成客户满意度的核心变量,它对客户满意度有直接影响。客户感知主要和客户期望对应起来考虑,因此,这二者也分别是"供电质量感知"和"服务质量感知"的观测变量,这样便于把感知质量和预期质量一一对应地加以比较。客户感知的具体观测指标和客户期望的观测指标的对象一致,观测的内容主要也是客户对八个方面的感受满意程度。

4)客户对价值的感知。"客户对价值的感知"变量指客户在购买和消费产品或服务过程中,对所支付的费用和所达到的实际收益的体验。根据安德森(Anderson)和弗纳尔(Fornell)对美国客户满意指数模型的进一步研究,认为对于客户价值部分可以从性价比来衡量,具体两个方面的性能价格比。一是比较价格给定条件下的质量水平,二是比较质量给定条件下的价格水平。因此需要观测这两个变量:①与支付电费相比较的供电服务质量水平高低;②相同质量水平下,与其他公用事业价格相比较的电费合理性。

5)客户满意度。"客户满意度"变量是测评模型中三个结果变量中的第一个变量,这里的客户满意度并不是整个模型计算最终得出的客户满意度指数,而是计算中间的一个结果变量。这个结果变量是客户满意程度的评价,也是客户感知的质量(包括价值)与其期望相比的结果。在设计客户满意度测评要素时,需要进行的观测变量有:①总体评价,对供电服务的总体感觉;②时间发展比较,目前供电质量与去年相比,目前服务质量与去年相比;③同业竞争比较,与其他公用事业相比服务水平;④客户期望比较,满足客户的期望程度。

6）客户抱怨。"客户抱怨"变量是测评模型中的结果变量，使客户对产品或服务的实际感受未能符合原先的期望。根据弗纳尔（Fornell）和韦纳费特（Wernerfelt）的研究成果，他们认为客户满意的增加会减少客户抱怨，同时还会增加客户忠诚。当客户不满意时，他们往往会拒绝使用该产品（服务）或抱怨。对客户抱怨进行观测也主要从两个方面来进行：①就供电服务质量最近一年引起抱怨的频次；②抱怨后的投诉频次。

7）客户忠诚。"客户忠诚"变量：客户忠诚是测评模型中的结果变量，指客户对某一产品或服务的满意度不断提高的基础上，重复购买该产品或服务，以及向他人热情推荐该产品或服务的一种表现。

根据一些学者对瑞士客户满意指数模型的研究，客户忠诚可以从三个方面来体现：客户的推荐意向、转换产品（服务）的意向、重复购买的意向。同时结合我国供电现状，从以下三个方面来衡量客户忠诚：①行动，增加用电来替代其他能源；②信心，供电服务质量保持稳定和不断提高可能；③口碑，向社交群体推荐供电服务质量。

13.2.2 用电客户满意度测评指标体系

客户满意度测评指标体系是一个多指标的结构，运用层次化结构设定测评指标，能够由表及里、清晰地表述客户满意度测评指标体系的内涵。

1. 客户服务质量的 RATER 指数

美国最权威的客户服务研究机构美国论坛公司投入数百名调查研究人员，用近 10 年的时间对美国零售业、信用卡、银行、制造、保险、服务维修等 14 个行业的近万名客户服务人员和这些行业的客户进行了细致深入的调查研究，发现一个可以有效衡量客户服务质量的 RATER 指数。RATER 指数是五个英文单词的缩写，分别代表信赖度（reliability）、专业度（assurance）、有形度（tangibles）、同理度（empathy）、反应度（responsiveness）。而客户对于企业的满意程度直接取决于 RATER 指数的高低。

1）信赖度：指一个企业是否能够始终如一地履行自己对客户做出的承诺，当这个企业真正做到这一点的时候，就会拥有良好的口碑，赢得客户的信赖。

2）专业度：指企业的服务人员所具备的专业知识、技能和职业素质，包括提供优质服务的能力、对客户的礼貌和尊敬、与客户有效沟通的技巧。

3）有形度：指有形的服务设施、环境、服务人员的仪表及服务对客户的帮助和关怀的有形表现。服务本身是一种无形的产品，但是整洁的服务环境、对儿童的特殊照顾等，都能使服务这一无形产品变得有形起来。

4）同理度：指服务人员能够随时设身处地地为客户着想，真正地同情理解客户的处境、了解客户的需求。

5）反应度：指服务人员对于客户的需求给予及时回应并能迅速提供服务的愿望。作为客户，需要的是积极主动的服务态度。当服务出现问题时，马上回应、迅速解决能够给服务质量带来积极的影响。

经过美国论坛公司的深入调查研究发现，对于服务质量这五个要素重要性的认知，客户的观点和企业的观点有所不同。客户认为这五个服务要素中信赖度和反应度是最重要的，这说明客户更希望企业或服务人员能够完全履行自己的承诺并及时地为其解决问题。而企业则认为这五个服务要素中有形度是最重要的，这正表明：企业管理层对于客户期望值的认识与客户所想之间存在着差距。

至此，我们可以看出客户服务的满意度与客户对服务的期望值是紧密相连的。企业需要站在客户的角度不断地通过服务质量的五大要素来衡量自己所提供的服务，只有企业所提供的服务超出客户的期望值时，企业才能获得持久的竞争优势。

2. 用电客户满意度指标的构成与特点

为了建立用电客户满意度测评指标体系，需要了解测评指标体系的构成。从一般客户满意度测评方法看，测评指标体系可以划分为四个层次，每一层次的测评指标都是由上一层测评指标展开的，而上一层次的测评指标则是通过下一层的测评指标的测评结果反映出来的。

1）一般客户满意度测评指标体系的四个层次。客户满意度指数测评指标体系的构成分为四个层次，其中，客户满意度指数是总的测评目标，作为一级指标，即第一层次客户满意度指数；模型中的客户期望、客户对质量的感知、客户对价值的感知、客户满意度、客户抱怨和客户忠诚等六大要素作为二级指标，即第二层次根据不同的产品、服务、企业或行业的特点，可将六大要素展开为具体的三级指标，即第三层次；三级指标可以展开为问卷上的问题，形成了测评指标体系的四级指标，即第四层次。由于客户满意度指数测评指标体系是依据客户满意度指数模型建立的，因此测评指标体系中的一级指标和二级指标的内容基本上对所有的产品和服务都是适用的。实际上对客户满意度指数测评指标体系的研究，主要是对测评指标体系中的三级指标和四级指标的研究。

2）测评指标体系中的第三级指标。客户满意度指数测评指标体系的二级指标的内涵及意义在客户满意度测评模型中作了阐述。二级指标展开到三级指标的结构模型，"客户对质量的感知"（二级指标）就展开为"整体形象、满足客户需求程度、可靠性"三个三级指标。三级指标的具体内容可归纳出多项三级测评指标，这些指标在各行业原则上都适用。应当指出，三级测评指标只是一个逻辑框架，在某一具体产品或服务的客户满意度指数测评的实际操作中，应当根据客户对产品或服务的期望和关注点具体选择，灵活运用。四级测评指标是由三级指标展开而来，从而构成了调查问卷中的问题

3）用电客户满意度指标体系的构建我国电力行业的用电客户满意度指数模型的构建，是在一般客户满意度指标体系的基础上形成的，模型构建必须结合电力行业的实际情况，主要问题是如何建立三级指标。如果不考虑电力系统的组织结构，仅从研究单个供电企业的客户满意度角度出发，可以细分为多个三级指标，这些指标比较接近调查问卷的问题，内容具体明确。

3. 用电客户满意度指标体系

《国家电网公司供电服务品质评价管理办法（试行）》规定的客户满意度模型确立四级测评指标体系，如表13-1所示。

表 13-1 供电服务客户满意度指标体系的分级

一级指标	二级指标	三级指标			四级指标
用电客户满意度指数	企业形象	受社会公众欢迎			调查问卷观测点
		重视社会公益事业			
		重视客户			
		保证高质量的电力供应			
		提供高水平服务质量			
		服务形象和品牌的社会认知程度			
	客户期望	理想期望	希望供电服务达到的水平		
		可接受期望	根据现状认为供电服务可以达到的水平		
	客户对价值的感知	与支付电费相比较的供电服务质量水平高低			
		相同质量水平下,与其他公用事业价格相比较的电费合理性			
	客户对质量的感知	供电质量	客户对供电质量的总体评价	供电可靠性	
				电能质量	
		服务质量	抄表收费、业务报装、客户投诉、报修抢修、营业厅服务、95598服务热线	有形性	服务的环境、设备、传播媒介和服务人员的外表
				可靠性	准确地履行所承诺服务的能力
				保证性	服务人员的知识、能力及谦虚的态度和表现出的可信赖的和自信的精神状态
				响应性	帮助客户并且提供快捷服务的意愿
				移情性	对客户所提供的关心及关注的程度
				安全性	指导客户安全用电的主动性和能力
	客户满意度	总体评价	对供电服务的总体感觉		
		时间发展比较	目前供电质量与去年相比		
			目前服务质量与去年相比		
		同业竞争比较	与其他公用事业相比服务水平		
		客户期望比较	满足客户的期望程度		
	客户抱怨	就供电服务质量最近一年引起抱怨的频次高低			
		抱怨后的投诉频次			
	客户忠诚	行动	增加用电来替代其他能源		
		信心	供电服务质量保持稳定和不断提高可能		
		口碑	向社交群体推荐供电服务质量		

4. 用电客户满意度指标的差异性

电力客户满意度是一种心理评价过程,具有客观性(企业产品质量和服务水平好坏)、主观性(客户个人性格、情绪、爱好等非理性因素)、可变性(企业服务质量变化、客户需求和期望的变化等)、全面性(对企业产品、服务、社会形象、责任心等全面的评价)等四个方面的特点,除此之外,由于电力系统覆盖区域大,各地区经济发展水平不同,用电结构不同,客户文化背景不同,各供电企业的客户满意度存在区域性差异。因此,在已有客户满意度评测模型的基础上,要考虑用电客户满意度指标的地域差异性。

客户管理关系理论指出，客户满意度具有变化性，主要原因是客户的需求和期望是随着客观条件，特别是社会经济、生产技术和文化发展的变化而变化的，在现代社会，经济和工业技术的发展迅速，加上竞争对手的作用，若企业的产品质量和创新没能跟上这种发展而提高，很可能使客户满意的程度下降，因而企业只有持续改进生产和管理方式，不断提高自己的产品质量水平，才能把客户满意程度提高并维持在一定的水平上。因此，如果仅从静态分析的角度来评估客户满意度，那么，获得的客户满意度只能反映当前的一段时期的情况，不能反映出客户满意度整体的变化情况，即改善或恶化，更没有分析出其变化的可能因素，不能满足实际需要。对电力系统而言，用电客户管理是一个循环渐进的过程，供电企业在不同时期对客户的满意度进行调查时，由于各种因素的变化，满意度指标会相应有变化。比如，电网的运行负荷具有季节性变化，使得供电质量（如供电可靠性）在不同时期具有差异性，必然导致客户满意度的变化。在用电量低的季节，供电稳定，电能质量高，客户对供电可靠性的满意度就比较高；而逢冬夏用电高峰期，电力供应不足，可能会采取限电措施，客户对供电可靠性的满意度就会降低。此外，供电企业采取技术改造措施来提高电网的输电和配电能力、员工精神面貌和服务态度的好坏，这些变化反映了供电企业服务的改善或恶化程度。如何来量化这种变化关系，正确反映供电企业在提升用户满意度策略的正确性和有效性，虽然基于以上的模型和方法可以对一次用户满意度调查结果进行分析，得到一个综合性的用户满意度指标，以此来确定客户对企业产品或服务的满意程度。但是这仅能反映了一定时期客户对企业的满意情况，不能系统地评测客户满意的变化，以及导致这些变化的主要因素。因此需要从动态系统的角度来分析和评价客户的满意度，正确反映满意度指标的变化。

13.2.3　用电客户满意度测评过程

为了得到电力行业的用户满意度指数，首先通过问卷调查测评出用户对每个基础指标的满意度，将其加权值平均得到各大类指标的用户满意度指数，进一步得到该地区供电企业的用户满意度指数。

1. 确定调查方式与范围

1）客户满意度指数测评指标体系的建立

首先要了解用电客户满意度指数模型。该模型主要由六种变量组成，即客户期望、客户对质量的感知、客户对价值的感知、客户满意度、客户抱怨、客户忠诚。其中：客户期望、客户对质量的感知、客户对价值的感知决定着客户满意程度，是系统的输入变量；客户满意度、客户抱怨、客户忠诚是结果变量。

客户满意度指数测评指标体系分为四个层次：

第一层次：总体测评目标"客户满意度指数"，为一级指标；

第二层次：客户满意度指数模型中的六大要素——客户期望、客户对质量的感知、客户对价值的感知、客户满意度、客户抱怨、客户忠诚，为二级指标；

第三层次：由二级指标具体展开而得到的指标，符合不同行业、企业、产品或服务的特点，为三级指标；

第四层次：三级指标具体展开为问卷上的问题，形成四级指标。

测评体系中的一级和二级指标适用于所有的产品和服务，实际上我们要研究的是三级和四级指标。

2）指标的量化

客户满意度指数测评指标主要采用态度量化方法。一般用李克特量表，即分别对 5 级态度"很满意、满意、一般、不满意、很不满意"赋予"5、4、3、2、1"的值（或相反顺序）。让被访者打分，或直接在相应位置打钩或画圈。

确定测评指标权重。每项指标在测评体系中的重要性不同，需要赋予不同的权数，即加权。加权方法除了主观赋权法以外，有直接比较法、对偶比较法、德尔菲法、层次分析法，企业可以依据测评人员的经验和专业知识选择适用的方法。

2. 确定被测评对象

客户可以是企业外部的客户，也可以是内部的客户。对外部客户可以按照用电结构、负荷特性来分类，所以应该先确定要调查的客户群体，以便针对性地设计问卷。

3. 抽样设计

样本的抽取方法可以分为两大类：随机抽样和非随机抽样。

样本量确定的原始公式为

$$n = p(1-p)/[D^2/Z^2 + p(1-p)/N]$$

式中：p——目标总体的比例期望值；当事先缺乏对 p 比例的估计时，一般采用最保守的估计法，即 $p = 0.5$；

D——置信区间的半宽，在实际应用中就是容许误差，或者调查误差，这里取 3%；

Z——置信水平的 Z 统计量，这里取 95%置信水平的 Z 统计量为 1.96；

N——总体人口数。

从以上公式可以看到，当 N 较大时，则 $p(1-p)/N$ 的值为 $4.166\,67×10^{-7}$，小到可以在统计学上忽略不计，即总体人口的增加对样本量增加的要求的影响很小。所以，通常情况下，对于推断城市总体的调查，一般使用以下公式计算样本量：

$$n = Z^2 p(1-p)/D^2$$

4. 问卷设计

问卷设计是整个测评工作中关键的环节，测评结果是否准确、有效很大程度上取决于此。问卷设计总的原则是：在一定成本下获得最小误差的电力客户有效数据。

问卷的设计方法和步骤分为以下几部分。

1）问卷的设计思路

首先，明确客户满意度指数测评目的是了解客户的需求和期望，调查客户对质量、价值的感知，制定质量标准；计算客户满意度指数，识别客户对产品的态度；通过与竞争者比较，明确本组织的优劣势。其次，将四级指标转化为问卷上的问题。最后，对设计好的问卷进行预调查，一般抽取 30～50 个样本，采用面谈或电话采访形式，除了了解客户对产品或服务的态度，还可以了解其对问卷的看法，进行修改。

2）问卷的基本格式

问卷一般包括介绍词、填写问卷说明、问题和被访者的基本情况。以下分别举例说明。

（1）介绍词

尊敬的电力用户：

我们是电力用户调查组，受国家电网公司委托对其下属供电公司进行有关供电服务品质的调查，希望您能协助我们共同完成调查，我们将按《中华人民共和国统计法》的有关规定予以保密，调研资料仅供研究之用。

谢谢您的合作！

感谢您的参与和配合！对于每份有效问卷，我们将赠送一份实用的礼品给答题者。

（2）填写问卷说明

为了使答卷规范，便于整理和统计，一般提出答题的要求，例如：

请在您认为合适的项目方框内打"√"，或在横线处填写文字。

（3）问题

问卷中的问题可分为封闭式、开放式和半开半闭式三种。

（1）封闭式

是非题。一般采用"是"或"否"，"有"或"无"的答题方式。例如：

您是否使用智能电表？是、否

多选题。给出三个或更多答案，被访者可选一个或多个答案。例如：

您最希望的电费收取方式是：

营业厅、银行、手机

（2）开放式。

不给出答案，由被访者自由发表意见。例如：

你最希望报修的便捷方式。

您认为智能电表对方便用电有什么帮助？_____。

（3）半开半闭式。

常见的是在封闭式的选择后面，增加开放式的回答。例如：

贵单位在什么时候收到供电公司的停电通知书？

未收到、停电前一天、停电前一周、停电前一个月、_____。

5. 问卷调整

问卷的初稿发给国家电网公司有关部门的专业人士，确认是否包括所需信息及信息将如何获得，并组织专家进行座谈，以进一步修改和调整客户满意度指标和调查问卷初稿。

6. 问卷测试

为测试问卷的信度即调查结果的一致性，应采用交错法即针对某一客户群体设计两份问卷，每份使用不同的问题，但测试的是同一属性的问题，然后根据两份问卷的测试结果的相关系数计算问卷信度。

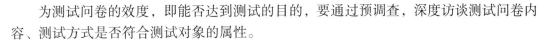

为测试问卷的效度,即能否达到测试的目的,要通过预调查,深度访谈测试问卷内容、测试方式是否符合测试对象的属性。

7. 实施调查

企业可选择第一方、第二方或第三方进行客户满意度调查,但这三种方式的客观性、可靠性、经济性存在差异。相对来说,委托第三方进行客户满意度调查比较客观、科学、公正,可信度较高,但费用也高,用电客户满意度调查采用第三方调查的方式。采用的调查方法主要有面访调查法、电话调查法、深层访谈、神秘访谈、拦截访问。

8. 调查数据汇总整理

收集问卷后,应统计每个问题的每项回答的人数(频数)及其所占被访者总数的百分比(频率),并以图示方式直观地表示出来。如果没有统计软件,一般可以直接用 Excel 中的柱形图或饼图等。另外,还应了解问卷设置的测评指标对总体评价的影响程度。如果设定总体评价不小于 80 的为满意评价,小于 80 的为非满意评价,可以分析单项测评指标(如产品耐用性)的频数和频率对总体评价有何影响。如产品耐用性测评频率高时,是否总体评价偏向"满意",反之,偏向"不满意"。也可以用 Excel 的柱形图或饼图等表示。

9. 计算客户满意度指数、分析评价

结构方程模型(structural equation model,SEM)是一种将多元回归和因素分析方法有机地结合在一起,以自动评估一系列关联的因果关系的多元统计分析技术。它与多元回归有相似的用途,但功能更强大,是复杂条件下数据分析的一个理想手段。SEM 是评价理论模型与经验数据一致性的新型方法。SEM 程序主要具有验证性功能,研究者利用一定的统计手段对复杂的理论模式加以处理,并根据模式与数据关系的一致性程度对理论模式做出适当评价,从而证实或证伪研究者事先假设的理论模式。另外 SEM 允许其因变量之间可以有相关性,因为这些相关性并不影响整体模型路径的分析结果,因此它比一般线性模式统计程序更有突出的优越性。

有多种软件可以用来分析结构方程模型,比较流行的是 LISREL、EQS、AMOS 和 Mplus。鉴于快速方便、形象化的特点,可采用 AMOS 软件或 LISREL 来实现 SEM 的验证过程。

在进行客户满意度计算过程中,结合偏最小二乘回归(partial least spuares regression,PLS)进行分析,用这种方法计算客户满意度指数能够消除各个测评指标之间的多重影响关系,获得准确性较高的客户满意度指数。

客户满意度指数测评的最终目的在于寻求客户满意度指数的因素,并针对这些因素进行改进,以提高客户满意度指数。面对如此繁多的测评数据和信息,本课题拟采用水平标杆对比、优先改进矩阵(图 13-7)、服务短板等进行分析。

10. 编写客户满意度指数测评报告

客户满意度测评报告的一般格式是题目、报告摘要、基本情况介绍、正文、改进建议、附件。

正文内容包括测评的背景、测评指标设定、问卷设计检验、数据整理分析、测评结果及分析。

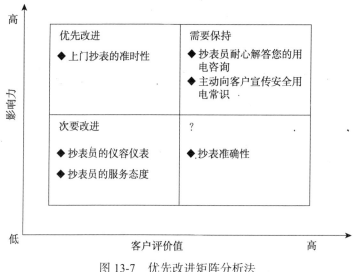

图 13-7　优先改进矩阵分析法

11．改进建议和措施

按照测评结果，制订详细的实施计划，把报告中提出的改进建议落实到相关部门和责任人，以达到持续改进，增强客户满意度的目的。

13.3　客户抱怨管理

客户对用电服务失误会产生不满情绪，而不满意的情绪容易激起抱怨，客户感到不满的时候，并不一定都会直接向"95598"进行反映。客户的抱怨行为主要表现为沉默抵制、负面口碑、直接向企业抱怨、向客户协会等第三方投诉等四种类型。其中，沉默抵制、负面口碑和诉诸法律等抱怨行为不但对用电服务识别和改进问题没帮助，更会损害到企业形象，而客户直接面向企业的抱怨行为却蕴涵着对企业非常有价值的信息，为企业提供一个改善问题、重新获得客户信任的机会。从客户的角度看，客户在感到不满意时，向企业进行直接抱怨是最好的精神发泄方式，因为抱怨对象是与客户不满直接相关的，即使客户抱怨没有得到很好的解决，不满情绪的直接表达已经可以使其得到一定程度的释放，客户也会因为营业员的倾听而留存一些好感。对于负面口碑方式来说，抱怨对象与客户不满没有直接关系，也无助于问题的实际解决。沉默抵制是计划通过不再接受服务而在行动上实现发泄，客户的不满情绪并没有得到实际上的释放，精神发泄的效果远不如直接抱怨和负面口碑，因此，其品牌形象感知、满意度及再次接受服务倾向都是最低的。现实中，不满意的客户向电力企业直接抱怨的比例很少；而保持沉默的却高得多。这一切可以说明客户对用电服务不满意时并没有直接反映出来，而是大量的问题被掩盖，这也无助于用电服务及时发现问题与解决问题，不利于电力企业自身形象的提高与完善。

13.3.1 客户抱怨

客户的抱怨是客户对用电服务失望的结果，客户口头或书面的投诉，甚至自言自语的牢骚都是抱怨。一个客户的抱怨可能代表着其他更多没有说出口的客户的抱怨，因为许多客户认为与其抱怨，还不如停止或减少双方的接触和业务往来。这就更凸显出正确地处理并预防客户抱怨，妥善地做好补救和及时化解客户抱怨的重要性。

1. 客户抱怨的内涵

对于客户不满意是否是客户抱怨的决定原因，目前还没有统一的认识。一些人认为，客户抱怨是由客户不满意引起的，并将客户抱怨界定为不满意感受导致的行为，没有这种不满意的感受，抱怨就不是真正的抱怨，而只是"博弈"行为或"谈判"手段，它直接反映了客户的真实需求，以及用电服务中存在的缺陷。但也有人认为，客户不满意并不是引起客户抱怨的主要或根本原因，电力企业客观失误，如供电质量、员工服务态度和回应及时性问题，才是引起客户抱怨的主要动因。因此，将用电客户抱怨界定为电力企业的客观失误引起客户的情绪性反应。实际上，电力企业的主观或客观失误是造成客户不满意的主要因素，而客户抱怨是客户表达不满意的信号，因此二者没有本质的区别，客户抱怨是对用电服务主观失误或客观失误产生不满意或不愉悦的心理或行为反应。这些反应既可以是忍耐、抑郁、抵触等心理隐忍活动，又可以是投诉、攻击、报复等行为表现活动。

2. 客户抱怨为服务补救提供方向

也许有人会认为，客户抱怨只会对电力企业产生"负面反应"，如将不满意感传播给他人、向"95598"或相关机构投诉，增加了用电服务的处理成本或有损电网形象等。但事实上并非如此，客户抱怨中往往蕴藏着非常有价值的信息，让用电服务有可能充分了解自身的不足与问题所在，抱怨资料是"真实瞬间"设计、服务质量控制与管理方法改进的重要信息来源，有助于企业营销为客户提供更为满意的产品与服务，针对客户抱怨中提出的问题，用电服务可以有针对性地予以改进和提高，也给了营销活动提供了服务补救的机会，从而避免出现因缺陷扩散而产生更大的损失。直接抱怨的客户，一般都是企业的忠诚客户，他们对用电服务和电网信誉充满了信心，也充满了期待。因为忠诚，他们对用电服务过程出现问题给予了较大程度上的包容与理解，他们会积极主动地将自己遇到的不满意的问题告诉管理者或营业员，并提出解决问题的方法与建议。忠诚客户会自觉地维护电网形象与声誉，主动地把自己满意的理由告诉身边的亲朋好友，成为用电服务最好的口碑效应传播者。这类客户给用电服务带来的都是正面影响。当然，用电服务仅仅注意到客户抱怨的重要性是远远不够的，要想更为有效地提高满意度水平，还取决于用电服务对客户抱怨的处理是否恰当，如果对客户抱怨的处理采取回避、拖延、敷衍或置之不理的态度，必然会使直接抱怨的客户感到失望，对企业失去信心，并且一些人还会将这些不愉快的经历讲述给他人,为企业带来负面的口碑,更有严重者会求助于第三方的保护,将给企业带来更大的损失。如果企业能够采取积极的态度对客户的抱怨进行有效管理,如向客户道歉、调查服务失误的原因、对客户进行慷慨的补偿等,能大大提高客户对企业的满意度。

3. 客户抱怨能够使企业产生学习效应

学习效应指企业通过客户抱怨与客户构建深度的客户关系,从而有利于用电服务拓展检验、精确其有关市场环境(竞争者、客户、渠道、能源供应商等)、电力产品、用电服务过程及其趋势的各种类型的知识,而这些知识将有助于用电服务提高市场预测的准确性、更好地满足客户需求和发现新的市场机会。用电服务应该树立"从客户抱怨中学习"的理念和建立相应的学习机制,通过学习效应优化服务流程、降低客户服务成本,从而建立能源市场竞争优势。客户抱怨能够优化企业形象,有利于用电服务建立和提高富有亲和力与体验感的品牌价值。随着用电客户消费体验化和品牌化趋势的发展,电网品牌成为企业"区隔"竞争者和"锁定"客户的关键要素。企业如果能够积极倡导和应对客户抱怨,并妥善处理客户抱怨提出的各种问题,不仅该客户会因信任而忠诚于电网企业,也会让其他客户感到用电服务是负责任的、值得信赖的企业,从而有利于企业改善形象,提升品牌价值。因此,积极面对和处理客户抱怨有利于建立和维持客户对电网品牌的归属感,有利于电网品牌资产的累积。可见,客户抱怨或许短期内会给用电服务增加抱怨处理成本或缺陷扩散风险,但就长期而言,客户抱怨能够给企业带来客户忠诚、学习效应、品牌增值等各种直接价值或衍生价值。因此,对用电服务来讲,应该对客户抱怨持积极态度,建立客户抱怨预警系统、畅通客户抱怨渠道、建立客户抱怨处理系统、完善客户抱怨跟踪机制等措施,妥善处理各种客户抱怨,增加企业的客户资产和增强企业的竞争优势。

13.3.2 客户抱怨的形成原因

客户产生抱怨的直接原因是客户不满意,而造成客户不满意的原因又是多方面的。

1. 客户期望和服务感知存在差距

客户的期望在客户对企业的产品和服务的判断中起着关键性作用,客户将他们所要的或期望的东西与他们正在购买或享受的东西进行对比,以此评价购买的价值。在一般情况下,当客户的期望值越大时,接受服务的欲望相对就越大。但是当客户的期望值过高时,就会使得客户的满意度越小;客户的期望值越低时,客户的满意度相对就越大。可见,客户的期望对电力产品和用电服务的判断中起着关键性作用。客户期望是一把"双刃剑"。例如,电力企业优质服务年活动提出的"八项承诺",它一方面是电企业吸引客户的动力。另一方面又给企业的工作建立了一个最低标准。管理客户期望值的失误主要体现在两个方面:"海口"承诺与隐匿信息。而如果用电服务许下"我们几乎可以满足您所有的要求"的"海口"承诺,给客户设立了很高期望但却无法满足,肯定会使客户失望,客户就可能因此提出抱怨。所以,企业应该适度地管理客户的期望,提出的承诺要适当，而且一经提出就必须兑现，以避免当期望管理失误时，导致客户产生抱怨。隐匿信息指在用电宣传材料中过分地宣传服务产品的某些性能，故意忽略一些关键的信息，转移客户的注意力，导致客户在消费电力服务过程中有失望的感觉，因而产生抱怨。

2. 客户对真实瞬间服务不满

在用电服务过程中，无论是在营业厅服务、"95598"服务、现场服务、外部媒介转入等服务方式时发生的真实瞬间，还是发生在用电报装及变更、抄表收费、故障抢修、用电检查、电能计量、投诉举报、咨询查询、业务宣传，电力需求侧管理等具体业务时发生的真实瞬间，导致客户不满的原因依次为营业员的主动行为、服务系统出错时营业员的反应和营业员对客户要求未能很好地满足。其中最重要的是营业员的主动行为，造成营业员真实瞬间服务失误的主要原因包括意识、角色、技能、"火候"和职责等原因。

意识障碍。营业员的意识偏差体现在多方面，一些营业员习惯于逃避客户，一方面是自信心缺乏的表现，另一方面则是认为由于客户的光顾，自己手忙脚乱、腰酸背痛，把客人看成了干扰和破坏自己安逸的对手，从内心萌发讨厌客人的念头。其所提供的服务自然是劣质且难以让人满意的。

角色障碍。在真实瞬间的互动过程中营业员需要扮演多种角色，即服务的提供者、问题的解决者、客户的倾诉者……这些决定了营业员除了扮演好侍者的角色外，还要承担智者、哑者等不同角色，多个角色混合为营业员的"表演"制造了很大的麻烦，而且要不断地切换适应不同客户的需求，由于服务惯性导致角色互换过程中出现的偏差，往往直接影响服务质量，造成客户抱怨。

技能障碍。真实瞬间的互动过程中营业员熟练的技能是提供优质服务的基础，营业员的操作不仅仅是停留在单一的层次上，而是眼、嘴、手、腿的有机组合，但是在服务的过程中由于服务时间、服务经历、营业员个性等多方面的影响，很难完美结合，这就为提供优质服务带来了巨大的阻碍，同时营业员自身的懒惰、拖沓、傲慢等作风都极易造成客户抱怨，再者服务系统出错时，营业员没有能力或没有意愿采取某些合理的补救行动，将引发客户的严重不满，此时，客户不满意的并不是企业在核心服务提供上出了问题，而是不满意营业员的反应方式。

"火候"障碍。在真实瞬间服务过程中"火候"的把握尤为关键，营业员提供热情的服务会让客人感觉受到重视，但是当热情度超过一定程度的"真实瞬间"服务，足可以让客户产生恐惧。

职责障碍。在"真实瞬间"的互动过程中营业员必须妥善处理日常事务及毫无征兆的突发事件，而对于事件的处理上必须快捷、准确，但是一线营业员权限的模糊严重影响了问题处理的灵活性，不知道面对问题时自己应该怎么做、如何做，就更谈不上及时、准确地处理，这也避免客户抱怨最棘手的问题之一。

3. 客户感受差异造成的抱怨

客户感受差异指客户所感受的服务水平与实际提供的服务水平的差距。产生这个差距的主要原因有：管理层从市场调研和需求分析中所获得的信息不准确；管理层从市场调研和需求分析中获得的信息准确，但理解偏颇；用电服务没有搞过什么客户需求分析；

与客户接触的一线员工向管理层报告的信息不准确或根本没报告；企业内部机构重叠，妨碍或改变了与客户接触的一线员工向上级报告市场需求信息。

质量标准差距是所制定的具体质量标准与管理层对客户的质量预期的认识而出现的差距。这种差距产生的原因有：企业规划过程中产生失误或缺乏有关的规划过程；管理层对规划过程重视不够，组织不好；整个企业没有明确的奋斗目标；高层管理人士对服务质量的规划工作支持不够。

服务传递差距指用电服务与传递过程没有按照企业所设定的标准来进行。造成这种差距的主要原因有：标准定得太复杂、太僵硬；一线员工没有认可这些具体的质量标准，在提高服务质量必须要求员工改变自己的习惯行为的情况下，员工就可能极不愿意认可这样的质量标准；新的质量标准违背了现行的企业文化；服务运营管理水平低下；缺乏有效的内部营销；企业的技术设备和管理体制不利于一线员工按具体的服务质量标准生产。

用电服务传播差距指营销宣传中所作出的承诺与企业实际提供的服务不一致。造成这种差距的原因有：企业没能将用电服务传播计划与服务运营活动相结合；企业没能协调好传统的市场营销和用电服务运营的关系；企业通过信息传播宣传介绍了服务质量标准细则，但实际的用电服务滞后，达不到这些质量标准；企业存在着夸大自己的服务质量的行为，传播出去的信息往往向客户允诺的质量太高、内容太多。

服务质量感知差距指客户体验和感觉到的服务质量与自己预期到的服务质量不一致。这种差距出现的原因有：客户实际体验到的服务质量低于其预期的服务质量或者存在服务质量问题；一些营业员或一些环节口碑较差；企业形象差；服务失败。

4. 客户自身的原因

客户自身的原因主要指客户自身的性格，以及客户进入用电服务过程时的情绪状态。性格和情绪往往会决定一个人的行为方式。有的客户对事情的要求比较苛刻，在服务过程中就比较容易产生抱怨。因让客户等待时间过长、营业环境卫生状态不佳、营业厅内音响声音过大，都是造成客户不满、产生抱怨的原因。而且，这种情况下的抱怨往往没有明确指向，一触即发。当然，对环境不满意是客户抱怨的必要条件，但不是充分条件。在不满意的情况下，客户可能保持沉默并继续光顾，也可能向亲戚朋友诉说他们不满的经历，以便宣泄不满的情绪，而向企业提出抱怨只是其中的一种选择，如果抱怨需要特定的有关服务知识及沟通技巧，而客户缺乏这些能力和知识，客户将不会抱怨。

虽然由于客户自身原因造成的客户抱怨，在不同用电目的和不同地区，客户抱怨率存在明显区别，但总体上处于较低水平。当然，客户抱怨是否升级为客户投诉，以及客户选择投诉的强度和方式，关键由客户自身的驱动机制和用电服务的预应能力决定。

客户的驱动机制包括客户的性格特性、自我意识、技术偏好、应对能力、投诉处理预期、投诉路径及成本等因素。例如：就自我意识而言，自我意识强的客户在面对不良服务时，比自我意识较低的客户会对服务进行更加消极的评价，同时还会产生负面口碑，甚至进行投诉；而公共意识强的客户也会产生消极评估和消极口碑，但他们不倾向于投诉，而是制造负面口碑以发泄不满；有的客户服务消费惰性大，更倾向于习惯性服务，他们在不满的情况下也不大会提出抱怨。此外，年龄、收入、教育、职业、果断性、自信心等也会影响客户的抱怨行为。

用电服务的预应能力包括企业的服务承诺、对服务过失的补偿标准及其流程、营业员的友善态度等。例如，营业员和客户接触时态度友善，将大大弱化客户将抱怨升级为投诉的可能性；相反，恶劣的服务态度将会极大地刺激和强化客户投诉的可能。此外，目前客户维权意识的增强和投诉渠道的便捷，也增强了客户将抱怨转化为投诉的可能性。客户权益保护的相关法规宣传和社会鼓励、"95598"光明服务工程的实施、全面落实"三个十条"（国家电网公司供电服务"十项承诺"、国家电网公司员工服务"十个不准"和国家电网公司调度交易服务"十项措施"）和信息披露的发展、第三方组织的增多等都会使用电服务面临越来越多的口头投诉、书面投诉、电话投诉和电子邮件投诉。

13.3.3 客户抱怨处理

随着生活品质的不断提高，用电客户对用电服务的需求相应提高，从而对用电服务营业员的专业要求也明显提升。作为用电服务员工，在与客户交流的过程中总会或多或少地遇到客户的抱怨，有些抱怨是客户真实想法的反映，而有些抱怨却是客户的托词。若用电服务员工不能很好地处理客户的抱怨，就会很容易造成客户由抱怨到投诉的升级。

1. 处理客户抱怨的原则

（1）树立"客户第一"的观念。只有有了"客户第一"的观念，才会有平和的心态处理客户的抱怨，真心实意为客户着想，尽量满足客户的合理要求。对客户的咨询、投诉等不推诿、不拒绝、不搪塞，及时、耐心、准确地给予解答，实行首问负责制。使客户得到满意的答复是处理抱怨所追求的最终目标，但在处理抱怨过程中，要正确把握好尺度，原则性的问题要用委婉的语气明确告诉客户"这样是做不到的"，而不能一味地迁就客户，否则就会使企业的利益受损。

（2）不与客户争辩。这其实是第一条原则的延伸，就算是客户失误，也不要与之争辩，即使存在沟通障碍产生误解，也绝不能与客户进行争辩。当客户抱怨时，往往带有情绪，与客户争辩只会使事情变得更加复杂，使客户更加情绪化，导致事情恶化，客户的意见无论是对是错，营业员都不能表现出轻视，语气也不要太生硬，要给客户留足"面子"，他才会觉得企业是重视自己的抱怨的。

（3）快速解决问题。既然客户已经对用电服务产生抱怨，那就要及时处理。对于客户所有的意见，必须快速反应，最好将问题迅速解决或至少表示有服务补救的诚意。快速服务补救是妥善处理客户抱怨或客户投诉的有效办法，服务补救是当客户因用电服务发生缺失而感到困扰或抱怨时，企业为使客户达到其期望的满意度而做的努力过程。

（4）换位思考。站在客户的立场上看问题。不要人为地给客户下判断，客户是因为信赖你，觉得你可以为他解决问题才向你求助的，你只是他们的发泄对象，并不是你得罪了他们。关注客户感受，设身处地理解客户感受、关注客户的需求，尽管他的要求可能过分，也要以积极热情和的态度去做解释，要注意控制自己的情绪和言行，避免激化矛盾。

（5）处理客户抱怨的错误行为。处理客户抱怨的常见错误行为有：争辩、争吵、打断客户、教育、批评、讽刺客户；直接拒绝客户；暗示客户有错误；强调自己正确的方面、不承认错误；表示或暗示客户不重要；认为投诉、抱怨是针对个人的；不及时通知变故；以为用户容易打发；语言含糊、推诿；怀疑客户的诚实；责备和批评自己的同事、表现自己的成绩；为解决问题设置障碍（期待用户打退堂鼓）；假装关注，虽然言语体现关心，却忘记客户的关键需求；在事实澄清以前便承担责任、拖延或隐瞒。

（6）处理客户抱怨的正确行为。处理客户抱怨的正确行为有：令用电客户感到舒适、放松；语气平和，让用电客户发泄怒气；表示理解和关注，并作记录；体现紧迫感；如有错误，立即承认；明确表示承担替客户解决问题的责任；同用电客户一起找出解决办法；如果难以独立处理，尽快转给相应部门或请示上司。

2. 处理客户抱怨的程序

处理客户抱怨的程序包括确认问题、分析问题、互相协商、处理及落实处理方案。

（1）确认问题。认真仔细，耐心地听抱怨的客户说话，并边听边记录，在对方陈述过程中判断问题的起因，抓住关键因素。尽量了解客户抱怨或不满问题发生的全过程，听不清楚的，要用委婉的语气进行详细询问，注意不要用攻击性言辞，如"请你再详细讲一次"或"请等一下，我有些不清楚"。把所了解的问题向客户复述一次，让客户予以确认。了解完问题之后征求客户的意见，如他们认为如何处理才合适，有什么要求等。

（2）分析问题。在自己没有把握情况下，现场不要下结论，不要下判断，也不要轻下承诺。最好将问题与营业员协商一下，或者向企业领导汇报一下，共同分析问题。问题的严重性，到何种程度？你掌握的问题达到何种程度？是否有必要再到其他地方作进一步了解？如听了个别客户代表陈述后，是否应到具体到每一个用户。如果客户所提问题不合理或无事实依据，如何让客户认识到此点？ 解决问题时，抱怨客户除要求服务补偿外，还有什么要求？

（3）互相协商。在与营业员或者与公司领导协商得到明确意见之后，由在现场的营业员负责与客户交涉协商，进行协商之前，要考虑以下问题：供电公司与抱怨客户之间，是否有长期的供用电关系？当你努力把问题解决之后，客户有无消除不满并满足客户要求的迹象？争执的结果，可能会造成怎样的满意与不满意口传的影响（即口碑）？通过协商了解，客户的要求是什么？是不是无理要求或过分要求？ 用电服务方面有无过失？过失程度多大？作为供电公司意见的代理人，要决定给投诉或不满者提供某种补偿时，一定要考虑以上条件，如果属用电服务过失造成的，对受害者的服务补偿应更多一些；如果是客户方面的过失造成的不合理要求，应依法依规服务，大方明确地向客户说明拒绝的理由，但要注意与客户协商时的言辞表述，要表达清楚明确，尽可能听取客户的意见和观察反应，抓住要点，妥善解决。

（4）处理及落实处理方案。协助有了结论后，接下来就要作适当的处置，将结论汇报公司领导并征得领导同意后，要明确直接地通知客户，并且在以后的工作中要跟踪落实结果。处理方案中有涉及公司内部其他部门的，要将相关信息传达到执行的部门中；如应允客户故障抢修、现场勘察的，要通知仓管及施工部门；如客户要求特殊用电的，应按有关规定通知相应的职能部门，相关部门是否落实这些方案，用电服务一定要进行监督和追踪，直到客户反映满意为止。

3. 处理客户抱怨的方法

（1）为客户创造"诉苦"渠道。聪明的营业员会让客户把"苦水"向自己的肚子里咽，而是让客户把"苦水"向自己都倒出来。如果客户不向营业员把"苦水"都倒出来，那么就可能会向亲朋好友、其他客户、企业领导、媒体、政府执法部门说出自己的抱怨，后者就体现为客户投诉，会给用电服务带来更大被动，还可能使企业的形象受损；客户的抱怨就会如病毒一般快速扩散，使潜在客户不"上钩"，老客户也纷纷"倒戈"。可见，看似不起眼的抱怨，却很可能会"点燃熊熊烈火"，甚至"烧毁"电网公司的品牌。因此，用电服务必须给客户创造倾诉抱怨的渠道，让他们的抱怨能说出来，并且是直接向企业说，而不向"外人"说，把一切问题解决在"家里"。其实，沟通渠道很多，诸如可通过"95598"用电客户服务呼叫中心、网站接受客户抱怨，在营业厅设客户服务接待处，接受客户的抱怨与投诉。还可以在用户手册、供电服务说明书等标明客户服务电话及通信地址，以实现顺畅沟通。另外，用电服务还可以通过活动主动收集客户意见或了解客户抱怨，如"客户问题有奖调查""客户意见座谈会""客户回访"等形式，主动把问题收集上来并逐次解决。企业不能有意或无意地"积累"客户的抱怨，客户的忍耐是有限的，量变必然要导致质变。如果客户的愤怒真的"爆发了"，场面可能也就难以收拾了。客户抱怨有很多种类型，不同类型的客户抱怨处理起来复杂程度不同，方法也不同。有些客户抱怨，只要提高用电服务质量就可以了，而有些客户抱怨需要向客户提供补偿才能解决，当然补偿可能包括物质补偿与精神补偿。

（2）遵循化解客户抱怨的逻辑关系。要想化解客户抱怨就必须在操作上有一个逻辑，首先在情绪、心理等方面转变客户的思想，然后再为客户提供某种服务保证，让客户心理上获得平衡，最后企业要提高服务质量，或者在其他要素方面的做出适应性调整，如反应速度、服务环境等，以获得客户满意。其实，在这个过程中有两个关键点：一是沟通；二是快速。沟通得越彻底，反应得越快，对用电服务就越有利。一般采取四个基本步骤来化解客户抱怨。第一步是淡化客户对企业的抱怨，即通过细致耐心的"思想工作"，让客户的情绪得以控制，愤怒得以舒缓，心情得以改善，使客户抱怨不至于继续加重。这一步主要是用电服务通过诚恳的态度、和善的语言、动人的诚意来争取客户对企业的理解，为进入下一步争取机会。第二步是用电服务要找到客户抱怨点，搞清客户为什么抱怨，以及客户有哪些要求。如果对客户的要求能立即回复，就不要耽搁，把问题解决在现场。如果不能立即解决，也要给客户一个可以忍受的等待期限，并提供一些相关的服务保证，让客户等待解决。第三步是用电服务要围绕客户抱怨进行认真研讨，研讨内容包括客户抱怨是否合理，企业是否有必要解决。若可以解决，要立即着手制定解决方案。第四步是解决方案确定后，第一时间与客户进行沟通，并提供解决方案，让客户听到来自企业的好消息。同时，企业要立即着手落实并兑现在解决方案中的政策、承诺与补偿，让客户抱怨最终得到化解。

（3）从"客户抱怨管理"到"服务补救"。对用电服务而言，客户抱怨毕竟是被动的，何况还有大多数的不满意客户保持着沉默。因此，用电服务应该积极主动地与客户沟通，特别是要让沉默的客户也能表达自己的不满，这就需要从传统的"客户抱怨管理"到采取"服务补救"措施。客户抱怨管理有一个非常明显的特点，即只有当客户进行抱怨时，用电服务才会采取相应的措施。安抚客户这种"不抱怨不处理"的原则，将严重影响客户感知服务质量和客户满意，从而影响客户忠诚。但服务补救则不同，它具有主动性特点，要求用电服务员工主动地去发现服务失误并及时地采取措施解决失误，这种前瞻性的管理模式，无疑更有利于提高客户满意和忠诚的水平。

（4）妥善处理第三方抱怨，变"公关危机"为"公关宣传"。第三方抱怨与客户其他抱怨方式不属于同一个层级，客户一般不会在感到不满意时首先想到第三方抱怨，而往往是在直接抱怨没有成功时才会考虑这种较为极端的方式。第三方抱怨其实是一种严重的"公关危机"，处理不当，将大大损害电力企业的形象。用电服务在处理可能影响到新闻媒体、社会大众、消费大众等改变电力企业形象评估的事情时，一定要站在公共关系大局的角度来衡量得失，决不能以一时的利益来衡量。对在"公关危机"中发表的声明以及随后所采取的行动应有充分的准备，唯有向公众说明服务失误的性质以及企业所采取的补救措施，才能使人们觉得企业的行为是积极的，以此化"公关危机"为"公关宣传"。

（5）引导客户直接抱怨。在调查中发现，向电力企业直接投诉的抱怨客户，只有一部分是通过"95598"用电客户服务呼叫中心投诉的，其他客户可能向电力企业的领导直接投诉、向营业厅值班人员反映、利用电力部门的投诉箱反映问题。"95598"用电客户服务呼叫中心作为热线，理应成为主要的投诉渠道，而现实中为什么没有得到充分利用呢？调查发现，很多客户只知道"110""112""119"，而根本不知道"95598"。因此，电力企业应向社会加以广泛宣传，更好地让社会和广大用电客户了解、认识抱怨的渠道，才能发挥"95598"电力服务热线应有的功能和作用。

4. 处理客户异议的方法

（1）转折处理法是处理客户异议的常用方法，即营业员根据有关事实和理由来间接否定客户的意见。应用这种方法要首先承认客户的看法有一定道理，也就是向客户做出一定让步，然后再讲出自己的看法。此法一旦使用不当，可能会使客户提出更多的意见。在使用过程中要尽量少地使用"但是"一词，而实际交谈中却要包含着"但是"的意见，这样效果会更好。只要灵活掌握这种方法，就会保持良好的洽谈气氛，为自己的谈话留有余地。例如，客户提出营业员的称呼过时了，营业员不妨这样回答："小姐，您的记忆力的确很好，这种称呼是几年前流行的，很多人和您的想法一样，我想您是知道的，这样称呼是出于对您的尊重。"这样就轻松地反驳了客户的意见。

（2）转化处理法是利用客户的反对意见自身来处理。客户的反对意见是有双重属性的，它既是用电服务的障碍，又是一次营销机会。营业员要是能利用其积极因素去抵消其消极因素，未尝不是一件好事。这种方法是直接利用客户的反对意见，转化为肯定意见，但应用这种技巧时一定要讲究礼仪，不能伤害客户的感情。此法一般不适用于与缴费有关的或敏感性的反对意见。

（3）以优补劣法又叫补偿法。如果客户的反对意见的确切中了电力产品或用电服务中的缺陷，千万不可以回避或直接否定。明智的方法是肯定有关缺点，然后淡化处理，利用用电服务的优点来补偿甚至抵消这些缺点。这样有利于使客户的心理达到一定程度的平衡，有利于使客户做出满意评价。当用电服务环节确实有些问题，而客户又提出如"智能电表计量不准"这类问题时，营业员可以从容地告诉他："这种电表的确和机械电表不同，但它的确会给您带来很多方便，只是有些功能现在还没使用，而且公司还确保这种电表不会多收您一分钱。当然，如果您还是觉得老电表可靠，可以给您换装机械表。"这样一来，既打消了客户的疑虑，又以性能优势鼓励客户使用智能电表。这种方法侧重于心理上对客户的补偿，以便使客户获得心理平衡感。

（4）委婉处理法。营业员在没有考虑好如何答复客户的反对意见时，不妨先用委婉的语气把对方的反对意见重复一遍或用自己的话复述一遍，这样可以削弱对方的气势。有时转换一种说法会使问题容易回答得多。但只能减弱而不能改变客户的看法，否则客户会认为你歪曲他的意见而产生不满。营业员可以在复述之后问一下："我理解得正确吗？"然后再继续交流，以求得客户的认可。比如，客户抱怨"实行居民阶梯电价后电费比去年多了，这不是变相涨价吗！"营业员可以这样说："是啊，实行阶梯电价对一些生活富裕用户，电费比起前一年确实高了一些。"然后再等客户的下文。总之，是要起到削弱反对意见对客户所产生的影响。但要注意不要在一个反对意见上纠缠不清，因为人们的思维有连续性，往往会由一个意见派生出许多反对意见。解决的办法，是在回答了客户的反对意见后马上把话题转移开。

（5）反驳法，指营业员根据事实直接否定客户异议的处理方法。理论上讲，这种方法应该尽量避免。直接反驳对方容易使气氛僵化，使客户产生敌对心理，不利于客户接纳营业员的意见。但如果客户的反对意见是产生于对用电服务的误解，而你手头上的资料可以帮助你说明问题时，你不妨直言不讳。但要注意态度一定要友好而温和，最好是有理有据，这样才有说服力，同时又可以让客户感到你的权威，从而增强客户对服务的信心。反驳法也有不足之处，这种方法容易增加客户的心理压力，弄不好会伤害客户的自尊心和自信心，不利于提高客户满意度。

（6）冷处理法。对于客户一些不影响用电服务的反对意见，营业员最好不要反驳，采用不理睬的方法是最佳的。千万不能客户一有反对意见，就反驳或以其他方法处理，那样就会给客户造成你总在挑他毛病的印象，而是应该耐心倾听找症结。面谈中把更多的时间留给客户，看上去客户似乎是主动的意见发出者，而营业员是被动的接受者。其实不然，心理学家的大量研究证明："说"与"听"两者相比，听者有利。因为交谈中听者思考的速度大约是说者的五倍。因此善于倾听的营业员可以有充分的时间，对客户真实的需求、疑虑进行准确的鉴别和判定，及时捕捉各种购买信号。当客户抱怨你的同行衣服不合体时，对于这类无关服务的问题，应不予积极回应，转而谈你要说的问题。营销专家认为，在实际用电服务过程中80%的反对意见都应该冷处理。但这种方法也存在不足，不理睬客户的反对意见，会引起某些客户的注意，使客户产生反感。且有些反对意见与客户满意度关系重大，营业员若把握不准、不予理睬，会有碍服务，甚至造成客户抱怨。因此，利用这种方法时必须谨慎。处理客户的异议有两条"铁规"必须遵守，即"不打无准备之仗""永远也不要与客户争辩"。因此,不妨针对常见异议,编制一本标准解答的异议"秘笈",熟记它并不断在实践中润色、修改和提高。而面对客户的异议时,也不要试图争辩以证明自己是对的,把"对不起"常挂嘴边,效果会更令人满意。

此外,在与客户的对话中,营业人员还应该注重一些细节,如解答异议适可而止,专业营业员应当是电力产品专家,但并不意味着要主动告诉客户自己所知道的一切。因为滔滔不绝反而会使客户厌烦,而且客户得到的信息越多,他需要考虑的时间越长。服务应当简明扼要,针对客户的需求点对症下药,有助客户尽快做出满意决定。回应异议细思量,营业员在回答客户异议前应有短暂停顿,让客户觉得你的回答是经过思考后说的,而不是随意敷衍。对于客户提出的异议,营业员要回答得清楚且有条理,最好能够给出几种解决方案供客户选择,促使用电服务进入下一个程序。

即测即练

自学自测　扫描此码

第14章

电费管理

14.1 电力营销全过程的电费风险

电力营销是供电企业与客户互动完成电能优质安全可靠供应与使用的全过程，与其他产品的营销有很大的不同。主要原因在于电能的发供用同步，电力营销过程从用电报装、签订供用电合同、电能计量、抄表收费，是一个相对复杂、不可分割的过程。考察电力营销全过程的电费风险，有利于供电企业在新的历史时期，建立全面的电费风险管理体系，各部门协同一致，共同防范电费风险，从而提高供电企业的全面风险管理水平。

14.1.1 用电报装过程的电费风险

用电报装是有用电需求的客户向供电企业提出用电申请，供电企业通过现场勘察提出供电方案，双方按未来的产权分界完成各自的供电工程，经验收合格后装设电表、接电用电的全过程。也许有人要问：还没有用电，何来电费风险？我们所谈论的电费风险，除了显性的，还有隐性的。在用电报装过程中，包含了许多潜在的电费风险。

1）用电项目的合法性。一些较大规模的工业项目，都要经过政府部门的立项审批，拿到批文后才能办理用电报装。但当前许多客户，在未拿到政府批文或未经审批情况下，就开始办理项目用电手续，其中可能就有国家明令禁止的淘汰项目、不符合国家产业政策的项目及重大污染项目等。如果供电企业不了解国家政策，不进行认真的审查，供电后一旦客户用电项目遭政府查处，客户已经形成的电费，就有可能无法收回，形成电费损失。

2）用电客户的资信水平。用电客户的资金实力及信用水平，对未来客户履行供用电合同、按时交纳电费，有直接的影响。在报装过程中，供电企业的客户服务人员，应该通过各种正面的或侧面的手段，了解客户负责人及工作人员的能力水平、项目资金的充裕程度、项目的市场前景、客户的银行信用等级、客户以往的信用状况等各类信息，建立信息充分的客户资信档案，提供给风险管理部门，制定有效的防范电费风险的方案。

3）用电项目的生命周期。客户申请用电的项目，有些是很大的工业项目，有些是较小的生产作坊，有些还是临时的建设用电。用电项目生命周期的不同，极大地影响着未来的电费风险。因此，供电企业可以根据这一指标的不同，设定不同的风险防范手段。

4）用电客户所属的行业门类。客户所属的行业不同，其未来给供电企业带来的风险也不同。一般来说，政府部门和国有企业，容易利用一些特殊的影响力，达到短期拖欠电费的目的，但不容易形成电费呆坏账；当前正处于市场上升期的新兴行业，不容易产生电费拖欠；而一些夕阳产业，则容易带来较大的电费风险。

14.1.2 供用电合同签订过程的电费风险

目前我国的供用电合同均为格式合同，合同中有专门针对电费方面的条款，如执行的电价政策、交费时间等，都与未来的电费风险状况息息相关。在后续用电过程中，因用电业务变更等原因，还可能产生一些供用电合同的修改及补充事项，这些修改和补充，也会影响电费的回收。

1）供用电合同签订的及时性

按照规定，在客户用电之前和供用电合同到期之前，供电企业都要与客户完成供用电合同的签订工作。如果客户已经用电后合同久拖未签，或老合同已经到期而新合同未及时订立，其间发生电费拖欠问题时，供电企业就失去了用合同主张自己权利的手段。

2）供用电合同内容的准确性

供电企业要根据客户的用电性质、负荷等级、用电容量、预计未来电费风险的大小，与客户约定基本电价、电度电价、功率因数调整电费标准、每月抄表时间与次数、交费期限与结算次数等许多涉及电费的内容，这些内容的政策性很强，供电企业必须十分重视这些内容的准确性，这些细节一旦发生错误，就会造成电费的风险问题。

3）供用电合同的完整性

客户在初次签订供用电合同后，可能由于一些用电业务的变更，使合同无须重签但部分内容需更改，由此形成合同的补充条款。这些条款的形成，仍然要依照正规合同的签订原则和程序，进行协商和双方签字认可，作为原合同的一部分，妥善管理。如果涉及电费的补充条款订立不严谨，使补充条款未成为正式合同的有效组成部分，就有可能产生电费风险。

14.1.3 电能计量过程的电费风险

电能计量是收取电费的"一杆秤"，电能计量的公平准确与否，严重影响着电费。

1）电能计量的技术可靠性

电能计量装置的设计、装设、应用，有一套严格的技术规范和标准，如电能计量装置的误差范围、准确等级、二次回路的电阻值、装置装设的工艺标准等，这些技术问题很容易产生电费风险。随着诸多科技含量更高的电能计量装置进入电网，技术性风险会更大。

2）电能计量的管理有效性

电能计量装置在日常运行过程中，有严格的运行维护管理规定，如标准装置定期送检、计量装置周期轮换、现场校验、日常检查、故障处理等，如果未按管理标准所要求的去执行，装置的准确性就无法保证，有可能造成多计或少计电费，从而产生电费风险。

3）电能计量信息的准确性

电能计量装置的信息，直接参与电费的计算，信息错误带来的就是电费错误。电能计量环节必须准确记录电能表的起度、互感器的变比、表计装设日期等，并确保准确传递到下一个营销环节，才能保证电费计算的准确。

4）电能计量的窃电风险

电能计量装置装设在用电客户处，其可靠性、防窃电性能的好坏，关系着窃电风险的大小，甚至会有些客户与供电企业的工作人员勾结窃电。因此对与计量装置相关的附属装置，如计量器具的封印及封印钳、计量箱（柜）的锁及钥匙等，供电企业必须加强管理，从技术上防范窃电风险。

14.1.4 抄表收费过程的电费风险

人员的责任风险、操作风险是形成抄表收费过程产生电费风险的主要原因。

1）电费管理风险

随着供电企业信息化进程的强力推进，电力营销信息系统越来越先进，还在使用机械表的地区抄录电能表数据、电费审核、信息系统操作，还必须由人工来完成。如果人员的技术水平低或责任心不强，造成人为的疏忽或过失，就会形成电费风险。

2）营销信息系统的技术风险

电费海量数据的存储、电费的计算、电费的收取及报表管理，IC卡表售电，都要由计算机营销系统来完成。营销信息系统的技术故障、突然失电、病毒攻击、黑客攻击等，都会造成系统的功能缺失或完全丧失，使电费不能正常计算发行、电费不能正常收取或电费整体出错等，以致形成电费风险。

3）客户信用风险

由于用电营销传统上采取的是"先用电、后交钱"的交易模式，客户用电后，不按供用电合同规定的交费时间、不按已用的电费数额向供电企业交纳电费，电费风险就产生了。在收费环节上客户拖欠电费风险，是电费外部风险的最主要、最重要和最大的部分。智能电表具备预存电费与欠费自动终止供电的功能，电费风险大大降低。

4）社会经济环境风险

由于外部经济环境的变化，导致供电企业的某一部分或某一类型客户受经济形势的拖累，缺乏流动资金或资金链断裂，无法正常交纳电费而产生电费风险。由美国次贷危机和欧债危机引发的全球经济危机，对我国的实体经济产生了严重影响，许多企业减产、停产，形成了前所未有的风险，就是一个很好的社会经济环境风险的例子。

14.2 电费风险要素的构成

电力营销全过程电费风险可以按照电力营销的业扩管理、电费安全、现场服务、自动化系统等业务模块进行分类，进行电力营销全过程电费风险识别，电费风险要素构成如图14-1所示。

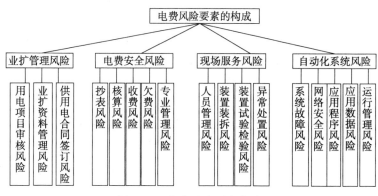

图 14-1 电费风险要素构成

14.2.1 业扩管理风险要素

1）用电项目审核风险

在供电企业中，业扩是第一道环节，对于申请用电的项目，供电企业有进行审核的职责。对于政府规定限制的用电项目、未经政府主管部门批准或手续不全、批复程序不合法的用电项目，供电企业是不能受理其用电申请的。如果供电企业对客户提交的申请材料把关不严，导致违反国家产业政策，有可能在将来的正常用电过程中，客户因违反国家产业政策而被政府强制关停，形成无法正常缴纳电费的风险。另外，客户提供的工商注册、税务、个人身份证明、法人代表文件等相关资料与用电申请主体不一致或不完整，供电企业也必须要求客户整改后才能受理申请，否则将来在正常用电过程中发生电费纠纷，供电企业可能无法正常主张电费权利。

2）业扩资料管理风险

如果对客户的业扩资料管理不当，导致业扩申请、现场勘查、供电方案制定及答复、签订供用电合同、装表接电等环节的资料不完整，会在供用电合同履行过程中，发生供电企业与客户对电费有关事项的争议或纠纷，使供电企业处于被动不利的局面。

3）供用电合同签订风险

供电企业如果未与客户签订供用电合同，或供用电合同已签订但必要的附件不完整（如电费结算协议），在正常用电过程中可能发生电费回收难、合法的权利得不到主张等电费风险。如果不具有独立承担民事责任资格的公司内设部门、筹建处或政府的所属部门直接作为用电方主体，申请签订供用电合同，一旦其所属的法人单位不予追认，其所签订的供用电合同无效，合同权利义务无法实现。由委托代理人签订供用电合同，但委托代理人没有出具授权委托书或使用虚假伪造的授权委托书，一旦用电方不予认可，合同无效，等于没有签订供用电合同。供电企业与不合法企业签订的供用电合同，其所载权利将得不到法律保障。如果合同内容不是公司意思的真实表达或合同的有些内容约定较含糊，又或合同条款与实际不符，未按法规要求起草合同，在出现合同纠纷时会发生不利于供电企业的条款解释，供电企业的权利将得不到有效保障。

14.2.2 电费安全风险要素

1）抄表风险

如果供电企业抄表人员抄表不到位、估抄、漏抄、串抄、错抄，或自动抄表系统在采集、集中、传送、导入过程中发生数据差错，或因现场抄表环境复杂、计量装置安装不规范而引起抄录电量差错，客户可能以实际使用的电量与抄录的电量不符为由拒交电费。长期的抄表差错，很容易发生电费损失。如果工作人员在为新装客户建立抄表册信息时，出现未建、错建或未及时纳入相应抄表册，或在调整抄表册信息时出现误销户、误调整抄表信息等情况，就可能造成客户用电量一段时间或长期得不到抄录，引起电费损失。如果设备实际 CT 变比、变压器容量等与铭牌不符，就可能造成少计电量、损失电费。

2）核算风险

如果电费计算程序的计算规则与电费计算相关的标准代码不符合国家的有关规定；与电费计算相关的电价代码、参数选错；结构性的电价调整时电费计算规则的变更不符合国家有关规定；业务传票处理、归档不及时；未严格按照有关暂停、减容的规定计收基本电费；未严格执行国家规定的分类电价、擅自增加或减少价外收费项目、不严格按照调价时间调整电价。以上情况就容易发生较大数量的同类客户的电费差错，客户可能以电费计算有错为由拒绝交纳电费，使供电企业遭受经济损失。

3）收费风险

供电企业没有按照规定程序进行通知缴费或催收电费，将造成电费不能及时足额回收。不按规定执行电费违约金管理要求，将造成客户电费违约金被多收、少收、挪用或侵吞。在收取电费时收到假币，或在收电费过程中、电费资金保管过程中，电费被抢劫或挪用截留，造成电费损失。电卡表收费信息被篡改、设置存在问题或本身存在质量问题，有可能造成电费纠纷和欠费风险，影响电费正常回收。陈欠电费台账混乱或非法核销电费呆坏账，将造成陈欠电费不能及时催收和回收。

4）欠费风险

客户由于国际或国内经济环境恶化、国家宏观调控政策或产业政策调整、不可抗力、自身经营不善等因素，被关停、破产、重组、改制，如被列入限期关停目录的客户，执行差别电价的淘汰类、限制类客户，不能严格执行重组计划或重组失败的客户，受不可抗力影响关停的客户，容易形成资金短缺，电费支付能力下降，形成电费欠费，影响电费回收。客户在正常经营中产生经营状况恶化、利用破产、关停等假象或其他手段，或因缴费意识淡薄，恶意拖欠电费，会造成电费不能及时、足额回收。供电企业没有及时掌握政府拆迁计划应对不及时，导致拆迁户拆迁完毕后不知去向或拆迁户恶意隐匿去向，造成拆迁户的电费无处催收，会形成电费呆坏账。客户临时用电结束后不办理延期或正式用电手续，并不知去向，会造成欠费无处催收，形成电费呆坏账。供电企业对欠交电费、违约用电的客户采取停电措施时，受地方政府干预而无法予以停止供电，或供电企业从稳定大局出发暂停对欠费客户进行停电，又或对停电后可能导致重大安全隐患的客户不能采取停电措施时，将导致客户欠费金额持续增加，电费回收压力加大，有可能形成电费呆坏账。

5）专业管理风险

供电企业未按照抄表工作、核算工作的管理要求开展抄核工作，如未按规定安排抄表例日、抄表与换表流程冲突、未定期核对、维护卡式表、远程抄表系统、集抄系统、未建立电费等电费参数设置管理规范、未按规定进行电量电费退补、核算时限超过工作标准规定等，会造成电费差错或电费纠纷，影响正常的电费回收。抄表、核算、收费岗位混岗，不同岗位之间的工作得不到有效监督，会最终影响电费业务工作质量，造成电费损失。电费账户没有做到专户储存、专人管理、定期核对，造成电费资金账户失去监督，发生电费资金被挪用截留或电费损失。工作人员在电费抄表、电费计算、发票开具、呆坏账处理、违约金收取、电费退补等过程中利用职务之便谋取私利，造成电费损失。

14.2.3　现场服务风险要素

1）人员管理风险

供电企业对员工的日常职业道德教育与管理缺失，导致现场作业人员与用电客户相互串通，实施修改电量、更改电能表时钟、不补电量或少补电量、实施窃电等违规违法行为，造成电量电费差错和损失。

2）装置装拆风险

电能计量装置二次回路或电能表接线错误，造成电量电费差错和电费损失。新装表时未向客户确认新装电能表的初始电量，或在现场更换电能表时未与客户共同抄录和确认被换电能表底度电量，导致客户对电能表底度电量不认可产生电费纠纷，影响电费回收。

3）装置试验检验风险

对现场电能计量装置的现场试验项目不全，发生电量结算纠纷，影响电费回收。在电能计量装置室内检定中，因检定设备准确度不够，或检定程序、方法不适当，又或检定人员不具备资格，造成计量装置检定结果偏差，为未来运行带来潜在的电量结算纠纷，形成电费风险。

4）异常处置风险

电能计量装置发生故障时，供电企业工作人员未和客户共同对故障现象予以签字确认就排除故障，导致客户事后否认故障现象，使产生的差错电量电费无法足额回收。现场发现计量装置、变压器柜锁具、封印缺失等情况，作业人员未及时发现窃电并向客户进行确认，导致电量电费损失。发现客户有窃电嫌疑，在现场取证不足或手续不合法，导致电量电费无法追补，形成电损失。

14.2.4　自动化系统风险要素

1）系统故障风险

营销数据库主机、数据存储设备、应用服务器主机、接口服务器主机、备份服务器、网络安全设备故障，操作系统因漏洞、病毒和黑客攻击或人为误操作，数据库管理系故障、数据文件损坏、人为误操作等，造成营销管理业务中断，应用数据损坏，影响电费回收正常进行，严重时造成客户电费信息无法恢复形成电费损失。

2）网络安全风险

网络链路中断、网络设备损坏、网络被非法入侵、恶意攻击、病毒攻击、网络堵塞等，造成营销管理业务中断，应用数据损坏，影响电费回收正常进行，严重时造成客户电费信息无法恢复形成电费损失。数据在传输过程中因丢包或受到监听被篡改，造成部分电费、账务等重要业务数据错误，影响电费回收。负控终端、远程抄表等数据采集过程，数据丢失或传输错误，对电费计算、电费回收产生影响。

3）应用程序风险

系统应用程序损坏、电费程序错误、程序更新或发布过程出现故障、新程序本身存在漏洞和错误、应用系统配置错误或不合理、系统操作人员违规或错误操作等，造成部分营销业务中断、业务数据出错和收费错误，影响电费回收。

4）应用数据风险

系统中没有对数据访问设定权限或权限设定不规范，与电费相关的需长期保存的各类历史业务数据因各类故障引起缺失或丢失，引起营销业务数据重大错误，影响电费回收。

5）运行管理风险

非系统管理人员操作主机、数据库，或系统管理员对主机、数据库、应用系统日常运维误操作，导致不同等级的信息安全事故，造成全部或部分营销业务服务中断，应用数据完全或部分丢失且不可恢复，影响电费回收。

14.3 电力营销全过程电费风险控制

14.3.1 电费风险控制类型

风险控制是风险管理活动的一个重要环节。它是管理者在复杂的内、外部环境中针对企业所存在的风险要素，对控制对象有目的地施加作用，从而达到降低风险的不确定性和减少损失的目的。

为了有效地实现风险管理的目标，在识别和评估风险的基础上，风险管理者必须采用适当的风险控制策略，最小化风险造成的损失。根据风险控制的目标，制定风险控制的基本思路是：

（1）设法降低风险事故发生的概率；

（2）设法降低风险事故发生后所造成的损失；

（3）在不能有效地降低风险发生概率、也无法降低风险损失的情况下，确定风险转移策略。

常用的风险控制策略有风险避免策略、损失控制策略和风险转移策略等。

风险避免策略指在风险调查预测的基础上，对预计存在的风险和发生的可能性采取不承担风险或放弃已承担风险来避免更大的风险发生。实施风险避免策略，主要有三种方式。一是彻底避免，即拒绝承担某种风险。例如，客户申请用电时，如果发现其用电项目不符合国家的产业政策，未来项目生命周期不长时，可以拒绝受理其用电申请，避免日后的电费风险。二是中途放弃，即终止承担某种风险。供电企业对欠费实施停电措施，应是一种中途放弃的策略。三是改变条件，主要指改变生产活动的性质、工作地点和工作方法等。例如，由远程集中抄表系统取代原来的人工抄表，可以减少抄表差错的发生，降低抄表风险发生的可能性。采用风险避免策略，只有在对风险的识别和衡量有完全把握的基础上才能实施。需要注意的是，避免了一种风险，可能会伴随新的其他风险的产生。

损失控制策略常用的风险控制策略，指风险事故发生前努力降低风险发生的可能性，并在发生损失后尽力减少风险损失程度的控制技术。

风险转移策略指有意识地将风险损失与损失有关的财务后果转嫁给其他单位和个人承担。在电费风险控制中，常用的风险转移策略是合同转移、银行票据转移。合同转移指客户找到有实力的单位或个人作为其电费担保人，在协商一致的基础上，与供电企业一起签订保证书或担保合同，担保人对客户不履行缴费义务而导致供电企业的损失负有偿还义务。票据转移指将客户作为电费缴纳的商业汇票作为货款转付给有业务往来的其他单位的一种做法。

主动型的风险自留也是一种风险控制策略，它指在某种风险无法回避也不可能转移或因冒风险可获得较大利益时，企业自行承担风险损失。提取坏账准备金就是企业通用的主动型风险自留措施。

14.3.2 电费风险控制策略

按照风险控制的基本策略，随着社会发展、法制健全、技术进步和员工素质的提高，电费风险控制的手段日趋多样化，对同一种风险根据实际可以采取不同的风险控制策略，有效地减少了电费风险的发生，同时，新的风险也会不断出现。当前，电费风险控制的基本手段如表 14-1 所示。

表 14-1　电费风险控制的基本手段

编号	风险及风险因素	风险控制策略及手段			
		风险避免策略	损失控制策略	风险转移策略	主动风险自留策略
1	自然风险				提取坏账准备金
2	宏观经济风险	对风险大的客户中止供电	实行优惠电价、向客户进行电费补贴、延长电费缴纳期限等		
3	电费抄表风险	应用远程抄表系统、集中抄表系统、卡式表等	加强抄表人员业务技能培训、加强稽查和考核、轮换抄表区域	成立抄表公司，分包抄表业务	
4	电费核算风险	应用电费信息系统	制定并严格执行工作标准和管理要求、加强工作质量考核		

续表

编号	风险及风险因素	风险控制策略及手段		风险转移策略	主动风险自留策略
		风险避免策略	损失控制策略		
5	电费收费风险	取消走收电费方式、开发多种缴费平台、电费违约金由计算机系统管理	加强各工作环节核查、检查、制定卡式表管理标准并严格执行、加强与银行的合作、加强缴费终端管理	金融系统代收电费、利用业务往来提前变现商业汇票	
6	专业管理风险		加强工作质量管理、规范工作流程、合理设置工作岗位并定期轮岗、电费账户专户专管等		
7	人员管理风险		加强人员职业道德教育、加强作业监督稽查力度		
8	客户信用风险	拒绝受理用电申请、中止供电、安装预付费电表、负控装置电卡表	实行电费回收预警及客户信用等级管理、改变电费结算方式、行使不安抗辩权	办理电费担保、质押、抵押	提取坏账准备金
9	装置试验、检验、装拆风险	使用全自动试验仪器	加强人员培训、制定作业指导书并加强稽查		
10	异常、故障处置风险		提高装置可靠性、制定并严格执行业务流程		
11	供用电合同签订风险		使用标准合同、建立合同审查制度、坚持先签合同后供电、做好合同续签及重签工作		
12	自动化系统运行风险	使用性能更好的软、硬件设备、建立容灾系统	加强自动化系统运行监控管理、加强运维团队培训		
13	电费职务犯罪风险	违规人员调离电费岗位	加强人员法制教育、完善管理制度、强化审批制度、加强监督等		
14	干预停电风险	装设卡式电表、负控电表	加强与政府部门的沟通与联络、严格按程序停电		

14.3.3 做好电费回收的基础工作

1）加大宣传力度

广泛宣传《中华人民共和国电力法》《电力供应与使用条例》等有关法律法规中供用电双方的权利和义务，以及电力部门有关电费回收的规定。通过广播、电视、报纸等多种媒体强化"电是商品"的意识，使电费回收的法律、法规、管理制度被人们熟知。召开用户座谈会、设立宣传点，对辖区用户进行电费回收政策宣传，提高用户自觉按时交费意识。对交费意识不强，想拖欠的"难缠户""钉子户"，深入到户进行重点宣传；对长期不按时交费的"刁蛮户",利用新闻媒体给予曝光。

2)保证电能质量

安全优质的电力供应事关用户的生产效益和生活质量,电能质量差,供电不正常,会给用户带来不必要损失,造成供、用双方关系紧张,影响到与用户的和谐关系,有的用户还会因此拒交电费,提出赔偿经济损失的要求,给企业的信誉和电费回收带来不利影响。因此,要采取有力措施,确保电网安全、电力供应和电能质量,为电费回收打下良好的基础。

3)方便用户交费

增加营业网点,完善银行联网收费工作,同时实行多渠道回收电费。加强同代收单位的沟通和监督,保证居民交费渠道通畅。

4)规范经营,严格制度

签订并严格执行供用电合同和电费协议,按有关电力法规制定详细的电费回收实施细则;加大考核力度,制定有效的管理办法,把电费回收与所(站)负责人、收费人员的工资挂钩,责任到人。实行电费担保,供电企业应要求用户联系其他经济实体进行电费责任担保,由供、用双方及担保单位签订司法部门认可的担保合同,一旦用户出现欠费现象,可找担保单位负责交费。也可由政府担保,在用户交不齐电费时,由政府出面将欠费抵供电企业应交的税金。

5)建立电费预警机制

企业因产业结构的调整和市场经济竞争的日趋激烈,亏损或倒闭破产,使电费成为呆账、坏账。因此,要加强对企业的监督与分析,建立预警机制。对风险较大的企业要严密跟踪其经营情况和用电情况,改月底、年底集中催费为日常随欠随催,不惜用停电催欠等方式,避免死账的出现,防患于未然。

6)采用新的催、交费方式

①语音催费。建立营销信息系统,安装电费语音催费系统,对没有及时交纳电费的用户进行提醒,提高电费回收率。②电费保证金。电费保证金(预付电费)和电费储蓄能够有效地防止拖欠电费,既保证了用户的利益不受损害,又减少了用户的交费次数,方便了用户。③预购电。扩大预付费电卡表用户,增加预购电范围。用户需用多少电能量就预先购买多少钱的用电卡,用完后可继续购买。④技术停电。提高负荷管理系统覆盖面,对于适合停电催交电费的用户,进行远程用电控制,可节省人力和时间。

14.3.4 制定内部风险控制措施

1)建立电费内控岗位授权制度。对内控所涉及的各岗位明确规定授权的对象、条件、范围和额度等,任何组织和个人不得超越授权做出风险性决定。

2)建立电费内控报告制度。明确规定报告人与接受报告人,以及报告的时间、内容、频率、传递路线、负责处理报告的部门和人员等。

3)建立电费内控批准制度。对内控所涉及的重要事项,明确规定批准的程序、条件、范围和额度、必备文件及有权批准的部门和人员及其相应责任。

4)建立电费内控责任制度。按照权利、义务和责任相统一的原则,明确规定各有关部门和业务单位、岗位、人员应负的责任和奖惩制度。

5)建立电费内控审计检查制度。结合内控的有关要求、方法、标准与流程,明确规定审计检查的对象、内容、方式和负责审计检查的部门等。

6)建立电费内控考核评价制度。应把各业务单位风险管理执行情况与绩效薪酬挂钩。

7)建立电费欠费风险预警制度。对欠费风险进行持续不断的监测,及时发布预警信息,制定应急预案,并根据情况变化调整控制措施。

8)建立健全以总法律顾问制度为核心的企业法律顾问制度。大力加强供电企业电费法律风险防范机制建设。

9)建立电费重要岗位权力制衡制度,明确规定不相容职责的分离。主要包括授权批准、业务经办、会计记录、财产保管和稽核检查等职责。对内控所涉及的重要岗位可设置一岗双人、双职、双责,相互制约;明确该岗位的上级部门或人员对其应采取的监督措施和应负的监督责任;将该岗位作为内部审计的重点等。

即测即练

第15章

智能用电服务

15.1 智能电网发展背景

15.1.1 客户需求与智能电网

客户坐在家里，就可以知道全市的用电情况，知道用电峰谷，并且这一天的用电价格，会根据一天用电时段的不同来自动定价；可以根据峰谷价差决定什么时间给汽车充电，什么时候洗澡，什么时间启动电动消毒柜等，这就是智能电网的效果。

随着社会的发展，客户也对电力供应提出了越来越高的要求，供电安全、环保等各方面政策都对电网的建设和管理提出了更高的标准。为了争取更多客户，在市场竞争中取胜，电力企业纷纷提高服务水平，加强与客户的交互，提供更多产品供客户选择，以使不同类型的客户需求都能得到最好的满足。与此同时，在近年基础材料、电力技术、信息技术的研究等出现了不少可以明显改善电网可靠性、效率等运行指标的突破。这些技术的推广应用为电网运行管理水平的提高创造了条件。为了解决电网存在的问题，美国电力行业率先提出了建设一个基于新技术和架构的"智能电网"。

与美国客户一样，欧洲电力客户也对电力供应和电能质量提出了更高的要求。因对环境保护的极度重视，造成欧洲智能电网建设比美国更为关注可再生能源的接入，以及对野生动物的影响。

智能电网发展根本驱动力是人类追求对能源的有效利用和对温室气体的控制排放，以实现可持续发展。美国奥巴马政府提出的智能电网建设计划是引起全球关注智能电网的开端，因为占全球人口约4%，但能耗与碳排放却占全球约25%的美国可持续发展任务紧迫。

我国近几年发展特别快，电力过去每年都以10%以上的速度发展，且持续多年。2005年以后的三年间，我国每年新增加的装机容量大概一亿kW。为了满足生产水平和生活水平提高，我们需要建设超高压的线路和远距离输电，用交流的办法从西部输送到东部沿海地区。

我们要有一个清洁环保的环境，就要尽可能多地接纳可再生能源，我国2006年发布了《中华人民共和国可再生能源法》，希望把所有的可再生能源全部接收。但是因为太阳能和风能是随机性的，不是同步的，解决这个的办法就是可再生能源不能无序发展，电网要进行规划更多的技术来接纳可再生能源。另外经济性、优化、兼容都是智能电网的一个特点。

能源可简单分为一次能源和二次能源。其中一次能源是直接取自自然界没有经过加工转换的各种能量和资源，包括原煤、原油、天然气、油页岩、核能等非再生能源，及太阳能、水力、风力、波浪能、潮汐能、地热、生物质能和海洋温差能等可再生能源；二次能源是由一次能源经加工转换得到的能源产品，如电力、蒸汽、煤气、汽油、柴油、重油、液化石油气、酒精、沼气、氢气和焦炭等。

二次能源中的电力，作为现代社会和现代工业的主要消费能源，可由多种一次能源通过转换产生。电力能源的主要特征为生产和消费过程同时发生，可分为发电—输电—配电—用电等组成的连续过程。在采用煤、油、气等燃料的发电过程中，会排放大量的废热和二氧化碳等温室气体（通常发电热效率为 37%～42%。热电厂综合发电和供热，热效率可达 70%左右），给环境带来严重污染。此外在电力的传输过程有 5%～15%的线路（热）损耗，产生传输污染。

智能电网是解决可持续发展问题，实现电力生产、输配、售用等三大环节的协调互动目标，解决电力工业面临的可再生能源代替和减少不可再生能源发电、先进的输电技术降低线路损耗、建立一种电力生产和消费的关联机制，将环境保护、经济利益和电力消耗有机结合起来，实现最好的环境保护，最少经济支出，最合理的电能消费问题的重大举措。

15.1.2 智能电网发展历史

2005 年，一位名叫马克·坎贝尔的加拿大人发明了一种技术：让大楼里的电器互相协调，减少大楼在用电高峰期的用电量。因为通常，在用电高峰期，电的价格会格外地高。

坎贝尔的技术利用的是群体行为（swarm）原理。这一原理最早的灵感来自蚂蚁、蜜蜂等群居的小动物。比如：一群蚂蚁，可能有几十万只，它们并没有一个指挥官，却可以非常有序高效地合作共事；海里的鱼群，有成千上万条，在没有一条领头的鱼的情况下，却可以在瞬间就改变航向。

每只蚂蚁都是独立个体，它们协同作战的秘密在于，它们之间会不断沟通，每只蚂蚁可以随时根据周围的信息调整自己的行为。

据此坎贝尔发明了一种无线控制器，与大楼的各个电器相连，并实现有效控制。每一个无线控制器相当于一只"蚂蚁"，它们之间以特殊的语言相互交流，然后调整自己的行为，发挥集体作战的力量。

比如，一台空调运转 15 min，把室内温度维持在 24 ℃；而另外两台空调可能会在保证室内温度的前提下，停运 15 min。

这样，在不牺牲每个个体的前提下，整个大楼的节能目标便可以实现。因为每个电器的调整都是自动完成的，不需要一个集中发布命令的司令部，所以坎贝尔的设备非常简单，不需要人员操作，也无须培训，花几个小时装好后就可以投入使用。

坎贝尔在加拿大已经有了客户，即多伦多水电厂（Toronto Hydro）。现在，他正试图挺进美国加利福尼亚州。这家小公司已越来越多地见诸媒体。实践证明，在使用了坎贝尔的无线控制器后，医院、酒店、大卖场、工厂和其他大型场所可以节省多达30%的峰值电能。

2006年，欧盟理事会的能源绿皮书《欧洲可持续的、竞争的和安全的电能策略》强调智能电网技术是保证欧盟电网电能质量的一个关键技术和发展方向。这时候的智能电网应该是指输配电过程中的自动化技术。

2006年，一家名叫"网点"（Grid Point）的公司开始出售一种可用于监测家用电路耗电量的电子产品，可以通过互联网通信技术调整家用电器的用电量。这个电子产品具有一部分交互能力，可以看作智能电网中的一个基础设施。

2006年，美国IBM公司曾与全球电力专业研究机构、电力企业合作开发了"智能电网"解决方案。这一方案被形象比喻为电力系统的"中枢神经系统"，电力公司可以通过使用传感器、计量表、数字控件和分析手段，自动监控电网，优化电网性能、防止断电、更快地恢复供电，消费者对电力使用的管理也可细化到每个联网的装置。这个可以看作智能电网最完整的一个解决方案，标志着智能电网概念的正式诞生。

2007年10月，华东电网正式启动了智能电网可行性研究项目，并规划了从2008年至2030年的"三步走"战略，即在2010年初步建成电网高级调度中心，2020年全面建成具有初步智能特性的数字化电网，2030年真正建成具有自愈能力的智能电网。该项目的启动标志着我国开始进入智能电网领域。

2008年，美国科罗拉多州的波尔得已经成了全美第一个智能电网城市，每户家庭都安排了智能电表，人们可以很直观地了解实时的电价，从而把一些事情，如洗衣服、熨衣服等安排在电价低的时间段。电表还可以帮助人们优先使用风电和太阳能等清洁能源。同时，变电站可以收集到每家每户的用电情况。一旦有问题出现，可以重新配备电力。

2008年9月，谷歌公司与通用电气公司联合发表声明，对外宣布他们正在共同开发清洁能源业务，核心是为美国打造国家智能电网。

2009年1月25日，美国白宫发布的《复苏计划尺度报告》宣布：将铺设或更新3000英里输电线路，并为4000万美国家庭安装智能电表——美国行将推动互动电网的整体革命。2019年2月2日，能源问题专家武建东在《全面推互动电网革命拉动经济创新转型》的文章中，明确提出我国电网亟须实施"互动电网"革命性改造。

2009年2月4日，地中海岛国马耳他公布了和IBM达成的协议，双方同意建立一个"智能公用系统"，实现该国电网和供水系统数字化。IBM及其合作伙伴将会把马耳他2万个普通电表替换成互动式电表，这样马耳他的电厂就能实时监控用电，并制定不同的电价来奖励节约用电的用户。这个工程价值高达9100万美元（合7000万欧元），其中包括在电网中建立一个传感器网络。这种传感器网络和输电线、各发电站以及其他的基础设施一起提供相关数据，让电厂能更有效地进行电力分配并检测到潜在问题。IBM将会提供搜集分析数据的软件，帮助电厂发现机会，降低成本以及该国碳密集型发电厂的排放量。

2009年2月10日,谷歌表示已开始测试名为谷歌电表(Power Meter)的用电监测软件。这是一个测试版在线仪表盘,相当于谷歌正在成为信息时代的公用基础设施。

2009年2月28日,作为华北公司智能化电网建设的一部分——华北电网稳态、动态、暂态三位一体安全防御及全过程发电控制系统在京通过专家组的验收。这套系统首次将以往分散的能量管理系统、电网广域动态监测系统、在线稳定分析预警系统高度集成,调度人员无须在不同系统和平台间频繁切换,便可实现对电网综合运行情况的全景监视并获取辅助决策支持。此外,该系统通过搭建并网电厂管理考核和辅助服务市场品质分析平台,能有效提升调度部门对并网电厂管理的标准化和流程化水平。

2009年3月3日,谷歌向美国议会进言,要求在建设"智能电网"时采用非垄断性标准。

2010年1月12日,中国国家电网公司制定了《关于加快推进坚强智能电网建设的意见》,确定了建设坚强智能电网的基本原则和总体目标。

15.1.3 中国发展智能电网的必要性

与传统电网相比,智能电网在发电、输电、配电及用电四大环节中都具有明显的优势,智能电网也是新能源和智能城市发展的必要条件。

1. 优化能源结构

因为全球气候变暖,必须降低对化石能源的依赖程度,实现能源产业的可持续发展。坚强智能电网通过提高发电效率、输电效率和电能在终端用户的使用效率,以及推动水电、核电、风能及太阳能等清洁能源的大规模开发利用,可以带来巨大的节能减排和化石能源替代效益,更充分地发挥电网在应对气候变化方面的重要作用。智能电网通过集成先进的信息、自动化、储能、运行控制和调度技术,能够对包括清洁能源在内的所有能源资源进行准确预测和优化调度,改善清洁能源发电的功率输出特性,解决大规模清洁能源接入带来的电网安全稳定运行问题,有效提高电网接纳清洁能源的能力,促进清洁能源的可持续开发和消纳。

2. 解决电力供需的地区不均衡

近年来,我国能源资源开发中心不断向西部和北部地区转移,跨区能源输送规模和距离进一步增大。根据国家能源发展规划,规划建设的西部和北部大型煤电基地、西南水电基地、"三北"地区的千万千瓦级风电基地、西北地区的大型太阳能发电基地等都与中东部负荷中心地区的距离在800~3000 km,要实现能源基地的大规模电力外送,必须依托坚强智能电网,建设电力输送的"高速公路",提升电网的能源资源优化配置能力。同时,由于我国风能、太阳能、煤炭资源富集地区分布比较一致,电力外送可以共用输电通道。加强坚强智能电网建设,统筹考虑西部和北部的煤电基地和可再生能源基地建设,实现成本较低的火电和成本较高的风电、太阳能电力的"打捆"外送,提高输电通道的利用效率,可以有效降低电力供应成本,提高电力系统安全稳定运行水平。根据国家电网公司坚强智能电网发展规划,2020年我国跨省跨区输电能力达4亿kW,将发挥西电东送和南北互济运行的巨大效益,能够统筹协调区域经济发展,更好地保障中东部地区能源供应，促进能源及电力发展方式的转变和全国范围内的电力布局优化调整，引导我国能源及电力走上可持续发展道路。

3. 在一定程度上改变终端用能方式

坚强智能电网能够通过错峰、调峰等联网效益及电网与用户的友好互动，引导用户将高峰时段的用电负荷转移到低谷时段，降低高峰负荷，减少负荷峰谷差，减少火电机组出力调节频次和幅度，降低发电机组煤耗。

交通运输业是除工业外最主要的用油行业，目前新增石油需求的 2/3 来自交通运输业。建设坚强智能电网，通过推动蓄能电池充电技术的发展，能够友好兼容各类电源和用户接入与退出，促进电动汽车的规模化快速发展，改变终端用户用能方式，提高电能在终端能源消费中的比重，实现对石油的大规模替代，大量减少交通运输业的石油消耗，降低经济社会发展的对外石油依存度。

4. 增强电力系统抗灾能力，减轻自然灾害对电网安全的影响

近年来，严重自然灾害频发，必须着力加强电网抵御自然灾害能力建设，满足经济社会快速发展对供电可靠性、安全性越来越高的要求。建设坚强智能电网，能有效加强对电网运行状态的监测和评估，提升灾害预警能力，增强电网运行的灵活性，建立强大的相互支援互补能力，从而提高电网的安全稳定运行水平和供电可靠性。坚强智能电网具有强大的"自愈"功能，可以将电网中有问题的元件从系统中隔离出来并且在很少或不用人为干预的情况下使系统迅速恢复到正常运行状态，有效抵御自然灾害、外力破坏等各类突发事件给电力系统造成的影响。

5. 提高电能质量，减少停电损失

现代社会用电设备的数字化，对电能质量越来越敏感，电能质量问题可以导致生产线的停产，对社会经济发展带来重大损失，传输线上的电压有时会低于理想值或预期值，而持续时间短于 100 ms 的电压突降产生的后果就相当于数分钟甚至更长时间的停电。智能电网通过安装在全网的传感器组件反馈的信息，将迅速识别电能质量问题，并准确地提出解决电能质量问题的方案。同时，智能电网将应用超导、材料、储能，以及提高电能质量的电力电子技术减少由于闪电、开关涌流、线路故障和谐波源引起的电能质量扰动。

与发达国家相比，我国配电网的自动化还有待提高。坚强智能电网的建设将借助智能化的设备和先进技术实现配电网的高度自动化，达到系统的实时监测和快速反应，系统能够自动寻找可能引发较大事故的隐患，评估这些隐患可能带来的后果，确定补救方案，并模拟每种方案的实施效果，将最有效的解决方案提供给调度员，减少停电的发生率。

6. 成为持续推动经济发展的原动力

由于 2008 年国际金融危机的影响，世界经济陷入自第二次世界大战以来最严重的衰退。加强坚强智能电网等基础设施建设是拉动经济增长的重大投资战略。坚强智能电网的发展将相应地带动电动汽车、新能源、信息服务等新产品和新服务市场的发展，开发巨大的市场空间，催生新的商业投资机会。据测算，每投资 500 亿元建设坚强智能电网，

将带动数倍的社会投资，直接创造就业机会约 14 万个。

15.2 智 能 电 网

15.2.1 智能电网的定义

智能电网这个词最早于 2000 年在美国被提出，英文名 Smart Grid，翻译成智能电网非常确切的。我国大概在 2006 年的开始从事相关研究，目前我国电力公司正式大量地采用。

智能电网，就是电网的智能化，也被称为"电网 2.0"，它是建立在集成的、高速双向通信网络的基础上，通过先进的传感和测量技术、先进的设备技术、先进的控制方法，以及先进的决策支持系统技术的应用，实现电网的可靠、安全、经济、高效、环境友好和使用安全的目标。

其实，到目前为止，智能电网并没有统一的定义，它指一个完全自动化的供电网络，其中的每一个用户和节点都得到了实时监控，并保证了从发电厂到用户端电器之间的每一点上的电流和信息的双向流动。通过广泛应用的分布式智能和宽带通信及自动控制系统的集成，它能保证市场交易的实时进行和电网上各成员之间的无缝连接及实时互动。

1. 智能目标

智能电网的目标是实现电网运行的可靠、安全、经济、高效、环境友好和使用安全，电网能够实现这些目标，就可以称其为智能电网。

智能电网必须更加可靠——不管用户在何时何地，智能电网都能提供可靠的电力供应。它对电网可能出现的问题提出充分的告警，并能忍受大多数的电网扰动而不会断电。它在用户受到断电影响之前就能采取有效的校正措施，以使电网用户免受供电中断的影响。

智能电网必须更加安全——智能电网能够经受物理的和网络的攻击而不会出现大面积停电或不会付出高昂的恢复费用。它更难受到自然灾害的影响。

智能电网必须更加经济——智能电网运行在供求平衡的基本规律之下，价格公平且供应充足。

智能电网必须更加高效——智能电网利用投资，控制成本，减少电力输送和分配的损耗，电力生产和资产利用更加高效。通过控制潮流的方法，以减少输送功率拥堵和允许低成本的电源包括可再生能源的接入。

智能电网必须更加环境友好——智能电网通过在发电、输电、配电、储能和消费过程中的创新来减少对环境的影响，进一步扩大可再生能源的接入。在可能的情况下，在未来的设计中，智能电网的资产将占用更少的土地，减少对景观的实际影响。智能电网不能伤害到使用者或电网工人，也就是对电力的使用必须是安全的。

2. 主要特征

智能电网包括八个方面的主要特征，这些特征从功能上描述了电网的特性，而不是最终应用的具体技术，它们形成了智能电网完整的景象。

1）智能电网是自愈电网

"自愈"指把电网中有问题的元件从系统中隔离出来，并且在很少或不用人为干预的情况下使系统迅速恢复到正常运行状态，从而几乎不中断对用户的供电服务。从本质上讲，自愈就是智能电网的"免疫系统"，这是智能电网最重要的特征。自愈电网进行连续不断的在线自我评估以预测电网可能出现的问题，发现已经存在的或正在发展的问题，并立即采取措施加以控制或纠正。自愈电网确保了电网的可靠性、安全性、电能质量和效率。自愈电网将尽量减少供电服务中断，充分应用数据获取技术，执行决策支持算法，避免或限制电力供应的中断，迅速恢复供电服务。基于实时测量的概率风险评估将确定最有可能失败的设备、发电厂和线路；实时应急分析将确定电网整体的健康水平，触发可能导致电网故障发展的早期预警，确定是否需要立即进行检查或采取相应的措施；和本地及远程设备的通信将帮助分析故障、电压降低、电能质量差、过载和其他不希望的系统状态，基于这些分析，采取适当的控制行动。自愈电网经常应用连接多个电源的网络设计方式。当出现故障或发生其他的问题时，在电网设备中的先进的传感器确定故障并和附近的设备进行通信，以切除故障元件或将用户迅速地切换到另外的可靠的电源上，同时传感器还有检测故障前兆的能力，在故障实际发生前，将设备状况告知系统，系统就会及时地提出预警信息。

2）智能电网激励和包括用户

在智能电网中，用户将是电力系统不可分割的一部分。鼓励和促进用户参与电力系统的运行和管理是智能电网的另一重要特征。从智能电网的角度来看，用户的需求完全是另一种可管理的资源，它将有助于平衡供求关系，确保系统的可靠性；从用户的角度来看，电力消费是一种经济的选择，通过参与电网的运行和管理，修正其使用和购买电力的方式，从而获得实实在在的好处。在智能电网中，用户将根据其电力需求和电力系统满足其需求能力的平衡来调整其消费。同时需求响应计划将满足用户在能源购买中有更多选择的基本需求，减少或转移高峰电力需求的能力使电力公司尽量减少资本开支和营运开支，通过降低线损和减少效率低下的调峰电厂的运营，同时也提供了大量的环境效益。在智能电网中，和用户建立的双向实时的通信系统是实现鼓励和促进用户积极参与电力系统运行和管理的基础。实时通知用户其电力消费的成本、实时电价、电网目前的状况、计划停电信息及其他一些服务的信息，方便用户根据这些信息制定自己的电力使用的方案。

3）智能电网将抵御攻击

电网的安全性要求一个降低对电网物理攻击和网络攻击的脆弱性并快速从供电中断中恢复的全系统的解决方案。智能电网能够有效抵御自然灾害或人为的外力破坏，保证电网安全可靠运行。智能电网的设计和运行都将阻止攻击，最大限度地降低其后果并快速恢复供电服务。智能电网也能同时承受对电力系统的几个部分的攻击和在一段时间内多重协调的攻击。智能电网的安全策略将包含威慑、预防、检测、反应，以尽量减少和减轻对电网和经济发展的影响。不管是物理攻击还是网络攻击，智能电网要通过加强电力企业与政府之间重大威胁信息的密切沟通，在电网规划中强调安全风险，加强网络安全等手段，提高智能电网抵御风险的能力。

4）智能电网提供满足 21 世纪用户需求的电能质量

电能质量指标包括电压偏移、频率偏移、三相不平衡、谐波、闪变、电压骤降和突升等。由于用电设备的数字化对电能质量越来越敏感，电能质量问题会导致生产线的停产，对社会经济发展具有重大的影响，因此提供能满足 21 世纪用户需求的电能质量是智能电网的又一重要特征。但是电能质量问题又不是电力公司一方的问题，因此需要制定新的电能质量标准，对电能质量进行分级，因为并非所有的商业企业用户和居民用户，都需要相同的电能质量。电能质量的分级可以从"标准"到"优质"，取决于消费者的需求，它将在一个合理的价格水平上平衡负载的敏感度与供电的电能质量。智能电网将以不同的价格水平提供不同等级的电能质量，以满足用户对不同电能质量水平的需求，同时要将优质优价写入电力服务的合同中。

5）智能电网将减轻来自输电和配电系统中的电能质量事件

通过其先进的控制方法监测电网的基本元件，从而快速诊断并准确地提出解决任何电能质量事件的方案。此外，智能电网的设计还要考虑减少由于闪电、开关涌流、线路故障和谐波源引起的电能质量的扰动，同时应用超导、材料、储能及提高电能质量的电力电子技术的最新研究成果来解决电能质量的问题。另外，智能电网将采取技术和管理手段，使电网免受由于用户的电子负载所造成的电能质量的影响，将通过监测和执行相关的标准，限制用户负荷产生的谐波电流注入电网。除此之外，智能电网将采用适当的滤波器，以防止谐波污染送入电网，恶化电网的电能质量。

6）智能电网将容许各种不同类型发电和储能系统的接入

智能电网将安全、无缝地容许各种不同类型的发电和储能系统接入系统，简化联网的过程，类似于"即插即用"，这一特征对电网提出了严峻的挑战。改进的互联标准将使各种各样的发电和储能系统容易接入。从小到大各种不同容量的发电和储能在所有的电压等级上都可以互联，包括分布式电源如光伏发电、风电、先进的电池系统、即插式混合动力汽车和燃料电池。商业用户可以安装自己的发电设备（如高效热电联产装置）和电力储能设施将更加容易和更加有利可图。在智能电网中，大型集中式发电厂包括环境友好型电源，如风电和大型太阳能电厂和先进的核电厂将继续发挥重要的作用。加强输电系统的建设使这些大型电厂仍然能够远距离输送电力。同时各种各样的分布式电源的接入一方面减少对外来能源的依赖，另一方面提高供电可靠性和电能质量，特别是对应对战争和恐怖袭击具有重要的意义。

7）智能电网将使电力市场蓬勃发展

在智能电网中，先进的设备和广泛的通信系统在每个时间段内支持着市场的运作，并为市场参与者提供了充分的数据，因此电力市场的基础设施及其技术支持系统是电力市场蓬勃发展的关键因素。智能电网通过市场上供给和需求的互动，可以有效地管理如能源、容量、容量变化率、潮流阻塞等参量，降低潮流阻塞，扩大市场，汇集更多的买家和卖家。用户通过实时报价来感受到价格的增长从而将降低电力需求，推动成本更低的解决方案，并促进新技术的开发，新型洁净的能源产品也将给市场提供更多选择的机会。

8）智能电网优化其资产应用，使运行更加高效

智能电网优化调整其电网资产的管理和运行以实现用最低的成本提供所期望的功

能。这并不意味着资产将被连续不断地用到其极限，而是有效地管理需要什么资产，以及何时需要，每个资产将和所有其他资产进行很好的整合，以最大限度地发挥其功能，同时降低成本。智能电网将应用最新技术以优化其资产的应用。例如，通过动态评估技术以使资产发挥其最佳的能力，通过连续不断地监测和评价其能力使资产能够在更大的负荷下使用。

智能电网通过高速通信网络实现对运行设备的在线状态监测，以获取设备的运行状态，在最恰当的时间给出需要维修设备的信号，实现设备的状态检修，同时使设备运行在最佳状态。系统的控制装置可以被调整到降低损耗和消除阻塞的状态。通过对系统控制装置的这些调整，选择最小成本的能源输送系统，提高运行的效率。最佳的容量、最佳的状态和最佳的运行将大大降低电网运行的费用。此外，先进的信息技术将提供大量的数据和资料，并将集成到现有的企业范围的系统中，大大加强其能力，以优化运行和维修过程。这些信息将为设计人员提供更好的手段，创造出最佳的设计；为规划人员提供所需的数据，从而提高其电网规划的能力和水平。这样，运行和维护费用及电网建设投资将得到更为有效的管理。

15.2.2 智能电网概念发展的三个阶段

1. 2006年美国IBM公司提出"智能电网"解决方案

IBM的智能电网主要是解决电网安全运行、提高可靠性，从其在我国发布的《建设智能电网创新运营管理——中国电力发展的新思路》白皮书可以看出，解决方案主要包括以下几个方面：一是通过传感器连接资产和设备提高数字化程度；二是数据的整合体系和数据的收集体系；三是进行分析的能力，即依据已经掌握的数据进行相关分析，以优化运行和管理。该方案提供了一个大的框架，通过对电力生产、输送、零售各个环节的优化管理，为相关企业提高运行效率及可靠性、降低成本描绘了一个蓝图，是IBM一个市场推广策略。

2. 奥巴马上任后提出新的能源计划

除了已公布的计划，美国还将着重集中对每年要耗费1200亿美元的电路损耗和故障维修的电网系统进行升级换代，建立美国横跨四个时区的统一电网；发展智能电网产业，最大限度发挥美国国家电网的价值和效率，将逐步实现美国太阳能、风能、地热能的统一入网管理；全面推进分布式能源管理，创造世界上最高的能源使用效率。

可以看出美国政府的智能电网有三个目的：一是由于美国电网设备比较老旧，急需进行更新改造，提高电网运营的可靠性；二是通过智能电网建设将美国拉出金融危机的泥潭；三是提高能源利用效率。

3. 中国能源专家武建东提出的"互动电网"

互动电网（interactive smart grid），将智能电网的含义涵盖其中。对互动电网定义为：在开放和互联的信息模式基础上，通过加载系统数字设备和升级电网网络管理系统，实现发电、输电、供电、用电、客户售电、电网分级调度、综合服务等电力产业全流程的智能化、信息化、分级化互动管理，是集合了产业革命、技术革命和管理革命的综合性的效率变革。它将再造电网的信息回路，构建用户新型的反馈方式，推动电网整体转型为节能基础设施，提高能源效率，降低客户成本，减少温室气体排放，创造电网价值的最大化。

互动电网还可以通过电力终端将用户之间、用户和电网公司之间形成网络互动和即时连接，实现电力数据读取的实时、高速、双向的总体效果，实现电力、电讯、电视、智能家电控制和电池集成充电等的多用途开发，实现用户富余电能的回售；可以整合系统中的数据，完善中央电力体系的集成作用，实现有效的临界负荷保护，实现各种电源和客户终端与电网的无缝互联，由此可以优化电网的管理，将电网提升为互动运转的全新模式，形成电网全新的服务功能，提高整个电网的可靠性、可用性和综合效率。

15.2.3 智能电网的发展

1. 美国

1）美国夏威夷大学研发的配电管理系统平台

该平台集成了先进的计量设备作为家庭需求响应的入口，通过家庭节能自动化，配电系统内分布式发电、储存、负荷的优化调度，使配电系统成为一个可控整体与电网中其他整体配合运作。这种类型的家庭能量管理将使用户能够基于自己的偏好来控制负荷、实现自动节能等。家庭自动化将基于大电网的智能电表等元件，带有某种网络的智能电表可以与家用电器交换信息从而实现自动控制。此外，这个平台还能为当地的公共事业提供辅助服务，如旋转备用、负荷跟踪监管、风能和太阳能的间歇性管理。该平台将被部署到夏威夷岛的某个变电站中。

2）伊利诺伊理工大学的"完美电网"

"完美电网"系统被定义为：一个电力系统能时刻满足用户的电力需求。完美的电力系统具有灵活性，能够为各种不同类型的终端用户提供电力，满足他们的需要。智能电网将使具有上述功能的电网成为可能。

这个工程将要设计一个完美电网的原型，利用先进技术创造微网来反映不同的电网条件，提高可靠性，减少负荷。这个模型能够复制于各种市一级规模的系统，在这种系统里，用户具有参与电力市场的机会。

3）西弗吉尼亚的"超级电路"

超级电路工程被设计出来，证明一个先进的配电电路通过综合分布式电源和先进的检测、控制、保护技术具有更高的稳定性和安全性。通过先进的测量设备和一种通信网络，这个电路能结合生物柴油发电和能量储存达到快速的故障预测、定位与解决，使对用户的影响最小化。以前的电路发生故障时，电路上的所有用户都会受到影响，或停电或电能质量出现问题。而超级电路将能动态地重新配置电路，使得故障段被隔离而对无故障段保持正常供电，也可以从相邻馈线上取得电能提供给用户，优化服务。

4）沿海城市微网

微网与现在的电网很相似，但规模要小得多。它的独特功能在于：在大电网受到干扰时，微网能够与大电网隔离并保证用户不被影响，而干扰消失后又能重新恢复与大电网的联系。沿海城市微网项目将把现有的变电站确定为"海滩城市变电站"，目的在于为配电事业提供一个蓝本——证明应用先进的控制和交流技术整合多种分布式能源的效力，也试图提高配电线路、变电站等电网组成部分的可靠性，降低峰荷。

老微网系统中所有国有和私有的发电装置如光伏太阳能系统、生物柴油发电机等和能量储存装置与高级计量装置一起，都将被集成到峰荷大约 50 兆瓦的变电站统一操作。

海滩城市将成为未来提高资产利用率，控制整个配电网络的一个向导。成功地建立此种功能的网络可以使用户参与电网可靠性与价格驱动负荷管理的实践，这两项都是实现智能电网的关键。

5）高渗透性的清洁能源技术

柯林斯堡市的市有公共事业支持多种不同的清洁能源举措，包括在市里建设一个零能耗地区，目的是促进配电系统的转型和现代化。在保证电力传输高效和可靠的前提下，发展一个集成各种分布式资源的系统，促进新能源如风能、太阳能的使用。各种分布式资源将会充分地集成到配电系统中以支持零能耗地区的建设。这些被集成的资源包括光伏太阳能、小型发电机（容量在 25~500 kW）、双燃料热电联产系统、内燃机、后备发电机、风能、插入式混合动力电动汽车、燃料电池，该项目将帮助确定在保证系统性能和经济性的基础上，使各种分布式资源最大限度地被利用。

2. 欧洲

从 1984 年起，欧洲开始实施自己的研究与技术开发计划（简称框架计划）。目前，已经执行了六个框架计划。该计划是欧盟成员国共同参与的中期重大科技计划，每期执行 4 年，具有研究国际前沿和预竞争性科技难点的特点，是欧盟投资最多、内容最丰富、市场目的最明确的全欧洲性科研与技术开发计划。历经 30 多年的发展和完善，欧盟框架计划已成为世界规模最大的官方综合性研究与开发计划，已纳入欧盟的政治战略轨道。当前在第七个框架协议（FP7）下，就能源研究的讨论认定这一研究领域为智能电力网络。这一新领域的最初目标是提高欧洲电气系统和网络效率、安全性和可靠性。例如，将现有的电网转变为用户与供电商交互的服务网络，有效地将可再生的、分布式的能源接入网络等。

欧洲智能电网技术平台着力于将来欧洲电力网络的研究和发展，创立于 2005 年，它的目标就是规划 2020 年及以后的欧洲电网发展，是欧洲技术平台的重要组成部分。

意大利的特拉哥斯托里项目，开始于 2000 年，2700 万家庭用户应用了通过窄带宽电力通信的智能表。

法国电力公司于 2009 年在美国诺福克试验一种特动态能源储存系统，它有助于电网协调来自北海的间歇性风电。

法国电力公司网络同意与瑞士 ABB 公司之间的交易，即使用 ABB 公司 SVC Light 的智能电网技术。该系统使用高技术的锂离子电池和超导体电力晶体管均衡连接风电场配电网络负荷。ABB 称，该系统将储存风电多余电力在高峰时期使用。该项目是一个协作研究、发展和示范项目，SVC 设施在 2009 年末投入使用。

法国电力公司电网规划工程师博德曼称,该项目它允许更多新能源电力与现有电网连接,还具有其能源储藏功能。

诺福克海姆斯拜项目将由"革新投资刺激计划"支持,该计划由英国能源监管机构运行。

SVC 是 ABB 公司柔性 AC 传输系统部综合几个技术而成,它可以改善配电系统的安全、容量和灵活性。安装该系统可以提高风电场电力的使用率,避免风电给电网造成的失稳。

开发这项技术是为了对付炼钢厂电弧炉大量使用电力产生的摇曳效应。1999 年 SVC Light 系统在瑞典运行,2000 年另外一个在德国特里尔运行。

ABB 称,诺福克项目将通过改善新能源电力进入电网的方法兑现对自己和法国电力对气候变化反应的承诺。

3. 中国

智能电网是一个完整的信息架构和基础设施体系,实现对电力客户、电力资产、电力运营的持续监视,利用"随需应变"的信息提高电网公司的管理水平、工作效率、电网可靠性和服务水平。随着全球经济社会的发展,世界各国的电网规模不断扩大,影响电力系统安全运行的不确定因素和潜在风险随之增加,而用户对电力供应的安全可靠性和质量要求越来越高,电力发展所面临的资源和环境压力越来越大,市场竞争迫使电力经营者不断提高企业运营效率,21 世纪初智能电网在欧美的发展,为全世界电力工业在安全可靠、优质高效、绿色环保等方面开辟了新的发展空间。虽然国际上对智能电网研究和应用还处于初期阶段,但国际上正在形成发展智能电网的三极态势,即美加、欧洲和中印三种发展类型。我国正在贡献出自己独特的发展模式。

2009 年,国家电网公司正式发布了举世瞩目的"建设坚强智能电网"的研究报告,首次向社会公布了"智能电网"的发展计划,我国坚强智能电网发展战略框架如图 15-1 所示,中国智能电网架构如图 15-2 所示。我国的智能电网首先是一个坚强的电网,其中,具有长距离、大容量输电特征的特高压电网将成为核心环节。这是由我国经济发展阶段能源集中分布特点所决定的。国家电网公司将按照统筹规划、统一标准、试点先行、整体推进的原则,在建设由 1000 kV 交流和 ± 800 kV、± 1000 kV 直流构成的特高压骨干网架、实现各级电网协调发展的同时,围绕主要环节和信息化等方面,分阶段推进坚强智能电网发展,到 2020 年,使电网的资源配置能力、安全稳定水平,以及电网与电源和用户之间的互动性得到显著提高,坚强智能电网在服务经济社会发展中将发挥重要作用。

智能电网建设将是中国电网未来十年发展的主要方向,这是继新能源汽车之后,又一重量级新兴产业规划。国家电网公司分三个阶段推进坚强智能电网的建设。在三个阶段里总投资超过 4 万亿元。第一阶段(2009—2010 年)投资 5500 亿元;第二阶段(2011—2015 年)投资 2 万亿元,其中特高压电网投资 3000 亿元;第三阶段(2016—2020 年)投资 1.7 万亿元,其中特高压投资 2500 亿元。

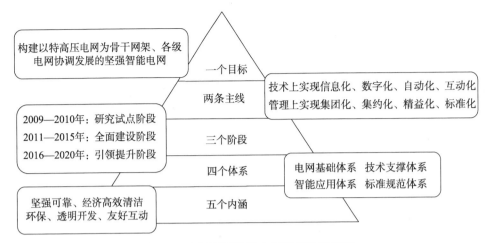

图 15-1 中国坚强智能电网发展战略框架

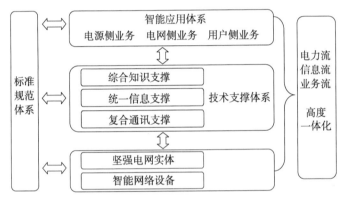

图 15-2 中国智能电网架构示意图

科学时报首席经济学家武建东在其发布的《中国智能互动电网发展战略报告》中预计，如果启动电网的改造，智能电网的建设有望每年拉动 GDP 一个百分点。我国仅需要更新的变电站就已超过百万，智能电表更是有 3000 万～5000 万块的需求。

中国智能电网的总体发展目标：以特高压电网为骨干网架、各级电网协调发展的坚强电网为基础，利用先进的通信、信息和控制技术，构建以信息化、数字化、自动化、互动化为特征的国际领先、自主创新、中国特色的坚强智能电网。通过电力流、信息流、业务流的一体化融合，实现多元化电源和不同特征电力用户的灵活接入和方便使用，极大提高电网的资源优化配置能力，大幅提升电网的服务能力，带动电力行业及其他产业的技术升级，满足我国经济社会全面、协调、可持续发展要求。

中国智能电网阶段建设总目标：整体规划、统一部署、试点先行、稳步推广。

2009—2010 年研究试点阶段。明确内涵，确定目标，完成整体规划，开展关键技术研究，加强实体电网建设，统一信息模型，整合信息平台，开展标准制订，进行相关试点，积累总结经验，基本达到国际先进水平。

2011—2015 年全面建设阶段。总结技术试点和设备研发经验，优化业务流，规范建设要求，完善整体架构，滚动修订发展战略规划，全面推广建设。基本建成智能电网，达到国际领先水平。

2016—2020 年引领提升阶段。在全面建设基础上，评估建设绩效，结合应用需求及技术发展，进一步提升技术、管理和装备水平，引领世界智能电网技术发展。全面建成世界领先、自主创新、中国特色的坚强智能电网。

15.3 智能用电服务

15.3.1 智能用电服务及其内容

智能用电服务指依托坚强智能电网和现代管理理念，利用高级量测、高效控制、高速通信、快速储能等技术，实现市场响应迅速、计量公正准确、数据采集实时、收费方式多样、服务高效便捷，构建电网与客户电力流、信息流、业务流实时互动的新型供用电关系。其特点有以下方面。

1) 技术先进：自主创新并消化吸收计量、控制、通信、储能、超导等新技术。
2) 经济高效：推动可再生能源利用和提高能源效率。
3) 服务多样：满足客户多元化、个性化需求。
4) 灵活互动：实现电能、信息和业务的双向交互。
5) 友好开放：充分利用电网资源为客户提供增值服务。

智能用电服务依托智能用电服务技术支持平台，形成电网与客户间电力流、信息流、业务流的双向互动，提供满足电网发展及客户需求的智能化应用，增强客户服务能力，实现电网经济运行和客户安全、可靠、合理用电的有机融合。智能用电服务的内容主要有以下七个方面。

1. 智能化客户服务

1) 灵活的信息定制

客户可根据各自需求，通过多种方式，灵活选择定制供用电状况、电价电费、能效分析、社会新闻等信息套餐，平台由电网通过短信、网络、电话、邮件、传真、智能设备等方式，实时向客户提供定制信息；根据供电服务的要求，及时向客户提供电网供需、停复电、用电价格等基础信息。

2) 多渠道的自助服务

运用网上营业厅，为客户提供信息发布、信息查询、故障报修、业务报装、在线费用结算、能效评价、用能策略制定、电动汽车充放电预约等服务。运用实体营业厅，为客户提供自助缴费、触摸查询、智能家居体验等服务。运用 95598 客服热线，为客户提供实时在线文本交互、双向视频通话等服务。

3) 客户故障自动诊断与处理

自动判断故障范围和停电设备产权，及时告知客户故障情况，提供自动寻找替代供电线路、启动自备应急电源等应急供电服务。实时定位抢修车辆，优化抢修派工，提供快速抢修服务。

4）电费双向自动结算服务

适应分布式电源、充放电站的需要，在双向计量的基础上，实现不同时段客户与电力供应商之间互供电量、电费的自动结算，并自动生成账单信息实时传输供用双方。

5）多样化的交费服务

依托社会化资源和自助缴费渠道，提供自助缴费终端、电费充值卡、95598客服电话、网上营业厅、"一卡通"等新型收费方式，多渠道发送电费欠费信息，实现交费多样便捷。

6）智能化业务报装服务

实现多渠道的跨区域客户报装受理，自动生成低压客户供电方案，辅助生成高压客户供电方案，利用手持掌上电脑等终端设备，建立业务报装现场勘查、工程验收等环节与营销支持系统的实时联络，缩短报装服务时限。

7）在线安全用电服务

实时在线管理重要客户安全用电情况，自动判别客户重要程度分级，依据客户供电方式、自备应急电源配备等信息，自动分析检测重要客户供用电安全隐患，生成供用电安全隐患治理建议方案，在线跟踪、监督隐患整改情况。利用状态监测等技术手段，为客户提供设备状态信息，及时告知潜在风险。

2. 智能量测及控制

1）高级计量应用。实现计量装置自动化检定和检验、精益需求预测、状态运行管理、数字化校验、计量故障自动管理、寿命评估、动态轮换、优化派工、装接移动作业等高级计量应用。

2）数据采集。实现电能双向计量；自动采集客户电能量数据、电能质量数据、各种电气和状态（事件）数据，对数据进行合理性检查、分析和存储管理。

3）控制。实现功率定值控制、电量定值控制、费率定值控制、远方控制、电费催收辅助控制、预付费管理控制。

4）远程设置和控制。客户根据电价变化，可以远程对家用电器进行设置和控制。例如，用电低谷时开启用电设备。

5）数据共享。所有数据通过统一的平台进行管理和发布，实现信息共享。

3. 智能化营销业务管理与决策

1）精益化电费核算。依据客户用电业务变更、用电负荷运行、电价等信息和计费规则，自动核算电费，自动分析客户用电量变化情况，生成异常情况提示，并动态跟踪和统计分析异常核对情况。

2）线损实时分析。实现区域、线路、台区、分压线损实时统计分析，自动生成降损建议措施，为资源优化配置提供依据。

3）电费回收风险自动监控。依据客户任一时段的实际用电量、电价和计费规则自动计算客户实际发生电费，实时监测客户电费账户余额，自动生成客户交费提示，对客户电费资金在途及交纳情况实施动态监控；自动进行电费回收风险评价，判断风险等级，自动发布电费回收风险预警信息；通过客户用电信用与社会信用的信息交互与共享，动态评价客户综合信用等级。

4) 电力市场分析与预测。自动进行市场细分和电力销售信息的归类整合，自动完成购、售电市场分析与预测信息处理，辅助完成市场分析预测报告和市场营销策略建议，为电力电量平衡、电网规划与建设、市场培育与开发提供重要依据。

5) 营销服务质量在线稽查与实时监控。对电力营销及用电服务质量实施全过程在线监测，对业务处理、流程执行、工作时限、工作效果进行实时评价、分析，自动生成稽查报告，并对历史稽查情况和整改记录实施动态跟踪。

6) 客户关系管理。建立客户价值、信用等管理评价指标体系，应用电价、电量、能效等信息，开展客户价值评价，根据评价结果，细分不同类型的客户群，定期开展客户满意度调查、客户需求分析，形成满足不同层次客户需求的服务策略，更有效地开展市场调查、满意度测评、新产品和新服务推广等工作。

7) 智能分析决策。对各类供用电数据信息进行自动统计、归类、查询和分析，对各项营销及用电服务指标进行自动比对、分析和预测，自动生成营销策略和指标提升建议，为公司经营管理提供决策依据，为国家电力能源政策、电价政策、节能减排政策调整提供全面、准确、多角度的决策辅助信息。

4. 客户资源开发利用

1) 客户资源管理。对客户用电资产信息、信用信息、用电信息等进行有效利用，开展金融产品开发和营销。对客户进行分类管理，细分客户群体和类别，建立高价值客户资料库，为各金融平台设计差异化产品及开展电话、信函等销售奠定基础。

2) 客户营销服务支持。支持各金融平台面向客户的直销、电话营销、信函销售等营销模式。

3) 客户增值服务。与保险、信托、证券等业务相结合，为客户提供深化服务；提供客户节能衍生品（二氧化碳等）转化服务。

4) 社会诚信服务。实现客户信用评价信息化，并纳入社会信用体系。

5. 分布式电源的智能化管理

1) 通过分布式电源接入系统，实现分布式电源的"即插即用"、远程监视控制、双向计量和结算。

2) 实现实时分析预测分布式电源发电情况，自动发布分布式电源运行状态信息。

3) 配合分散式储能装置，优化控制分布式电源接入系统，实现根据电网潮流变化情况及区域负荷平衡情况，自动接入和退出分布式电源；最大限度平抑间歇性发电对配电网的扰动。

6. 电动汽车及储能的智能化管理

1) 电动汽车充放电服务

对于城镇主要干道、商业区等大型电动汽车充放电站（类似加油站、加气站），优化制定充放电策略，合理控制充放电时间，实现快速充放电、整组电池更换及双向计量、计费等功能，同时可考虑电池检测、电池维护等扩展功能，并满足客户自助充放电需求。

对于居民区、商厦、停车场和政府大楼等区域小型电动汽车充放电站，实现即插即用式、随时随地的便捷充放电。充电机可接收来自电力企业的电价等信息,自动避开高峰时间充电。

2)储能元件接入服务

推广多种储能装置,采取集中储能、分散储能、随器储能等方式,根据电网需要,自动控制储能装置的充放电,实现电能计量设备的信息采集、电能质量监测,满足电网"削峰填谷"及"移峰填谷"的需要。重点推广电动汽车及应急电源储能装置,实现以电代油,提高电能占终端能源比重。

7. 智能用能服务和能效诊断

1)智能化小区、楼宇、家居

实现小区、楼宇、家居用电信息管理、能效管理、实时负荷和异常用电分析、自动抄表、智能家电控制和社区增值服务。

自动抄表可以实现水、电、气抄表集中自动采集,以及用电分时计价、监测用电负荷、监视异常用电、预防故障和及时复电等功能。

智能家电控制,可以视电网不同时段电价情况或客户自行需要,本地与远程控制家用电器,促进科学合理用电。可自动跟踪电网电压,视电网电压情况,自动调整电压。

社区增值服务实现电力网、通信网、有线电视网、互联网"四网合一",可提供影视点播、信息公告、物业管理等服务。

2)智能化"虚拟电厂"

基于资源综合规划的理念,通过电价激励或经济补偿措施,在电网用电高峰时期,对自愿参与短时暂停用电的大工业、中央空调客户,进行编组并设定暂停时间,由电网直接控制其申请负荷,降低电网高峰负荷,节约客户用电成本。同时,视客户暂停用电负荷为一个"能效电厂",作为电网备用容量使用,电力系统需要时,供各级调度部门按照预定的规则调度,提高电网供电能力及可靠性、灵活性。

3)智能有序用电响应

实现有序用电方案的辅助自动编制及优化;有序用电指标和指令的自动下达;有序用电措施的自动通知、执行、报警、反馈;实现分区、分片、分线、分客户的分级分层实时监控的有序用电执行;实现有序用电效果自动统计评价,确保有序用电措施迅速执行到位,保障电网安全稳定运行。

4)远程能耗监测与能效诊断

通过远程传输手段,对重点耗能客户主要用电设备的用电数据进行实时监测,并将采集的数据与设定的阈值或是同类客户数据进行比对,分析客户能耗情况,通过能效智能诊断,自动编制能效诊断报告,为客户节能改造提供参考和建议,为能效项目实施效果提供验证,实现能效市场潜力分析、客户能效项目在线预评估及能效信息发布和交流等。

5)绿色电力认购

通过绿色电力认购平台,实现各种绿色电力价格发布、客户在线申购、审批、结算、交易结果信息发布等功能。

6）能源合同管理

实现能源合同管理项目从项目申请、立项、实施、验收和验证及项目激励资金、效益分享资金等全过程管理的信息化和自动化。

15.3.2 智能用电服务体系

1. 智能用电服务体系的总体要求

智能用电服务体系建设要依托坚强电网和现代化管理理念，利用高级量测、高效控制、高速通信、快速储能等技术，实现电网与客户能量流、信息流、业务流实时互动，构建客户广泛参与、市场响应迅速、服务方式灵活、资源配置优化、管理高效集约、多方合作共赢的新型供用电模式，不断提升供电质量和服务品质，逐步提高电能利用效率及电能占终端能源消费的比重。

智能用电服务体系应满足以下几方面的要求。

1）支持新能源新设备接入。智能用电服务体系应满足各种不同容量的分布式电源、电动汽车、储能装置等新能源新设备的"即插即用式"接入。

2）及时响应客户自由用电需求。客户可根据电网发布的实时电价信息，选择最佳用能方案，自主做出用电需求响应。

3）提高终端能源利用效率。应合理利用发供用三方资源，发挥分布式电源和储能设备的作用，提高电能在终端能源消费中的比重，提高电力设备和用电设备的利用效率，提高全社会能源使用效率，进一步推动节能减排，促进环境保护。

4）提供互动多样的用电服务。应能根据客户个性化、差异化服务需求，实现能量流、信息流和业务流的双向交互，满足多样化用电服务需求，提升客户满意度。

5）深化营销业务集约化管理。应构建业务范围清晰、业务流程通畅、业务处理高效的营销组织模式和标准化业务体系，进一步转变营销服务发展方式，提高工作效率和效益。

6）拓展多方共赢的营销服务市场。应依托智能用电服务平台，不断延伸服务领域，拓宽营销服务市场，拓展公司经营范围，提升电力服务的附加值和让渡价值，实现多方共赢。

2. 智能用电服务体系总体架构

智能用电服务系统应以坚强智能电网为坚实基础，以智能用电服务组织管理及标准和智能用电服务关键技术及装备为坚强支撑，以通信与安全保障体系为可靠保证，以智能用电信息共享平台为信息交换途径，通过智能用电服务系统技术支持平台和智能用电服务系统互动平台，为电力客户提供智能化、多样化的用电服务，实现与电力客户进行能量流、信息流、业务流的友好互动，提升客户服务的质量和水平。智能用电服务体系的总体架构如图15-3所示。

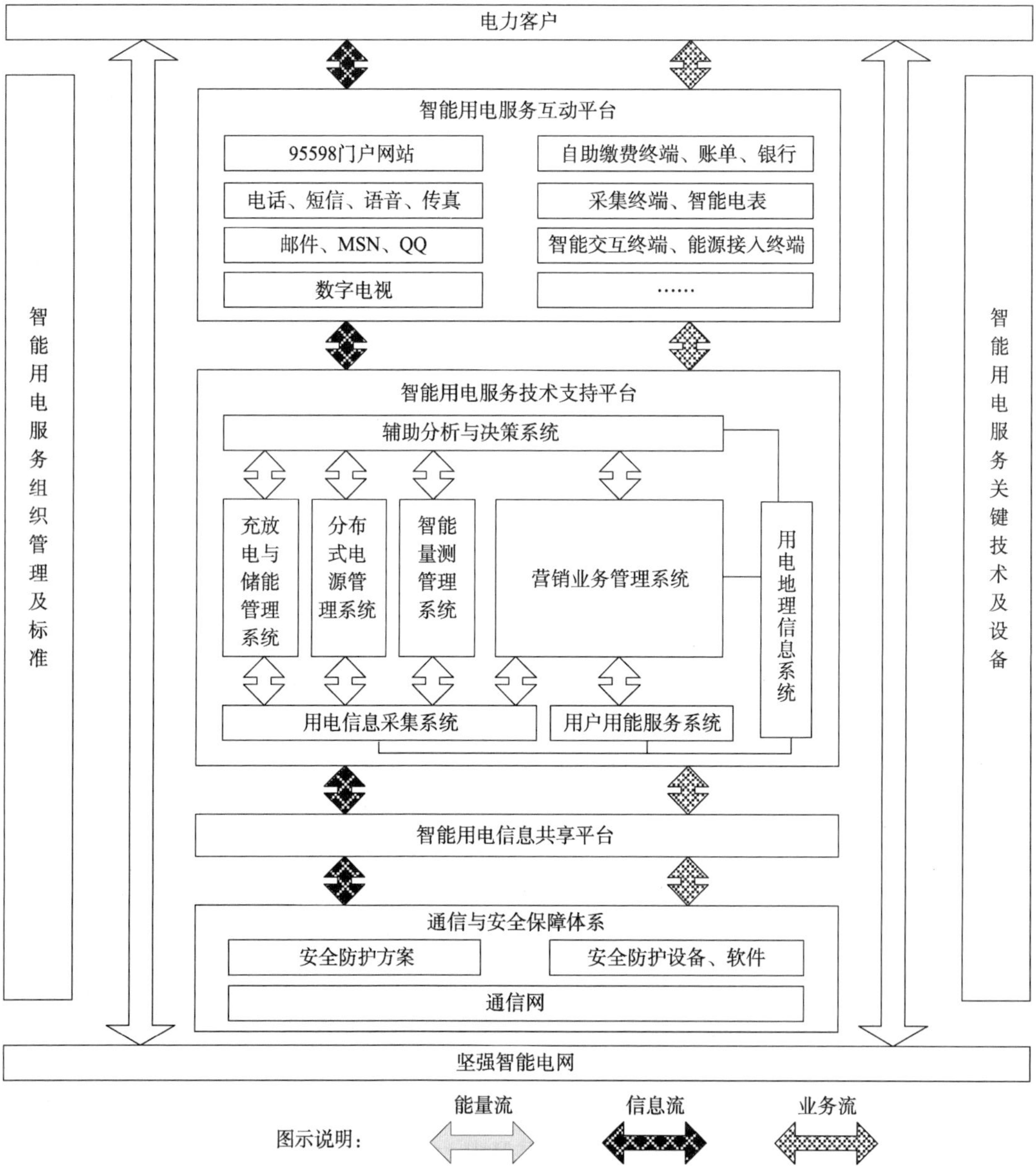

图 15-3　智能用电服务体系总体架构

15.3.3　智能用电服务体系的核心内容

智能用电服务体系的核心内容包括智能用电服务互动平台、智能用电服务技术支持平台、智能用电信息共享平台、通信与安全保障体系；智能用电服务建设的支撑体系包括组织管理及标准、关键技术及装备等。

1. 智能用电服务系统互动平台

智能用电服务互动平台是电力企业实现与客户进行互动的主要渠道，通过电脑、数字电视、自助终端、智能交互终端、能源接入终端、智能电表、电话、手机等设备,利用95598门户网站、网络、短信、电话、邮件、传真等多种途径给客户提供灵活、多样的交互方式,实现与客户的现场和远程互动,使客户可根据自身需要查询供用电状况、电价电费、用能效率、缴费结算等信息,并可提供多种缴费方式和渠道,快速响应市场变化和客户需求,确保分布式电源、电动汽车、储能装置等新能源新设备的即插即用式接入与使用,更方便、快捷地为客户提供服务。

2. 智能用电服务系统技术支持平台

智能用电服务技术支持平台主要由8个系统构成。用电信息采集系统和客户用能服务系统是基础应用系统,负责智能用电服务相关信息的采集与监控;智能量测管理系统、分布式电源管理系统、充放电与储能管理系统是专业应用系统,实现智能用电服务不同专业的业务管理;营销业务管理系统是智能用电的综合业务应用系统,是技术支持平台的核心系统,可以实现智能化的营销业务管理与综合应用;辅助分析与决策系统是高级应用系统,为决策层提供分析和决策服务;用电地理信息系统是智能用电地理图形服务系统,为其他系统提供可视化、形象化的智能用电图形服务。

智能用电服务技术支持平台各系统之间存在大量信息与业务交互,各系统间信息及业务交互关系如图15-4所示。

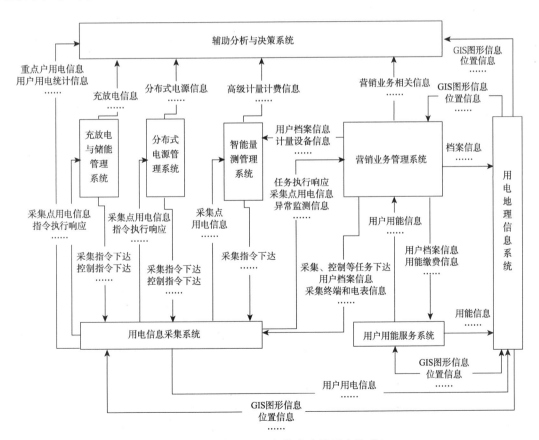

图15-4 智能用电服务技术支持平台构成

1）用电信息采集系统

用电信息采集系统是对用户的用电信息进行实时采集、处理和监控的系统，可以实现电力用户的全覆盖和用电信息的全采集，全面支持费控管理，是智能电网用电环节的重要基础和用户用电信息的重要来源，为"SG186"信息系统提供及时、完整、准确的基础数据，为智能用电服务技术支持平台提供基础用电信息数据。

该系统主要由主站、通信信道、采集终端、智能电表等部分组成，采集的对象包括大型专变用户、中小型专变用户、三相一般工商业用户、单相一般工商业用户、居民用户和公用配变考核计量点等，同时也可以将关口计量、分布式电源接入、充放电与储能接入等计量点信息纳入采集的范围。

该系统主要功能包括数据采集、数据管理、终端管理、档案管理、控制、自动抄表、任务执行、费控管理、有序用电管理、用电情况统计分析、异常用电分析、电能质量数据统计分析、运行维护管理、权限和密码管理等。

用电信息采集系统的构成及与其他系统的交互关系如图15-5所示。

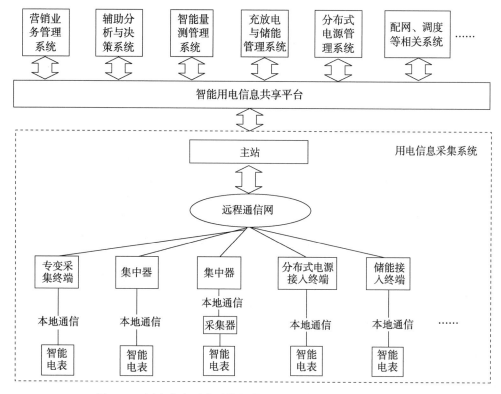

图 15-5　用电信息采集系统的构成及与其他系统的交互关系

2）用户用能服务系统

用户用能服务系统是对智能交互终端用能信息进行采集与监控，并为用户提供用能策略、用能辅助决策等多样化服务的系统，是实现智能用电增值服务的有效手段。该系统可将用户用能信息传递给智能用电服务互动平台，通过多种交互渠道向用户展现；也可接收来自 95598 门户等交互渠道的信息，为用户提供用能信息和用能策略查询服务，对智能用能设备进行监控，并将监控信息通过智能用电服务互动平台反馈给用户。

该系统主要由主站、公用信道、智能交互终端等部分组成，通过主站实现对智能交互终端的信息采集和操作，智能交互终端涵盖大客户（智能小区、智能楼宇）和居民客户（智能家居）。对于大客户，该系统将采集的用能数据传递至营销业务管理系统，完成能效评测等服务，达到提高能源利用效率的目的。对居民客户，该系统可与智能家居的各种应用子系统有机结合，通过综合管理，实现智能家居服务，为家庭生活提供舒适安全、高效节能、高度人性化的生活空间，通过执行优化的用户用能策略，提高用电效率，降低用电成本，减少能源浪费。

该系统主要功能包括数据采集、数据管理、档案管理、用能信息与用能策略服务、监控执行管理、客户关系管理、运行维护管理、权限和密码管理等。

用户用能服务系统的构成及与其他系统的交互关系如图 15-6 所示。

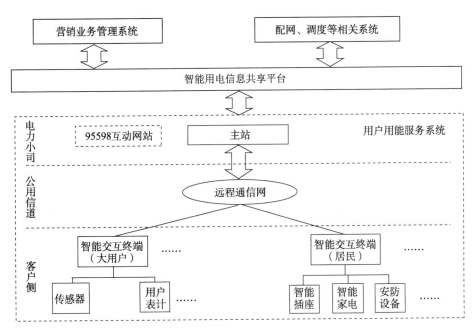

图 15-6　用户用能服务系统的构成及与其他系统的交互关系

3）智能量测管理系统

智能量测管理系统以用电信息采集系统为数据支持，通过智能量测、通信和控制技术，提供智能化的监控和高级计量管理的系统，满足自动化检定和检验、数字化校验、量值传递、寿命评估、计量故障自动管理、各类客户计量计费、实时监测、智能控制等要求。

该系统主要功能包括计量装置自动化检定、量值传递、精益需求预测、现代仓储和物流配送、状态运行管理、数字化校验、计量投诉和故障管理、寿命评估、动态轮换、优化派工、装接移动作业、计量计费、实时监测、智能控制等。

4）分布式电源管理系统

分布式电源管理系统是通过有效的技术手段，实现对分布式电源的灵活接入、实时监测、柔性控制的管理与控制系统。该系统实现客户侧分布式电源智能调配及客户发电信息分析处理，以用电信息采集系统所提供的分布式电源有关数据为依托，实现分布式电源接入智能管理，可为配网、调度相关系统提供数据信息。

该系统主要功能包括分布式电源接入管理、分布式电源并网实时监控、分布式电源潮流分析与负荷预测、故障保护管理、系统设备运行管理、发电信息综合分析、发电能力预测、客户档案管理等。

5）营销业务管理系统

营销业务管理系统可以实现营销业务综合处理与管理控制，为营销辅助分析及决策管理提供数据支撑，是营销业务处理的核心应用系统。

营销业务管理系统主要由客户服务与客户关系、电费管理、电能计量与采集信息管理、市场与需求侧管理等几部分构成。

该系统主要功能包括新装增容及变更用电、抄表管理、核算管理、电费收缴及账务管理、线损管理、资产管理、计量点管理、计量体系管理、电能采集信息管理、供用电合同管理、用电检查管理、95598业务处理、客户关系管理、客户联络、市场管理、能效管理、有序用电管理、稽查及工作质量和客户档案资料管理等。

6）辅助分析与决策系统

辅助分析与决策系统是面向管理层的营销智能化查询、监督、统计、分析的高级管理决策系统。以智能用电服务技术支持平台各专业系统为依托，实现对营销基础数据纵横向挖掘、分析、比较、提炼，使管理层能够及时掌握营销与用电服务情况，为公司经营管理者提供分析、决策的依据。

该系统主要功能包括报表、监管和分析三个部分。报表部分包含营销管理需要的市场、营业、计量、服务等各类报表，并支持报表的自动生成与上报；监管部分包含营销指标与管理过程的定义，对各专业的工作质量、工作业绩和客户用电情况（业扩、电费、计量、用电检查、客户服务、用电信息采集、供电质量、有序用电、客户信用、设备资产与运行等）实现在线监管；分析部分包含售电量、电价、售电收入、电费回收、市场开拓、客户服务、计量装置资产与运行管理、用电信息采集、用电检查、电力市场运行、有序用电、业务差错等主题分析与相关预测。

7）用电地理信息系统

用电地理信息系统是为用电数据管理、分析、维护及辅助决策提供可视化地理图形服务的系统，主要为平台内其他各系统提供地理图形信息的支持与服务，为用户用电信息和营销业务应用提供可视化的地理图形展示手段。

该系统主要功能包括基于地理图形的综合信息查询、供用电设备及客户位置定位、电源追踪分析、智能故障判断及查找、台区范围图形化定位与量化分析管理、业扩供用电方案辅助制订及辅助决策、辅助工程设计/预算、辅助用户现场管理、辅助检查违章窃电、辅助现场电表查找定位等。

8）充放电与储能管理系统

充放电与储能管理系统是实现灵活的柔性充放电和充电时间的综合管理系统。该系统以用电信息采集系统所提供的数据为依托，制定有效的充放电方案，协调平衡电动汽车的有序充放电，提高设备利用率，并可为配网、调度相关系统提供数据信息。

该系统主要功能包括充放电与储能需求预测、充放电与储能接入管理、有序充放电优化方案管理、柔性充放电管理、故障保护管理、充放电与储能设备运行管理、充放电与储能信息综合分析、客户档案管理、客户充放电记录等。

3. 智能用电信息共享平台

智能用电信息共享平台为智能用电提供基础的信息交换和接口服务，是智能用电服务技术支持平台相关系统间实现信息交换和数据共享的基础平台，并承担与智能电网其他环节进行信息交互的任务。

该平台具有信息数据集中管理、多方共享功能，能提高信息资源的利用效率，从基础上支撑智能用电各层次能量流、信息流、业务流的高度融合，实现信息高度共享和业务深度互动。在"SG186"营销业务应用的基础上，根据相关标准和规范，构建智能用电一体化的信息共享平台，规范智能用电一体化信息模型及信息交换模型，包括统一信息编码、公用服务、公共信息模型、通用信息接口等，整合智能用电服务的各系统信息数据。

4. 通信与安全保障体系

通信与安全是支撑智能用电服务各部分可靠高效运行的重要环节，是智能用电服务的基础保障体系。

1）通信保障

通信网络是支撑智能用电环节各系统进行信息传输、交换的基础载体，是实现用户交互的基本传输媒介。智能用电服务的通信网络覆盖智能用电的各类系统主站、众多的智能终端、表计和最终用户，具有结构复杂、分布广泛的特点。智能用电服务的通信网络应优先选择采用专用网络，公用网络可作为一种补充和延伸。根据网络的布局和用户，通信网可分为远程接入网和本地接入网。

2）安全保障

智能用电服务的安全涉及信息安全和用户用电安全两方面。用户用电安全方面可通过制定相关的技术措施和管理办法加以保障；信息安全方面涉及的环节和系统繁多，需要在充分评估与分析系统安全风险的基础上，制定有效的安全策略和安全措施，采取科学、适用的安全技术对重点区域实施安全防护和全面的安全监控，通过有效的技术手段和管理办法，构建动态可持续的安全解决方案。

即测即练

自学自测　扫描此码

主要参考文献

[1] 国家发展改革委. 国家能源局关于加快建设全国统一电力市场体系的指导意见, https://www.gov.cn/zhengce/zhengceku/2022-01/30/content_5671296.htm.

[2] 严慧敏, 孙君. 绿色电力市场模式探讨[J]. 湖北电力, 2006, 30（2）: 47-48, 59.

[3] 李政, 陈思源, 董文娟, 等. 约束条下电力行业低碳转型路径研究[J]. 中国电机工程学报, 2021, 41（12）: 3987-4001.

[4] 赵永胜. 互联网背景下企业市场营销创新研究[J].技术经济与管理研究, 2020（4）: 72-79.

[5] 李博. 上海绿色证书交易机制设计[D]. 上海: 上海交通大学, 2009.

[6] 文云峰, 杨伟峰, 汪荣华, 等. 构建 100%可再生能源电力系统述评与展望[J]. 中国电机工程学报, 2020, 40（6）: 1843-1856.

[7] 夏天. 促进新能源消纳的电力市场机制及政策优化模型研究[D]. 北京: 华北电力大学, 2020.

[8] 张木梓. 国际绿色电力证书交易机制经验及启示[J]. 风能, 2016（11）: 60-63.

[9] 王宁, 周选清. 新一代电力市场运营与管理机制的研究与展望[J]. 科技经济导刊, 2020, 28(29): 210-211.

[10] 陈运辉, 谷志红, 牛东晓.发达国家绿色电力推广的部分措施及启示[J]. 电力需求侧管理, 2008,（5）: 68-71.

[11] 候晨露. 基于互联网+的电力营销策略分析[J]. 探索科学, 2019,（6）: 35.

[12] 丁毅宏, 檀勤良, 郑锦, 等. 市场交易下电力联合外送多主体利益分配优化[J]. 电网与清洁能源, 2021, 37（11）: 31-38+46.

[13] 黄豫. 电力直接交易的国内外发展情况及启示[J]. 南方能源建设, 2015, 2（B1）: 1-4.

[14] 陈昭宇. "互联网+"背景下我国农产品营销管理问题研究[J]. 中国市场, 2020（11）: 130+134.

[15] 杨青松, 李明生. 论波特五力模型及其补充[J]. 长沙铁道学院学报（社会科学版）, 2005（4）: 95-96+108.

[16] 郭宏磊. 新电改背景下 A 市供电公司营销战略研究[D]. 北京: 华北电力大学（北京）, 2019.

[17] 陈征. 基于市场细分的现代企业营销策略选择[J].商业经济研究, 2019（1）: 65-67.

[18] 刘利莎. 电力市场化营销体系建设研究[J]. 经济师, 2020,（2）: 242-243, 245.

[19] 王天相. 利用 STP 理论实现产品效益最大化[J].全国流通经济, 2018（20）: 7-8.

[20] 曾钰. 电力体制改革背景下 W 发电公司电力营销策略改进研究[D]. 合肥: 安徽大学, 2017.

[21] 范甜甜. 基于电力市场营销的客户管理体系研究[D]. 济南: 山东大学, 2017.

[22] 王永贵, 洪傲然. 营销战略研究: 现状、问题与未来展望[J]. 外国经济与管理, 2019, 41（12）: 74-93.

[23] 菲利普·科勒等. 市场营销原理[M]. 北京: 清华大学出版社, 2014.

[24] 李嘉桐. ZN 电力公司市场营销策略研究[D]. 厦门: 华侨大学, 2020.

[25] 许朝辉. 关于市场营销中 SWOT 营销策略的运用[J]. 经济研究导刊, 2017（1）: 55-56.

[26] 莫志宏, 蔡文翔. 我国电力市场化改革理论研究进展及前景展望[J]. 价格理论与实践, 2020, 431（5）: 112-114+177.

[27] 朱建红. 精细化电力服务营销管理及其提升策略[J]. 企业改革与管理, 2018（23）: 102-103.

[28] 蔡邱林. 企业常用市场营销战略研究[J]. 知识经济, 2015（13）: 81.

[29] 赵芳. 参与式营销驱动顾客满意度提升的路径机制——基于 SWOT 理论分析[J].商业经济研究, 2021（1）: 60-64.

[30] 唐力, 刘继春, 杨阳方, 等. 基于信息间隙决策理论的多种零售合同模式下售电公司购售电策略

[J]. 电网技术, 2019, 43（6）: 1978-1988.

[31] 白国亮. 新电改条件下的电力市场营销策略研究[J]. 中国战略新兴产业（理论版）, 2019,（23）: 1-2.

[32] 曾俊. 新时代背景下企业市场营销创新研究综述[J]. 江苏商论, 2022, 458（12）: 13-16.

[33] 李雪. 互联网+时代国网安阳供电公司营销策略研究[D]. 郑州: 郑州大学, 2018.

[34] 徐奕. 新电力市场改革背景下金华市供电公司营销策略研究[D]. 北京: 华北电力大学, 2018.

[35] 刘昱伶. 售电侧市场化改革后电力营销的策略分析[J]. 经贸实践, 2017,（14）: 156-157.

[36] 蒙文川, 林昶咏, 文福拴, 等. 采用高低匹配机制的发电权交易市场中发电公司的竞价策略[J]. 电力建设, 2016, 37（11）: 1-8.

[37] 贾之维. 智能电网的研究进展及发展趋势[J]. 城市建设理论研究: 电子版, 2016,（13）: 545-545.

[38] 董朝阳, 赵俊华, 文福拴, 等. 从智能电网到能源互联网: 基本概念与研究框架[J]. 电力系统自动化, 2014, 38（15）: 1-11.

教师服务

感谢您选用清华大学出版社的教材！为了更好地服务教学，我们为授课教师提供本书的教学辅助资源，以及本学科重点教材信息。请您扫码获取。

▶ 教辅获取

本书教辅资源，授课教师扫码获取

▶ 样书赠送

市场营销类重点教材，教师扫码获取样书

 清华大学出版社

E-mail: tupfuwu@163.com
电话：010-83470332 / 83470142
地址：北京市海淀区双清路学研大厦 B 座 509

网址：https://www.tup.com.cn/
传真：8610-83470107
邮编：100084